FRIEDRICH PRINZ

Das wahre Leben der Heiligen

Albrecht Dürer, Anbetung der heiligen Dreifaltigkeit, 1511, Kunsthistorisches Museum Wien. – Dürer schuf diese gewaltige Szenerie eines Heiligenhimmels für den Altar des Nürnberger Montanindustriellen Matthias Landauer († 1515), der das Bildwerk für die Kapelle des von ihm gestifteten Zwölfbrüderhauses 1508 in Auftrag gab. Der gekreuzigte Christus, Gottvater und die Taube des Heiligen Geistes schweben in den Wolken, während die schier unzählbare Menge der Heiligen anbetend zu ihnen emporschaut. Das Allerheiligenfest wird in der römischen Liturgie seit dem Beginn des 7. Jahrhunderts am 1. November gefeiert und war als «Ostern des Herbstes» vor allem seit dem Spätmittelalter verbreitet.

Friedrich Prinz

Das wahre Leben der Heiligen

Zwölf historische Porträts von Kaiserin Helena bis Franz von Assisi

Verlag C.H. Beck

Mit 13 Abbildungen und 1 Karte

Meinen mediävistischen Schülern
im Gedenken an muntere Zeiten gewidmet:

Alfred Haverkamp, Georg Jenal, Franz Felten,
Franz Irsigler, Jürgen Hannig, Johannes Schmitt,
Hildegard Adam, Hermann Schefers
und Stephanie Haarländer

Satz: Fotosatz Janß, Pfungstadt
Druck und Bindung: Ebner & Spiegel, Ulm
Gedruckt auf säurefreiem, alterungsbeständigem Papier
(hergestellt aus chlorfrei gebleichtem Zellstoff)
Printed in Germany
ISBN 3 406 50223 7

www.beck.de

Inhalt

Formen asketischen Lebens 9
Die Gründergestalten des Orients 9 · Die Anfänge des westlichen Mönchtums 11 · Adelsheiligkeit und Ordensheiligkeit 13 · Cluny und Citeaux 17

Kaiserin Helena (249/50–328/29)
Eine Kaiserin und Heilige aus der Tiefe der Gesellschaft 25
Helenas Verklärung 29 · Gründe ihres Kultes 31

Martin von Tours (um 336–397)
Soldat, Athleta Christi, Mönch und Bischof 33
Martins Lebensweg 33 · Vom Heiden zum Christen 34 · Wanderjahre 38 · Der Bischof und Klostergründer 38 · Martin und die christliche Gemeinschaft der Priscillianer oder Die verfolgende Kirche 41

Hieronymus (um 347–420)
Gelehrter, Asket und Kirchenvater 50
Profil einer Persönlichkeit 50 · Der lange Kampf mit dem klassischen Erbe 53 · Vom jungen Mann der Erudition zum Asketen 57 · Rom als Kampfplatz der Geister 59 · Hieronymus als Theologe 67

Augustinus (354–430)
Ein schwer erkämpfter Weg zu Christus 74
Der sensualistische Ästhet vor Gott 77 · Sexualität als ein Lebensproblem 81 · Ein Wanderer durch die spätantike Geisteswelt: Platonismus, Manichäismus 82 · Der rückfallreiche Weg zu Christus: Monnica und ihr Sohn 84 · Antikes Erbe und christlicher Weg 87 · Die manichäische Phase 89 · Ambrosius von Mailand – das große Vorbild 92 · Die endliche Bekehrung 96 · Der Bischof und Kirchenpolitiker 96 · Die Frage des gerechten Krieges 100 · Gesellschaftliche Probleme 102 · Augustinus und der strenge Gott seiner Gnadenlehre 103 · Ein realistischer Heiliger 106

Radegunde (518/20–587)
Das Drama ihres Lebens und dessen burleskes Nachspiel 109
Ein tragisches Schicksal 109 · Das Kloster als Trost und Schutz 114 · Literarisches Klosterleben 117 · Die Burleske 120

Wilfrid von York (ca. 634–709)
Ein frühmittelalterlicher, germanischer Adelsheiliger 124
Ein krisenreiches Leben 124 · Die gefahrvolle Rückkehr 128 · Das glorreiche Ende 133

Willibald von Eichstätt (ca. 700–787)
Religiöser Tourist, Bischof und Missionar 136
Angelsachsen auf dem Kontinent 136 · Das gottgefällige Wanderleben 140 · Der Fortgang der abenteuerlichen Reise 142 · Der realistische Blick 144

Kaiser Heinrich II. (973–1024)
Frömmigkeit und Macht 148
Der politische Pragmatiker 150 · Die Gründung Bambergs: Diplomatie und Frömmigkeit 155 · Heinrichs königliche Bischofsherrschaft: Frömmigkeit und Macht 160 · Heinrich als «Bruder der Mönche» 162

Bernhard von Clairvaux (1090–1153)
Kämpfer, Organisator, Mystiker 168
Eine Vorüberlegung 168 · Spuren einer Biographie 170 · Kämpferische Jahre: Papsttum, Kaisertum und Theologie 180 · Bernhard und Petrus Abaelard: Die Konfrontation zweier Theologien 185 · Bernhard und der Zweite Kreuzzug (1147–1149) 200 · Der Thaumaturg 207 · Der Mystiker 211

Hildegard von Bingen (1098–1179)
Adelsheilige, Prophetin und Wissenschaftlerin 216
Skizze einer religiösen Existenz 216 · Ein Leben zwischen Adelsstolz und Frömmigkeit, Ratio und mystischer Leidenschaft 224 · Der Briefwechsel 226 Reise und Predigt 228 · Askese und Humanität 231 · Das naturwissenschaftliche Werk 233 · Vision und Prophetie: Lebenserfüllung und Wagnis 236

Elisabeth von Thüringen (1207–1231)
Ein geprügelter Engel 242
Die Fürstin und das landgräfliche Haus 244 · Elisabeth und Konrad von Marburg 245 · Abschied von der Wartburg 247 · Konrad und der Kampf um Elisabeths Erbe 248 · Das Marburger Hospital 251 · Epilog 254

Franz von Assisi (1182–1226)
Der demütige Nachfolger Christi 258
Schwierige Anfänge einer charismatischen Gemeinschaft 267 · Das Armutsideal und seine Folgen 270 · Der Orden zu Franziskus' Zeiten 274 · Probleme der späten Jahre 276 · Assisi und Paris: Glaube und Vernunft 282 · Der Sonnengesang: Gott und Natur 286 · Epilog 292

Anhang
Literatur 299
Abbildungsnachweis 309
Personenregister 311

Formen asketischen Lebens

Wann und auf welche Weise ein Mann oder eine Frau für heilig im christlichen Sinn erklärt werden, hängt von sehr unterschiedlichen Voraussetzungen ab, obwohl für alle Formen christlicher Heiligkeit das Vorbild und die «imitatio (Nachahmung) Christi» über alle Zeiten hinweg bindend geblieben ist und bleiben wird. Für die Frühzeit und die Mission war es in erster Linie das Martyrium für den Glauben, das für Zeitgenossen und Nachwelt Heiligkeit und Verehrung bewirkte. Mehr funktionaler Natur war der Typus des Bischofs-Heiligen, der durch ein tätiges, aufopferndes Leben als «Hirt seiner Herde» den Ruhm von Heiligkeit erlangte. Es wird zu zeigen sein, daß verschiedene Formen von «sanctitas» in bestimmten Epochen vorherrschten, doch ist hier vor Verallgemeinerungen zu warnen, da fast alle Formen von Heiligkeit gleichzeitig in jeder Epoche zu finden sind, wie dies in der Natur der Sache, nämlich im «unblutigen Martyrium» der geistlich-asketischen Nachfolge Christi begründet ist: So wie die christliche Vorbildlichkeit mancherlei Formen haben kann, so ist auch deren monastische «imitatio» vielgestaltig.

Die Gründergestalten des Orients

In der christlichen Spätantike finden sich seit der Verfolgungszeit wie auch danach herausragende Persönlichkeiten, deren Wirken ihnen mit Recht den Ruf der Heiligkeit und die «Ehre der Altäre» eingetragen hat. Zu diesen heiligen Gründergestalten der Frühzeit, deren vorbildliches Leben und Sterben in hagiographischen Texten festgehalten worden ist, gehören die markanten Stifterfiguren eremitischen und monastischen Lebens im Orient wie im Okzident: Es sind die richtungsweisenden Wüstenväter und großen Eremiten, deren Leben und Wirken aber sehr verschieden sein konnte. Herausragende Figur war hier der Kopte Antonius «der Eremit» (251/52–356), neben Pachomius der bedeutendste Mönchsvater Ägyptens, dessen Ruhm durch die Lebensbeschreibung des streitbaren Kirchenvaters Athanasius sich im gesamten spätantiken «Orbis Christianus» verbreitete. Seine Vita wurde sehr bald ins Lateinische übersetzt und wirkte daher auch stark als Vorbild monastischen Lebens im Westen des Römischen Reichs. In den «Apophthegmata patrum», einer religionspsychologisch wichtigen Sammlung von Sprüchen berühmter Mönchsväter des Vorderen Orients von hohem geistigen Rang, ist Antonius mit 38 markanten Texten vertreten. Ein bedeutender Schüler des Antonius wurde Hilarion von Gaza († 371), auch er war eine asketische Gründergestalt.

Wie groß die typologische Spannweite zwischen den Mönchsvätern des 3. und 4. Jahrhunderts sein konnte, beweist der Heilige und Kirchenvater Basilius der Große (ca. 330–379), der seit 370 auch als Bischof von Caesarea in Kappadokien wirkte und als religiös-dogmatischer Lehrer und Schriftsteller im Kampf gegen den Arianismus, der gegenüber der katholischen Lehre von der Gottgleichheit Christi nur dessen Gottähnlichkeit vertrat, bedeutsam wurde. Er verfaßte zwei wichtige Mönchsregeln, doch anders als der heilige Antonius stand er selbst prägend in allen dogmatischen Auseinandersetzungen seiner Zeit. Daß ein vorbildliches asketisches Dasein und große Weltoffenheit sich nicht ausschließen, zeigt sein aktives Leben, aber auch die Tatsache, daß er – anders als die meisten Mönche der Spätantike – der antiken Kulturtradition positiv gegenüberstand und sogar der Jugend den nützlichen Gebrauch der heidnischen Literatur empfahl. Als Metropolit von Kappadokien und Exarch von Pontos errichtete er auf Familienbesitz eine großzügige Klosteranlage mit Werkstätten, einem Krankenhaus und einem Pilgerhospiz, die seinen Namen («Basilias») trug. Wichtig für die innere Entwicklung des Mönchtums wurde auch Pachomius (294?–346) aus Oberägypten, der nach Kriegsdienst zum Asketen wurde und in der Thebais neun Männer- und Frauenklöster ins Leben rief. Er gilt als Begründer des Koinobitentums, d. h. jener asketischen Lebensform, die aus dem ursprünglichen Eremitentum hervorging und zu einer voll ausgebildeten, regel- und ortsgebundenen

Lebensform wurde, der die Zukunft gehören sollte und für welche die Mönchsregeln Basilius' des Großen richtungweisend waren. Makarius «der Alexandriner» († um 394) gab ebenfalls seiner Eremitensiedlung eine Klosterordnung, die auch im lateinischen Westen Widerhall fand; doch bleibt unklar, ob die lateinische Makariusregel mit der ursprünglichen ägyptischen identisch ist.

Die Anfänge des westlichen Mönchtums

Gegenüber der Vielfalt und wohl auch der Quantität eremitischen und monastischen Lebens in Ägypten, Palästina und Syrien hatte es das zögernd sich bildende lateinische Mönchtum des lateinischen Westens nicht leicht, ein eigenes Profil zu entwickeln. Dies war um so schwieriger, als die Regeln und Vorbilder des orientalischen Mönchtums in der Provence unmittelbar Eingang fanden. Die wichtigste, Norm gebende Figur war hier der Mönchsvater und monastische Schriftsteller Johannes Cassianus von Marseille (ca. 360–430/35), der aus der römischen Provinz Scythia minor (Dobrudscha) stammte, um 380/90 in Bethlehem in ein Kloster eintrat und später zur weiteren asketischen Ausbildung nach Ägypten in die sketische und nitrische Wüste zog, wo er etwa zehn Jahre blieb. Er wird zwar nur in Marseille als Lokalheiliger verehrt, aber seine asketischen Schriften, die «Institutiones coenobiorum» und die «Conlationes patrum», in denen er seine asketischen Erfahrungen zu klugen Anweisungen für richtiges Mönchsleben verarbeitet hat, wurden für das provençalische Mönchtum, speziell für die berühmte Klosterinsel Lérins (Lerinum) bei Cannes, von großer Bedeutung. Bemerkenswert ist, daß er bei seinen asketischen Ratschlägen das strenge Fasten der orientalischen Mönche für die gallischen Klöster als ungeeignet hält. Aufgrund seiner vortrefflichen Latinität darf man eine gute literarische Bildung annehmen; er selbst bestätigt dies mit dem Eingeständnis, daß ihm bei Gebet und Psaltersingen immer wieder das Teufelswerk heidnischer Poesie im Kopf herumgehe. Seine Wirkung auf das auch theologisch bedeutende Großkloster Lérins und dessen heiligmäßigen Gründerabt Honoratus († 429/30), der sich ebenfalls im Orient seine monastische Lebenspraxis erworben hatte, zeigt zur Genüge, daß Cassians humaner Asketismus einen neuen Typus monastischer Heiligkeit bewirkte, der insgesamt die Klosterkultur des Westens prägen sollte. In Marseille gründete er selbst zwei Klöster, von denen das eine, St. Victor, im Mittelalter große Bedeutung erlangte.

Heiligkeit ist jetzt kein ekstatischer, durch das «unblutige Martyrium» der strengsten Askese zu erringender Zustand, sondern eine durchaus erreichbare christlich-humane Lebensform: Der «monachus» ist nunmehr der christliche Philosoph, und damit wird ein neues Lebensideal konzipiert und verbreitet, das sich, über das provençalische Mönchtum hinaus, später in Cassiodors (ca. 485–ca. 580) Klostergründung Squillace in Kalabrien als harmonische Verbindung von tiefer Frömmigkeit und wahrer christlicher Bildung nach antikem Vorbild verwirklichte. Dasselbe gilt für den humanen, maßvollen Charakter der «Regula S. Benedicti». Monastische Heiligkeit ist hier kein charismatisch beflügelter, psychischer Ausnahmezustand, sondern eine geordnete, durch Gebet, Liturgie und Arbeit gegliederte Lebensform, die seit dem 7./8. Jahrhundert Europa eroberte. Wer immer der nach wie vor geheimnisvolle Schöpfer dieser knappen Klosterregel gewesen sein mag, sie wurde ein sicheres Fundament christlicher Vorbildlichkeit, Heiligkeit und geistlicher Kultur, ohne die Europa nicht denkbar wäre. Auf diese Weise schuf die normative Kraft der Benediktregel aber zugleich eine gesicherte Grundlage, an der große charismatische Heilige des Mittelalters ihren Rückhalt fanden, zugleich aber durch ihre exzeptionelle personale Heiligkeit die kollektive «sanctitas» ihrer Klosterbrüder oder Klosterschwestern beflügelten und durch ihr Vorbild erhöhten. Da beide Formen der Heiligkeit – die personal-gesteigerte wie die der Klostergemeinschaft – sich wechselseitig verstärkten, ist es kein Zufall, daß im Mittelalter die wirklich überragenden Heiligen fast ausschließlich aus den sich entfaltenden Ordensgemeinschaften kommen. Damit tritt das individuelle Asketen- und Eremitentum nach orientalischem Vorbild im Westen mehr und mehr in den Hintergrund, wenn es auch immer noch als eine Möglichkeit der Gottsuche weiterlebte.

Ebenso ist es kein Zufall, daß der große gallische Mönchsvater, der heilige Martin von Tours (ca. 336–397), zwar zu Lebzeiten in Gallien als Wundertäter, Heiliger und Missionar gegen die Vereinnahmung der Kirche durch den spätantiken Staat eine große Wirkung entfaltete, die große Schar seiner Mönche aber im allgemeinen keine feste, durch klare Regeln geordnete Lebensform gefunden hat. Nicht umsonst kritisierte der Kirchenvater Hieronymus die Regellosigkeit des westlichen Mönchtums, das ganz auf die imposante, suggestive Persönlichkeit des heiligen Martin fixiert war. Nach Martins Tod verödete seine wichtigste Klostergründung Marmoutier bei Tours und konnte erst später unter völlig anderen, nämlich benediktinischen Bedingungen weitergeführt werden. Selbst die großartige Lebensbeschreibung Martins, die sein Schüler Sulpicius Severus († nach 406) als eine Propagandaschrift gegen den übermächtigen Einfluß der Antoniusvita des Athanasius verfaßt hatte, konnte nicht verhindern, daß Martins monastisches Wirken nicht jene durchschlagenden Folgen hatte wie das regulierte provençalische Mönchtum und später vor allem die Benediktregel. Dafür erlangte Martin als Schutzpatron der fränkischen Könige – der Merowinger wie der Karolinger – bleibenden Ruhm und wurde damit der große Reichsheilige des Mittelalters. Zur Verbreitung seines Kultes trug zweifellos auch bei, daß er als ritterlicher Soldat der Mentalität einer archaischen Krieger- und Adelsgesellschaft mehr zusagte als heilige Märtyrer oder Asketen, die sich bewußt um des eigenen Seelenheils willen von der Welt abgewandt hatten.

Adelsheiligkeit und Ordensheiligkeit

Durch die Missionierung der germanischen und slawischen Völker, die mit dem weltmissionarischen Impetus Papst Gregors des Großen (590–604) das werdende Europa tief prägte, entwickelte sich eine neue Form von Heiligkeit, die durch die Figur des «Adelsheiligen» bestimmt wurde. Sie führte seit dem 7. Jahrhundert zu einem neuen Leitbild von «sanctitas», dessen Wirksamkeit für das mittelalterliche Europa kaum zu überschätzen ist. Auslöser dieses monastischen Frühlings an der Wende vom 6. zum 7. Jahrhundert waren missionierende irische Mönche, die ins Frankenreich kamen, vor allem der Abt und Heilige Columban (ca. 543–615), der in den Vogesen das Kloster Luxeuil gründete und später in Oberitalien, mit Hilfe der Langobardenkönigin Theodolinde, das Kloster Bobbio als Missionszentrum gegen den Arianismus. Von Luxeuil aus wurden im Frankenreich zahlreiche weitere Klöster gegründet, in denen die Mönche nach der kombinierten Benedikt-Columban-Regel lebten. Für unser Thema ist jedoch am wichtigsten, daß sich in Luxeuil und seinen «iro-fränkischen» Filiationen die Söhne und Töchter der alten gallorömischen Aristokratie und des germanisch-fränkischen Adels in der gemeinsamen asketischen Begeisterung im Zeichen des Kreuzes fanden. Damit entstand eine neue, Romanen und Germanen umfassende Oberschicht: Dies war die Geburtsstunde des christlichen Adels Europas, der keine ethnischen Barrieren mehr kannte und der die Führungsschicht des mittelalterlichen Europa wurde. Für die germanische Oberschicht war dies besonders bedeutsam, denn mit der Christianisierung hatte sie ihr heidnisches Herrschaftscharisma, ihre germanische «Geblütsheiligkeit», und damit auch die Legitimation verloren, über Land und Leute zu herrschen. Welchen Weg zu neuer Legitimation konnte man beschreiten? Es fanden sich an den merowingischen Königshöfen, vor allem in der Königsresidenz Paris, zahlreiche junge Adelige zum Dienst für den König ein. Der heilige Columban und seine irischen Mönche müssen auf diese jungen Adeligen einen tiefen Eindruck gemacht haben, denn sie verließen den weltlichen Königsdienst, um als asketisch lebende Mönche in den Dienst des größten aller Könige, nämlich Christus, zu treten. Aus ihren Reihen gingen zahlreiche Heilige hervor, die als Äbte oder Bischöfe in der Welt wirkten und die wegen ihrer adeligen Herkunft in der Lage waren, für ihre Klostergründungen Land und Leute an die Kirche zu schenken. Sie alle waren tief vom columbanischen Geist der Buße und Askese ergriffen und wurden in einem sehr konkreten Sinne «Adelsheilige». Klostergründer auf Eigenbesitz waren im 7. Jahrhundert beispielsweise Widerad, der Flavigny, Nivardus, der Hautvilliers, Romarich, der Remiremont, Burgundofara, die Faremoutiers in der Brie sowie Salaberga, die in Laon ein Kloster gründete. Zu diesen vom iro-fränkischen Mönchtum ergriffenen Adeligen gehörten auch Arnulf von Metz und Gertrud von Nivelles, beide waren Vorfahren der Karolinger; ferner der Klosterstifter und Heilige Filibert von Jumièges sowie die Äbte und späteren Bischöfe Audoenus und Ansbert von

Rouen. In diesem Kreis fränkischer Adelsheiliger wirkte der heilige Wandregisel, Gründer, erster Abt und Patron des Klosters St. Wandrille am Unterlauf der Seine. Auch er war einer der weltlichen Großen am Hofe König Dagoberts I. (629–639) in Paris gewesen. Sie alle gelangten als Heilige zur Ehre der Altäre, und ihre persönliche Heiligkeit erhöhte zugleich das religiöse Prestige ihrer Familien. Es war sicher für den Aufstieg der Karolinger von Vorteil, daß sie unter ihren Vorfahren schon zwei Heilige hatten, die im christlichen Festkalender verzeichnet waren: Bischof Arnulf von Metz und die Äbtissin Gertrud von Nivelles. Die Verehrung dieser neuen Heiligen aus dem Adel wurde nach ihrem Tode vor allem dadurch gesteigert und weiter verbreitet, daß in den von ihnen gestifteten Klöstern ihre Lebensgeschichte und ihre Wunder wirkende, gottgegebene Kraft geschildert und aufgezeichnet wurden.

Wenn damit Angehörige des Adels als Äbte Klostergründer wurden, beförderten sie zugleich eine neu begründete, christliche Legitimation von Herrschaft. Dies war aber kein bewußter ideologischer Winkelzug, sondern ergab sich gleichsam von selbst aus ihrer aktiven Zuwendung zum Christentum, zu Askese und Mönchtum. Es war kein Zufall, daß gerade im 7. und frühen 8. Jahrhundert im fränkischen Großreich eine Flut von Viten entstand, die diesen Heiligen galt und als Lebensbeschreibungen auch typologisch etwas Neues darstellten. Nicht vergessen seien hier die heiligen Merowingerköniginnen Radegunde von Poitiers (ca. 520–587), Stifterin des Heiligkreuzklosters in dieser Stadt, und die Königin Balthild († nach 680), eine gebürtige Angelsächsin, welche die Klöster Chelles-sur-Marne und Corbie stiftete und dem iro-fränkischen Adels- und Freundeskreis um Bischof Audoenus von Rouen nahestand.

Worauf gründet sich Heiligkeit und damit Vorbildlichkeit für alle Menschen? Das blutige Martyrium und die darauf folgende Heiligsprechung der Opfer in den Christenverfolgungen der Spätantike beschränkte sich nicht nur auf diese Epoche. Es trat immer wieder auf, besonders im Zusammenhang mit der Missionierung Europas. Nach der ersten Welle irischer Missionare auf dem Kontinent waren es dann angelsächsische Mönche, die im 8. und 9. Jahrhundert – zusammen mit fränkischen und bayerischen Mönchen und Priestern – das christliche Bekehrungswerk östlich des Rheins vorantrieben. Ein Opfer seiner Missionsarbeit bei den Friesen wurde der adelige Angelsachse Winfrid-Bonifatius (672/75–754), der «Apostel der Deutschen», damals bereits Erzbischof von Mainz, der aber typologisch den heiliggesprochenen Mönchen zuzurechnen ist. Auf einer Missionsreise zum Polenherzog Boleslav, die ihn zu den noch heidnischen Lutizen und Pruzzen führte, erlitt auch der böhmische Fürstensohn Adalbert-Vojtěch (ca. 956–997) den Märtyrertod. Er war ein enger Freund Kaiser Ottos III., der zu seinem Grab pilgerte, und wurde als Mönch und als umstrittener Bischof von Prag durch sein Schicksal der erste große Märtyrer der slawischen Welt. Das wechselvolle, geistig wie politisch spannungsreiche Leben Adalbert-Vojtěchs stand in dieser Epoche nicht allein. Andere geistliche Figuren hatten eine ähnlich bewegte Existenz, und es ist sicher kein Zufall, daß sich Persönlichkeiten solcher Artung im Umkreis des jugendlichen Kaisers Otto III. (983–1002) finden, dessen ebenfalls wechselvolle, ja bizarre Lebenskurve bis zu ihrem jähen Absturz offenbar magnetisch anzog. Zu diesen eremitisch-mönchischen Gestalten von ausgeprägter Spiritualität gehörte auch der heilige Nilus von Rossano (ca. 910–1004), eine Persönlichkeit von starker Autorität, Gründer der Abtei Grottaferrata bei Rom, ein Kloster nach griechischem Ritus, das aber erst nach seinem Tode bezogen werden konnte. Vor den Sarazenen Kalabriens flüchtend, lebte er unstet in verschiedenen Klöstern, wurde von Otto III. hoch verehrt, zog sich aber von ihm entsetzt zurück, als dieser bei seinem letzten Romaufenthalt mit seinen Feinden in der Stadt brutal abrechnete. Ebenfalls ein markanter Repräsentant eremitischen Lebens war der heilige Romuald von Camaldoli (ca. 950–1027), Sohn eines Herzogs, dessen geistliche Wanderfahrten ihn bis in die Pyrenäen nach Cuxa und wieder zurück nach Italien führten. Kaiser Otto III. berief ihn als Reformer in das Kloster S. Apollinare in Classe in Ravenna, doch kehrte er bald enttäuscht in die Nähe von Rom zurück. Dort gründete er eine Eremitengemeinschaft, zu der auch einige Freunde des Kaisers stießen, unter anderen der Heidenmissionar und spätere Missionsbischof Brun von Querfurt (ca. 974–1009). Doch auch hier blieb Romuald nicht lang, sondern zog mit seinen Angehörigen nach Istrien. Wieder zurück im Apennin gründete er Einsiedeleien und kleine Klöster, da er der Überzeugung war, daß das Eremitentum eine selbständige Form asketischen

Lebens war, die nicht nur in Verbindung mit einem regulären Benediktinerkloster Existenzberechtigung hatte. Kaiser Heinrich II. bestellte ihn 1021 zum Abt des um 750 gegründeten Klosters auf dem Monte Amiata bei Grosseto; aber auch da hielt es ihn nicht lang. Seine letzte Lebensstation war die Einsiedelei von Camaldoli am Südhang des Apennin bei Arezzo, die zum Urkloster des Kamaldulenserordens wurde. Damit hatte auch das eremitische Leben Romualds und seiner Anhänger mit Hilfe des Bischofs Tedald von Arezzo 1027 seine legitime Form gefunden. Romuald, dessen Vorbildlichkeit stark auf die geistlichen Eliten der Zeit wirkte, fand einen seelenverwandten Biographen in Petrus Damiani (1007–1072), seinem Schüler, der in Fonte Avellana, einem kamaldulensischen Tochterkloster bei Sassoferato, den eremitischen Lebensstil vorbildlich verwirklichte und einer der wichtigsten Wegbereiter der großen Kloster- und Kirchenreformen des 11. Jahrhunderts wurde.

Cluny und Citeaux

Das aristokratische Element spielte auch im Hochmittelalter eine große Rolle. Hier sind vor allem die berühmten Äbte von Cluny zu nennen, die dieses europäische Haupt- und Musterkloster nicht nur mit asketischer Strenge leiteten, sondern auch kirchenpolitisch ins Zentrum der Gesellschaft und Kultur Europas rückten. Die Heiligkeit dieser herausragenden Gestalten der europäischen Klosterkultur unterschied sich aber von der der «Adelsheiligen» des 7. und 8. Jahrhunderts vor allem dadurch, daß ihre «sanctitas» eher aus ihrem Amts-Charisma als Äbte kam, also eine Art «funktionaler» Ordensheiligkeit war. Heilige dieses weltläufigen Typs waren vor allem die politisch starken Äbte Odo (927–942), Maiolus (ca. 954–994), Odilo (994–1049), Hugo (1049–1109) und Petrus Venerabilis (1122–1157). Odo gilt als der eigentliche Begründer des Klosters Cluny, unter ihm griff die Abtei reformierend weit nach Frankreich, Rom und Italien aus. Dasselbe gilt für Abt Maiolus, der mit Otto dem Großen, der Kaiserin Adelheid und Otto II. in enger Verbindung stand. Ein «homo politicus» von hohen Graden war dann Abt Odilo. Unter ihm erfolgte die organisatorische

Umstrukturierung Clunys von einem geistlichen Reformzentrum zu einem straff organisierten, «zentralistischen» Klosterverband, der bei seinem Tod mehr als 70 Konvente zählte. Sein Nachfolger Hugo führte das Kloster zur größten Macht- und Prachtentfaltung, der riesige dritte Kirchenbau in Cluny geht auf ihn zurück. Die Zahl der dem Kloster unterstellten oder affilierten Priorate und Abteien vervielfachte sich: Desgleichen wurde das europäische System der Pilgerhospize für die Wallfahrer nach Santiago di Compostela großzügig ausgebaut, wodurch der Reichtum Clunys enorm anstieg. Bernhard von Clairvaux, die herausragende Gründergestalt des Zisterzienserordens, griff damals die Prachtentfaltung der Cluniazenser als unchristlich scharf an. Unter dem Abt Petrus Venerabilis umfaßte der Wirkungskreis Clunys das gesamte christliche Europa, er selbst suchte durch neue, strengere Statuten dem beginnenden Niedergang des Klosters nach Kräften zu steuern, doch war dieser letzten bedeutenden Figur an der Spitze des größten europäischen Klosterverbandes nur teilweise Erfolg beschieden. Geistig hochbedeutend, hat Petrus Venerabilis die erste Koranübersetzung in Toledo angeregt, ein Zeichen für sein intellektuelles Niveau. Alle großen Äbte Clunys kamen zwar aus dem Adel, aber ihr Ruhm als Heilige erwuchs aus ihrer Funktion als Leiter des cluniazensischen Klosterimperiums; das war etwas grundsätzlich anderes als «Adelsheiligkeit» im obigen Sinn.

Als eigentlicher, spiritueller Ordensgründer tritt uns Bernhard von Clairvaux (1090–1153) entgegen, als Mönch und Abt eine der faszinierendsten Figuren des Hochmittelalters. Sein bewegtes Leben zwischen Kirche, Kloster und Welt, zwischen Kampf und mystischer Gottessehnsucht wird uns noch eingehender beschäftigen. Von starker Individualität war auch seine fast ebenso berühmte Zeitgenossin, die heilige Hildegard von Bingen (1089–1179), wohl die geistig bedeutendste Frau dieses kreativen Jahrhunderts, deren asketisches Wirken als Äbtissin, Visionärin, Ärztin und geistliche Schriftstellerin besonderer Darstellung bedarf.

Die letzte große Ordensgründung vor dem Auftreten des heiligen Franziskus und des heiligen Dominikus, die den neuen Typus des Bettelmönchtums und damit neue, von den klassischen alten Orden abweichende Ideale von Heiligkeit entwickelten, war der Prämonstratenserorden. Sein Gründer, der heilige Norbert von Xanten (1080/85–1134), wandte sich nach Anläufen zu klösterlichem Leben im St. Viktorstift in Xanten und in der Abtei Siegburg der eremitischen Daseinsform zu, die er mit einem Leben als Wanderprediger verband. 1120 gründete er das Urkloster Prémontré als Gemeinschaft von Kanonikern, die nach der Augustinerregel lebten und bis 1137/40 auch Frauen als «sorores» aufnahmen. Seit 1126 Erzbischof von Magdeburg und in der Reichspolitik tätig, konnte er viel für den Aufstieg der Prämonstratenser als Chorherren und deren rasche Verbreitung tun. Nach Norberts Reformideen sollten seine Konvente ursprünglich Abbilder der Urkirche sein und um die Priester als Repräsentanten der Apostel Männer und Frauen sammeln, die in Gebet und Arbeit für den Lebensunterhalt eine Gemeinschaft bildeten. Diese Grundidee konnte nach einiger Zeit wohl nicht mehr durchgehalten werden, und so wurde bald nach Norberts Tod die Konzeption des Doppelklosters aufgegeben und die Trennung in gesonderte Männer- und Frauenklöster schrittweise durchgeführt. Einer strengen Arbeitsethik blieben aber beide Zweige verpflichtet. Norbert selbst war ein Pragmatiker ohne literarische Ambitionen, doch bezeugen seine Zeitgenossen, daß er selbstbewußt und energisch war und mit einem vorbildlichen Leben sowie mit seiner Predigt für das Volk Reformideen vorwegnahm, die später für die Bettelorden typisch wurden. Sein ursprünglich eremitischer Impuls und sein Wirken als Wanderprediger machen ihn zu einer sehr charakteristischen Figur; sein Begriff von Heiligkeit hebt sich klar von der Exklusivität der Cluniazenser ab, war entschieden moderner und daher in die Zukunft weisend.

Die neuen Formen asketischen Lebens, die an der Wende vom 12. zum 13. Jahrhundert durch die Ordensgründer Franz von Assisi (1181–1226) und Dominikus (ca. 1170–1221) mit durchschlagendem Erfolg entwickelt wurden, seien im vorliegenden Band durch das geistliche Wunder des Heiligen aus Assisi repräsentiert, der mit seinem die Epochen übergreifenden, verinnerlichten asketischen Dasein ein Heiligentypus besonderer Art ist. Bei ihm ist es müßig zu fragen, wie er als einmalige Gestalt typologisch einzuordnen wäre.

Es versteht sich von selbst, daß mit dem Aspekt dieses Buches, wie er in dessen Titel anklingt, der Bereich der Ordensheiligkeit in mehr-

Die wichtigsten Orte der mittelalterlichen Kirchengeschichte

facher Hinsicht überschritten werden muß. Verehrung als Heilige haben vielfach auch Personen erlangt, die Laien waren, aber als Kirchengründer und Stifter oder aufgrund ihres persönlichen Charismas heiliggesprochen wurden. Insgesamt geht es nicht um eine erbauliche «Neohagiographie», sondern um die konkrete Lebenswirklichkeit von Heiligen, die hinter ihrer späteren Rolle als Objekte kultischer Verehrung oft unkenntlich geworden ist. Das gilt insbesondere für die frühen Märtyrer der Verfolgungszeiten, aber auch für die dauerhafte, den Ordensbereich weit überschreitende Wirkung eines Heiligen innerhalb der sich entfaltenden und zunehmenden Volksfrömmigkeit als kollektive Identifikationsfigur, wie dies bei Franz von Assisi der Fall ist. Ebenso verschwindet oft die konkrete Gestalt eines Heiligen, wenn er als Herrscher zum Symbol für eine bestimmte Staatlichkeit umgeformt wurde, wie dies für den heiligen Wenzel in Böhmen und ebenso für den heiligen König Stephan in Ungarn gilt. Hier klaffen wohl profane Lebenswirklichkeit und die spätere Rolle als Kultfigur am weitesten auseinander. In gewisser Weise kann man dies auch für Päpste und große Äbte sagen, etwa für Papst Leo den Großen (440–461), der kaum als Heiliger im tieferen Sinn angesehen, sondern höchstens einer allerdings problematischen Kategorie als «Funktionsheiliger» zugeordnet werden kann. Näher am Begriff echter, personaler Heiligkeit sind große Persönlichkeiten der Kirchengeschichte, die man auch als «intellektuelle Heilige» definieren könnte: so etwa die vier großen Kirchenväter Ambrosius, Hieronymus, Augustinus und Papst Gregor der Große (590–604) sowie Thomas von Aquin (1225–1274), der König der scholastischen Philosophie. Der «sanctus doctus» ist sicher der interessanteste Heiligentypus, wenn ihm auch das schlechthin Ergreifende, den ganzen Menschen tief Berührende fehlt, das charismatischen Heiligen wie Franz von Assisi eignet. Problematisch bleiben solche Kategorisierungen allerdings immer, denn man kann beispielsweise Papst Gregor den Großen ebensogut unter die «Funktionsheiligen» einreihen, deren Heiligkeit sich durch bedeutende Wirkung im Kirchenamt ergibt.

Ausgeklammert bleiben Kultfiguren, die man «virtuelle» Heilige nennen kann, weil es sich kaum um real existierende Persönlichkeiten handelt, sondern um Gestalten, die kollektive Glaubens- und Wundersehnsucht hervorgebracht haben, so beispielsweise St. Georg als erster der 14 Nothelfer, dessen Kult aus dem Orient in den Westen kam, oder St. Christophorus. Es ist dies ein Phänomen, das weniger in die Kirchengeschichte als in den Bereich der religiösen Volkskunde wie der Ikonographie gehört. Legendäre Figuren solcher Art sind zweifellos kultisch hochbedeutend geworden, wie dies etwa im Mittelalter die Verbreitung des Georgskults vom Kloster Prüm aus zeigt oder die Unzahl von rührenden Christophorus-Darstellungen in der bildenden Kunst.

Was die Auswahl der hier dargestellten Heiligen anbetrifft, soll als leitendes Interesse die Absicht genannt sein, den breiten menschlichen Rahmen von Heiligkeit wenigstens punktuell auszumessen, in dem sich heiligmäßiges Leben entfaltete, wobei besonders Wert auf die konkreten Existenzbedingungen der jeweiligen Epoche gelegt wurde. Das brachte es mit sich, daß – um eine Art «Neohagiographie» zu vermeiden, die leider in manchen modernen Heiligenleben immer noch zu finden ist – nachdrücklich auch auf die oft erbitterten Kämpfe und Widerstände, die auch Heilige zu Haß und Parteilichkeit verleiten konnten, eingegangen wird, mochten sie auch ansonsten ihr ganzes Leben Gott anheimgegeben haben. Heiliges und Unheiliges, nämlich allzu Menschliches, liegen oft eng beieinander oder verknoten sich in unaufhebbaren konkreten Situationen. Nur wenn man dies mit bedenkt, wird man den schwer errungenen Glanz menschennaher und doch wieder übermenschlicher Heiligkeit in all ihrer Bedingtheit wirklich ermessen und würdigen können. Mit anderen Worten: Der Verfasser hat die Absicht, frei von blasphemischen Nebengedanken, die mannigfachen, meist kultbedingten «Übermalungen» offizieller Hagiographie beiseite zu lassen und den Versuch zu wagen, ihr Leben als ganz normale Biographie zu schildern, wie sie auch säkularen Persönlichkeiten zuteil wird. Er hofft, daß gerade auf diesem Wege das Besondere ihrer Existenz um so deutlicher zutage treten kann.

Schließlich und endlich: Heilige als Menschen ihrer Zeit – diese Formel will schlicht besagen, daß jedes charismatisch begnadete Leben an der Unerforschlichkeit der Menschenseele teilhat und ihr ausgeliefert bleibt. Das gilt auch für das Schwanken jeder menschlichen Existenz zwischen den Polen Gut und Böse, Liebe und Haß; ein Zustand oder Weg, der den Heiligen selbst sehr bewußt war, wie ihre hellsichtigen Selbstanklagen beweisen. Das Mensch-Sein bedrückte sie und gab ihnen ein oft alarmierendes Bewußtsein von der Nähe und Realität des Teufels. Konkret heißt das: Auch Heilige können hassen, und nicht immer sind ihre Feinde Bösewichte, wie etwa die harte Auseinandersetzung zwischen Bernhard von Clairvaux und Petrus Abaelard zeigt. Nur aus dem Boden sehr realer Menschlichkeit – Menschlichkeit hier in jenem umfassenden Sinne, der auch das Unmenschliche menschlicher Existenz mit einschließt – kann die geistig-geistliche Blüte wahrer Heiligkeit erblühen, die über sich selbst hinausweist. Der Mensch, dieses Zwitterwesen, auf Heiligkeit und Bosheit gleichermaßen angelegt, kann beides neben- und nacheinander verwirklichen. Ob er das aus eigener Kraft oder aus Vorbestimmung tut, darüber streiten sich Theologen und Philosophen bis zum heutigen Tag.

Dies ist kein «religiöses» Buch im Sinne von Erbaulichkeit. Menschen aus dem Lebenskreis der asketischen Kultur, also «Insidern», dürfte es wenig sagen. Vielmehr handelt es sich um den Versuch eines skeptischen Laien, der dennoch jahrzehntelang mit Anteilnahme, ja Bewunderung das Selbstverständnis und die spirituelle Kultur dieser Welt jenseits seiner eigenen Möglichkeiten in ihrem Werden und Wirken verfolgte und tiefer verstehen wollte.

Daß heiligmäßiges Tun und Verhalten, also sittliche Selbstüberwindung und Absage an Haß und Rache, auch außerhalb der Kirche in der Welt der Laien jederzeit möglich ist, konnte der Verfasser in seiner Jugend selbst erfahren. Mit seinem Vater 1945 in seiner nordböhmischen Heimat für mehr als ein Jahr in ein mörderisches Zwangsarbeiterlager verbracht, verdankte er einem tschechischen Verwaltungsbeamten die Freiheit. Er sorgte dafür, daß beim Gericht die Unterlagen für die Verhaftung überprüft werden konnten. Es ergab sich, daß es sich um einen reinen Willkürakt gehandelt hatte, wie dies damals Hunderttausende Sudetendeutsche erfahren mußten. Wir wurden jedenfalls freigelassen und konnten über das «Abschublager» meiner Heimatstadt Tetschen – heute Děčín – Böhmen auf dem damals für drei Millionen Deutsche «üblichen» Weg der Vertreibung beziehungsweise Zwangsaussiedlung verlassen. Zuvor aber ging der Verfasser mit einem durch Zufall geretteten Merian-Band «Böhmen und Mähren» zu Dr. Josef Horák – so hieß unser Nothelfer – ins Amt, um sich zu bedanken. Dabei sah ich auf dessen Schreibtisch das schwarzumflorte Foto eines jungen Mannes. Es war, wie ich auf Umwegen noch erfahren konnte, sein einziger Sohn, der 1939 bei einer studentischen Demonstration in Prag von Deutschen erschossen worden war. Und dennoch half 1945/46 Dr. Horák vielen Sudetendeutschen, so wie er uns in der Not geholfen hatte. Für den Verfasser ist er jedenfalls – was Selbstüberwindung und Barmherzigkeit anbetrifft – ein Heiliger, was immer er geglaubt haben mag. Ehre seinem Andenken.

Kaiserin Helena (249/50–328/29)
Eine Kaiserin und Heilige aus der Tiefe der Gesellschaft

Schon das Bild ihres großen Sohns Konstantin ist in der Geschichte höchst umstritten; dies gilt noch mehr für seine Mutter Helena. Zosimus (um 500 n. Chr.), einer der schärfsten heidnischen Kritiker der konstantinischen Herrschaft, nennt sie «vilissima», d. h. verächtlich, minderwertig; sicher eine bösartige Bezeichnung, die aber an der niederen Herkunft Helenas keinen Zweifel läßt. Denn auch der Kirchenvater Hieronymus, der die fromme Kaiserin verehrte, nennt sie «stabularia», d. h. Herbergswirtin, wobei das lateinische Wort «stabulum» hinsichtlich seiner Bedeutung eine große Bandbreite hat. Es kann auch als Schimpfwort Hurenwinkel, Absteige für mancherlei leibliche Bedürfnisse bedeuten. Attraktiv, energisch und schön muß Helena auf jeden Fall gewesen sein, auch wenn die aus Drepanon in Bithynien, Kleinasien, stammende junge Frau den ältesten Frauenberuf ausgeübt haben sollte. Auf jeden Fall wußte sie sich umsichtig in einer Welt durchzusetzen, die ihr nicht unbedingt gewogen war. Mit andern Worten: Sie war ein starker Charakter. Anderenfalls hätte sie kaum der später so erfolgreiche Kaiser Constantius Chlorus (293–306) als Konkubine angenommen und ihr auch später am Hofe eine einflußreiche und für ihre Gegner gefährliche Stellung gesichert, als er sich aus Prestigegründen von ihr trennen mußte: Ein Caesar konnte sich zwar eine Konkubine leisten, aber keine mit solcher Herkunft. Generell hatte aber der Status des Konkubinats nichts Anrüchiges an sich, sondern bezeichnet einfach die sexuelle Verbindung von Personen ungleichen Standes; diesem entstammt Konstantin der Große. Er kam in Naissus, heute Niš in Serbien, zur Welt, obwohl der herrschaftspolitische Ausgangspunkt der Familie später die Kaiserstadt Trier war, in der Constantius Chlorus seit 293 als Caesar residierte. Der gewaltige Standesunterschied der Partner hatte allerdings zur Folge, daß sich Constantius Chlorus auf

Befehl des Imperators Diokletian bald von Helena trennen mußte, um eine neue, politisch wie standesgemäß passendere Ehe mit Theodora, der Stieftochter des westlichen Kaisers Augustus Maximian († 310), einzugehen. Helena verschwand damit zwar von der offiziellen Bühne, wurde aber nicht verstoßen, sondern lebte mit ihrem Sohn in der kaiserlichen Residenzstadt Nikomedia (heute Izmit), also in ihrer Heimat Bithynien. Mehr noch: Helena gewann am Hofe Einfluß und dürfte die Heirat ihres Sohnes mit der Kaisertochter Fausta durchgesetzt haben. Ihre Position verbesserte sich noch, als der junge Konstantin Caesar in Trier wurde. Klugheit wird man Helena auf jeden Fall bescheinigen müssen, ebenso Rücksichtslosigkeit, denn sie erreichte auch, daß die drei legitimen Söhne ihres verstorbenen Exgatten Constantius alle Macht bei Hofe verloren und in die Verbannung gehen mußten, aus der sie erst nach Helenas Tod zurückkehren durften. Dies war sowohl ein simpler Racheakt gegenüber der Nachfolgerin in legitimer Ehe, Theodora, als auch eine politisch bedeutsame Tat; räumte sie doch damit den Weg für den weiteren Aufstieg ihres Sohnes Konstantin frei, den die drei Kaisersöhne hätten behindern können. Ungeachtet ihrer späteren Wundersucht und ausufernden Frömmigkeit nutzte sie ihren großen Einfluß auf den Sohn für energisch verfolgte Ziele, die auch ihrer eigenen Karriere dienlich waren. Sie sicherte sich den offiziellen Ehrentitel «nobilissima femina», eine wichtige Prestigefrage. Aus einer ungewöhnlich starken Sohnesliebe ordnete Konstantin die Umbenennung ihrer Geburtsstadt Drepanon in Helenapolis an. Helenas Ansehen zeigte sich ferner darin, daß ihr der Sohn einen kaiserlichen Palast in Rom an der Porta maggiore, das Sessorium, schenkte, den sie mit eigenen Mitteln großzügig ausbaute und durch einen großen Bäderkomplex erweiterte. Ebenso ließ sie für diese Therme einen Aquädukt bauen, ein Prestige-Objekt, das zweifellos das Ansehen der Christin Helena im noch überwiegend heidnischen Rom fördern konnte.

Es ist seltsam, daß sich Kaiser Konstantin – vermutlich aus innenpolitischen Gründen – erst auf dem Totenbett taufen ließ, aber schon lange zuvor seine Mutter zum Christentum bekehrte. Vermutungen, daß sie ursprünglich der jüdischen Religion angehörte, sind wohl nicht zu halten, anderenfalls ließe sich die Verschärfung der Gesetzgebung gegen die Juden durch Konstantin schlecht erklären. Als ihr Sohn 324

Kopf der Helena, Kapitolinisches Museum Rom. – Der Porträtkopf wurde erst 1955 als Darstellung der heiligen Helena identifiziert, da er nachträglich mit einer sitzenden Darstellung der römischen Liebesgöttin Venus verbunden worden war. Der Kirchenvater und Bischof Ambrosius von Mailand hat Helenas spektakulären Aufstieg aus dem Bodensatz der Gesellschaft bis zu kaiserlicher Herrschaft in seiner Rede zum Tode des Kaisers Theodosius des Großen (395) mit dem Satz charakterisiert, Christus habe sie «vom Mist zur Macht» geführt. Das war ein sehr drastisches Lob ohne Anspruch auf persönliche Heiligkeit. Erst im 5. Jahrhundert begann in der Ostkirche eine geregelte Verehrung Helenas. In der lateinischen, katholischen Christenheit ging ihr Kult von Rom aus, wobei ihre Biographie immer stärker hagiographisch übermalt wurde. In Jerusalem soll sie das Kreuz Christi gesucht haben, in dessen Zeichen ihr Sohn, Kaiser Konstantin der Große, gesiegt hatte. Ein jüdischer Levit namens Judas zeigte Helena ein Erdloch vor den Toren der Stadt, in dem sich drei Kreuze befanden. Helena hielt alle drei Kreuze über einen Leichnam. Das letzte erweckte den Toten zum Leben und erwies sich so als das gesuchte. Die Nägel des Kreuzes, die ihr Judas übergab, soll sie nach Rom überführt haben. Sie gilt daher als Patronin der Nagelschmiede, wird aber auch als große Kirchenstifterin verehrt und als Beschützerin bei Gewitter und Feuergefahr angerufen. Ihr Patronatstag ist der 18. August; ihre Attribute sind das Kreuz, eine Krone, ein Kirchenmodell und die Nägel.

Herrscher des gesamten Imperiums wurde und damit die diokletianische Tetrarchie (Viererherrschaft) zerstörte, erhielt Helena, zusammen mit Konstantins Gemahlin Fausta, den Rang einer «Augusta», d. h., sie durfte jetzt ein Diadem tragen und Goldmünzen auf ihren Namen prägen lassen.

Ihr politischer Einfluß hatte damit seinen Höhepunkt erreicht. Das sollte sich in katastrophaler Weise bei der Familientragödie im Kaiserhause zeigen, als Konstantin seinen begabten Sohn Crispus aus der legitimen Ehe mit Minervina, der als Caesar in Trier regierte, in einer Nacht- und Nebelaktion hinrichten ließ. Mit großer Wahrscheinlichkeit hatte dabei Helena ihre Hand im Spiel. Crispus war des Ehebruchs mit der Kaiserin Fausta verdächtigt worden. Auf Helenas Betreiben hin wurde auch Fausta hingerichtet. Der griechische Geschichtsschreiber Zosimos (um 500 n. Chr.) weiß überdies zu berichten, daß den Kaiser diese ungeheure Bluttat gereut und er sich bei den heidnischen Priesterkollegien erkundigt habe, ob es für diese Tat göttliche Verzeihung gebe. Als dies verneint wurde, soll er sich an christliche Priester mit derselben Frage gewandt haben, die ihm versicherten, Christi Blut könne jede Missetat abwaschen. Zosimos erklärt auf diese Weise den Übertritt des Kaisers zur neuen Religion, was wohl zu kurz gegriffen ist, denn Konstantin hatte in jedem Fall auch andere, gute Gründe, das vitale Christentum zur Stütze des wankenden Imperiums mit seiner versinkenden Götterwelt heranzuziehen. Selbst der heidnische Historiker Ammianus Marcellinus (ca. 330–395), Offizier unter Kaiser Julian «Apostata», «dem [vom Christentum] Abtrünnigen», erwies der christlichen Religion, trotz des fragwürdigen Lebens vieler Priester, seinen Respekt und nannte sie vollständig, d. h. in sich geschlossen, und einfach (absoluta et simplex). Sogar sein heidnischer kaiserlicher Herr, der die alten Götterreligionen wiederherstellen wollte, lobte das sittliche Leben der Christen als vorbildlich.

Welcher Art die Frömmigkeit der Kaiserin Helena war, ist schwer zu sagen. Sie verehrte besonders einen Märtyrer ihrer Heimatstadt, Lukian, der sowohl der Lehrer des Arius wie des einflußreichen späteren Hofbischofs Eusebius von Caesarea war, woraus man auf eine Sympathie Helenas für den Arianismus geschlossen hat. Arius unterlag aber nach längeren unentschiedenen Streitigkeiten auf den kaiserlichen

Reichskonzilien schließlich doch seinem unerbittlichen Widersacher Athanasius in der Trinitätsfrage. Immerhin hat sich auch Konstantin, der grundsätzlich die scharfen Kontroversen der Theologen kritisierte, relativ lang auf die Seite des Arius geschlagen und Athanasius mehrfach ins Exil geschickt. Daß ihn auch in dieser Frage Helena beeinflußte, kann nur vermutet werden, ist aber nicht unwahrscheinlich.

Helenas Verklärung

In finanziellen Fragen hatte die selbstbewußte Mutter offenbar unmittelbaren Zugriff auf den Staatsschatz. Auf diesen Tatbestand bezieht sich wohl die verbreitete Kritik von Zeitgenossen und Geschichtsschreibern, die Konstantin maßlose Verschwendungssucht staatlicher Einkünfte zugunsten unwürdiger und nutzloser Menschen vorwarfen; allerdings wird Helenas Name nicht genannt. Im allgemeinen jedoch herrschte ein sich steigernder Trend zur Glorifizierung der Augusta, den vor allem der Hofbischof Eusebius von Caesarea einleitete, der in seinen Schriften sowohl den Kaiser wie dessen Mutter kritiklos verherrlichte. Die niedere Herkunft Helenas wurde von ihm ebenso verschwiegen wie die Scheidung von Constantius Chlorus, desgleichen der verhängnisvolle Kontakt des Sohns mit der unglücklichen Gemahlin Konstantins, Fausta. Dennoch fehlte es auch jetzt nicht an kritischen Stimmen, und zwar auch in kirchlichen Kreisen. Dies mußte der Bischof Eustathius von Antiochia, einer der wichtigsten Kirchenmänner seiner Zeit, erfahren, der es wagte, der Kaiserin ihre niedere Herkunft vorzuhalten. Konstantin ließ ihn deshalb kurzerhand absetzen. Deutlicher konnte in dieser Frage hingegen der Neffe des Kaisers, nämlich Kaiser Julian «der Abtrünnige», werden, der in einer Rede kühl konstatierte: Konstantin wurde ihm [nämlich Constantius Chlorus] von Helena, einer üblen, Huren nicht unähnlichen Frau geboren, und zwar als er noch nicht Kaiser, sondern Privatmann war. Man konnte aber auch indirekt Kritik anmelden, indem man Helena überhaupt nicht erwähnte, wie dies Schriftsteller und Historiker wie Themistius, Libanius, Aurelius Victor und Eutropius getan haben.

Um so mehr war die kirchliche Seite bemüht, den Ruhm der Kaiserin zu verkünden: Man hob ihre Frömmigkeit, ihren häufigen Kirchenbesuch, ihre tatkräftige Hilfe für Arme, Gefangene und Verbannte hervor. Ihre reichen Mittel gaben ihr die Möglichkeit, prachtvoll ausgestattete Kirchen zu stiften, und dies war sicherlich ein echtes Ruhmesblatt in ihrer zwiespältigen Biographie. Ihr Ruf als Kirchenstifterin dürfte viel dazu beigetragen haben, sie später als Heilige zu verehren. Mehrere große Gotteshäuser gehen auf ihre Initiative zurück: Mit großer finanzieller Ausstattung durch ihren Sohn konnte Helena gegen Ende ihres Lebens eine auch politisch bedeutsame Pilgerreise nach Palästina antreten, wo ihr zahlreiche Stiftungen zugeschrieben werden. Sicher als Werk der Kaiserin erwiesen ist die Basilika in Bethlehem mit dem Oktogon um die angebliche Geburtsgrotte Christi; ebenso in Jerusalem die Eleona-Kirche am Abhang des Ölberges. Im lateinischen Westen geht auf die Kaiserin in Rom die Märtyrerkirche Marcellinus und Petrus an der Via Labicana zurück, die sie entweder selbst aus eigenen Mitteln erbaute oder durch Konstantin auf ihren nachdrücklichen Wunsch errichten ließ. An diese Kirche war ein Mausoleum angeschlossen: Es wurde ihre Grabstätte, obwohl das Gebäude ursprünglich für Konstantin gedacht war. Darin stand ihr gewaltiger Porphyrsarkophag, dessen kriegerischer, halb plastischer Schmuck aber vermuten läßt, daß auch er für den Kaiser, ihren Sohn, bestimmt war. Als Anbau an ihren römischen Palast entstand ebenfalls in Rom Santa Croce in Gerusalemme. Zwar berichtet der Liber Pontificalis, die Sammlung offizieller Papstbiographien, Konstantin habe die Kirche errichtet, doch die zweckmäßige Verbindung des Baus mit Helenas Residenz legt nahe, daß derselbe auf ihre Initiative zurückgeht. Da erst um 350 die Legende aufkommt, Helena habe das wahre Kreuz Christi aufgefunden, dürfte auch der Anbau der Helena-Kapelle, in der die Kreuzreliquie aufbewahrt wurde, im späteren 4. Jahrhundert erfolgt sein. Nicht unwahrscheinlich ist, daß die Kaiserin auch weitere bedeutende Kirchen gestiftet hat, wenn dies auch erst in späteren Quellen bezeugt ist. In diesen Zusammenhang gehört auch die mittelalterliche Nachricht, Helena habe ihren Trierer Palast zum größten Teil für eine Bischofskirche zu Ehren des heiligen Petrus zur Verfügung gestellt.

Gründe ihres Kultes

Was nun den Status ihrer späteren Heiligkeit anbetrifft, so dauerte es trotz der frühen Verbindung ihres Namens mit der Kreuzlegende relativ lang, bis Helena als «beata» oder «sancta» Verehrung erlangte. Anfangs geschah dies in Verbindung mit der hagiographischen Darstellung ihres Sohnes. Die älteste griechische Heiligenvita Konstantins und seiner Mutter stammt aus dem 5. oder 6. Jahrhundert. Das erklärt, weshalb ursprünglich das liturgische Gedenken für beide auf den 21. Mai fiel. Im lateinischen Westen entwickelte sich hingegen die kirchliche Verehrung Helenas auch unabhängig vom Konstantinskult, der sich dort ohnehin nur schwach entfaltete. Ausgangspunkt liturgischer Verehrung der Kaiserin war vor allem Rom, und hier besonders die Kultstätte Santa Croce als Ort der sich bald in Europa ausbreitenden Kreuzesverehrung. Unter Papst Innozenz III. (1130–1143) soll eine Überführung ihrer Gebeine in die Kirche Ara Coeli auf dem Kapitol erfolgt sein. Bedeutungsvoller wurde jedoch eine andere Translation von Reliquien Helenas; sie erfolgte um 840 aus Rom in die Benediktinerabtei Hautevillers in der Champagne. Dort verfaßte der Mönch Altmann um 860 die erste lateinische Lebensbeschreibung der nunmehr heiligen Kaiserin. Von diesem Kloster aus setzte sich seit dem 9. Jahrhundert als ihr neuer liturgischer Gedenktag der 18. August durch. Seit dem 10. Jahrhundert findet sich der Kult Helenas in Trier, wo dann sowohl die Kathedrale, wie auch die Kreuzkirche und die Abtei St. Maximin als ihre Gründungen gelten. Ebenso sollen der Heilige Rock und Nägel des Heiligen Kreuzes durch sie nach Trier gekommen sein. In Köln nahm man Helena als Gründerin der spätantiken Kirche St. Gereon in Anspruch. Es war nun allgemein das Bild der frommen Stifterin, das im Vordergrund stand. Kreuzreliquien kamen aber auch unmittelbar aus dem Osten ins Frankenreich, so etwa in das hl. Kreuzkloster in Poitiers, das die Königin Radegunde im 6. Jahrhundert stiftete. Dieses Heiltum einer Kreuzespartikel war ein Geschenk des byzantinischen Kaisers an die Gründerin; das war aber eher ein Sonderfall kultischer Beziehungen zwischen West und Ost.

Eine persönliche Heiligkeit der Kaiserin läßt sich schwerlich aus ihrer Biographie ableiten, die sie aus dem Bodensatz der Gesellschaft in die schwindelnde Höhe kaiserlicher Allmacht emporgetragen hat, denn die Mittel dieses spektakulären Aufstiegs liegen eindeutig im rein politischen Bereich. Sie hat ihrem Sohn den Weg geebnet, Mißliebige ausgeschaltet und insgesamt einen kaum zu überschätzenden Anteil an der Begründung eines sakral legitimierten, christlichen Kaisertums. Man muß ihr ein hohes Maß an Geschick und Durchsetzungskraft und wohl auch Skrupellosigkeit bescheinigen. Anders jedoch liegen die Dinge, wenn man ihren Spuren als Wohltäterin mit einem offenbar unerschöpflichen finanziellen Fundus nachgeht. Dieser stammte von ihrem Sohn und damit letztlich aus der geradezu terroristischen, Land und Leute schwer bedrückenden Steuerorganisation des militaristischen diokletianisch-konstantinischen Kaiserstaates. Später hatte dieser erpresserische Fiskalismus, der das byzantinische Staatswesen schrittweise auszehrte, zur Folge, daß in weiten Teilen der Bevölkerung im 7. Jahrhundert die islamisch-arabischen Eroberer freudig begrüßt wurden – als Befreier von unerträglichem Druck. So gesehen, verdankten Helenas ausufernde Kirchenbauten einem bösen Zustand des Staatswesens ihre Entstehung und verlieren damit vieles vom erwünschten Glanz der Gottgefälligkeit. Mögen diese Unsummen auch aus drückendem Zwangsfiskalismus stammen, hat Helenas nachweisliche Wohltätigkeit dennoch das Prestige des Christentums bis weit in die noch stark heidnisch geprägte Gesellschaft gefestigt. Dies bezeugen zahlreiche Inschriften, deren huldigender Inhalt kaum allein auf offiziell verordneten «Byzantinismus» zurückzuführen ist. Der Kranz zahlreicher Legenden, der das reale Leben der Kaiserin fast völlig überdeckt hat und dessen Kern die Legende von der Auffindung des wahren Kreuzes ist, an dem Jesus Christus starb, entstand sicher nicht rein zufällig. Er hatte auch einen Grund in der starken karitativen Tätigkeit Helenas, die sich sehr deutlich vom skandalösen Lebensstil vieler anderer Kaiserinnen der Antike unterschied. Damit darf man sie unter die zahlreichen Stifterheiligen einreihen, die sich grundsätzlich von den charismatischen, echten Heiligen unterscheiden, weil «gute Werke» als Kompensation eines oft ganz anderen Lebens kaum die Würde und Vorbildlichkeit wahrer Heiligkeit erlangen können. So scheint es nur auf den ersten Blick paradox, in ihr eine «unheilige Heilige» zu sehen Auf jeden Fall muß man sie mit ihrer bizarren Biographie gelten lassen.

Martin von Tours (um 336–397)
Soldat, Athleta Christi, Mönch und Bischof

Sieht man sich in der Kirchengeschichte nach einem rundum volkstümlichen Heiligen des Mittelalters um, dann fällt einem sicher der heilige Martin ein, der wackere, barmherzige Reitersmann, der mit seinem halbierten Militärmantel einst einen Bettler beschenkt hat – eine Szene, die hundertfach aus der bildenden Kunst bekannt ist. Es ist jener Heilige, den am 11. November im Rheinland und anderswo die Kinder mit ihren bunten Lampions singend feiern. Betrachtet man aber Martins Leben genauer, so stellt man bald fest, daß der populäre, barmherzige Reiter nur *eine* Facette einer bestürzend aktuellen und in mancher Hinsicht auch tragischen Persönlichkeit an der Epochenscheide zwischen heidnischer und christlicher Spätantike gewesen ist, deren Leben als Soldat und Asket in mehr als einer Hinsicht vorbildlich wurde. Von diesem ganz anderen heiligen Martin, der hinter den Formen seines kultischen Gedenkens nur zu oft zu verschwinden droht, soll nachfolgend die Rede sein.

Martins Lebensweg

Es ist viel Stimmiges und Beispielhaftes in der Gestalt des großen gallischen Heiligen, und dies hat sicher zu seiner Popularität bis heute beigetragen. Auch hatte Martin Glück mit seinem Schüler und Biographen Sulpicius Severus († nach 406), einem gebildeten Schriftsteller, den ein Zeitgenosse als adelig durch Geburt und Bildung bezeichnet. Dessen «Vita sancti Martini», die 396/97 entstand, wurde wegen ihrer hohen sprachlichen Qualität und bewußt schlichten Klarheit, die der rhetorischen Bildung des Autors zu verdanken ist, ein großes Muster für die mittelalterliche Hagiographie und damit ein paradigmatischer

Text für alle folgenden Heiligenleben. Sie ist eine leidenschaftliche, vom Herzen kommende Verteidigungsschrift für einen, wie zu zeigen sein wird, durchaus umstrittenen Heiligen, dessen Vorbild den reichen Aristokraten Sulpicius Severus veranlaßte, seine Güter zu veräußern oder der Kirche zu schenken, um mit dem Rest seines Vermögens ein Kloster im Geist seines Lehrers Martin zu gründen, den er mehrmals in dessen Hauptkloster Marmoutier bei Tours besuchte. Daß der Heilige einer Verteidigungsschrift bedurfte, kam nicht von ungefähr, denn es gehörte zum unverwechselbaren Charakter des realen Lebens Martins, daß er auf jeweils verschiedene Weise mit kirchlichen und weltlichen Autoritäten in Konflikt geriet. Der tapfere Reitersmann und Mantelteiler war alles andere als ein gemütvoller Asket und Eremit, der sich von der Welt in stille Beschaulichkeit zurückgezogen hatte. Folgen wir also nach dem Text seiner Lebensbeschreibung den Spuren seiner Existenz und hier vor allen jenen, die im späteren Kultbild verlorengegangen sind.

Vom Heiden zum Christen

Als Sohn eines Berufssoldaten, der es bis zum Militärtribun gebracht hatte, kam Martin um 336 zur Welt. Seine Eltern waren Heiden, wenn auch, wie der Autor bemerkt, «von nicht geringem Rang». Sie stammten aus Sabaria, dem heutigen Szombathely/Stein-am-Anger in Ungarn, doch wuchs Martin als Soldatenkind in Italien auf, nämlich in Ticinum, dem späteren Pavia. Der Jüngling schlug, wie dies im Heer üblich und erwünscht war, ebenfalls die militärische Laufbahn ein und diente unter den Kaisern Constantius II. und Julian «Apostata» – dem vom christlichen Glauben Abtrünnigen – in einer berittenen Elite-Einheit. Sulpicius Severus spielte zwar den Waffendienst Martins mit der Bemerkung herunter, er habe dies «nicht aus eigenem Antrieb getan», doch wird man bezweifeln dürfen, daß der junge Mann ohne eigene Initiative in eine militärische Spezialeinheit kommen konnte, ganz gleich ob mit oder ohne väterliche Protektion. Da trotz gravierender Bedenken strenger Kirchenväter und Laien viele Christen im römischen Heer waren, ist es aber durchaus möglich, daß Martin, wie sein Bio-

Giovanni Mansueti, Der heilige Martin von Tours und der Bettler, um 1526/27, Museo Correr, Venedig. – Wie kaum ein anderer Heiliger der abendländischen Christenheit ist der römische Reiteroffizier und barmherzige Mantelteiler Martin in die Volkskultur eingegangen. Die Mantelhälfte, die er einem Bettler geschenkt hat, die «cappa S. Martini», erhielt am Hof der Merowinger und der Karolinger als Kontaktreliquie einen eigenen Kultraum und eigene Geistliche (cap[p]ellani). Sie wurde der Ausgangspunkt der Verehrung Martins, doch bestand daneben sein Kult als Volksheiliger. Sein Festtag, der 11. November, war zugleich der Tag für den Dienstbotenwechsel. In den ungezählten Darstellungen tritt vor allem der barmherzige Reitersmann hervor, dem Mansueti die Züge Jesu gab. Wegen seiner Güte gilt Martin als der Schutzpatron der Armen und der Bettler. Sein Attribut ist der zu seinen Füßen kauernde Bettler mit dem halben Mantel.

graph berichtet, schon als Kind und gegen den elterlichen Willen Kirchen besuchte und die Aufnahme in die Christengemeinde erstrebte. Wenn die Vita erzählt, daß der junge Martin festgenommen, gefesselt und zum Fahneneid gezwungen wurde, dann dürfte dies hagiographische Übertreibung sein, da im gleichen Atemzug lobend berichtet wird, daß er sich nur mit einem Diener zufriedengab, also, ungeachtet seiner höheren Position, bereits die christliche Tugend der «humilitas», der Demut und Bescheidenheit, übte und sich damit die Hochachtung seiner Kameraden erwarb. Dies ging so weit, daß er als Offizier sogar seinem Leibburschen die Stiefel putzte (c. 2). «Obwohl er noch nicht in Christus wiedergeboren war, ließ sein edles Wirken doch darauf schließen, daß er kurz vor der Taufe stehe», so resümiert sein Biograph die heidnische Vorgeschichte Martins.

In diese vorchristliche Zeit fällt auch das berühmte Mantelwunder von Amiens, das zum bekanntesten Zeichen seiner Heiligkeit werden sollte. Sulpicius Severus schildert dieses Wunder, das sich eigentlich ganz in der Seele Martins vollzog und das den Achtzehnjährigen zur Taufe bewegte, in gebührender Ausführlichkeit:

«Einmal, er besaß schon nichts mehr als seine Waffen und ein einziges Soldatengewand, da begegnete ihm im Winter, der ungewöhnlich rauh war, so daß viele der eisigen Kälte erlagen, am Stadttor von Amiens ein notdürftig bekleideter Armer. Der flehte die Vorübergehenden um Erbarmen an. Aber alle gingen an dem Unglücklichen vorbei. Da erkannte der Mann voll des Geistes Gottes, daß jener für ihn vorbehalten sei, weil die andern kein Erbarmen übten. Doch was tun? Er besaß nichts als den Soldatenmantel, den er sich umgeworfen hatte, alles übrige hatte er ja für ähnliche Zwecke verwendet. So zog er das Schwert, mit dem er umgürtet war, schnitt den Mantel mitten durch und gab die eine Hälfte dem Armen, die andere legte er sich selbst wieder um. Da fingen manche der Umstehenden an zu lachen, weil er im halben Mantel ihnen verunstaltet vorkam. Viele aber, die mehr Einsicht besaßen, seufzten tief, daß sie es ihm nicht gleich getan und den Armen nicht bekleidet hatten, zumal sie bei ihrem Reichtum keine Blöße befürchten mußten. In der folgenden Nacht nun erschien Christus mit jenem Mantelstück, womit der Heilige den Armen bekleidet hatte, dem Martinus im Schlafe. Er wurde aufgefordert, den Herrn genau zu betrachten und das Gewand, das er verschenkt hatte, wiederzuerkennen. Dann hörte er Jesus laut zu der Engelschar, die ihn umgab, sagen: ‹Martinus, obwohl erst Katechumen, hat mich mit diesem Mantel bekleidet.› Eingedenk der Worte, die er einst gesprochen: ‹Was immer ihr einem meiner Geringsten getan, habt ihr mir getan›, erklärte der Herr, und daß er – Christus – im Armen das Gewand bekommen habe. Um das Zeugnis eines so guten Werkes zu bekräftigen, würdigte er sich, in dem Gewande, das der Arme empfangen hatte, zu erscheinen.»

Daß Martin auch nach der Taufe noch zwei Jahre im Heer Kaiser Julians diente, glaubt der Autor damit erklären zu müssen, daß der Heilige dies wegen eines befreundeten Tribuns tat, den er nach dem Ablauf von dessen Dienstzeit für das asketische Leben zu gewinnen hoffte.

Als 356 Germanen, nämlich Alamannen, in Gallien einfielen und sie der Kaiser bei Worms zum Kampf stellen wollte, kam für Martin die entscheidende Stunde. Er provozierte Julian, der vor der geplanten Abwehrschlacht seine Soldaten durch Geschenke anfeuern wollte, indem er diesen Sondersold mit folgenden Worten ablehnte: «Bis heute habe ich dir [d. h. dem Kaiser] gedient; erlaube nun, daß ich jetzt Gott diene. Dein Geschenk mag in Empfang nehmen, wer in die Schlacht ziehen will» (c. 4). Der Kaiser beschuldigte ihn deshalb der Feigheit, worauf sich Martin erbot, sich ohne Waffen vor die Schlachtreihe, ohne Schild und Helm, zu stellen «und im Namen des Herrn Jesus mit dem Zeichen des Kreuzes die feindlichen Reihen zu durchbrechen». Kaiser Julian, der hier als «wutschnaubender Tyrann» dargestellt wird, nahm ihn beim Wort und ließ ihn fesseln, damit er am morgigen Schlachttag seinen Mut beweisen konnte. Durch göttliche Gnade schickten aber die Alamannen am nächsten Tag Gesandte und ergaben sich ohne Kampf «mit Hab und Gut». Der Autor fühlte sich hier bemüßigt, Gott selbst für dieses nicht vollzogene Martyrium in Anspruch zu nehmen, jedenfalls fügt er eine eher spitzfindige Erklärung dieses «Nicht-Martyriums» bei, das so offensichtlich hagiographischer Folgerichtigkeit zuwiderlief. Da Sulpicius Severus auf die zu erwartende Pointe, den Sieg des Heeres durch Martins waffenlosen Vorangang, verzichtete, kann man diese Szene als realistisch ansehen.

Wanderjahre

Aus dem Heer entlassen, begab sich Martin zu Bischof Hilarius von Poitiers (ca. 350–367/68), dem mannhaften Verteidiger der katholischen Lehre gegen die arianische Glaubensrichtung in Gallien, der ihn zum Diakon weihen und ihn damit für den geordneten kirchlichen Dienst gewinnen wollte. Doch Martin nahm aus Demut nur das niedrigste Amt in der Kirche an, nämlich das des Exorzisten, und ging in seine Heimat Sabaria. Unterwegs fiel er unter Räuber, entkam mit knapper Not, wobei sichtlich Gottes Hand mit im Spiel war, und kam nach einer Begegnung mit dem Teufel in Sabaria an. Dort bekehrte er seine Mutter, während der Vater im Heidentum verharrte. Er hatte aber dort viel Unbill von arianischen Bischöfen zu erleiden, die ihn auspeitschen ließen und aus der Stadt verjagten. Wieder in Mailand, erbaute sich Martin eine Zelle zu asketischem Leben, wurde aber auch dort vom arianischen Bischof Auxentius vertrieben und zog sich schießlich auf die Mönchsinsel Gallinaria im Golf von Genua zurück, die damals als heiliger Ort galt.

Als Bischof Hilarius von Poitiers 361 zurückkehren durfte – in Gallien hatte sich wieder die Lage zugunsten der katholischen Richtung geändert –, begab sich Martin erneut zu diesem bedeutenden Kirchenmann. Dieser nahm ihn liebevoll auf, so daß er seine asketische Lebensform fortsetzen und sich eine kleine Eremitenzelle bauen konnte, das spätere Kloster Ligugé bei Poitiers. Vermutlich entstand es auf dem Areal einer Villa des Bischofs Hilarius. Nunmehr häuften sich die Wunder, die Sulpicius Severus berichten kann, es kam sogar zu Totenerweckungen, die Martin vollbrachte.

Der Bischof und Klostergründer

Nicht ohne List gelang es dann 371, den Thaumaturgen Martin, dessen Ruf sich inzwischen verbreitet hatte, als Bischof der bedeutenden Stadt Tours an der Loire zu gewinnen. Seiner Wahl, die ein spontaner Willensakt der christlichen Gemeinde der Stadt gewesen sein muß, widersetzten sich jedoch einflußreiche Laien und mehrere Bischöfe, und zwar mit aufschlußreichen Argumenten: «Sie sagten, Martin sei eine verächtliche Persönlichkeit, der bischöflichen Würden sei nicht wert ein Mann von so unansehnlichem Äußeren, mit so armseligen Kleidern und ungepflegtem Haar. Indes das Volk bekundete gesünderen Sinn und lachte über ihre Torheit; denn während jene einen Tadel gegen den ruhmwürdigen Mann aussprechen wollten [nämlich gegen das unansehnliche Äußere des Heiligen], verkündeten sie ja doch nur sein Lob» (c. 9).

Die Wahl Martins, die also vom Volk gegen die anwesenden Bischöfe durchgezogen wurde, ist in mehr als einer Beziehung aufschlußreich. Zum einen ist bezeichnend, daß der ursprüngliche, legitime Brauch der Bischofswahl durch die Gemeinde bereits umstritten war und zu einem hierarchischen Recht tendierte; ein Trend, der sich danach immer mehr verstärken sollte und der durch den Hinzutritt der politischen Gewalt, wie er schon mit der kirchlichen Personalpolitik Konstantins des Großen begonnen hatte, eine noch stärkere Entfremdung von der ursprünglichen Gemeindewahl bewirkte. Im Mittelalter reduzierte sich letztere auf eine rein formale Akklamation nach der kirchlichen Bestallung und nach der Investitur durch den Herrscher. Zum anderen wird hier ein genereller Trend sichtbar, zunehmend Aristokraten als Bischöfe einzusetzen. Das hatte weitreichende Folgen, denn die Tatsache, daß seit dem 4. Jahrhundert immer mehr Mitglieder des großgrundbesitzenden Senatorenadels in die oberen Ränge der Kirche vorrückten, bewirkte auch einen Wandel des kirchlichen Selbstverständnisses. Die Hierarchie trat seit der «konstantinischen Wende», die man auch kritisch als «konstantinischen Sündenfall der Kirche» bezeichnet hat, in ein neues, enges Verhältnis zum spätantiken Staat: Bischöfe erhielten oder usurpierten politische Befugnisse. Insofern hatte es weiterreichende Bedeutung, wenn Sulpicius Severus, obwohl selbst aus der aristokratischen, gebildeten Oberschicht stammend, dennoch vermerkt, daß nicht wenige der Bischöfe Martin feindlich gesinnt waren (Dial. II [II], c. 15). An anderer Stelle bemerkte er mit Ingrimm, daß es eine Ausnahme sei, wenn ein Bischof so viel Charakter zeige, sich nicht zum Hofschranzen zu erniedrigen; ebenso geißelt er die «schnöde Kriecherei der Bischöfe» vor dem Trierer Kaiser Maximus (c. 20 u. 27). Vom altchristlichen Ideal der Gemeindekirche her gesehen, war somit der heilige Martin als Bischof eher ein «auslaufendes Modell», ja, sogar schon eine Ausnahme. Konkret zeigt sich das auch an seinem Nachfolger Brictius, der, wie Sulpicius Severus berichtet, bereits als Mönch in Martins Großkloster Marmoutier bei Tours, also unter den Augen des Heiligen, Diener und Pferde hielt und somit der Oberschicht entstammte. Kein Wunder, daß es im Kloster zu Auseinandersetzungen zwischen Martin und seinem Schüler Brictius kam. Wie andere Mönche aristokratischer Herkunft, die sich in Marmoutier einem asketischen Leben widmeten, war auch Brictius in dieses Kloster eingetreten, hatte es aber offensichtlich nicht vermocht, von seinem früheren Lebensstil Abschied zu nehmen. Warum Martin dies duldete, bleibt unklar, vielleicht trug Brictius mit seinem Vermögen zum Lebensunterhalt der 80 Mönche bei und wurde damit gewissermaßen deren Sponsor. Die Beziehungen zum geistlichen Oberhaupt waren jedenfalls öfters gespannt, und so dürfte es wohl kein Zufall sein, daß Brictius später als Nachfolger Martins auf dem Bischofsstuhl von Tours dem inzwischen weithin berühmten, heiligen Mönchsvater und Wundertäter nur ein kleines Oratorium errichten ließ. Erst unter Bischof Perpetuus von Tours (458–488/89) wurde eine Basilika als Grabkirche Martins errichtet und mit Bildern aus dessen Leben geschmückt. Die kultische Verehrung Martins nahm von da an überregionalen Charakter an und mündete am Ende des Jahrhunderts in die ihrem Wesen nach andersartige Verehrung Martins als des Reichsheiligen des merowingisch-fränkischen Königshauses.

Doch kehren wir zu Martin selbst zurück und zu seiner Wirksamkeit als Bischof, Thaumaturg und Missionar. Sein eigentliches Lebenszentrum wurde seine Klostergründung Marmoutier, eigentlich eine asketische Ansiedlung von etwa 80 Mönchen, die in einzelnen Höhlen oder Zellen lebten und nur durch eine gemeinsame Mahlzeit sowie durch gemeinsame Gebetsstunden vereint waren. Außer Schreiben war keine Handarbeit üblich, dafür begleiteten die Mönche Martin bei seinen Missionsfahrten, bei denen der Heilige heidnische Heiligtümer zerstörte und dafür Kirchen errichtete. Er kam dabei in Gegenden Galliens, in denen, wie Sulpicius Severus zu berichten weiß, «fast niemand das Christentum angenommen» hatte (c. 13). Es ist anzunehmen, daß sich Martins rigorose Missionsarbeit vor allem in ländlichen Regionen auswirkte, in denen sich das Heidentum auch innerhalb des Imperium Romanum noch weit bis ins 6., 7. und 8. Jahrhundert hielt. Was die planmäßige Zerstörung paganer Heiligtümer anbelangt, so bewegte sich Martin hier bis 391 gewissermaßen in einer rechtlichen Grauzone, denn erst ab diesem Datum war durch ein Dekret Kaiser Theodosius' des Großen (347–395) die Zerstörung von Kultstätten der alten Götter staatlich gedeckt und wurde sogar forciert.

Die «Vita sancti Martini» des Sulpicius Severus, eine «sorgfältig eingefädelte Veröffentlichung», die noch zu Lebzeiten des Heiligen erschien, wurde ein publizistischer Erfolg und ein Vorbild für die folgenden Jahrhunderte. Der Autor ließ noch sechs weitere Martins-Schriften folgen, nämlich drei Dialoge und drei Briefe, die das Bild des Heiligen polemisch gegen berühmte Kritiker abrundeten, zu denen auch der Kirchenvater Hieronymus gehörte. Manches tritt dabei klarer hervor, man spürt, daß sich hier noch ein lebhafter innerkirchlicher Diskurs einer gebildeten christlichen Elite entfalten konnte, der in dieser Form seit dem 6. und 7. Jahrhundert nicht mehr möglich war, weil sich die Möglichkeiten regelmäßiger schriftlicher Kommunikation stark reduziert hatten.

Martin und die christliche Gemeinschaft der Priscillianer oder Die verfolgende Kirche

Wesentlich konkreter als in seinem hagiographischen Meisterwerk ist Sulpicius Severus als sachlicher Historiker in seiner «Chronik», und dies besonders bei einem Thema, bei dem der heilige Martin leidenschaftlich involviert war und selbst in Bedrängnis geriet. Gerade dies zeigt ihn in einem völlig neuen und sympathischen Licht, jenseits aller hagiographischen Topik. Es ist seine humane Haltung im Falle der brutalen kirchlichen und staatlichen Verfolgung einer christlichen Sekte, der Priscillianer, die sowohl in Gallien wie in Spanien weit verbreitet war, ein spektakuläres Ereignis, das die Kirche des lateinischen Westens in beträchtliche Turbulenzen brachte, die weit über das Maß dessen hinausgingen, das man bei innerkirchlichen Kontroversen erwartet.

Worum ging es in dieser Auseinandersetzung, die den traurigen Ruhm beanspruchen darf, im lateinischen Westen des Imperiums die erste Verfolgung von Christen durch Christen zu sein?

Ohne näher auf die theologischen Streitfragen um die extrem asketische, paulinisch beeinflußte Glaubensgemeinschaft der Priscillianer eingehen zu können, sei hier nur der konkrete Verlauf des Schismas skizziert. Auf einer Synode spanischer und aquitanischer Bischöfe, die im Oktober 380 in Saragossa stattfand, werden acht Beschlüsse gefaßt, die sich unter anderem dagegen wenden, daß sich jemand ohne Zustimmung der kirchlichen Autoritäten «Lehrer» nennt, daß bei Zusammenkünften von Frauen und Männern gewisse Schriften gelesen und Vorträge religiöser Art ohne kirchliche Genehmigung gehalten werden und daß die Eucharistie aus der Kirche mit nach Hause genommen werde. Ohne daß Namen genannt werden, richten sich diese Beschlüsse eindeutig gegen den reichen, hochgebildeten, aristokratischen Laien Priscillian und dessen Anhänger, die sich schon mit der Taufe zur radikalen Absage an die Welt und zur Hingabe an Christus in Armut und Keuschheit verpflichteten. Die Nähe zum mönchischen Lebensideal liegt auf der Hand. In Priscillians Glaubenswelt spielten auch die von der Kirche ausgeschiedenen apokryphen Evangelien eine nicht unwichtige Rolle. Er muß nach der gleichermaßen positiven wie kritisch-distanzierten Schilderung des Sulpicius Severus eine asketische, charismatische Persönlichkeit gewesen sein. Er verstand sowohl Aristokraten als auch das Volk zu gewinnen und zog sogar einige spanische Bischöfe auf seine Seite. Damit hatte aber Priscillian, der immer wieder auf seiner Katholizität beharrte, die Grenze des Möglichen überschritten und die Autorität der Kirche und ihre Einheit in Frage gestellt; womit die Auseinandersetzung eskalierte. Der alte Gegensatz zwischen Kirchenamt und persönlichem Charisma, der seit der «konstantinischen Wende» zwangsläufig in fast allen innerkirchlichen Auseinandersetzungen ein immer stärkeres Gewicht bekam, erhielt durch das Einschwenken der spanischen Bischöfe Instantius und Salvian auf die Lehre Priscillians eine neue Qualität: Es drohte ein Schisma, so daß Rom zur Stellungnahme aufgefordert war. Wegen der raschen Ausbreitung der Glaubensgemeinschaft Priscillians wandte sich der spanische Metropolit Hydacius von Merida an Papst Damasus (366–384), der dann offenbar die Synode von Saragossa anregte, aber in seinem Antwortschreiben an Hydacius nachdrücklich darauf hinwies, daß niemand verurteilt werden dürfe, ohne gehört zu werden. Dies geschah noch zur Zeit des Kaisers Gratian (383), denn Hydacius von Merida schaltete nun von sich aus die staatliche Autorität, nämlich den Usurpator und Trierer Kaiser Magnus Maximus (seit 383), ein. Dabei ließ er eine maßlose Kampagne gegen die Priscillianer vom Stapel, die selbst schwerste persönliche Verleumdungen nicht scheute, wodurch er – wie Sulpicius Severus treffend formuliert – «unter das eben entstehende Feuer noch eine Fackel legte» (Chron. II, 46). Nach einer neuerlichen Synode in Bordeaux appellierte Priscillian nun seinerseits an den neuen Trierer Kaiser Magnus Maximus, was sich als schwerer Fehler erwies, denn damit hatte nun auch er selbst, entgegen kirchlicher Tradition und päpstlicher Weisung, die weltliche Gewalt ins Spiel gebracht. Beim folgenden Prozeß in Trier klagten ihn die feindlichen Bischöfe wegen Manichäismus, Magie und Teilnahme an gewerblicher Unzucht sowie wegen persönlicher sittlicher Verfehlungen – sicher zu Unrecht – an. Man fällte ein Bluturteil: Priscillian und sechs seiner Anhänger wurden 385 in Trier hingerichtet. Daß nach dieser Katastrophe Priscillian, in seine Heimat überführt, als christlicher Märtyrer gefeiert wurde und dies einen neuen Aufschwung seiner Glaubensgemeinschaft brachte, die erst im 6. Jahrhundert erlosch, beweist die Stärke und weite Verbreitung der Sekte, die sich selbst aber unentwegt als asketischer Teil der Gesamtkirche verstand.

Aufschlußreich und für das kontroverse Kirchenverständnis der Zeit charakteristisch war die Reaktion auf das Trierer Bluturteil und die anschließenden Verfolgungsmaßnahmen. Es wurde überwiegend abgelehnt. Noch vor der Hinrichtung hatte der große Metropolit des Westens, Ambrosius von Mailand, bei einem Besuch der Kaiserresidenz Trier es ostentativ abgelehnt, Verkehr mit jenen kaiserlichen Bischöfen am Hofe zu pflegen, die den Tod der Priscillianer gefordert hatten. Dies zog ihm die Ungnade des Kaisers zu, paßt aber zu der Linie des Kirchenfürsten in der Frage des Verhältnisses von Staat und Kirche, die er auch im Falle der Kirchenbuße Kaiser Theodosius' I. durchhielt. Man hat jedoch auch die Möglichkeit erwogen, ob nicht Ambrosius' strikte Ablehnung des Trierer Prozesses auch eine sehr politische Seite besaß, insofern der Kirchenvater, ein «homo politicus» ersten Ranges, hier die Partei Kaiser Valentinians II. zu vertreten hatte, des erbitterten Gegners des Trierer Usurpators Magnus Maximus. Wahrscheinlich hat Papst Siricius (384–399) beim Kaiser einen Bericht über den Trierer Prozeß angefordert, denn dieser sandte ihm die Unterlagen und versicherte dem römischen Oberhirten, daß das Urteil nach einem einwandfreien Verfahren und gemäß dem Geständnis der Angeklagten gefällt worden sei. Dies half aber wenig, denn aufgrund der allgemeinen Empörung wohl der Mehrheit der Bischöfe verlor Hydacius sein spanisches Bistum, da er als Anstifter der Verfolgung galt. Selbst dem Bischof Felix von Trier, obwohl er kein Mittäter gegen Priscillian war, verweigerten zahlreiche Bischöfe Galliens die Gemeinschaft, weil er von Mitschuldigen des Hydacius geweiht worden war, ein Verhalten, das sowohl von Papst Siricius als auch von Ambrosius von Mailand gebilligt wurde. Allerdings währte die allgemeine Sympathiewelle für die Priscillianer und ihre Märtyrer nicht allzu lange, denn auf der Synode von Toledo (zwischen 397 und 400), die sich erneut intensiv mit dieser Glaubensgemeinschaft befaßte, kam es zu Amtsenthebungen von mehreren spanischen Bischöfen, die dem Priscillianismus nahestanden. Unter Papst Leo dem Großen (440–461) scheint die Sekte nur noch in abgelegenen Regionen Galiciens weitergelebt zu haben. Das war sicher kein Zufall, denn Leo der Große, ein energischer Verfechter des römischen Primatanspruchs, hatte in Rom unter Anwendung der Folter scharf gegen die Sekte der Manichäer durchgegriffen, wobei er wohl die Trierer Vorgänge des Jahres 385 mit im Auge hatte. Jedenfalls blickte er 447 mit Genugtuung auf den Priscillianerprozeß zurück und pries die «segensreiche Strenge» der dort gefällten Bluturteile.

Doch zurück in die Jahre 383/85 ins kaiserliche Trier des Magnus Maximus. Wie hat sich in dieser Situation Bischof Martin von Tours verhalten, einer Situation, die dogmatisch und kirchenpolitisch gleichermaßen brisant war und obendrein sich als Prüfstein erweisen sollte, ob und in welcher Weise die «konstantinische Wende» und ihre schrittweise zutage tretenden, unausweichlichen Folgen die Kirche selbst und das Kirchenverständnis ihrer Repräsentanten beeinflussen oder gar schwerwiegend verändern konnten?

Es ist viel darüber diskutiert worden, ob Martin bzw. sein Biograph

Sulpicius Severus dem Priscillianismus zumindest nahegestanden haben. Die distanzierten Textstellen des letzteren über Priscillian und das Verfahren gegen ihn sprechen aber gegen eine solche Annahme, besonders sein kritisch abwägendes Urteil über die Ereignisse: Sulpicius Severus mißfielen sowohl die Beschuldigungen als auch die Ankläger; den letzteren ging es nach seiner Meinung weniger um den gerechten Kampf gegen Häresie als um die Vernichtung des Gegners. Hinsichtlich der fragwürdigen moralischen Qualität des Hauptanklägers unter den Bischöfen, Hydacius, läßt der Autor allerdings keinen Zweifel offen. Er charakterisierte ihn als «verwegen, schamlos, den Luxus liebend, seinem Bauch und der Gefräßigkeit verfallen» (Chron. II, 50).

Was nun Martin selbst anbelangt, der bei der generellen Auseinandersetzung zwischen bischöflicher Amtskirche und asketisch-charismatischem Mönchtum als Mönchsbischof gleichsam «zwischen zwei Stühle» geriet, so wurde seine Haltung gegenüber Priscillian und seiner Glaubensgemeinschaft einerseits dadurch bestimmt, daß er deren Asketismus von seiner eigenen Lebenspraxis her bejahte. Andererseits waren bis zum Prozeß seine Beziehungen zum Kaiser Magnus Maximus und dessen frommer Gattin in Trier offensichtlich positiv. Jedoch war er gegen die am Kaiserhof agierenden und gegen die Priscillianer hetzenden Bischöfe letztlich machtlos. Mehr noch, Martin selbst geriet in den Verdacht, Häretiker zu sein. Obwohl der Heilige nach dem dramatischen Bericht des Sulpicius Severus sein ganzes charismatisches Gewicht beim Kaiser in die Waagschale warf, konnte er das Bluturteil gegen die Priscillianer nicht verhindern, aber offensichtlich etwas gegen die weiter ausgreifenden Verfolgungen tun. Aufschlußreich ist in diesem Zusammenhang die Tatsache, daß es bei der staatlich angeordneten Verfolgungswelle gegen die Anhänger Priscillians in Spanien und Aquitanien auch um deren Vermögen ging, das nach ihrer Hinrichtung eingezogen wurde, also auch, wie deutlich gesagt wird, ein dubioses Staatsinteresse mit im Spiele war. Sulpicius Severus spricht klar von «avaritia» (Geldgier) der an der Verfolgung Beteiligten. Offenbar betraf die Verfolgung eine große Anzahl; Sulpicius Severus, der in seinem aquitanischen Kloster Primuliacum den schrecklichen Ereignissen auch räumlich nahe war, weiß sogar von Entvölkerung zu berichten (Dial. II, c. 11). Für Martin selbst war der Trierer Prozeß gegen Priscillian und seine Gefährten vor allem deshalb ein Skandal, weil eine innerkirchliche, im Grunde theologisch-dogmatische Frage von einem weltlichen Gericht des Kaisers blutig entschieden wurde, wo es nach Auffassung des Heiligen genügt hätte, die wirklichen Häretiker – aber nur diese – aus der kirchlichen Gemeinschaft auszuschließen. Dies war, wie erwähnt, auch die Auffassung des Kirchenvaters Ambrosius und vieler anderer Bischöfe, vom Kirchenvolk ganz zu schweigen.

Der Fall erwies sich aber auch als eine Grundsatzfrage für die gesamte Kirche. Sicher ist es kein Zufall oder nur literarische Ausschmückung, wenn Sulpicius Severus berichtet, daß sich wegen der blutigen Verfolgung der Priscillianer Martin bis zu seinem Tode von jeder Gemeinschaft mit den Bischöfen lossagte und ihm auf der Rückreise vom Trierer Kaiserhof sogar eine tröstliche Engelsvision zuteil wurde (Dial. II, c. 13). Martins Rolle in der Trierer Tragödie Priscillians und seiner Gefährten und die schließliche Erfolglosigkeit des Heiligen, die ihn – wie seine Vision beim Ort Andethanna, dem heutigen Niederanven in Luxemburg, zeigt – tief erschüttert haben muß, führten den Heiligen nun seinerseits in eine selbstgewollte Isolierung. Was sich ansonsten Kirche und Hierarchie als äußerstes Mittel vorbehielten, nämlich den Ausschluß von Häretikern und Übeltätern aus ihrer Gemeinschaft, vollzog Martin jetzt gewissermaßen an sich selbst, wenn er von da an jede Gemeinschaft mit jenen Bischöfen aufkündigte, die das Trierer Bluturteil auf dem Gewissen hatten. Martin stand mit seiner Haltung nicht allein. Ambrosius von Mailand berichtet über heftige und durchaus kontroverse Diskussionen über das Problem, ob Bischöfe bei Kapitalprozessen als Ankläger fungieren dürfen. Der große Mailänder Kirchenvater zog aus diesem tiefgehenden Streit um das Selbstverständnis der Kirche im kirchlich gestützten spätantiken Staatssystem Konstantins des Großen dieselben Konsequenzen wie der Turoner Bischof und Mönchsvater: Er verweigerte dem bischöflichen Ankläger und Scharfmacher Hydacius und den Befürwortern seines Vorgehens die kirchliche Gemeinschaft. Für Martin verschärfte allerdings die ostentative Verweigerung der kirchlichen «communio» gegenüber den Anhängern Priscillians als radikal-symbolischer Akt jene Isolierung, in die er, schon seiner einfachen Herkunft wegen, seit seiner spontanen Wahl zum Bischof durch das Volk von Tours geraten war und die sich nach seinem Tode bei der Wahl seines aristokratischen Nachfolgers Brictius offensichtlich fortsetzte.

Fragen wir uns abschließend, was sich aus den geschilderten Ereignissen und dem Verhalten Martins im Katarakt der priscillianischen Verfolgungswelle für sein Kirchenverständnis entnehmen läßt. Es war zweifellos nicht grundsätzlich «staatsfeindlich», wie die anfangs fast freundschaftliche Beziehung zum Trierer Imperator Maximus beweist. Aber der asketische Heilige war einfach nicht bereit, kirchliche bzw. theologische Fragen dem Urteil der weltlichen Gewalt zu überlassen oder dieselbe gar aufzufordern, in innerkirchliche Auseinandersetzungen, wie geschehen, einzugreifen. Damit stand er aber nicht allein, wie die Haltung des Papstes Damasus und des Kirchenvaters Ambrosius beweist, doch unterscheidet Martin von diesem generellen Konsens bedeutender Kirchenmänner die rigorose «biographische» Konsequenz seines Handelns.

Die priscillianische Glaubensgemeinschaft hatte also zweierlei bewirkt: erstens eine theologisch-dogmatische Auseinandersetzung, die erkennen läßt, daß am Ende des 4. Jahrhunderts das Lehrgebäude der Kirche noch bei weitem nicht so klar und verbindlich gewesen ist, wie dies im Rückblick erscheinen mag; dies belegt schon die Tatsache, daß sich auch mehrere Bischöfe zum Priscillianismus bekannten und Priscillian selbst zum Bischof von Avila gewählt werden konnte. Zweitens jedoch forderten der Prozeßverlauf und sein blutiges Ende die Kirche und vor allem ihre Repräsentanten, die Bischöfe, auf, darüber nachzudenken und zu entscheiden, bis zu welchem Grade es möglich und ratsam war, der weltlichen Gewalt Einfluß oder gar Initiative in innerkirchlichen Auseinandersetzungen einzuräumen, ein Problem, das die Kirchengeschichte wie ein roter Faden durchzieht.

Für Martins allgemeines Kirchenverständnis ergibt sich aber auch folgendes: Erstens läßt sich bei ihm ein älterer, nämlich noch staatsferner christlicher Gemeindebegriff erkennen, der besonders in asketischen Kreisen lebendig war, wobei man oft Gefahr lief, sich als die eigentliche, die wahre Kirche zu verstehen. Dieses teils altchristlich-gemeindliche, teils asketisch-elitäre Kirchenverständnis, wie es nach dem Ende der Christenverfolgungen unter anderem auch in der radikalen donatistischen Gegenkirche weiterlebte, steht aber auch am Beginn des charismatischen Asketismus, aus dem sich unter schwieriger Auseinandersetzung mit dem Selbstverständnis und den seelsorgerischen Bedürfnissen der Gesamtkirche in einem krisenreichen Ablösungsprozeß das vorbenediktinische Mönchtum entwickelte: nun aber nicht mehr als charismatisch-asketischer Kern der christlichen Gesamtgemeinde, sondern als klar ausgegliederte, aber der episkopalen Gesamtkirche institutionell dennoch eng verbundene Sonderform christlichen Lebens, die mit der Weltmission auch besondere Aufgaben zugewiesen erhielt oder für sich selbst beanspruchte. Wollte der altchristliche Asketismus innerhalb der Gemeinde deren charismatischer Kern und die wahre, «bessere» Kirche sein – ein unmögliches Verlangen, an dem nicht nur der Priscillianismus scheiterte –, so brachte die organisatorische und kirchenrechtlich geklärte Einfügung der asketischen Kreise in die Kirchenorganisation ein In- und Miteinander von Gesamtkirche und nunmehr regularisiertem Mönchtum. Wie die Kirchengeschichte zeigt, war auch dieses rechtlich fixierte Nebeneinander von Gesamtkirche und Mönchtum nicht ohne Probleme, doch kann die monastische Welt in all ihrer Vielfalt bis heute beanspruchen, so etwas wie die Unruhe in der kirchlichen Weltenuhr zu sein.

Das Beispiel des Prozesses gegen die Priscillianer ist schließlich auch in theologisch-dogmatischer Hinsicht aufschlußreich und zugleich tief beunruhigend. Das zeigen die in einer Würzburger Handschrift erhaltenen priscillianischen Texte, deren theologischer Gehalt in Trinitätslehre und Christologie durchaus noch im Rahmen der im lateinischen Westen des 4. Jahrhunderts üblichen und vertretbaren Positionen bleibt. Auf den Punkt gebracht heißt dies aber auch, daß Priscillian und seine Anhänger 385 deshalb in Trier geköpft wurden, weil der Usurpator Magnus Maximus bei seiner ungesicherten politischen Position dringend der politischen Unterstützung des gallischen Episkopats bedurfte; und dieser war generell antipriscillianisch; zweifellos eine desillusionierende Perspektive.

Es mag vielleicht scheinen, als habe die Verfolgung der Priscillianer in der biographischen Skizze Martins einen allzu großen Raum eingenommen. Dies stimmt zweifellos, dennoch ist gerade der Trierer Prozeß gegen diese Glaubensgemeinschaft für das Bild Martins als Christ und Mensch und für seine geradlinige Religiosität von entscheidender

Bedeutung. Hebt er doch den Heiligen als humanen Asketen weit über zahllose Heilige empor, deren Vorbildlichkeit sich in Wundertaten und asketischer Strenge erschöpft. Martin hingegen ist darüber hinaus – so bedeutend seine Rolle als Asket und Thaumaturg auch gewesen sein mag – ein christlicher Charakter besonderer Art an einem wahrlich schicksalhaften Kreuzweg der Kirchengeschichte.

Dies hier hervorzuheben, scheint schon deshalb wichtig, weil sein «Sonderweg» über seiner christlichen, spontanen Barmherzigkeit, wie sie in der Mantelteilung so überzeugend hervortritt, nicht vergessen werden sollte. Es ist auch deshalb notwendig, diesen sehr individuellen Zug von frommer Charakterfestigkeit zu betonen, weil im Laufe der Zeit die wahre Gestalt des großen Heiligen stark in den Hintergrund trat. Denn historisch wichtig wurde Martin als dauerhafte Kultfigur wohl vor allem durch die Tatsache, daß er der große fränkische Reichsheilige der Merowinger und Karolinger war. Die von den Frankenkönigen seit Chlodwig I. hochverehrte Mantel-Reliquie, die «cappa sancti Martini», wurde ein Reichsheiligtum, das mit dem Machtantritt der Karolinger unter dem Hausmeier Pippin II. (ca. 640/50–714) auch in deren Besitz überging und damit ebenso der überregionale Kult des Heiligen, dem viele Kirchen geweiht waren. Wer aber den wirklichen, in einem wahrlich bewegten und gefährdeten Leben stehenden Heiligen hinter den normierenden Zügen der Kultfigur finden will: nämlich den bedrängten Menschen und Christen Martin, der muß ihn in den biographischen Texten des Sulpicius Severus, also in seiner Zeit, aufsuchen. Erst dort werden seine eigentliche Größe, die Geradlinigkeit seines Wesens, der Gehalt seines Christentums und die konkrete, überzeitliche Substanz seiner Heiligkeit sichtbar, welche die Jahrhunderte bis zum heutigen Tage überdauerte.

Hieronymus (um 347–420)
Gelehrter, Asket und Kirchenvater

Profil einer Persönlichkeit

Jeder kennt Albrecht Dürers berühmten Kupferstich «Hieronymus im Gehäus». Er stellt einen bärtigen Greis dar, der gebeugten Hauptes und in sich versunken schreibt. Allem Anschein nach ist er gerade mit der Übersetzung der Heiligen Schrift aus dem Griechischen ins Lateinische beschäftigt: eine kontemplative Idylle. Hinter ihm hängt eine Sanduhr, ein Zeichen der Vergänglichkeit alles Irdischen wie der Totenkopf auf der Fensterbank, und vor ihm liegt friedlich jener Löwe, dem, einer späteren Legende zufolge, Hieronymus einen Dorn aus der Pfote gezogen hatte, worauf die Wildkatze zum zahmen Begleiter und Haustier wurde. Mit «Ritter, Tod und Teufel» und der «Melancolia» gehört dieses Blatt zu den symbolträchtigsten Schöpfungen Albrecht Dürers, die immer wieder Interpretationen angeregt haben. Für den Menschen, Gelehrten und Kirchenvater Hieronymus, eine der streitbarsten Gestalten der Kirchengeschichte, besitzt der eher meditative Kupferstich nur begrenzten Aussagewert. Am ehesten könnte das Blatt noch das Alter des Kirchenvaters symbolisieren, als Hieronymus als eifriger Briefschreiber und Ratgeber ein Orakel der christlichen Welt geworden war, scheinbar weit entfernt von den harten, dogmatischen Kämpfen der sich organisierenden Kirche des 4. und frühen 5. Jahrhunderts. Aber auch hier wäre das Wort «scheinbar» zu betonen, denn selbst im Alter wußte der große Kirchenvater seine Autorität kritisch und streitlustig zu wahren.

Was mit diesen einleitenden Worten gemeint ist, liegt auf der Hand. Sowohl Hieronymus wie die anderen berühmten Kirchenväter seiner Zeit, Ambrosius, Augustinus und Rufinus, sind als lebendige und eben auch widerspruchsvolle Persönlichkeiten ihrer bewegten und schließlich katastrophenreichen Epoche kaum konkret biographisch präsent.

Albrecht Dürer, Der heilige Hieronymus im Gehäus, 1514, Staatliches Kupferstichkabinett Dresden. – Das verrätselte Denk- und Meditationsbild Dürers verdichtet auf wunderbare Weise die Legenden, die sich um das Leben des Kirchenvaters ranken. So weist der Totenschädel darauf hin, daß Hieronymus drei Jahre lang als Eremit in der Wüste gelebt hat. Der Löwe erinnert an die Legende, wonach Hieronymus in der Wüste dem wilden Tier einen Dorn aus der Pfote gezogen und es damit als treuen Begleiter gewonnen hat. Die Bücher und besonders die Tätigkeit des Heiligen verweisen auf seine großartige Leistung der ersten lateinischen Bibelübersetzung (Vulgata). Der Verehrungstag des Hieronymus ist der 30. September. Er ist der Schutzpatron von Dalmatien und Lyon, der Schüler und Studenten sowie der Lehrer, Gelehrten und Theologen.

sondern gleichsam hinter einer Volière hagiographischer Stilisierung verschwunden. Sie schauen bis heute in vielen Kirchen einträchtig als Heilige gütig oder streng auf uns herab, und keiner würde ahnen, daß sie sich untereinander gar nicht so gut vertragen haben. Diesen Schleier kirchlicher Tradition gilt es beiseite zu schieben, um – soweit dies möglich ist – ihre reale, menschliche Existenz erfassen oder zumindest erahnen zu können.

Es ist ein in jeder Hinsicht kämpferisches Leben, voller Widersprüche und Peripetien, mit Feindschaften reichlich gesegnet, von denen wir durch Hieronymus' Streitschriften und durch seine zahlreichen Briefe wissen, in denen er viel über sich selbst berichtet. Es gibt kaum einen anderen Autor des Altertums, der so gern und ausführlich von sich selbst und seiner literarischen Arbeit erzählt. Um 347 wurde Sophronius Eusebius Hieronymus in Stridon geboren, einem Ort, dessen genaue Lokalisierung in Dalmatien umstritten ist. Sein Vater war ein offenbar vermögender, christlicher Grundbesitzer, der dem Sohn ein Studium der Rhetorik und Grammatik in Rom ermöglichen konnte. Der junge Hieronymus hatte das Glück, Schüler des berühmtesten Grammatikers der Zeit, Aelius Donatus (ca. 310–380), zu werden, dessen Lehrbücher im Mittelalter weite Verbreitung fanden. Ob er auch Schüler des berühmtesten Rhetors Roms, Marius Victorinus (281/91–365), gewesen ist, muß offenbleiben. Jedenfalls eignete er sich eine klassische lateinische Bildung an, die ihn zu einem brillanten geistigen Florettfechter und scharfen Polemiker in seinem sprunghaft wechselnden Lebenslauf zwischen Okzident und Orient werden ließ. Er ist der «Intellektuelle» unter den Kirchenvätern, der seinen geistig weniger wendigen Gegnern auch mit Arroganz und Herablassung begegnen konnte. Das gilt selbst für seine ambivalente Beziehung zu Augustinus, mit dem er in eine Kontroverse über die Interpretation einer Stelle des Galaterbriefes geriet.

Der lange Kampf mit dem klassischen Erbe

Was Hieronymus' Einstellung zur klassisch-antiken und paganen Bildungstradition anbelangt, so lassen sich drei unterschiedliche Lebensperioden unterscheiden. In jüngeren Jahren schätzte er den Wert klassischer Erudition sehr hoch ein. In seinen mittleren Jahren neigte er zu einer radikalen Ablehnung des antiken Erbes, die sich unter anderem in seinem berühmten Traum aus dem Beginn seines Eremitenlebens in der syrischen Wüste bei Antiochien manifestierte. Noch schwankend zwischen asketischen Übungen und der immer noch fortgesetzten Lektüre klassischer paganer Autoren, fand er sich träumend plötzlich vor den Richterstuhl Christi gestellt. Zwar hatte er damals die Heimat, Rom, Verwandtschaft, Freunde und das angenehme Leben eines Angehörigen der begüterten Oberschicht schon verlassen, aber noch konnte er sich von seiner mitgeführten Sammlung klassischer Autoren nicht trennen. So lautete denn auch Christi Verdikt: «Du bist Ciceronianer, kein Christ» (Ciceronianus es, non Christianus). Von diesem göttlichen Verdikt bis ins Mark getroffen, schwor er seinen paganen Lieblingsautoren ab – als traumatischer Traum ein echtes Saulus-Paulus-Erlebnis. Dementsprechend streng sind jetzt auch seine Urteile über klassische Literatur in demselben erzieherischen Brief an die Jungfrau Eustochium (epist. 22), der er seine Vision schilderte. Da heißt es unter anderem: «Was haben Licht und Finsternis miteinander gemeinsam? Wie steht Christus im Einklang mit Belial? Was hat Horaz mit dem Psalter zu tun, [Virgilius] Maro mit den Evangelien, Cicero mit den Aposteln?» Und schließlich, als strenge Schlußfolgerung: «Man kann nicht zugleich den Kelch Christi und den Kelch der Dämonen trinken.» Man muß hinzufügen, daß der Radikalismus des Briefes an die Jungfrau Eustochium schon unter den Zeitgenossen begründeten Widerspruch erfahren hat.

Weniger nachsichtige christliche Ermahnung als polemische Schärfe und Spott zeigte Hieronymus in einem fast gleichzeitigen Brief an den Laien Helvidius, der den Sinn christlicher Askese angezweifelt hatte, weil damit christliches Eheleben und Askese in ihrem Wert gleichgestellt wurden. Die Kernpunkte der Schrift des Helvidius, deren Thesen uns nur in der Antwort des Hieronymus erhalten sind, laufen im Grunde darauf hinaus, daß die Mühen der Askese umsonst seien. Die scharfe Gegenschrift des Hieronymus entfaltet eine breite Palette rhetorischer Kunst, mit der er seinen Gegner lächerlich zu machen sucht.

In ähnlich unfairer Weise polemisierte er in derselben Frage gegen Jovinianus und dessen Anhänger, die ebenfalls Ehe und Askese in ihrem Wert gleichstellten und damit die anschwellende asketische Bewegung herausforderten. Jovinianus ging insofern noch weiter, als er keinen Unterschied zwischen Fasten und Essen machte, wenn die Speisen mit Dankbarkeit gegen Gott genossen würden, womit neben der Sexualaskese auch die Nahrungsaskese ihren Wert für das christliche Heilsverlangen verlor. Sowohl Papst Siricius (384–399) wie der große Metropolit Ambrosius von Mailand (ca. 339–397) lehnten diese Position entschieden als «manichäisch» ab – der Vorwurf des «Manichäismus» war damals eine beliebte ideologische Keule zur Diskriminierung des Gegners –, und auch Hieronymus holte 395 mit einer Kampfschrift gegen Jovinianus mit böser rhetorischer Verve zu einem Rundumschlag in dieser für den Asketismus zentralen Frage aus. Mit satirischer Schärfe macht er die Schrift des Jovinianus auch formal nieder, wobei er als virtuoser Rhetoriklehrer alle Register zieht. Er wirft ihm seinen angeblich barbarischen, fehlerhaften Stil vor, dessen Schwülstigkeit, Trivialität und affektierte Dunkelheit er ironisiert, ebenso sein Unvermögen, mit klassischen Zitaten umzugehen, und nennt seinen Text «Gespeie, im geistigen Rausch Erbrochenes». Mehr noch: Jovinianus' Ausführungen seien «Fieberträume eines Irrsinnigen, der wohl der Zwangsjacke des Hippokrates» bedürfe. Bemerkenswert ist aber, daß Hieronymus nach diesem Anfall von Gehässigkeit, sehr konkret auf die Sachargumente Jovinians eingeht und etwa dessen Feststellung konterkariert, die heidnische Antike habe das asketische Leben, die Jungfräulichkeit, als widernatürlich abgelehnt. Hieronymus führt dagegen eine Reihe von mehr oder weniger schlüssigen Beispielen dafür an, daß die Keuschheit auch in der nichtchristlichen Welt ein Wert sei. Beide Kontrahenten argumentieren mit einer Fülle von Klassikerzitaten, so daß man zu Recht gesagt hat, einige Kapitel der Kontroverstexte würden sich lesen, als wären die Autoren keine Christen. Nicht ungeschickt versteht es dabei Hieronymus, das in der Antike wohlbekannte Heilfasten ins Feld zu führen, also die Diät. Er zitiert alle verfügbaren medizinischen Autoritäten von Hippokrates, Theophrast und Dioskorides bis Galenus, aber auch den Neuplatoniker Porphyrius († um 302) mit dessen zu ganz anderem Zweck verfaßten Werk «De abstinentia». Man kann den Ton dieser Gegenschrift zwar durchaus dem geläufigen Genus der antiken Satire zuordnen, doch an vielen Stellen überschreitet der Autor das Maß des Vertretbaren, so, wenn er Jovinianus einen «geilen Epikur» nennt, «umgeben von den Schülern des Aristipp», d. h. mit Schweinen, Hunden und Geiern, und ebenso als Wiedergeburt des Basilides, des «Lehrers der Geilheit und der schändlichen Umarmung». Für einen Mönch in Bethlehem, der Hieronymus damals gewesen ist, eine unmögliche Sprache, die eher vermuten läßt, daß der Autor Schwierigkeiten mit seinem eigenen Asketismus hatte. Letztlich waren dies alles exzessive Reaktionen auf eine nicht glänzend formulierte Schrift, die im Grunde vernünftig für die Gleichwertigkeit von christlicher Ehe und Jungfräulichkeit plädierte. Den Gipfel bösartiger Aggressivität erreichte Hieronymus im Epilog seines Pamphlets. Hier beschimpft er nicht nur den Mönch Jovinianus als Anhänger des Häretiker Basilides, der in Rom seine Schweinehirten zur Unzucht mit Ziegen verführe, sondern er fordert die Stadt kategorisch auf, ihn zu vertreiben. Es zeugt von beträchtlicher Eitelkeit, daß Hieronymus dabei seinen eigenen Namen im Sinne von «Stärke» und «Erhabenheit» interpretiert, wohingegen Jovinianus als ein Derivat von Jupiter-Jovis ein Götzenname sei; das war, so albern es sein mochte, gleichsam ein etymologischer Totschlag. Jedenfalls ist es keineswegs verwunderlich, wenn Rufinus, der selbst ins polemische Visier des Hieronymus geraten war, ihm Eitelkeit, Bildungsdünkel und Überheblichkeit vorwarf.

Hieronymus verunglimpfte Jovinianus aber nicht nur persönlich, sondern spickte sein Pamphlet mit herabwürdigenden Zitaten über die Ehe, die er der zotenreichen römischen Komödienliteratur entnahm. Damit überschritt er aber auch in diesem Punkt die Grenze des in der traditionellen Streitschriftenliteratur Üblichen und löste damit selbst im christlichen Lager Betretenheit und scharfe Kritik aus. Man suchte die Verbreitung der ausfälligen Schrift zu unterbinden und bat Hieronymus um Erläuterungen zu seiner Diatribe. Die schob er auch in nunmehr gemäßigterer Form nach. Die negative Reaktion auf seinen ersten polemischen Text war wohl auch deshalb so stark gewesen, weil die offensichtliche Herabwürdigung der Ehe gegen die traditionelle römische Hochschätzung derselben verstieß, die auch von Christen geteilt wurde.

Mag auch die radikale Verachtung der antiken Bildung, wie sie das Traumerlebnis des Hieronymus widerspiegelt, thematisch nichts mit seiner scharfen Polemik gegen die Kritiker des Asketismus zu tun haben, so weisen dennoch beide Fälle auf ein historisch bedeutsames Phänomen hin, nämlich auf den starken kulturellen Bruch in der Spätantike, den eine Phalanx kirchlich führender Intellektueller bewußt vollzogen hat: Selbst noch im Vollbesitz der traditionellen paganen Bildungsstandards, der «artes liberales», d. h. der antiken Kulturwissenschaften, nahmen sie von diesem Erbe weitgehend Abschied, so daß die folgenden Generationen aus religiösen Gründen – heute würde man sie mit Blick auf andere Weltreligionen als «fundamentalistisch» bezeichnen – zwangsläufig auf ein viel niedrigeres geistiges Niveau herabgedrückt wurden. Mit anderen Worten: Hieronymus, Augustinus und andere Leuchten der Kirche hatten noch die Möglichkeit der Wahl zwischen großen, aber weitgehend gegensätzlichen geistigen Konzeptionen des Welt- und Selbstverständnisses und haben diese Möglichkeiten jeweils auf ihre Weise auch voll genutzt. So konnte Hieronymus in einer bestimmten Phase seines Lebens die erworbene klassische Bildung radikal ablehnen, wie der Brief an Eustochium zeigt. Gleichzeitig aber war er in der Lage, mit dem Instrumentarium der «artes liberales», mit Philosophie, Rhetorik, Grammatik und mit philologischer Präzision, also mit antik-paganen Errungenschaften, zu schreiben und scharf zu polemisieren, um, wie im Falle von Helvidius und Jovinianus, ideologische Gegner überlegen vor sich her zu treiben. Es waren dies aber säkulare Fähigkeiten, die im Kontext rein christlich-religiöser Erziehung von Generation zu Generation mehr verkümmern oder gar ganz abhanden kommen mußten, wie dies die Epoche zwischen 6. und 7. Jahrhundert belegt. Erst danach brachte die «karolingische Renaissance» seit dem 8. und 9. Jahrhundert zögerlich Schritt für Schritt die Bildungsstandards der Spätantike, religiös gefiltert, fortschreitend wieder zur Geltung. Es war ein mühsamer Vorgang, längst geräumte geistige Höhenlagen wieder in Besitz zu nehmen und die entsprechenden paganen Texte wieder herzustellen und zu erläutern.

So paradox es klingen mag: Obwohl wir dem Christentum und der Kirche als Trägerin der Überlieferung viel für die Transmission spätantiker Bildungsrelikte allein schon durch die Reskribierung antiker Texte zu verdanken haben, hat die Kirche dennoch entscheidend zur Beendigung des antiken Bildungsspektrums und seiner ausgearbeiteten Kulturtechniken beigetragen. Daß eine christlich Elite, die noch den Vollgehalt antiker Traditionen in sich aufnehmen konnte, oft schweren Herzens um des Glaubens willen davon Abschied nahm, läßt sich an den Biographien derselben sehr gut ablesen. Antikes Traditionsgut wird nun zur Versuchung, der man oft nur mit aller Kraft widerstehen kann und der man immer wieder zu erliegen droht. Das erklärt auch die wütenden Angriffe auf Werte und Kulturgüter, die man besessen, genossen und dann verlassen hatte. Hieronymus ist für diese dramatische «Umwertung aller Werte» insofern aufschlußreich, als er die radikale Absage an die kulturellen Standards der Tradition, die für seine mittleren Jahre charakteristisch ist, im Alter wieder hinter sich ließ und sich ihnen – trotz aller Vorbehalte – wieder zuwandte. Insgesamt aber und pointiert ausgedrückt kann man sagen, daß die Kirchenväter ebensoviel zur Beendigung der polyphonen paganen Zivilisation der Spätantike beigetragen haben wie die vielzitierten «incursiones barbarorum» (die Einbrüche der Barbaren) der germanischen und slawischen Völkerwanderung.

Vom jungen Mann der Erudition zum Asketen

Diesen langwierigen und schwierigen Ablösungsprozeß der Kirche vom antiken Erbe und das breite Spektrum von Kompromissen, die man dennoch schon wegen einer gründlichen Bibelexegese eingehen mußte, hat man sich vor Augen zu halten, will man das ungewöhnliche Leben des Hieronymus mit seinen Peripetien und Kontroversen verstehen, das sich im Spannungsfeld zwischen kultureller Tradition und christlichem Selbstverständnis entfaltete. Nach Abschluß seiner Studien in Rom, wo er eine gediegene Kenntnis der profanen klassischen lateinischen Literatur erworben hatte, ging er nach Trier, der damals blühenden kaiserlichen Residenzstadt, wo er wohl ein öffentliches Amt anstrebte. Wie sehr er damals Gelehrter und Philologe gewesen ist, geht etwa aus dem Vorwort seines von Augustinus kritisierten Kommentars zum Galaterbrief hervor. Er konstatiert darin, daß die Galater, also Kelten, dieselbe Sprache hätten wie die Trierer Bevölkerung keltischen Ursprungs. Man vermutet, daß die in Augustinus' «Bekenntnissen» erwähnten zwei jungen Trierer Regierungsbeamten, die unter dem tiefen Eindruck der Antoniusvita des Athanasius plötzlich Mönche wurden, Hieronymus und sein Freund Bonosus gewesen seien, eine frappierende Vermutung, die aber schwer verifizierbar ist. Dagegen spricht unter anderem, daß Hieronymus nach seinem Trierer Aufenthalt seit 373 mehrere Jahre in seiner Heimat und in Aquileia im Kreise engagierter Christen verbrachte, die aber keine Mönche waren.

Welche Erlebnisse ihn schließlich 375 abrupt veranlaßten, Heimat und Freunde zu verlassen, bleibt im dunkeln. Jedenfalls reiste er nach Syrien, fand in Antiochia Anschluß an den aristokratischen Priester Evagrius, der die Antoniusvita des Athanasius ins Lateinische übersetzt hatte. Doch hielt es Hieronymus dort nicht länger; er ging nach Chalkis in Nordsyrien, wo er sich einer Mönchsgemeinschaft anschloß, in der er jetzt erst Griechisch lernte. Im Rückblick auf diese frühe asketische Epoche bekannte er später sehr distanziert, es sei «besser, unter wilden Tieren zu wohnen als unter solchen Christen» (ep. 17, 4, 2). Dem jungen Mann aus gutem Hause, der als Asket immer ein «homo literatus» blieb, mißfiel offenbar das Leben unter ungebildeten, schmutzigen Mönchen. Immerhin trat er damit entschieden in den für ihn wichtigen griechischen Kulturkreis ein. Nach dem Zeugnis seines Freundes und späteren Hauptfeindes Rufinus hatte er bis zu diesem Zeitpunkt keine ausreichende Kenntnis der griechischen Sprache. Er war damit kein Einzelfall, denn in der westlichen, d. h. lateinischen Reichshälfte war die Kenntnis des Griechischen, einst eine Selbstverständlichkeit in der gebildeten Oberschicht, rapid zurückgegangen. Nur in den Regionen der alten «Magna Graecia» Süditaliens, die ohnehin griechisch besiedelt war, hielt sich noch die erste und für jede philosophische Bildung unerläßliche Kultursprache der mediterranen Welt. Ansonsten aber hatten sich Griechenland und Rom politisch wie kulturell und damit auch sprachlich entschieden auseinanderentwickelt. Dieser Zustand machte es einfach notwendig, die Heilige Schrift aus dem Griechischen ins Lateinische zu übersetzen, eine Entwicklung, die Hieronymus später auf einen klassischen Höhepunkt führen sollte.

Hieronymus gab 377 sein Leben in der Wüste von Chalkis auf; 379 wurde er von Bischof Paulinus von Antiochia zum Priester geweiht, den er 381 zum Konzil von Konstantinopel begleitete. Inzwischen beherrschte er die griechische Sprache so vollkommen, wie dies nur einem Sprachvirtuosen möglich ist. Das bestimmte wohl auch Papst Damasus I. (366–384), den theologisch versierten Kleriker 382 als seinen Sekretär nach Rom zu berufen. Er folgte diesem Rufe um so lieber, als ihm heftige theologische Kontroversen in Antiochia und in Konstantinopel den Aufenthalt in diesen Großstädten zunehmend verleideten. Bei seiner Priesterweihe hatte er sich bereits ausbedungen, daß er dieses Amt nicht ausüben müsse; das kam ihm jetzt als Gelehrten und Literaten im Dienst des umstrittenen, in gefährliche Zivilprozesse verwickelten Papstes Damasus zugute.

Rom als Kampfplatz der Geister

Die Apostelstadt war alles andere als ein friedliches Pflaster, insofern hätte Hieronymus Antiochia, die theologische Gegenmacht zur Theologenschule von Alexandria mit all ihren Kontroversen, gar nicht verlassen müssen. Schon die Papstwahl des Damasus eskalierte 366 zu einem blutigen stadtrömischen Bürgerkrieg, denn es war eine Doppelwahl. Ob Damasus oder sein Gegner Ursinus der legitime Anwärter auf die Kathedra Petri gewesen war, soll hier nicht weiter erörtert werden. Viel wichtiger ist der Verlauf der brutal ausgetragenen Auseinandersetzung. Damasus entstammte einer der beiden großen, zugleich politischen Gruppierungen Roms, welche die jährlichen Wagenrennen der Stadt finanzierten und organisierten. Den Rennstall seiner Familie konnte der bedeutende christliche Archäologe Richard Krautheimer unter der römischen Damasus-Kirche erschließen, die somit auf Familienbesitz erbaut war. Über den Bürgerkrieg um die Papstwahl berichtet der heidnische Historiker Ammianus Marcellinus (ca. 300–395), der ansonsten der christlichen Religion nicht feindlich gesinnt ist, folgendes:

«Damasus und Ursinus brannten in unmenschlicher Gier darauf, sich des Bischofssitzes zu bemächtigen, und bekämpften sich in ihren gegensätzlichen Bestrebungen aufs Erbittertste, ja, ihre Anhänger lieferten sich sogar Straßenschlachten mit Toten und Verwundeten. Viventius (der Stadtpräfekt Roms) konnte diesem Treiben weder Einhalt gebieten noch sänftigenden Einfluß ausüben, und so wich er der harten Gewalt und zog sich in die Randgebiete der Stadt zurück. Dank der nachdrücklichen Unterstützung durch seine Partei ging Damasus aus dem Streit als Sieger hervor, doch fand man bekanntlich in der Basilika von Sicininum, wo die Christengemeinde Gottesdienst hält, die Leichen von 137 Menschen, die an einem einzigen Tage erschlagen worden waren, und der seit langer Zeit aufgestachelte Pöbel konnte späterhin nur mühsam wieder besänftigt werden» (Res gestae, lib. 27, 12–13 u. 14).

Aufschlußreich an diesem sachlichen Bericht über die Massaker der beiden Papstkandidaten ist vor allem, daß in der damals noch überwiegend paganen Metropole, in der eine altgläubig-heidnische Gruppe von einflußreichen Senatoren noch das Sagen hatte oder zu haben glaubte, ein blutiger Konkurrenzkampf christlicher Parteien stattfand, die weitgehend mit den politisch wichtigen, die Pferderennen ausrichtenden Zirkus-Parteien identisch waren. Die Auseinandersetzung lief dabei so sehr aus dem Ruder, daß der offizielle Stadtpräfekt und seine Administration nicht in der Lage waren, den Streit zu beenden, sondern sich in die Stadtrandregionen zurückziehen mußten. Erst kaiserliche Truppen konnten den Kampf beenden. Mit anderen Worten: Obwohl die Päpste offiziell noch keine Stadtherren waren, hatten sie doch faktisch schon das Heft in den Händen. Als Papst entfaltete Damasus I. nachhaltige Aktivitäten. Es war nicht nur der Ansporn für eine neue, autoritative lateinische Bibel, der von ihm ausging und zum Jahrtausendwerk der «Vulgata» des Hieronymus führte, sondern Damasus baute auch die Autorität der römischen Kirche weiter aus: Sie erlangte durch ihn die kirchliche Gerichtshoheit über den gesamten lateinischen Westen. Ebenso postulierte dieser Papst erstmalig öffentlich unter Berufung auf eine in ihrer Echtheit lange umstrittene Stelle im Matthäusevangelium (16,18) den grundsätzlichen Primat der römischen Kirche im gesamten Imperium. Diesem Ziel diente auch der von

Damasus vorangetriebene Kult der beiden in Rom bestatteten Apostel Petrus und Paulus sowie die Übernahme der formalen Merkmale kaiserlicher Dekrete in das päpstliche Briefformular. Kein Wunder, daß Hieronymus unter dem Schutz dieses Machtmenschen eine eher aggressive publizistische Tätigkeit entfaltete, die ihm viele Gegner eintrug. Merkwürdig bleibt allerdings, daß er, der sonst sehr schnell auf aktuelle Ereignisse reagierte, kein Wort über den spektakulären Streit um die Viktoria-Statue im Gebäude des römischen Senats verlor, der 384 ausbrach. Diese einst von Augustus gestiftete Statue und der Altar der Siegesgöttin waren vom Kaiser auf Antrag der Christen entfernt worden. Der berühmte Rhetor und Senator Symmachus (ca. 345–402) hatte in mehreren Bittschriften an den jugendlichen Kaiser Valentinian II. (371–393) im Namen anderer heidnischer Senatoren die Wiederaufstellung der Viktoria gefordert. Der Mailänder Metropolit Ambrosius bestimmte aber den schwankenden Kaiser unter Androhung kirchlicher Strafen zur Ablehnung des Antrags. Dies und die darauf folgende letzte militärische Auseinandersetzung zwischen Christen und Heiden, die Kaiser Theodosius der Große zugunsten der christlichen Seite siegreich beendete, war dann das letzte Aufflackern einer paganen Opposition. Das Schweigen des Hieronymus über diese doch geschichtlich hochbedeutenden Ereignisse, an denen auch Papst Damasus in seinem letzten Lebensjahr beteiligt war, mag ein Zufall sein. Doch könnte auch seine später zutage tretende Antipathie gegenüber Ambrosius eine Rolle gespielt haben. Im übrigen begann für Hieronymus unter der Ägide des Damasus eine schriftstellerisch ungemein fruchtbare Zeit.

Erste literarische Produkte erschienen, unter anderem die hagiographische Vita Pauli, die ihn insofern noch ganz als «homme des lettres» erweist, als deren affektierter rhetorischer Stil in krassem Gegensatz zum schlichten, frommen Leben dieses Eremiten steht. Später wurde Hieronymus aber der unübertroffene Meister eines raffiniert einfachen, religiös disziplinierten Stils, mit dem er die Ära des Kirchenlateins auf höchstem sprachlichen Niveau eröffnete. Das gilt besonders für sein grandioses Meisterwerk, die vollständig neue Übersetzung der Heiligen Schrift ins Lateinische. Seine auch autobiographisch wichtigen Briefe, vor allem seine theologischen Kampfschriften, zeichnen sich hingegen durch rhetorische Brillanz, Treffsicherheit, aber auch, wie schon dargelegt, durch Arroganz und boshafte Ironie aus. Hier zeigen sich Züge von Unversöhnlichkeit. Die ging so weit, daß er mit Genugtuung den Tod seines früheren Freundes und späteren Gegners Rufinus von Aquileia (ca. 345–411/12) dem «Skorpion» registrierte, jener «zischenden, vielköpfigen Hydra, die nun begraben ist» (Ezechiel-Kommentar, Praef.). Man hat Hieronymus mit Recht einen geborenen Satiriker genannt und ihm Witz und literarische Gewandtheit, aber auch Streitsucht, Bissigkeit und Egozentrik attestiert. Das gilt besonders für die Jahre der engen Zusammenarbeit mit dem Papst: «Ich war Damasus' Sprachrohr», rühmte er sich 385 selbst. «Man nannte mich heilig, demütig und beredt. Nach dem Urteil fast aller wurde ich des höchsten priesterlichen Amtes für würdig erachtet» (ep. 34,3). Mit seiner Heiligkeit während dieser Epoche dürfte es eine eigene Bewandtnis gehabt haben, denn gerade damals hat er sich in Wort und Schrift zwar Anhänger, aber auch viele Feinde erworben, weshalb er nach Damasus' Tod fast fluchtartig die Stadt verlassen mußte. Zumindest für diese Epoche wird man ihn eher als «unheiligen Heiligen» charakterisieren müssen.

In den drei römischen Jahren unter Damasus wurde er aber auch der spiritus rector eines Kreises adeliger römischer Damen, wie Marcella, die sich ernsthaften Bibelstudien widmete, oder Paula, die mit ihren Töchtern Blaesilla und Eustochium streng asketisch lebte. Askese wurde in diesen Kreisen gleichsam Mode, doch erregte das oft den Zorn der Männer, die um ihre Nachkommenschaft fürchteten und Hieronymus deshalb angriffen. Es war vor allem sein Büchlein über die Jungfräulichkeit, das heftige Ablehnung fand. Auch verdächtigte ihn das klatschsüchtige Rom intimer Beziehungen zu dieser feinen Damenwelt. Das brachte ihn wohl in Verruf: «Man nannte mich einen Frevler, überladen mit Schande, ein Chamäleon, einen Lügner und Betrüger von satanischer Listigkeit» (ep. 45). So resümierte er vor seiner Flucht aus Rom übertreibend seine bedrängte Lage. Der schmähliche Abgang muß ihn tief verletzt haben, denn selbst in einem Kommentar zum Epheserbrief, den er einige Jahre nach seinem Weggang aus der Hauptstadt der westlich-lateinischen Christenheit verfaßte, wettert er gegen Rom, das «sündige Babylon». Seine Kritik an der Stadt ist sogar noch schärfer als die Vorwürfe, die der heidnische Historiker Ammianus Marcellinus dem römischen Klerus zuteil werden läßt. So brandmarkt er die weltliche Habsucht der Geistlichkeit, die Heuchelei der Mönche, verschont aber auch nicht die Reichen, denen er unmäßigen Luxus vorwirft, und die Koketterie der Frauen. Kurz, Rom war ihm jetzt aus tiefster Seele verhaßt. Wie sehr er dennoch geistig «civis romanus» blieb, zeigt seine Reaktion auf die Eroberung Roms durch den Gotenkönig Alarich im Jahr 410. Als er die Schreckenskunde erhält, bricht für ihn eine Welt zusammen: «Die Stimme stockt mir, und vor Schluchzen kann ich nicht weiterdiktieren: Die Stadt Rom ist eingenommen, die zuvor die ganze Welt besiegt hatte» (ep. 127,12). Wohlgemerkt: Es ist das imperiale Rom, das er beweint, nicht nur die Grabstätte zweier Apostel. Auch er konnte sich, hier ganz antiker Mensch, die Mittelmeerwelt ohne das «Haupt der Welt» (caput mundi) nicht vorstellen.

Der zornige Weggang von Rom 385, das er nie mehr wiedersah, war nach seiner plötzlichen Konversion zum Asketentum der zweite radikale Bruch in seiner Biographie. Materiell war dieser Wechsel allerdings diesmal gut vorbereitet. Die steinreiche Aristokratin und Großgrundbesitzerin Paula hatte ihr gesamtes Vermögen gegen den Widerstand verwandter senatorischer Kreise aus asketischer Überzeugung und auf Anraten des Hieronymus veräußert, um nicht zu sagen verschleudert, denn seit den germanischen Invasionen in Gallien, Italien und Spanien waren die Preise für umfangreiche Liegenschaften in den Keller gegangen. Immerhin konnte Paula mit dem Erlös in Bethlehem drei Frauenklöster und ein Männerkloster gründen, wobei letzteres seit 385 für Hieronymus die sichere Basis seiner umfassenden literarischen Tätigkeit wurde, die welthistorische Bedeutung erlangen sollte. Das bezog sich nicht nur auf sein wachsendes Corpus theologischer Schriften und auf die vielen Briefe, die er an die christliche Welt versandte. Die Briefe sind wegen ihres spontanen Charakters eine wertvolle historische und mentalitätsgeschichtliche Quelle, ganz gleich, ob er über den katastrophalen Niedergang italienischer Städte, über den organisierten Kunstraub Konstantins des Großen für seine neue Residenz Konstantinopel oder über die gotischen Invasionen berichtet, die er mit dem «Aschenregen des Ätna» vergleicht. Ähnliches gilt auch für seine im engeren Sinn historischen Schriften und für seine christliche Literaturgeschichte «De viris illustribus» von 392/93, die das erste Werk dieser Gattung wurde. Sulpicius Severus, der Biograph des heiligen Martin, besucht Hieronymus in seinem Bethlehemer «buen retiro» und schildert den fanatischen Arbeiter und unermüdlichen Schriftsteller: «Immer lesend, immer mit Büchern beschäftigt, ruhte er weder Tag noch Nacht» (Dial. I, 9,5).

War Hieronymus in Rom ein streitbarer, parteiischer Intellektueller, dem die «eristische Dialektik», das gelehrte Kampfgespräch, nur allzusehr zu Gebote stand, trat in der geistlichen Zurückgezogenheit Bethlehems der bedeutende, kreative Gelehrte stärker in den Vordergrund, ohne daß die Verve seiner theologischen Streitschriften nachließ. Das zeigen die Pamphlete gegen Helvidius und Jovianus zur Genüge und ganz besonders 397 seine gehässige Schrift gegen Johannes von Jerusalem, die sogar in Rom Aufsehen und Mißbilligung hervorrief. Auffällig ist in den Schriften der langen Jahre in Bethlehem, daß Hieronymus stillschweigend seine radikale Ablehnung der paganen Literatur revidierte, die er einst in seinem Brief an Paulas Tochter Eustochium so kraß formuliert hatte. Mehr noch: In einem programmatischen Schreiben an den römischen Rhetor Flavius Magnus wehrte sich Hieronymus ausdrücklich gegen den Vorwurf, daß er Beispiele aus der weltlichen Literatur verwende und damit «den Glanz der Kirche durch den Schmutz des Heidentums beflecke» (ep. 70,2). Es war ein Vorwurf, den später auch Rufinus gegen ihn erhob. Hieronymus' Position ist zwiespältig. Einerseits weist er in diesem Brief auf den allgemeinen Usus antiker Polemiken hin, sich auf Autoritäten zu berufen; andererseits macht er insofern einen Rückzieher, als er gleichsam entschuldigend darlegt, er habe die Kenntnisse paganer Literatur zwangsläufig mit seinem Werdegang als Rhetor erworben. Das Faktum selber läßt er unbestritten. Schärfer als in der Epistel an Flavius Magnus schlug Hieronymus zurück, als sein alter Freund Rufinus ihn in derselben Sache ironisch attackierte, er verhalte sich anmaßend als «philosophus, graecus, latinus, trilinguis» (ep. Adv. Rufinus 6), ihn also für einen hochmütigen Tausendsassa hielt. Rufinus, ebenfalls nicht auf den Mund gefallen, konnte es sich auch nicht verkneifen, Hieronymus' Behauptung ad absurdum zu führen, er habe Briefe des Pythagoras gelesen; letzterer hatte aber gar keine Schriften hinterlassen (Rufin., Advers. Hieron. 2,7). Der Angegriffene erwiderte erwartungsgemäß noch schärfer. Er sah sich stolz in der Tradition vor allem Ciceros, der auch in der christlichen Welt sehr geschätzt wurde, fiel über den Adressaten mit persönlichen Beleidigungen her und schmähte dessen lateinische Prosa als fehlerhaft, ohne sprachliche Eleganz; wobei er den Verdacht nachschob, Rufinus habe durch lange griechische Lektüre seinen Stil selbst ruiniert. Vermutlich ärgerte es Hieronymus besonders, daß sein nunmehriger Gegner ihn ausdrücklich an das Traumgesicht erinnerte, in dem Christus ihn als «ciceronianus» getadelt hatte. Auf dieses eingehend, wehrte sich Hieronymus gegen den Vorwurf, wortbrüchig geworden zu sein, mit dem mehr schlauen als überzeugenden Argument, der trügerische Charakter von Träumen verbiete es, die darin gegebenen Versprechen, nämlich pagane Literatur radikal abzulehnen, einzulösen. Indirekt bestätigte er aber mit seiner polemischen Suada, die reichlich mit Zitaten klassischer Autoren gespickt war, die Vorwürfe Rufins. Diese Kontroverse zeigt jedenfalls sehr klar, wie mächtig das antike Erbe in der christlichen geistigen Elite war und blieb. Konkret hieß das: Er zitierte mit Lust in seinen Schriften und sogar in den Bibelkommentaren Horaz, Persius, Plautus, Cicero, seinen Lieblingsschriftsteller Vergil und viele andere klassische Autoren. Es bestimmte ihn wohl die Einsicht, daß ohne die einst verschmähten antiken Kulturwissenschaften, die «artes liberales», auch eine gründliche Kenntnis und Interpretation der Heiligen Schrift nicht möglich war; womit er sicher recht hatte. Auf jeden Fall aber führte Hieronymus «die christliche Latinität zu ihrem Höhepunkt in spätantiker Zeit» (K. S. Frank).

Diese Erkenntnis war wohl auch das Ergebnis seiner historisch folgenreichsten Tat, nämlich der Übersetzung der Bibel aus dem Griechischen ins Lateinische, und zwar unter Einbeziehung des Hebräischen, das sich für das Verständnis vieler Textstellen als unabdingbar erwies. Schon in seiner römischen Zeit hatte er auf Wunsch Papst Damasus' erste Anläufe hierzu unternommen. Er begann mit Neuredaktionen und Überarbeitungen der älteren lateinischen Bibelübersetzung, der «Vetus Latina», die auch noch lange nach ihm und neben seiner grandiosen Gesamtübersetzung bis ins 7./8. Jahrhundert im Umlauf blieb. Dann erst ging er zur völligen Neuübersetzung von Teilen der Bibel über. Aber der große Wurf einer Übersetzung aus einem Guß wurde erst in Bethlehem begonnen, und zwar nicht als Einzelleistung in stiller Mönchszelle, sondern als von Hieronymus organisiertes «team-work»; dies unter Heranziehung eines jüdischen Spezialisten für hebräische Grundbegriffe und Worte. So entstand in jahrelanger und wahrhaft entsagungsvoller Arbeit ein sprachlich hochkarätiger, aus christlichem Fühlen und Denken rhetorisch gebändigter und nur scheinbar schlichter Bibeltext von großer Prägnanz: Die «Vulgata», das grundlegende Übersetzungswerk für die Geistesgeschichte Europas, dessen Stil eine «Nobilitierung» des Kirchenlateins bedeutete. Sie wurde beispielgebend für das gesamte Mittelalter, denn dieses kirchliche, lebendige Latein war zugleich die internationale Verkehrssprache der Gelehrten wie der frühen geistlichen und weltlichen Literatur Europas. Es war sicher die heilige Scheu vor dem Wort Gottes, die ihn bei seiner Übersetzung der Heiligen Schrift beseelte, die ihm jene klare, scheinbar einfache Sprache eingab, denn in seinen Bibelkommentaren der späteren Jahre pflegte er trotz gegenteiliger Versicherung doch wieder einen rhetorisch eloquenten Stil, den er mit Vergil- und Cicero-Zitaten schmückte; so besonders in seinem Jesaja-Kommentar in 18 Büchern. Die Rückkehr des leidenschaftlichen Christen zum literarischen Habitus des gebildeten antiken Menschen ist hier unverkennbar. Was der Kirchenvater Augustinus in seiner «Doctrina christiana» forderte, nämlich die sorgsame Einfügung antik-paganer Bildungstraditionen in ein Curriculum christlicher Erziehung, wurde von Hieronymus, jeweils dem Gegenstand entsprechend, meisterhaft praktiziert: Das gilt für den schlichten Duktus der Bibel ebenso wie für die beredten und daher geschmeidigeren und eloquenteren Bibelkommentare. Hinter beiden literarischen Formen steht ein hohes Maß von sprachlicher Disziplin und Erudition alter Schule. Schlimm war es nur – historisch gesehen –, daß mit dem Verschwinden des hochentwickelten antiken Schulwesens, woran die Kirche als Institution nicht unschuldig war, das geistige Niveau in den nächsten Generationen rasch abzusinken begann. Es ist dies ein schönes – oder eher unschönes! – Beispiel dafür, daß Bildung ohne geeignete Institutionen auf die Dauer nicht auf hohem Niveau gehalten werden kann, wofür auch die Gegenwart reichliches und bedrückendes Anschauungsmaterial beisteuert.

Hieronymus als Theologe

Da erst zwischen dem 3. und 5. Jahrhundert die lebendigen christlichen Glaubensinhalte in feste, wenn auch immer wieder umstrittene Glaubensformen gegossen wurden, die dann mit den Beschlüssen der großen Reichskonzilien dieser Epoche Verbindlichkeit erlangten, ist es nicht leicht, in den zahlreichen und oft widersprüchlichen Schriften der großen Kirchenväter der Zeit bereits ein fertiges theologisches System auszumachen. Am ehesten ist dies noch bei Augustinus möglich, den man nicht umsonst für den größten Theologen der christlichen Antike hält. Systematisierende Ansätze für ein geschlossenes christliches Weltbild gibt es zwar schon seit Origenes (ca. 185–254), dem bedeutendsten Theologen vor Augustinus. Da aber dessen Vorstellungen über das Verhältnis von Vater und Sohn (Gottvater und Christus) sowie über die Präexistenz der Seelen und andere Glaubensvorstellungen schon zu seinen Lebzeiten zu heftigen Kontroversen und schließlich unter Kaiser Justinian zu seiner Verurteilung als Häretiker führten, konnte sein geschlossenes dogmatisches Gebäude keine kanonische Geltung erlangen. Dennoch war seine Wirkung auf die großen Theologen der Spätantike, Ambrosius, Augustinus und Hieronymus, und später auf die Theologie des Mittelalters enorm; so auch auf Bernhard von Clairvaux. Über Origenes' Bedeutung als Interpret der Heiligen Schrift mit Hilfe der Allegorese wird bei Augustinus ausführlicher zu sprechen sein. Für Hieronymus, der zwar kein geschlossenes theologisches System entwickelte, dafür aber als Exeget großen Ruhm und dauerhafte Autorität erlangte, waren es die umstrittenen Inhalte der Theologie des Origenes, die er in hohem Maße adaptierte und durch die er wiederum heftige Kontroversen auslöste. Dies konnte nicht ausbleiben, da Origenes einerseits mit Recht als Hochgebildeter im antiken Sinn, als «philosophus acutissimus» und als «literatissimus christianus» galt, andererseits aber als Dogmatiker abgelehnt wurde. Dies war jedenfalls das Urteil des Hieronymus, der ihn vor allem als glänzenden Exegeten der Heiligen Schrift mit Hilfe der Allegorie schätzte. Offenbar nahmen ihm seine theologischen Kollegen diese säuberliche Distanzierung von dem Häretiker nicht ab, denn es kam zu schweren

Auseinandersetzungen, in deren Verlauf sich die alte und enge Freundschaft mit Rufinus in bitteren Haß verwandelte. Für Hieronymus war es nicht leicht, in dieser Kontroverse zu bestehen, denn er hatte mehrere Texte des lange bewunderten Origenes ins Lateinische übersetzt und hielt im Grunde an dessen Rechtgläubigkeit fest. Das konnte die Auseinandersetzung nur noch weiter erhitzen, wie die scharfe, bis in persönliche Beleidigungen gehende Kontroverse mit Johannes von Jerusalem zeigt, der auf Rufins Seite stand.

Origenes muß als hochgebildeter, geistvoller Lehrer eine große Faszination auf seine Schüler und Zeitgenossen ausgeübt haben, einer von ihnen, Gregor der Thaumaturg, schildert ihn als «bewundernswürdigen Mann» und als «Musterbild eines Weisen». Aber auch spätere Zeiten müssen ihn bewundert haben. Anders wäre es nicht erklärlich, daß ein von zwei Konzilien als Häretiker diskriminierter Theologe so oft und ausführlich im Mittelalter zitiert und kommentiert wurde. Schon Augustinus wünschte sich eine komplette Übersetzung seiner Werke und die Sympathie des jungen, in vieler Hinsicht kongenialen Hieronymus für die exegetische Virtuosität des Weisen von Caesarea kam sicher nicht von ungefähr, mochte er später auch – aus welchen Gründen auch immer – von ihm abrücken. Origenes ist zugleich die Schlüsselfigur einer bestimmten Konstellation der Kirche innerhalb der spätantiken Bildungswelt. Ein Blick auf dessen Systemdenken mag dies erläutern. Es ist im Kern ein philosophisches Lehrgebäude, wie es in ähnlicher Weise Porphyrius († um 302), der wichtigste Schüler Plotins, entworfen hatte und wie es später der Senator Symmachus in seiner Auseinandersetzung mit Ambrosius von Mailand um den Viktoria-Altar dem letzteren als ideologischen Kompromiß zwischen Christen und Neuplatonikern 385 vergebens vorgeschlagen hatte. Origenes' dogmatisches Gebäude, das weitgehend auf der neuplatonischen Emanationslehre vom obersten göttlichen Einen beruhte, aus dem in Stufen die jeweiligen Existenzformen hervorgehen, hatte nun diesen Entwurf, der unter den Gebildeten eine starke Konkurrenz zum Christentum darstellte, sehr sorgfältig und geistvoll den Inhalten der Heiligen Schrift eingefügt oder umgekehrt letztere ingeniös für den Neuplatonismus «kompatibel» gemacht. Mit der Virtuosität des Hochgebildeten verband er die platonische Emanationslehre mit den Entfaltungsformen und der absoluten Chronologie der Bibel. Danach sind Altes und Neues Testament auseinander hervorgehende Zeitstufen und Erkenntnisstände der Enthüllung des göttlichen Geistes, auf die bei der Wiederkehr Christi ein neues und nunmehr ewiges Evangelium folgen werde. Origenes zufolge haben auch Paulus und Petrus nur einen kleinen Teil der Wahrheit erkannt. Ob die enge und manchmal auch sehr gekünstelte Verknüpfung von Neuplatonismus und Heiliger Schrift immer überzeugend geglückt ist, bleibe dahingestellt, aber man kann sich vorstellen, daß solche Verbindung von platonischer Idee und konkreter, christlicher Heilsbotschaft gerade für Intellektuelle faszinierend sein mußte; dies um so mehr, als Origenes noch ein plausibles Dreistufen-Schema des Schriftverständnisses anbot, das in der Kirchengeschichte in abgewandelter Form weiterwirken sollte. Ihm zufolge gab es erstens den einfachen, gleichsam historisch-konkreten Sinn der Bibel für die einfachen, schlichten Gläubigen, die «simpliciores». Zweitens: Besser Bewanderte könnten sich an der «Seele der Heiligen Schrift» (scripturae anima) erbauen. Darüber hinaus aber gab es eine höchste Erkenntnisstufe für die «Vollkommenen» (perfecti), die durch eine Gnadengabe des Heiligen Geistes in den Stand gesetzt wurden, den geheimen, spirituellen, auf Künftiges verweisenden Sinn der Bibel zu erfassen. Das entspreche auch der Befindlichkeit des Menschen, der aus Körper, Seele (anima) und Geist (spiritus) bestehe. Kein Wunder, daß die hiermit erzielte ideenmäßige Verschmelzung von Neuplatonismus und Christentum für eine philosophisch trainierte geistige Oberschicht viel Einleuchtendes, ja Verlockendes haben mußte.

Ebenso bedeutsam und wirkungsvoll war es auch, daß für Origenes, der als erster ein philosophisch gestütztes System christlicher Dogmatik wagte, die Heilsbotschaft Christi die Vollendung der griechischen Philosophie war und daß er – anders als der eher pessimistische Kirchenvater Augustinus – einen optimistischen Aspekt für die Zukunft zu bieten hatte: Gottes Vatergüte würde am Ende der Zeiten den heilen Urzustand (Apokatastasis) wiederherstellen, in dem alle Geistwesen, Engel, Menschen, aber auch Teufel und Dämonen wieder zu ihm zurückkehrten. Das hörte sich zweifellos besser an als Augustinus' fatal elitäre Vision, wonach nur wenige Menschen von Gott für die ewige Seligkeit erwählt würden, die Mehrheit jedoch zur ewigen Verdammnis verurteilt sei. In der umfassenden Schau des Origenes hatte dann allerdings auch der Kreuzestod Christi als das geopferte Lamm Gottes nicht jene satisfaktorische Bedeutung, die ihm nach dem Neuen Testament die Kirche zuschrieb: Er nahm nicht die Sünden der Welt auf sich, sondern war nur ein Vorbild für die kommende Versöhnung Gottes mit seinen Geschöpfen.

Dies war aber nur *eine* der vielen Abweichungen des Origenes vom Geist und der Botschaft der Heiligen Schrift; es gab aber noch zahlreiche andere Divergenzen, die kaum interpretatorisch zu überbrücken waren. Deshalb stellte dessen Dogmatik eine große Gefahr für die konkrete Substanz der christlichen Heilsbotschaft dar. Kein Geringerer als Ambrosius hat deshalb in der Auseinandersetzung mit dem Neuplatoniker Symmachus die Einmaligkeit und Absolutheit der christlichen Verkündigung nachdrücklich betont und damit eine Grundsatzfrage des Glaubens thematisiert. Das war um so nötiger, als sich der Neuplatonismus inzwischen zu einer intellektuellen Religion gewandelt hatte, die im gesellschaftlichen Bereich der gebildeten Oberschichten dem Christentum ernsthafte Konkurrenz machen konnte.

Aber auch innerhalb der christlichen Theologie entwickelte sich die Adaption der hochentwickelten griechischen Philosophie beim Aufbau eines dogmatischen Gebäudes zu einer grundsätzlichen Gefahr, weil eine Philosophie wie der Neuplatonismus, die in mancher Hinsicht dem christlichen Monotheismus nahestand, den positiven, d. h. konkreten Glaubensinhalt der Offenbarung zu denaturieren und unzulässig zu rationalisieren drohte; die philosophierende Dogmatik des Origenes, so geistvoll, ja genial sie in vieler Beziehung war, zeigt dies nur zur Genüge. Seit Adolf von Harnacks grundlegenden dogmatisch-philosophiegeschichtlichen Forschungen haben sich viele Gelehrte mit diesem Problem der «Verphilosophierung» des Christentums, d. h. der rationalistischen Entwirklichung der Verkündigung, befaßt. Harnacks griffige Formulierung, die kirchlichen Dogmen seien die Frucht der «Hellenisierung des Christentums», beschreibt – trotz aller Kritik im einzelnen, die von seiten der Forschung kam – doch sehr genau die substantielle innere Gefährdung des Kerns christlichen Glaubens und Hoffens durch abstrakte philosophische Begriffe. Darüber hinaus besaßen die theologischen Kontroversen vielfach einen – vorsichtig gesagt

– virtuellen, um nicht zu sagen illusorischen Charakter, da es sich meist um Gegenstände handelte, deren transzendenter Charakter jede gesicherte Erkenntnis von vornherein verhinderte. Dennoch hatten sie mit dem naheliegenden Häresie-Verdacht oft eine verheerende Wirkung, wie etwa der erbitterte Kampf zwischen Katholiken und Arianern zeigt. Eine ähnliche Gefahr ging auch von Origenes' allegorischer Bibelinterpretation aus, die zwar dem Skeptiker Augustinus die Akzeptanz der Heiligen Schrift mit ihren oft kruden Völker- und Königsgeschichten erleichterte, aber doch andererseits beliebigen Deutungen Tür und Tor öffnete, so daß ein Kirchenhistoriker kritisch feststellen konnte, «Allegorese sei nur ein aphoristisches Philosophieren bei Gelegenheit der Bibelstellen» (Karl Praechter).

Wie immer man die «Hellenisierung des Christentums» als Gefahr oder als unabdingbare Voraussetzung für den Aufbau eines dogmatischen Lehrgebäudes bewerten mag, eines ist unverkennbar: die intellektuelle Faszination, die Origenes' philosophisch-christliche Dogmatik auslöste und der sich weder Augustinus noch Hieronymus entziehen konnten. Daß sich letzterer dann so entschieden von seinen origenistischen Anfängen abwendete, hat wohl mehrere Ursachen. Zum einen war es die heftige, die gegensätzlichen Standpunkte immer weiter auseinandertreibende und schießlich jede Konkordanzformel verhindernde Kontroverse mit Rufinus, die ihn zunehmend in eine starre Abwehrposition trieb. Zum anderen spielten wohl auch praktische, wenn nicht sogar taktische Überlegungen eine Rolle. Denn als Sekretär des energischen Papstes Damasus I. konnte er es sich kaum leisten, Positionen eines als Häretiker verurteilten Kirchenmannes ernsthaft zu vertreten. In seinen Briefen aus seinem Jerusalemer Domizil nach Rom ist daher deutlich das Bestreben zu verspüren, nicht von der päpstlichen, d. h. katholischen Linie abzuweichen. Gleiches gilt für seine dogmatisch korrekte Haltung in der Auseinandersetzung mit dem Arianismus und dem Pelagianismus, die beide in mancherlei Hinsicht den origenistischen Positionen nahestanden. Das bedeutete aber keineswegs, daß er die gnadenlose Gnadenlehre des Augustinus teilte. Überblickt man das gesamte Panorama dogmatischer Diskussionen dieser Epoche, dann wird klar, wie sehr die einzelnen Positionen und vor allem deren genauere Abgrenzung noch lange in Fluß blieben.

In seinen letzten Lebensjahren sind es dann vor allem seine exegetischen Schriften sowie die umfangreichen Bibelkommentare, die ihn neben seiner großen und wertvollen Korrespondenz, von der etwa 120 Briefe erhalten sind, in Anspruch nehmen. Hieronymus ist jetzt eine anerkannte Autorität, ein «Orakel» der christlichen Welt. Erstaunlich bleibt, daß trotz der Invasionen germanischer Völker und trotz der vorübergehenden Eroberung Roms durch Alarich die Diskussionsgemeinschaft der christlich werdenden mediterranen Welt noch lange erhalten blieb. Während der römischen Jahre hatte Hieronymus unter Papst Damasus I. mit Stenographen gearbeitet, und auch die römische Reichspost scheint trotz zeitweiser Unterbrechungen durch militärische Ereignisse noch funktionsfähig geblieben zu sein. Die berühmte «Tabula Peutingeriana», eine römische Straßenkarte des 4./5. Jahrhunderts mit den Städten und Poststationen des Imperium Romanum, die von den Britischen Inseln bis Kleinasien reicht, markiert die immer noch vorhandenen technischen Voraussetzungen, auf denen der philosophisch-dogmatische Diskurs der Alten Welt noch weitgehend beruhte und an dem Hieronymus als der gelehrteste lateinische Schriftsteller innerhalb der Kirche so leidenschaftlich teilnahm. Als Polemiker und Kirchenlehrer war er in jeder Hinsicht Kind einer bewegten, ja aufregenden und geistig quicklebendigen Epoche in all ihren positiven wie ambivalenten Ausprägungen. Mit seiner klassischen Übersetzung der Heiligen Schrift wirkte er aber auch weit in die Welt des Mittelalters hinein als ein genialer Meister der Sprache wie als wegweisender Interpret des Grundbuches der Christenheit. Fromm und streitbar, geistreich und ironisch sein – er konnte alles zu seiner Zeit und war damit zwar ein fehlbarer Mensch, aber zugleich ein gelehrter Heiliger.

Mit der Stilisierung des Hieronymus zum Heiligen hat es allerdings seine eigene Bewandtnis. Sie scheint lange auf halbem Weg steckengeblieben zu sein. Dafür erschienen, seine Autorität nutzend, viele Traktate unter seinem Namen. Ein oberitalienischer Heiligenkalender des 5. Jahrhunderts nannte sich zu Unrecht «Martyrologium Hieronymianum». Erst im 9. Jahrhundert gab es zwei dürftige Lebensbeschreibungen. So bildete sich allmählich die Vorstellung vom betenden Büßer in der Wüste, dessen ständiger Begleiter der zahme Löwe wurde, ein Bild des Kirchenvaters, das in vielen Variationen in der bildenden

Kunst auftaucht, aber wenig mit seinem bewegten Leben zu tun hat, das durchaus Phasen der polemischen Unheiligkeit aufweist. Im Spätmittelalter gibt es dann Ordensgründungen auf seinen Namen. Näher an der Wirklichkeit seines Lebens war der Renaissance-Humanismus, der seine literarischen Qualitäten hochschätzte. Da Hieronymus, anders als Augustinus, keine authentische Autobiographie verfaßte und auch kein Zeitgenosse ein Lebensbild schrieb, beruht sein Ruhm fast ausschließlich auf seiner unbestrittenen Lehrautorität, die kontinuierlich die Zeiten überdauerte. In seinen Briefen blitzt der scharfe Geist seiner facettenreichen und oft widersprüchlichen Persönlichkeit unvermittelt auf. Hier war und ist der Kirchenlehrer ohne Verstellung faßbar, und hier findet sich auch in mannigfachen Variationen der kämpferische wie der tiefreligiöse Hieronymus, und zwar, dem Briefmedium entsprechend, ohne die starke retrospektive Selbststilisierung, die Augustinus' «Confessiones» kennzeichnet. Kein Geringerer als Erasmus von Rotterdam hat seiner von ihm maßgeblich betreuten Gesamtausgabe der «Opera Hieronymi» eine zwar verehrende, aber im Kern erstmalig historisch-kritische Lebensbeschreibung vorangestellt. Der berühmte Angsttraum des Kirchenvaters aber, ein Paradigma für die zwiespältige Haltung gebildeter Christen gegenüber allen Formen säkularer Hochkultur, wurde für viele nach ihm zum persönlichen Erlebnis und Schicksal – bis hin zu Petrus Abaelard, der Schlüsselfigur des frühscholastischen europäischen Rationalismus.

Augustinus (354–430)
Ein schwer erkämpfter Weg zu Christus

So vielgestaltig die Lebensformen und Charaktere der Heiligen christlichen Glaubens auch sein mögen, ebenso unterschiedlich sind ihre Wege zu Gott und damit zu jenem Ziel, das mit dem Wort «Heiligkeit» nur unvollkommen beschrieben werden kann. Anfangs war es vor allem das Martyrium für den Glauben, später das unblutige Martyrium der strengsten Askese – oft ein lebenslanger Kampf mit sich selbst –, ferner ein erfolgreiches Wirken für die Kirche oder als Missionar, Kirchenvater und Theologe wie schließlich auch als hochverehrter Stifter von Klöstern und Kirchen; wobei oft ein recht weltliches Leben vorausgegangen sein konnte. Von all diesen Wegen zur Heiligkeit – sieht man vom blutigen Martyrium der Verfolgungszeiten ab – findet sich etwas in der Biographie des römischen Afrikaners Aurelius Augustinus, 354 geboren im numidischen Thagaste, gestorben am 28. August 430 in seiner Bischofsstadt Hippo Regio, die vom Heer des Wandalenkönigs Geiserich belagert und danach erobert wurde; ein dramatisches Ende, das der Kirchenvater, im Alter ohnehin zum Pessimismus neigend, nicht mehr erleben mußte.

In seiner Wirkung und Nachwirkung auf die christliche Welt ist er kaum zu überschätzen, und zwar nicht nur wegen des Umfangs seines literarischen Werkes, das 93 Titel in 232 Büchern umfaßte, wobei der Anteil theologischer Streitschriften beträchtlich ist. Letzteres hängt damit zusammen, daß zu seiner Zeit das dogmatische Gebäude der Kirche noch im Aufbau begriffen war und divergierende Lehrmeinungen konkurrierten. Damit waren zwangsläufig heftige Auseinandersetzungen verbunden, bei denen es um die Person Christi, um Trinität, Reinheit des Priesteramtes und vor allem um den Zusammenhang zwischen der Allmacht Gottes und der Willensfreiheit des Menschen ging. Aber all dies erklärt noch nicht die weitreichende geistesgeschichtliche Wir-

Michael Pacher, Der heilige Augustinus, Ausschnitt aus dem Kirchenväteraltar der Augustinerchorherrenstiftskirche in Neustift bei Brixen, um 1480, Alte Pinakothek München. – Augustinus sitzt im Bischofsgewand unter einem gotischen Baldachin. Vor ihm steht – stellvertretend für sein Attribut, das Buch – ein Schreibpult. Der Knabe mit einem Löffel in der Hand ist sein wichtigstes Attribut: Der Legende zufolge beobachtete Augustinus bei einem Strandspaziergang ein Kind, das mit einem Löffel Wasser aus dem Meer schöpfte. Gefragt, was es da tue, antwortete das Kind: «Dasselbe wie du, wenn du versuchst, die Unergründlichkeit der Dreifaltigkeit mit deinen Gedanken auszuschöpfen. Ich versuche den Ozean mit einem Löffel auszuschöpfen.» Sein Verehrungstag ist der 28. August; er gilt als Patron der Buchdrucker, Theologen und Bierbrauer und wird auch um die Erhaltung der Sehkraft angefleht.

kung des heiligen Augustinus, die weit über den kirchlichen Bereich hinausging. Vor allem ist es *ein* Buch, das ihn auch als Schriftsteller unsterblich gemacht hat.

Es gibt wohl kaum einen Heiligen – vielleicht abgesehen vom heiligen Franziskus –, in dessen Herz man tiefer hineinschauen kann als in den dornigen, wirrsäligen Weg des Augustinus, denn er selbst hat sein Leben in einem Buch geschildert, das bis heute ein vielgelesenes Werk der Weltliteratur von zeitloser Aktualität geblieben ist. «Confessiones», Bekenntnisse, so der Titel – ein inniges, oft schmerzliches und immer leidenschaftliches Zwiegespräch mit Gott, zu dem er endgültig erst im reifen Mannesalter gefunden hat, ein radikales Zeugnis des Glaubens, genauer des sehnsüchtigen Glauben-Wollens an einen Gott, dessen Wesen dem Schreiber bis zuletzt unerforschlich blieb; zugleich Protokoll eines langen Weges voller Rückschläge, die ein durch und durch ästhetischer Mensch voller Sinnlichkeit an sich erfahren mußte. Die «Confessiones» sind deshalb auch ein fast permanenter Widerruf früherer Lebensphasen, deren Gewalt immer wieder und gleichsam gegen den Willen des Autors durchbricht und nur mühsam als teuflische Versuchung leidenschaftlich verurteilt wird. So entstand ein zeitlos aktuelles Buch an der Epochenschwelle zwischen Spätantike und Frühmittelalter, voll Selbstanklagen, die immer wieder von hymnisch-euphorischen geistigen Aufschwüngen abgelöst werden. Es ist eine völlig neue Literaturform, die aus spätantiker Geistespolyphonie kommt, aber zu einer einzigen Stimme wird, die über die Zeiten hinweg anrührt und Europas Kultur prägte. Sie hatte kaum Vorläufer, will man nicht die gnadenlosen Selbstanalysen der asketischen Wüstenväter – die «Apophthegmata patrum» – als Vorläufer gelten lassen. Auch Marc Aurels (121–180 n. Chr.) «Selbstbetrachtungen» eines Stoikers auf dem römischen Kaiserthron, ein hochbedeutendes Dokument heidnisch-antiker Lebensphilosophie, sind mit dem radikalen zornigen augustinischen «Gerichtstag über sich selbst» nicht zu vergleichen. Am ehesten sind den «Confessiones» die «Sprüche Salomonis» (Kohelet) des Alten Testaments mit ihrem gläubigen Pessimismus geistig nahe.

Nutzen wir also die Chance, einen Heiligen wirklich «von innen» zu erfahren, obwohl es ein schwieriges Unterfangen bleibt, denn die letztlich siegesgewisse Selbstdarstellung des großen Theologen bedarf auch der kritischen Durchleuchtung, da dessen quasi zurechtgerückte «teleologische» Rückblicke, soweit quellenmäßig möglich, realistisch aufzulösen sind: Denn Augustinus ist eben auch ein grandioser Selbstdarsteller, der seiner wirren Lebens-Odyssee innere Folgerichtigkeit zu geben weiß und so wie ein Bildhauer sein eigenes Persönlichkeitsmonument zu meißeln versteht. Daher muß an vielen Stellen des Lebensberichts wie an dessen Lücken eine «Kontrafaktur» gewagt werden, die mit dem Begriff des durch und durch «ästhetischen» Menschen Augustinus angedeutet werden soll. So ist es sicher kein Zufall, daß seine erste Schrift vom «Schönen» handelt und zumeist im Fahrwasser platonisch-plotinischer Philosophie bleibt. Wie sehr und wie lange er dem Kult des Schönen im Sinne der antiken Welt anhing, berichtet er selbst, nämlich vor allem seine Freude am Theater. Das wird allerdings eingerahmt vom herben Verdammungsurteil des späteren Kirchenvaters. Es ist eine im Grunde ungerechte Kritik an der diesseitigen Lebensgestaltung der heidnischen Antike, die auch für ihn Realität gewesen sein muß, sonst würde sie bei ihm nicht immer wieder als Gefahr beschworen.

Der sensualistische Ästhet vor Gott

Besonders offenbart sich sein früher, paganer Lebensstil als junger Lehrer der Rhetorik in seiner starken Sexualität, die er immer wieder verdammt. Gleichzeitig aber gibt er zu, er habe nicht das «rettende eheliche Gestade» angesteuert und sei noch im fünften Lebensjahrzehnt sexuellen Versuchungen ausgesetzt gewesen (II, 57). So passiv, wie er dies später formulierte, dürfte die Sehnsucht nach Lust kaum gewesen sein, ebensowenig die eingestandene Freude am Essen und Trinken sowie an der schönen Form meditativen Lebens, wie er es später mit Freunden auf dem Landsitz in Cassiacum zeitweise führte. Schließlich begeistert ihn auch die Schönheit der lateinischen Sprache, was man einem Lehrer der Redekunst wahrlich nicht verdenken kann. So gesteht er denn: «Ich schelte nicht die Worte, sie sind erlesene, kostbare Gefäße, aber den Wein der Verführung, den trunkene Lehrer uns in ihnen kredenzten ... Ich habe das gern gelernt und meine erbärmliche Freude daran gehabt und hieß deshalb ein hoffnungsvoller Knabe» (I, 51).

Ganz ernst kann Augustinus aber die asketisch wünschenswerte Trennung zwischen Form und Inhalt in der Literatur wiederum nicht genommen haben, denn noch im Alter liebte er – wie dies auch seine berühmten Zeitgenossen Ambrosius und Hieronymus taten – die Dichtungen Vergils: Schönheit war ihm ein Wert an sich, den er allem Asketismus zum Trotz nicht aufgab, der immer wieder in seinen theologischen Werken, etwa in den mit Recht berühmten Psalmenkommentaren, auftaucht, und zwar als Lob der Schöpfung und allen Lebens der Natur als Gotteswerk.

Schönheit als Lebenswert und Lust findet sich in seinen «Bekenntnissen» an den verschiedensten Stellen und oft unerwartet, so etwa wenn er für die Verbrechen des Revolutionärs Catilina, die der Historiker Sallust (86–35 v. Chr.) und der Politiker und Rechtsanwalt Cicero (106–43 v. Chr.) so bitter gegeißelt hatten, insofern Verständnis aufbringt, als dieser nicht die Missetaten als solche geliebt habe, sondern die schönen Lebensgüter, Macht und Reichtum, um deretwillen er sie beging (II, 63). Das klingt beinahe wie eine Entschuldigung Catilinas und setzte bei dem Augustinus dieser orientierungslosen Epochen eine seltsam wertfreie Theorie des Schönen voraus, nämlich eines Schönen, zu dessen Erlangung auch kriminelle Energien ausgelöst werden. Wertfreie Schönheit muß für ihn auch die Welt der darstellenden Künste und besonders des Theaters gewesen sein. Auch wenn Augustinus seine tiefe Ergriffenheit und sein Mitleid später diskreditierte, die ihm Tragödien entlockten: Gerade seine kennerhafte Schilderung der Theaterfreuden zeigt wider Willen, daß er sie als antiker Mensch und traditionell Gebildeter einst genossen und die Katharsis, die reinigende Kraft des klassischen Theaters, an sich selbst erfahren hat, auch wenn er dies später als «brennende Geschwulst, Eiter und ekle Fäulnis» abtat (III, 70/72).

Fast wider Willen bricht Augustinus' Lust an ästhetischem, freudigem Leben bei der Schilderung seines jugendlichen Freundschaftskultes in der Zeit als junger ehrgeiziger Rhetorik-Lehrer in Karthago durch. Da heißt es idealisierend: Die Freunde tragen Meinungsdifferenzen ohne Haß aus, man belehrt einander und lernt voneinander, vermißt schmerzlich die Abwesenden, begrüßt freudig die Rückkehrenden «durch solche und ähnliche Zeichen, wie sie in Liebe und Ge-

genliebe, durch Kuß, Rede, Blicke und tausend freundliche Gebärden sich kundtun, die Herzen in Glut versetzen und die vielen zur Einheit verschmelzen» (IV, 98). Es muß ein eher epikureisches Freundschaftsleben gewesen sein, dessen Widerschein in der Erinnerung ihn hier überwältigt und so zum Zeugen gegen ihn selbst wird. Mehr noch: In einem Gespräch mit zwei engen Freunden über «das höchste Gut und das höchste Übel» entfuhr ihm damals das Bekenntnis: «Ich würde dem Epikur die Palme gereicht haben, hätte ich nicht an ein Fortleben der Seele nach dem Tode und eine Vergeltung nach Verdienst geglaubt, was Epikur nicht glauben wollte» (VI, 160). Angst vor Vergeltung im Jenseits hinderte ihn also daran, sich «epikureisch», diesseits freudig auszuleben. Ein erstaunlich offenes Wort aus seiner Zeit, da er, trotz des ängstlichen Drängens seiner tief religiösen Mutter Monnica, noch wie viele Heiden der Meinung war, Christus sei nicht Gottessohn, sondern «ein weiser Mensch gewesen» (VI, 160). Wahrhaftig ein zwiespältiger Gottsucher, der «ohne Freude nicht glücklich sein konnte», aber gleichzeitig retrospektiv sein damaliges Leben als «größten Überfluß fleischlicher Genüsse» verdammte; womit er sicherlich nicht nur eine Menüfrage meinte. An anderer Stelle gesteht der Ästhet und Lebenskünstler sogar ein, daß er auch jetzt als Bischof und Autor seiner Bekenntnisse «täglich wider die Gier nach Speise und Trank streite» und ihm die Sexualaskese als einmaliger Willensakt leichter falle als der Abschied von den Gaumenfreuden (X, 282). Solche bestechenden Eingeständnisse tragen nicht wenig zum menschlichen Zauber des Buches bei, die auch Leser beglücken, die ihm nicht in seinen theologischen Spekulationen folgen können, aber in Augustinus den erstaunlichen Psychologen verehren, der eine neue Ära menschlicher Selbsterkenntnis eröffnete.

Aufschlußreich ist auch seine Schilderung des zelotischen Theologen Athanasius (ca. 295–373), den einst Konstantin der Große und sein Sohn wegen seiner Streitsucht – es ging um das Wesen Christi – fünfmal in die Verbannung schickten und auf den Augustinus in einem seltsamen Zusammenhang zu sprechen kommt. Es geht um die verführerische Gewalt des Gehörsinns, um den «Wohllaut der Töne», der ihn oft dazu bringt, sich dem ästhetischen Genuß des Psalmengesangs hinzugeben, selbst wenn er sich bewußt ist, dabei manchmal deren geistlichen Gehalt zu vernachlässigen. Der Asket Athanasius – er verfaßte die erste Vita des Wüstenheiligen Antonius – war sich ebenso der Gefahr des «Wohllauts der Töne» bewußt, zog aber daraus andere Konsequenzen als Augustinus, denn er wies seinen Psalmen-Lektor an, mit möglichst geringer musikalischer Modulation zu singen, «daß es mehr ein Vorlesen als ein Singen war» (X, 284). Augustinus, den der Wohllaut des Psalmengesangs zu Tränen des Entzückens hinriß, distanziert sich hier vorsichtig vom Rigorismus des Athanasius und gibt zu bedenken, daß «sich immerhin ein schwächeres Gemüt durch den einschmeichelnden Wohllaut zu frommen Gefühlen anregen lassen» mag; sicher eine psychologisch vortreffliche Beobachtung, die aber nur einer machen kann, der einen ausgeprägten Sinn für ästhetische Valeurs hat.

Auch hier kann Augustinus mit eigenen Erfahrungen aufwarten, nämlich mit der verführerischen Gewalt des Schönen, die auch bei seiner ersten Begegnung mit dem großen Metropoliten und Kirchenvater Ambrosius eine seltsame Rolle spielte. Der Lehrer der Redekunst ist von dessen Sprachgewalt begeistert, gesteht jedoch gleichzeitig: «Gespannt und aufmerksam lauschte ich seinen Worten, aber gleichgültig und geringschätzig blickte ich auf ihren Inhalt. Ich freute mich der Anmut seines Vortrags ...» (V, 132). Es ist der Ästhet, der sich dennoch bald darauf durch die Schönheit der Rede auch zur Wahrheit des Glaubens «verführen» läßt.

Um Wahrheit in seinem Sinne ging es Augustinus zeitlebens, und so verwundert es nicht, daß er noch im Alter in den «Retractationes», einem kritischen Rückblick auf seine Schriften, die philosophischen Jugendarbeiten gelten läßt und ebenso die Philosophie als eigene Disziplin. Das ist um so bemerkenswerter, als sich der Kirchenvater auch in dieser Hinsicht sowohl als Christ wie als antik Gebildeter zeigt, in dem noch beide großen Kult- und Kulturtraditionen ungeachtet ihrer gravierenden Divergenzen lebendig sind. Nach ihm kamen lange Jahrhunderte, in denen das antike philosophische Erbe, das ja auch – was nicht vergessen werden darf – beim Ausbau der kirchlichen Dogmatik eine wichtige Rolle gespielt hatte, weitgehend versank und mit ihm das theologische Niveau. Erst mit der geistigen Wiederherstellung antiker, auch philosophisch-theologischer Texte durch die «karolingische Renaissance» des 8./9. Jahrhunderts konnte der enorme Kulturbruch, den der Verlust der Antike verursacht hatte, schrittweise wieder überwunden werden. Man kehrte gleichsam wieder auf den «augustinischen Weg» zurück, der einst mit «De doctrina christiana», dem Leitfaden christlich-antiker Bildung, eingeschlagen worden war. Das aus Glaubensgründen bewußte Verlassen der antiken Hochkultur-Standards, so darf man folgen, hatte à la longue auch negative Folgen für das geistige Niveau der Kirche, und es bedurfte immer wieder neuer Anstrengungen, aus den Wellentälern eines asketischen «Fundamentalismus» emporzusteigen.

Sexualität als ein Lebensproblem

Die enge ursächliche Verbindung von ästhetischem Empfinden und Sexualität brachte es wohl zwangsläufig mit sich, daß Augustinus sein früheres Leben zensieren und verurteilen mußte, obwohl er ehrlicherweise auch von seinen Rückfällen spricht, die er mit göttlicher Gnade überwinden konnte. Dabei schont er auch seine Eltern nicht. Der Vater, den die Mutter erst spät zum Christentum bekehrte, wird gerügt, weil er einst in heidnisch-sexueller Unbefangenheit seiner Gattin voller Freude berichtete, daß der heranwachsende Knabe bereits einen schwellenden Penis habe und man sich daher auf künftige Enkel freuen dürfe. Die natürliche Freude an Lebenskraft, Wohlgeratenheit und Fruchtbarkeit, ein Grundgefühl der antiken Welt, das in vielen Kultformen Ausdruck fand und auch im Alten Testament vorhanden ist, erfährt im asketischen Rückblick des Bischofs und Kirchenvaters prüde Kritik; wohl nicht zuletzt deshalb, weil ihn Eros und Venus selbst immer wieder bedrängten. Auch das dokumentierte er, denn selbst in der Kirche denkt er an Liebesgenuß (III, 72), und wenn er selbst in seinem Freundschaftskult die Gefahr erkennt, daß er diesen Quell der Freude «mit dem Schmutze niederer Begehrlichkeit» verunreinigt habe, so liegt es wohl nahe, auch an engere, homoerotische Bindungen zu denken, die der antiken Welt weitgehend als normal galten (III, 69).

Es war dann die Mutter Monnica, die dafür sorgte, daß ihr Sohn aus seinem exzessiven Leben «im Fleische» herausgelockt und durch eine ihm zugeführte Konkubine in ein normales Geschlechtsleben eingeführt wurde.

Ein Wanderer durch die spätantike Geisteswelt: Platonismus, Manichäismus

Es wird immer mißlich bleiben, historische Persönlichkeiten nach Stadien ihres Lebens zu befragen, die sie später als überwunden oder gar für sich als irrelevant betrachteten. Das gilt für zeitgeschichtliche Memoiren ebenso wie für die Lebensbeichte des Augustinus. Man gerät mit einer kritischen Sonde allerdings leicht ins pedantische oder gar ins hämische Aufrechnen, wozu die «Confessiones» an vielen Stellen Anlaß geben könnten; und zwar schon deshalb, weil Augustinus hier selbst in seinem leidenschaftlich-liebevollen Zwiegespräch mit Gott eine radikale, christliche Gesamtbereinigung seines geistigen Lebens versucht, in der alle früheren konträren Existenzformen wie dunkle, buchstäblich «erratische» Felsblöcke aus dem brausenden Meer seiner endlich errungenen, in heißer Liebe geglaubten Gottesnähe herausragen: Als Exempla des Irrtums und als Warnung für die Leser. Wie nicht anders zu erwarten, schafft er sich – wie jeder Autobiograph – durch sein selektives Gedächtnis gleichsam eine eigene, schlüssige «Individualhistorie». Man wird in seinem, allerdings extremen, Falle mit einigem Recht sagen dürften, daß jeder Lebensbericht, als Entwicklung gedacht, per se teleologisch-zielgerichtet sein wird, weil der Autor notwendig versucht, den Zufällen des real gelebten Lebens, seinen Bedrängnissen, Sprüngen und wirren Widersprüchen Folgerichtigkeit und damit Kohärenz und Sinn zu verleihen. Das gilt in geradezu extremer Weise von den «Confessiones» als Selbstinterpretation eines Lebens, das eher ein zögerliches, von Rückfällen verwirrtes Stolpern mit versuchten schroffen Kehrtwendungen, Ratlosigkeit und hedonistischen «Interludien» gewesen ist als ein klarer Weg zu Gott. Doch gerade in dieser scheinbaren Unzulänglichkeit liegt das geistesgeschichtlich Wirkmächtige, weil Beispielhafte und zugleich Verlockende dieser bewußt auf Gottes Gnade hin «konstruierten» Autobiographie, in der jeder suchende Leser die Paradoxien und Querschläge des eigenen

Lebens finden und auf seine Weise legitimieren oder umdeuten kann. Das war und ist eine Chance, die nach dem Vorbild des Kirchenvaters viele in der Geisteswelt Europas genutzt haben, sei es in christlichem oder – wie bei Jean-Jacques Rousseau – im säkularisierten Sinn bis hin zum deutschen Entwicklungsroman des 19. und 20. Jahrhunderts. Auch letztere sind Bekenntnisse literarischer Gattung: egozentrisch und sinnstiftend wie beim spätantiken Urbild, aber dennoch wie jenes durchsetzt mit störrischen, querliegenden Resten im Text, die – weil «Bekenntnisse» ja eine Beichte vor Gott und ein demütiger Rechenschaftsbericht sind – die älteren Lebenskonzepte oder Fehlleistungen konkret dokumentieren.

Um gleich ein schockierendes Beispiel zu nennen: Als eloquenter Redner war es Augustinus sogar gelungen, unerfahrene Christen an ihrem Glauben irre zu machen (III, 87), ja, er verführt sogar einen Freund zum Manichäismus, den der «Gott der Rache» dann sterben läßt, um Augustinus auf den rechten Weg zu bringen – welch ein religiöser Solipsismus! Auf den rechten Weg war er damals auch in anderer Weise nicht zu bringen, wie seine Beziehung zu dem berühmten hippokratischen Arzt und Prokonsul Vindicianus zeigt, der ihn als hochgebildeter Rationalist vom manichäischen Glauben an astrologische Voraussagen «lebhaft, gedankenreich ansprechend» (IV, 91) befreien wollte; wozu Augustinus aber nicht bereit war; zu tief war er noch in die Lehre Manis verstrickt. Es war auch jene Epoche der grundsätzlichen, höhnisch zelebrierten Beliebigkeit aller Überzeugungen, die er an anderer Stelle trefflich so charakterisiert: «O, feindselige Freundschaft, unbegreifliche Verführung des Geistes! Aus Spiel und Scherz springt sie heraus, die Lust zu schaden, das Vergnügen an fremdem Verdruß ohne eigenen Gewinn, ohne Rachegefühl, das befriedigt werden möchte. Wenn es nur heißt: Komm, tun wir das!, schämt man sich, nicht schamlos zu sein» (II, 68). Wie niederschmetternd «modern» und «aktuell» ist diese zynische «Everything-goes»-Attitüde, und welche Abgründe öffnen sich – damals wie heute Abgründe des «falschen Lachens». Es ist eine messerscharfe psychologische Analyse des Reizes, Böses zu tun, von zeitloser Wahrheit.

Der rückfallreiche Weg zu Christus: Monnica und ihr Sohn

Die Modernität und Aktualität der «Confessiones» beruht auf der komplizierten Glaubensgeschichte des Aurelius Augustinus, wie sie vor und auch noch nach ihm viele Gebildete der Spätantike erfahren haben und in der die fromme Mutter eine wichtige Rolle spielte; aber keineswegs, wie oft geschrieben wird, nur im förderlichen Sinne. Das hängt mit der schwierigen, intensiven Mutter-Sohn-Beziehung zusammen. Sie hat beinahe inzestuöse Züge, die bei ihrem übermächtigen Einfluß auf den Sohn zu dessen Fluchtversuchen führten, welche dann mit innerer Konsequenz scheitern mußten. Monnica ist sein Schicksal. Augustinus deutet sein Verhältnis zur Mutter – ganz im Sinne seines ihm zur Gewißheit gewordenen Weges zum rettenden Gott – als göttlich gelenkte, wachsende Sorge um seine geistigen Irrwege. Sicher war dies ein wichtiges Motiv, aber gleichzeitig auch Ergebnis einer naturhaften mütterlichen Dominanz, die ihn zeitweise fast entmündigte und eher an den Archetypus der mediterranen «Mamma-Herrschaft» über die Söhne erinnert als nur an Glaubenssorge. Deutlich wird dies am Verhalten Monnicas gegenüber der Konkubine ihres Sohnes, die sie ihm selbst zugeführt hatte, um sein Geschlechtsleben einigermaßen zu regulieren. Es konnte nicht gutgehen mit der «Schwiegertochter», die offenbar Monnicas Herrschaft über den Sohn bedrohte. So sorgte die Mutter mit instinktivem Egoismus bald dafür, daß die Konkubine – Augustinus nennt nicht einmal ihren Namen –, die nun offenbar anderen Heiratsplänen im Wege stand, kurzerhand abgeschoben wurde; wobei die Mutter durchsetzen konnte, daß die Konkubine ohne ihren inzwischen geborenen Sohn Adeodatus gehen mußte. So wortreich und poetisch-überschwenglich Augustinus seine kleinen und großen Sünden schildert, ja, um der paränetischen Absicht willen fast lustvoll zelebriert: In diesem gravierenden Fall der abrupten Trennung bemerkt er nur lakonisch, sie (die Lebensgefährtin), «da sie dem Heiratsplan (der Mutter) im Wege stand, war von meiner Seite weggerissen», womit seinem Herzen, «das an ihr hing, ein harter Schlag versetzt» wurde (VI, 159). Ist es schon schlimm genug, daß er nur an die gefühlsmäßigen Folgen für sich selbst denkt, so wird man seine passive Rolle bei diesem von Monnica inszenierten Eklat kaum als charaktervoll bezeichnen können: Es war ein Schandfleck, und dies um so mehr, als er sich gleich darauf – «nicht so sehr ein Freund der Ehe als ein Sklave meiner Begierde», wie er eingesteht – eine neue Konkubine zulegte, offensichtlich mit mütterlicher Billigung. Wenn man bedenkt, wie er dagegen einen harmlosen Birnendiebstahl seiner Kindheit wortreich zu einer schlimmen Sünde hochstilisiert (II, 61 f.), dann erkennt man an dieser krassen Diskrepanz zwischen dem, was ihm innerhalb seiner Konzeption von Sünde wichtig war und was nicht, den extrem selektiven Charakter der «Confessiones» und deren Wertungen. Zwar hängt die unglaubliche Aufbauschung des Birnendiebstahls auch mit seiner psychologischen Überzeugung zusammen, daß bereits das Schreien des Säuglings nach der Mutterbrust und die kindliche Eifersucht Sünde seien (I, 36/39) – man kann darin einen Vorklang auf seine finstere Prädestinationslehre sehen –, aber eine unmenschliche und böse Geschichte bleibt die Trennung von der Konkubine allemal, und Monnicas maßgebliche Rolle dabei macht die Sache nicht besser.

Ihr Einfluß zieht sich bis zu ihrem verklärten Tod wie ein roter Faden durch das Buch. Der Sohn war ihr eigentlicher Lebensinhalt: Sie will ihn nicht von Thagaste nach Karthago in die Rhetorenschule weggehen lassen. Dasselbe wiederholt sich nach seinem fluchtartigen Weggang nach Rom und später nach Mailand, wohin ihm Monnica gegen seinen Willen – ihren offenbar gutmütigen heidnischen Gatten verlassend – als «Haushälterin» nachfolgt. Es spricht weiter für die starke Bindung an die Mutter, daß er in Rom ohne sie schwer erkrankte. Sie blieb jedenfalls bis zu ihrem Tod 387 mit ihrem Glauben das sicherste Refugium seiner zerrissenen Seele, und nicht zufällig hat er ihr ein ergreifendes Denkmal gesetzt. Dessen Kern ist das mystische Gespräch zwischen ihm und Monnica wenige Tage bevor sie starb, ein gemeinsamer seelischer Höhenflug von zeitloser Schönheit, ein Paradigma auch für die mystische Literatur des Mittelalters: «Wir durchwanderten von Stufe zu Stufe die ganze Körperwelt und auch den Himmel, von dem Sonne, Mond und Sterne auf die Erde niederscheinen. Bald in stillem Sinnen, bald Worte wechselnd und deine Werke bewundernd, stiegen wir weiter empor und kamen in das Reich unserer Seelen. Auch dieses durchschritten wir und gelangten endlich zu dem Lande unerschöpflicher Fülle, wo du [Gott] Israel auf grüner Aue der Wahrheit ewig weidest ...» (IX, 236 ff.).

Ein Hochgesang des endlich erlangten gemeinsamen Glaubens, eine ekstatische Poesie neuer Art, mit dem Monnicas Lebensgeschichte als hagiographischer Text innerhalb der «Bekenntnisse» ausklingt. Er ist um so eindrucksvoller, als die heiligmäßigen Züge im Bilde der Mutter mit sehr realistischen Nachrichten aus ihrem Leben kompositorisch konfrontiert sind. So erfährt man, daß die Mutter als junge Frau ebenso dem starken Weingenuß verfallen war wie ihr Sohn, dem dieses Bekenntnis so nebenbei entschlüpft. Die Heilung der Mutter, wie immer als unmittelbares Eingreifen Gottes geschildert, vollzog sich als realistisches Szenario aber so: «Eine Magd, mit der [Monnica] zum Fasse zu gehen pflegte, geriet, wie es leicht vorkommt, mit der jungen Herrin, als sie mit ihr allein war, in Streit, hielt ihr in heftigen Scheltworten ihren Fehler vor und nannte sie eine Säuferin. Von diesem Stachel getroffen, ging sie in sich, erkannte die Häßlichkeit ihres Vergehens, sprach alsbald das Urteil darüber und sagte sich davon los. Stiften schmeichelnde Freunde Unheil, können zankende Feinde oft bessern» (IX, 232).

Die erbauliche Moral des liebenden Sohnes nimmt hier mit ihrer sententiösen Pointe fast Lustspielcharakter an. Szenen solcher Art weisen Augustinus als vortrefflichen Erzähler aus und erleichtern mit ihrer jeweiligen moralisch-religiösen Nutzanwendung, die niemals fehlt, die Lektüre. Ein gutes Beispiel dieser Art ist auch die Geschichte vom betrunkenen, weinseligen Bettler, der *einen* Tag glücklich ist und danach seinen Rausch ausschläft, während Augustinus sich elend fühlt; der sich mit guten Wünschen Wein verschafft für die ungetrübte Heiterkeit eines Tages, während er – Augustinus – seinen Unterhalt durch «eine mit Lügen gespickte Lobrede auf den Kaiser» – es ist der in Mailand residierende, minderjährige Valentinian II. – erschleicht. Ein anrührendes Bild für jene weltliche Ruhmsucht, der damals der erfolgreiche Lehrer der Beredsamkeit frönte, und zugleich ein Präludium voller Selbsthaß, das kompositorisch im Vorfeld der wahren Bekehrung steht. Sie ist mit dem Namen des geliebten Kirchenvaters Ambrosius verbunden.

Antikes Erbe und christlicher Weg

Beide ideellen Pole waren lange Zeit nebeneinander und gegeneinander die Widerlager seiner schwankenden Existenz, die viel länger in diesem bedrängten Zustand verblieb, als es Augustinus selbst darstellt, denn auch für ihn blieben das große, polyphone Geisteserbe und seine ästhetischen und geistigen Angebote lange Zeit faszinierend. Das betraf weniger die allmählich versinkende heidnische Götterwelt mit ihren vom Christentum tabuisierten, erotischen Gehalten, die damals auch schon vielen Heiden suspekt wurde. Für Augustinus existierten die antiken Götter und Heroen nur noch als Zerrbilder. Jupiter der Donnerer als schlauer Ehebrecher, Venus als Hure, die versinkende pagane Fruchtbarkeitsmythen bis hin zum ärgerlichen Symbol des goldenen Samenregens in Danaes Schoß: dies alles war ihm kein wirkliches Problem mehr, sondern nur verabscheuungswürdiger Unflat.

Anders sieht es mit den philosophischen Weltdeutungen aus, die damals die gebildete Gesellschaft bewegten und denen er in einer Leidenschaftlichkeit anheimfiel, die noch im abschwörenden Widerruf spürbar ist. Allerdings hatte sich Augustinus eher mit Widerwillen der traditionellen Schulbildung genähert, und neuere Forschungen haben gezeigt, daß sein intellektueller Standard eher lückenhaft und in manchen Bereichen wie den exakten Wissenschaften schlechthin dilettantisch blieb. Er selbst gesteht, daß er ein fauler Schüler war, daß er Griechisch als *die* Bildungssprache auch der römischen Welt haßte und damit auch die Dichtung Homers und deshalb – anders als Hieronymus – diese Kultursprache par excellence nie perfekt beherrschte. Er rechtfertigte sogar seine kindliche Faulheit mit dem sehr modern anmutenden Argument, «daß freie Neugier das Lernen wirksamer fördert als furchtbeschwerter Zwang» (I, 48). Mehr noch: Grimmig gedenkt er der Schläge und der Folterwerkzeuge seiner Schulzeit, und noch in seinem geschichtsphilosophischen Hauptwerk, dem «Gottesstaat», bricht diese offenbar schreckliche Erfahrung aus ihm heraus: «Wer möchte nicht lieber sterben, als noch einmal Kind sein?» (De Civ. Dei XXI, 14). Auf diesen starken Anti-Schul-Affekt setzt er theologisch noch eins drauf, wenn er seine in der Schule erworbene

Aversion gegen das klassische Erbe mit einem speziellen Heilsplan Gottes für ihn in Verbindung bringt, zweifellos eine etwas kühne Konjektur. Aber gerade in puncto Bildung widerspricht er sich dann doch wieder auf enthüllende Weise, wenn er einerseits seine fragwürdige Liebe zu Vergils «Aeneis» und zum vielbeweinten Tod der Königin Dido als abwegig kritisiert (I, 46f.), jedoch an anderer Stelle eingesteht, daß noch viel später und bereits im Umgang mit christlichen Freunden das Meisterwerk des römischen Dichters ihm lieb und wert war. Noch nach seiner endgültigen Bekehrung durch Ambrosius von Mailand, als er mit Gleichgesinnten, Verwandten und seinem Sohn Adeodatus idyllische, glückliche Tage auf dem Landsitz Cassiacum am Comersee verbringt – es muß dieser Ort für ihn gleichsam ein platonisch-christliches Tusculum gewesen sein –, waren täglich mehrere Stunden der gemeinsamen Vergil-Lektüre gewidmet. Die Faszination durch die Schönheit des großen Gedichts hielt also auch in einer Zeit an, als er bereits entschlossen seinen Beruf als «Wortverkäufer» (Rhetor) und «Langmantel» für die Verbreitung «unzüchtiger Texte» aufgegeben und mit dem Sohn und seinem Herzensfreund Alypius nun endlich die Taufe empfangen hatte (IX, 227f.). Wie sehr er damals in diesem christlichen Kreis den antiken Kulturwissenschaften geistig verbunden blieb, beweist auch sein Plan, ein enzyklopädisches Werk nach dem Vorbild des Marcus Terentius Varro (116–27 v. Chr.) mit dem Titel «Disciplinarum libri» zu schreiben, von dem aber nur Bruchstücke zustande kamen. Ob ihn an dessen Fortsetzung seine kirchlichen Pflichten hinderten, wie er selbst meinte (epist. 101), oder sein doch unvollständig gebliebener Bildungsstand, wie moderne Interpreten annehmen, bleibe dahingestellt. Cassiacum mit seinem Kreis gebildeter Freunde bleibt für Augustinus aber auf jeden Fall ein leuchtender Ruhepunkt seines bewegten und bewegenden Lebens, eine wohl nur kurze Epoche der Harmonie zwischen klassischer Antike und christlicher Aufgeklärtheit, ein vorübergehend problemloses Nebeneinander und Miteinander beider Welten, wie es im 4. und 5. Jahrhundert offenbar noch möglich war. Im Grunde ähnelte der christliche Vergil-Kult von Cassiacum den Vergil-Zelebrationen, wie sie im heidnischen Senatorenkreise des berühmten Symmachus gefeiert wurden. Aber es war doch nur ein Moment der Harmonie von Gegensätzen, wie sie Augustinus im Grunde nicht oft gegeben waren. Das konnte aber seinen Weg durch die philosophischen Angebote seiner Epoche nicht aufhalten, den er mit Leidenschaft antrat und der ihn zu ganz anderen Ufern führte.

Dies war vor allem die neuplatonische Philosophie, in deren metaphysische Dimension ihn 373 erstmalig der Hortensius-Traktat des Cicero einführte. Der bedeutende römische Redner und Staatsmann, mehr ein Berichterstatter philosophischer Ergebnisse als ein wirklicher Philosoph, prägte damit auch den eklektischen, teilweise durchaus fragmentarischen Charakter des augustinischen Philosophierens, eröffnete ihm aber, wenn auch in eher oberflächlicher Weise, den Weg zur platonischen Philosophie in der neuplatonisch-religiösen Variante Plotins (ca. 205–270). Ob Augustins Kenntnis dieses Philosophen authentischer oder sekundärer, rein rezeptiver Art war, ist umstritten. Als gedankliches Gesamtkonstrukt hat er jedenfalls Plotin und seine Schule nicht akzeptiert, und zwar schon deshalb nicht, weil er selbst kein Systematiker war, sondern zu philosophischen Grundfragen einen genial unmittelbaren und daher auch originären Zugriff hatte, wie dies seine bedeutenden, aber eher essayistisch-fragenden Darlegungen zum Begriff der Zeit beweisen (X, 310 ff.). In seiner eigenen Darstellung ist der Hortensius-Text gleichsam schon der erste Schritt auf seinem Weg zu Christus, was zweifellos eine verkürzende, nachträgliche Konstruktion des Autors war, denn noch lagen auf diesem von Gott vorgezeichneten Weg für ihn viele Stolperstufen der verschiedensten Art, die kaum zum Bild einer klaren Entwicklung passen.

Die manichäische Phase

Ein langes, nämlich neun Jahre währendes Hindernis seiner christlichen Gotteserkenntnis war die weitverbreitete, philosophisch-astrologische Religion des Persers Mani († 276), der Manichäismus, eine eklektische Lehre, in die auch christliche Bestandteile eingegangen waren. Es handelt sich um eine Erlösungsreligion dualistischen Charakters auf philosophisch-astrologischer Grundlage, deren Kern der ständige Kampf zwischen Dunkelheit und Licht, dem Bösen und dem

Guten, war und die sich vom 3. bis zum 5. Jahrhundert n. Chr. trotz Verfolgung im Imperium Romanum und bis Ostasien ausbreitete und für das Christentum eine gefährliche Konkurrenz bedeutete. Wenn Augustinus bis zu seinem 29. Lebensjahr Manichäer blieb, so kann diese Glaubensform nicht so abwegig gewesen sein, wie er dies später darstellte. In seinen «Bekenntnissen» tauchen die Manichäer jedenfalls oft auf, und leider zumeist als Karikaturen im Blickwinkel eines Konvertiten, der gewaltsam alte Brücken hinter sich verbrennen will. Es spielte bei seinem Verdikt auch ein gravierender dogmatischer Unterschied eine Rolle, der Manichäer und Christen trennte: Christus hatte nach manichäischer Auffassung als Inkarnation Gottes nur einen «Scheinleib» und mußte daher am Kreuz kein physisches Leiden erdulden. Eine für Christen völlig unannehmbare Vorstellung, für die der schreckliche Kreuzestod Jesu, mit dem er die Sünden der Welt auf sich nahm, ein zentraler Glaubensinhalt ist. Es muß Augustinus dennoch mit dem Manichäismus lange durchaus ernst gewesen sein. Das geht schon aus seiner Darstellung des Lehrers und Seelenführers Faustus hervor, die sehr widersprüchlich ausfällt. Diesen manichäischen Bischof, dem er in Karthago begegnete, prangerte er als «eine arge Schlinge des Teufels» an, weil er ihm als Blender und «höflichster Mundschenk kostbare, aber leere Becher reichte» (V, 119 ff.) und sich damit in Augustins Rückschau als unwissender Schönredner erwies. Andererseits war Faustus ehrlich genug, auf Augustinus' bohrende Fragen nach den «endlosen Fabeleien über Himmel, Gestirne, Sonne und Mond» einfach sein Nichtwissen offen zuzugeben. So verlor der Fragende zwar den Glauben an die Wahrheit des Manichäers Faustus, respektierte aber dessen Eingeständnis, ja, bescheinigte ihm sogar Bescheidenheit einer aufrichtigen Seele: «Er hatte ein Herz, das zwar nicht dir [Gott] aufrichtig zugewandt war, doch auch nicht gedankenlos sich selbst genügte. Er war sich seiner Unwissenheit bewußt ...» (V, 121). Das war im Grunde die berühmte sokratische Ausgangsposition allen Philosophierens. Man kann sich fragen, wie dieses relative Lob des Faustus zu dessen Charakterisierungen als «arge Schlinge des Teufels» paßt. Ebenso macht stutzig, wie sehr den künftigen Christen beeindruckt haben muß, daß die Manichäer aufgrund exakter astronomischer Kenntnisse Sonnen- und Mondfinsternisse viele Jahre vorher nach Monat, Tag und Stunde genau voraussagen konnten und offenbar Tabellen entwickelt hatten, nach denen man dies auch noch jetzt tun könnte. Es befriedigt kaum, daß sich Augustinus hier mit folgender Sentenz aus dem Dilemma zwischen Verdammung und Anerkennung herauszuziehen suchte: «Die künftigen Finsternisse der Sonne sehen sie lange vorher, ihre eigene gegenwärtige sehen sie nicht» (V, 115). Immerhin ist man dann nicht so überrascht, wenige Seiten später zu lesen, daß Augustinus sich auch in Rom noch nicht von den Manichäern getrennt hatte, die spätestens seit 391 eine staatlich diskriminierte Sekte waren, als Kaiser Theodosius der Große die scharfe Verfolgung aller nichtchristlichen Religionsgemeinschaften – die Juden ausgenommen – anordnete.

Ob und in welcher Weise dieser eher pragmatische Gesichtspunkt der persönlichen Bedrohung seine Loslösung vom Manichäismus gefördert hat, bleibe dahingestellt. Jedenfalls wurde mit der Berufung nach Mailand, die er paradoxerweise Symmachus, dem berühmten Senator, Rhetor und Vorkämpfer des Heidentums gegen die sich abzeichnende geistige wie staatliche Übermacht des Christentums, verdankte, seine Verbindung zur Sekte auch räumlich unterbrochen. Damit war für Augustinus der Weg zu Christus freier geworden, den ihm nun endlich Ambrosius eröffnen sollte. Es zeugt aber für seinen Willen zu radikaler Ehrlichkeit vor Gott, daß es trotz der goldenen Beredsamkeit des mailändischen Metropoliten und der Gegenwart seiner mahnenden, frommen Mutter noch längere Zeit dauern sollte, bis Augustinus nach einer wahrhaft dramatischen Abfolge von Ereignissen Christ aus ganzer Seele werden konnte. Was veranlaßte Augustinus, bis zu diesem Durchbruch immer noch nicht den entscheidenden Schritt zu tun? Es waren jetzt Hemmnisse ganz anderer Art als der Manichäismus, die ihm nun plötzlich den Weg zur Wahrheit versperrten. Auch jetzt noch lechzte er nach «Ehre, Reichtum und ehelichem Glück», auch jetzt fehlten ihm «des Weibes Liebkosungen», wobei er rückblickend fatalistisch meint, «es könne niemand enthaltsam sein, es gebe denn Gott» (VI, 155) – eine Selbsttröstung, die sicher viele Jahrhunderte lang ungezählten Männern und Frauen Balsam für die geängstigte Seele gewesen sein dürfte.

Ambrosius von Mailand – das große Vorbild

Solche sehr menschlichen Befindlichkeiten waren jedoch nicht das gravierendste Problem, das Augustinus in der Kaiserstadt Mailand immer noch peinigte, sondern dieses lag paradoxerweise gerade in dem durch Ambrosius in Gang gebrachten Prozeß der ernsthaften Annäherung an den konkreten christlichen Glauben. Bei diesem entscheidenden Vorgang stand ihm sein intellektuelles Training, die Ratio, als bislang weithin leitende Kraft im Wege.

Es war schon davon die Rede, daß ihn das hinreißende rhetorische Parlando des Predigers Ambrosius, die Schönheit seiner Rede, begeisterte und ihm dann auch deren tieferen Sinn erschloß. Der tiefere Sinn, das war die allegorische Auslegung der Heiligen Schrift, wie sie Origenes (ca. 185–254), der bedeutendste Theologe vor Augustinus, nach dem Vorbild der schulmäßigen, gelehrten allegorischen Homer-Interpretation in Alexandria und anderen Zentren der antiken, damals schon im Niedergang begriffenen, systematisierenden Kulturwissenschaften, den «artes liberales», entwickelt hatte. Kühn war die Übertragung allegorischer Deutungsmuster auf die Bibel schon deshalb, weil es sich hier nicht um die Erläuterung eines literarischen Kunstwerkes von ohnehin fiktivem Charakter handelte, sondern um die Auslegung des Gotteswortes, das mit der Heiligen Schrift unumstößlich gegeben war. Nicht von ungefähr geriet Origenes aus diesem und anderen Gründen in den massiven Verdacht der Häresie. Die lange Geschichte des erbitterten «Origenes-Streites», in den auch der Kirchenvater Hieronymus verwickelt wurde, ist nicht umsonst ein heiß umkämpftes Kernstück der Schriftexegese geworden. Er setzte sich weit ins Mittelalter fort und trug dazu bei, daß der kirchlich verurteilte Häretiker Origenes dennoch einer der bekanntesten theologischen Autoren blieb. Hieronymus selbst, als Origenes-Adept angegriffen, zog sich später mit folgendem Diktum aus der Affäre: «Wo Origenes gut ist, ist keiner besser, wo er schlecht ist – niemand schlechter» – eine geradezu salomonische oder doch eher sophistische Sentenz.

Was bedeutete aber die allegorische Bibelinterpretation in Ambrosius' Reden und Schriften für den Skeptiker Augustinus, dem bis dahin das Wort Gottes trotz wiederholter Anläufe zur Lektüre verschlossen blieb, weil es mit seinem intellektuellen Bildungsstand nicht aufzuschlüsseln war? Vor allem das Alte Testament, die schlichten Weltentstehungsgeschichten der Genesis, die so gar nicht dem besseren Wissensstand der Antike entsprachen, stießen Augustinus ab, ebenso die oft rüden, halb verloschenen Schicksale des Volkes Israel mit seinen sehr menschlichen und oft unmenschlichen Anführern und Königen und deren erotischen Exzessen. Dies alles war für den gebildeten Rhetor eine harte Kost, die ihm damals, vor der Bekanntschaft mit dem exegetischen Werk des Ambrosius, als schlichtweg «unsinnig» (VI, 140) erschien. Erst deren allegorische Deutung half ihm über diese schwere Hemmschwelle hinweg. Es war ein entscheidender Vorgang, der sicher vielen spätantiken Intellektuellen das neue Verständnis der Heiligen Schrift auf überraschende und in gewisser Weise auch entlastende Art ermöglichte. Ambrosius selbst legitimierte die allegorische Bibelinterpretation mit dem Wort der Heiligen Schrift: «Der Buchstabe tötet, aber der Geist macht lebendig» (VI, 140 f.). Und Augustinus fügt hinzu: «So hob er (Ambrosius), wenn eine Schriftstelle, buchstäblich verstanden, Ungereimtes zu lehren schien, den mystischen Schleier, erschloß einen geistigen Sinn und sagte nun nichts mehr, das mich hätte abstoßen können ...» Wie schwierig es dennoch blieb, zeigt das 12. und 13. Buch der «Confessiones», eine allegorische Ausdeutung der Schöpfungsgeschichte, die Augustinus vor manche Aporie, manches Unauflösbare stellte und ihn dazu zwang, mehrere Interpretationen anzubieten. Eine weitere Gefahr ausufernder Allegorese, der Augustinus und die ihm auf diesem Wege nachfolgende mittelalterliche Schriftexegese immer wieder erlagen, war die damit verbundene Entkonkretisierung, ja, Entsubstantialisierung der Bibel, die überdies zu poetisierenden Fehldeutungen und oberflächlichen bildlichen Analogien verleitete, deren religiöser Erkenntniswert gering war und die schon im Mittelalter parodistische Kritik auslösten.

Wie problematisch die allegorische Ausdeutung biblischer Texte grundsätzlich sein kann, weil sie deren ursprünglichen Sinn als göttliche Botschaft verfremdet, mag eine Gegenprobe zeigen. Die numinose antike Götterwelt, die vom Christentum aus tiefer Überzeugung beseitigt worden ist, lebte bekanntlich entwirklicht als allegorischer Dekor in der Poesie des Mittelalters weiter, wurde also ein ideell harmloses ästhetisches Element, bei dem kein gebildeter Christ befürchten mußte, daß Jupiter, Hera, Hermes oder Aphrodite (Venus) dem Monotheismus der Heiligen Schrift widersprechen könnten. Anders als bei den Götteranrufungen klassischer antiker Dichtungen, die vom Glauben an deren reale Existenz legitimiert waren, lebten antike Gottheiten und Heroen im Mittelalter nur als ästhetisches Spielwerk und Bildungsnachweis weiter: Eben rein allegorisch, d. h. ohne Seinsbezug; die Allegorese hatte sie entwirklicht. Genau das konnte aber auch die allegorische Bibelinterpretation nach der Methode des Origenes und seiner Nachfolger Ambrosius, Hieronymus und Augustinus bewirken: Entfremdung vom konkreten Schriftsinn mit seinen historisch bedingten Schwierigkeiten und oft unaufhebbaren Widersprüchen, die eben *nicht* immer allegorisch zu überspielen waren.

Für das heutige Schriftverständnis aufschlußreich ist hingegen Augustinus' Idee, daß Moses Darstellung der Schöpfung (Genesis I, 1) zwar sehr schlicht und einfältig im ursprünglichen Sinne ist, aber dies zwangsläufig auch sein mußte: «Denn es war ein rohes, fleischlich gesinntes Volk, zu dem er sprach, Menschen, denen er, wie er einsah, nur die sichtbaren Gotteswerke vor Augen führen konnte» (XII, 347). Hier klingt mit aller Vorsicht schon eine historisierende Bibelinterpretation an, wie sie später Johann Gottfried Herder als Erziehung des Menschengeschlechtes durch die Geschichte und damit als Werk Gottes entwickelte. Das war eine Idee, die in säkularisierter Form auch dem Historismus des 19. und 20. Jahrhunderts zugrunde lag. Doch zurück zum Kirchenvater!

Insgesamt ergaben sich mit der allegorischen Schriftdeutung, die bis zum Hochmittelalter vorherrschend blieb und auch für die christliche Sakralkunst ein weites Feld eröffnete, verschiedene Gefahren, die den genauen Sinn der Heiligen Schrift verschleiern und entwirklichen konnten. Wer das 13. Buch der «Confessiones» liest, ein Paradebeispiel augustinisch-allegorischer Schriftauslegung, wird sich kaum dem Eindruck entziehen können, daß Interpretamente solcher Art dem heutigen Menschen nur wenig sagen können und nicht selten ins Skurrile und Beliebige führen. Oft ist es abgehobenes Gedankenspiel. Einem den Glauben suchenden Leser werden nicht selten rhetorisch behauene «Steine statt Brot» geboten. So ist es denn auch kein Zufall, daß der scholastische Frührationalismus der Schule von Chartres seit dem 11. Jahrhundert und erst recht die Scholastik des Hochmittelalters die allegorische Bibelinterpretation durch neue und oft atemberaubende, rationale Zugänge zum Sinn der Heiligen Schrift ersetzte. Man wollte sich durch Vernunft der Glaubenswahrheiten versichern, Ratio und Fides verbinden. Daß man damit andere, an die Grundfesten des Glaubens gehende Probleme aufwarf, kann hier nicht näher erörtert werden.

Für diesen nun wahrhaftig neuen Ansatz wurde die Philosophie des Aristoteles, der großen, überwältigenden Autorität, entscheidend. Sie kam entweder direkt über den byzantinischen Osten oder später über die Kommentare der arabisch-islamischen Welt nach Europa und wurde an den Universitäten Europas leidenschaftlich diskutiert und weiterentwickelt; dies zumeist in der lateinischen Übersetzung Wilhelms von Moerbecke (ca. 1250–ca. 1286). Auf einen Höhepunkt führte die neue Theologie im 13. Jahrhundert das gewaltige Werk des Thomas von Aquin (1225–1274) sowie die Schriften des Albertus Magnus (ca. 1200–1280), der sich seinerseits auf islamische Aristoteles-Kommentatoren stützen konnte. Aus letzterem Bereich kam allerdings auch eine philosophische Richtung, die im Streit der theologischen Schulen die Grenzen des kirchlich-dogmatischen Tragbaren immer wieder überschritt und mit dem Namen des arabischen Arztes und Philosophen Ibn Rušd, lateinisch Averroes (1126–1192), verbunden ist. So wurde die Geisteswelt des hohen wie des späten Mittelalters eine Art Gesamtwerk von «Orient» und «Okzident», das die älteren Interpretamente von Gott und Welt – und eben auch die symbolisch-allegorischen des Origenes und seiner Nachfolger – weitgehend in den Hintergrund rückte, beziehungsweise völlig ablöste. Allegorisches erhielt sich noch am ehesten in der aufblühenden hoch- und spätmittelalterlichen Mystik, die nicht zufällig den Kirchenvater Augustinus als Wegbereiter individueller Gotteserfahrung wiederentdeckte. Es findet sich aber auch reichlich in der Ikonographie der mittelalterlichen Kunst.

Die endliche Bekehrung

Man kann den Lebenswert der «Bekenntnisse» nicht intensiver erfahren als durch die Lektüre der dramatisch geschilderten, endgültigen Bekehrung des Aurelius Augustinus, die im 8. und 9. Buch mit großer Eindringlichkeit dargestellt ist: ein rasant geschriebenes Stück Glaubenserfüllung und zugleich Weltliteratur. Es beginnt mit der Erzählung von Ponticianus, einem hohen Beamten am kaiserlichen Hof Trier, der, durch das Vorbild des heiligen Antonius erschüttert, Hof und Welt verläßt, um Mönch zu werden. Tief beeindruckt, ja, hingerissen von dieser plötzlichen Konversion, von einer geheimnisvollen Stimme auf die Heilige Schrift verwiesen, weiß sich Augustinus nunmehr wirklich von Gott gerettet, gibt seinen Brotberuf als Rhetor auf und kann nun aus vollem Herzen die Taufe empfangen (VIII, 190 ff. und IX, 217 ff.). Es ist das ergreifende Kernstück der «Bekenntnisse», ein freudenreicher Abschluß mit stürmischem Dank an Gott, der ihn auf einen ganz anderen Lebensweg geführt hat. Von nun an beginnt das Wirken des Geistlichen, des Bischofs und Theologen Augustinus in der Welt, wobei ihm die Bibel, deren Gehalt ihm so lange verborgen geblieben war, nun glühend verteidigtes Palladium seines Lebens wird. Er läßt sich sogar zu dem Satz hinreißen: «Grimmig hasse ich ihre Feinde» (XII, 342). Ein Satz, bei dem man erschrickt, denn es ist mehr als befremdlich, daß gerade er, der Jahrzehnte gebraucht hatte, bis ihm Ambrosius die Heilige Schrift durch allegorische Interpretation erschloß, sich nun als verständnislos für Zweifel und Kritik erweist. War er seiner Sache doch nicht so sicher, weil er sie so «grimmig» verteidigte? Jedenfalls deutet sich hier ein scharfer geistiger Bruch an.

Der Bischof und Kirchenpolitiker

Was das konkret bedeutete, mag kurz angedeutet werden. Es ist ein anderer Augustinus als der Verfasser der «Bekenntnisse», aber in vielen Bereichen ein ebenso problematischer; das kann man bei der Frage nach der Art seiner Heiligkeit nicht außer acht lassen. Er war nun mit einer völlig neuen Realität konfrontiert, die ihm konkrete Entscheidungen abforderte, wobei es nicht um gut und böse, sondern um besser oder schlechter ging. Das gilt in besonderer Weise für seine Auseinandersetzung mit der radikal christlichen Bewegung des Donatismus, in der auch ein starkes Potential sozialen Protestes gegen den ausbeuterischen Charakter der spätantiken Militärmonarchie und ihrer Stützen in der Klasse der Großgrundbesitzer wirksam war. Augustinus stellte sich hier eindeutig auf die Seite des Staates, mit dessen bewaffnetem Arm der besonders in Nordafrika weit verbreitete Donatismus blutig unterdrückt wurde. Es war eine der ersten Christenverfolgungen durch Christen, gegen deren Brutalität das ideologische Vorgehen des heidnischen Kaisers Julian «Apostata» (321–363) gegen die Christen gemäßigt genannt werden muß. In Gallien entsprach diesem Kampf von Christen gegen Christen die blutige Verfolgung der Glaubensgemeinschaft der Priscillianer, ein Vorgehen, das sowohl von Ambrosius wie besonders vom Mönchsvater Martin von Tours (ca. 336–397) leidenschaftlich abgelehnt wurde (siehe Seite 41 ff.). Dem sensiblen Bischof Augustinus ist der Kampf gegen den Donatismus vermutlich schwergefallen, aber jetzt war er, nach seinem Verlassen der «virtuellen» Welt der Rhetorik und der «artes liberales», fest in das konstantinische Staatssystem eingebunden, in dem der höhere Klerus zunehmend staatliche Funktionen zu übernehmen hatte. Problematisch bleibt sein Verhalten auf jeden Fall, auch muß es Kritik an seinem Verhalten gegeben haben, denn in einer seiner vielen dogmatisch-kirchenrechtlichen Streitschriften, nämlich in «Contra litteras Petiliani» (II, 42 f.), verteidigt er vehement die von ihm veranlaßte, blutige staatliche Intervention gegen die Donatisten: «Nicht wir sind es» – so behauptet er –, «die euch verfolgen, sondern eure eigenen Werke» (gemeint ist die aus Gottlosigkeit vollzogene Trennung von der katholischen Kirche). «Was für ein Unrecht soll darin liegen, wenn diejenigen für ihre Sünden und auf Befehl der Regierung gestraft werden, welche Gott durch dies gegenwärtige Gericht und Züchtigung ermahnt, sich dem ewigen Feuer zu entziehen? Sie [die Donatisten] sollen zuerst beweisen, daß sie weder Häretiker noch Schismatiker sind und sich dann beklagen.» Dieser rüde Passus, den Jacob Burckhardt zu Recht empört in seinen «Weltgeschichtlichen Betrachtungen» zitiert, war theologisch höchst fragwürdig und kirchengeschichtlich gesehen der Anfang einer permanenten Katastrophe massiver Verfolgungen.

Daß als Zeitgenossen der Kirchenvater Hieronymus und Bischof Hilarius von Poitiers dieselbe Position in der Häretikerverfolgung bezogen, macht die Sache nicht besser, sondern eher schlechter. Erleichtert wurden solche Stellungnahmen durch die weitere Entwicklung des spätantiken hohen Klerus. In dessen Reihen spielten jetzt auch mehr und mehr Männer aus der senatorialen Großgrundbesitzerschicht eine wichtige Rolle, und das wiederum konnte nicht ohne Folgen für das Verhalten der Kirche gegenüber dem katastrophalen Anwachsen der sozialen Probleme bleiben, die sich seit der Wende vom 4. zum 5. Jahrhundert mit dem beginnenden Todeskampf des westlichen, lateinischen Imperium Romanum zwangsläufig einstellten. Es waren vor allem die Bedrohungen durch die germanische Völkerwelt, die sich in doppelter Art zeigten: nämlich sowohl als wachsende innere Gefahr durch den politischen Aufstieg germanischer Söldner und Heerführer im Staat wie auch als äußerer Machtfaktor durch die organisierten und schließlich immer erfolgreicheren «incursiones barbarorum», die immer schneller aufeinanderfolgenden Einfälle germanischer Völker und Heere in den Friedensbereich des Imperiums. Die Eroberung Roms im Jahre 410 durch König Alarich, den germanischen Heerführer in römischen Diensten, war ein Fanal, das die Christen tief erschütterte. Auch der Kirchenvater Hieronymus brach in Tränen aus, als er die Schreckenskunde erhielt, daß Rom, das alte «Haupt der Welt» und der Begräbnisort der Apostel Petrus und Paulus, gefallen war. Der Schrecken war um so größer, als die immer noch starke heidnische Welt den Christen vorwarf, sie hätten durch Verlassen der alten, siegbringenden Götter die Katastrophen des Staates verschuldet. Augustinus' berühmte Antwort auf diese Vorwürfe war seine große theologische Staatsschrift «Vom Gottesstaat», ein Werk, dessen Wirkung im Mittelalter viel nachhaltiger war als in seiner eigenen, zunehmend chaotischen Gegenwart.

In einem wahrhaft ingeniösen Gegenangriff wies Augustinus die heidnischen Vorwürfe zurück. Es war weniger seine Behauptung, daß die Römer auch unter den alten Göttern schwere Niederlagen erlitten hätten, als seine grundsätzliche Trennung von Gottesstaat (civitas Dei) und irdischem Staat (civitas terrena), die sich als geschichtlich folgenreich erwies. Damit war die Unerforschlichkeit Gottes mit großer Konsequenz auch für die konkrete Geschichte postuliert und der alte, pagane Zusammenhang zwischen Götterkult und Sieg grundsätzlich aufgegeben, eine neue theologische Position, die sich weder im Alten Testament noch in der mittelalterlichen Geschichtsschreibung in dieser verblüffenden Konsequenz findet. Selbst Bischof Otto von Freising (1112–1158), der in seinem großen Geschichtswerk «De duabus civitatibus» der augustinischen Konzeption noch am nächsten steht, läßt die aus der Not der historischen Situation stammende Folgerichtigkeit in dieser Frage vermissen. Zu groß war der Drang des Historikers, die Hand Gottes oder die «gesta Dei per Francos» (die Werke Gottes durch die Franken) in der konkreten Geschichte ihrer Völker und Reiche zu finden.

Augustinus hatte am Ende seines Lebens seine eigenen Erfahrungen mit der germanischen Welt. So ist es kaum verwunderlich, daß es ihm – wie anderen Theologen der Zeit – schwerfiel, ja unmöglich war, die neuen Völker als heilsbedürftige Gottesgeschöpfe zu erkennen, denen Christi Wort auch galt. Christentum war Augustinus weitgehend noch eine Sache der alten mediterranen Welt, die neuen Völker lediglich eine Geißel Gottes. Es sollte noch längere Zeit dauern, ehe die Kirche die Missionierung der neuen, barbarischen Völker als große Aufgabe und Chance ständiger Selbsterneuerung begriff. Vorerst jedoch waren die Urteile der kirchlichen Autoritäten überwiegend negativ. Lactantius (ca. 250–ca. 325), ein wichtiger, streitbarer Theologe, sprach den neuen Völkern jegliche Humanität ab. Der Kirchenvater Ambrosius charakterisierte die Barbaren als Wilde, die haltlos ihren Leidenschaften verfallen und «Erbfeinde» der Römer sind (epist. 30, 8). In diesem Punkt war er eben doch zuerst selbstbewußter römischer Bürger und voll Hochmut gegenüber der nichtrömischen, unzivilisierten Welt. Auch der größte christliche Dichter der Spätantike, Prudentius (348–nach 405), war überzeugt, daß Barbaren unfähig zur Kultur seien und daß zwischen ihnen und den Römern ein Abgrund klaffe wie zwischen «Vierfüßlern und Menschen» (Contra Symmachum II, 816 f.). Orosius, der Schüler Augustins, Verfasser eines bedeutenden Geschichtswerks, jubelte ohne Skrupel über 10 000 Goten, die 394 im

Kampf für Kaiser Theodosius den Großen gefallen waren. Der Kaiser selbst galt hingegen als Freund der Goten, seine Lobredner sprachen wohl seine eigene Meinung aus, daß auch dieses Volk einst seine Schwerter in Pflugscharen umschmieden und friedliche Bewohner des Reiches würden. Befremdlich ist hier vor allem, daß es gerade die geistige christliche Elite des Imperiums war, die sich noch als unfähig erwies, den qualitativen Sprung zur Barbarenmission zu vollziehen. Die Politik hingegen war hier wesentlich pragmatischer bei ihren Anläufen, über Militärkarrieren die Barbaren zu integrieren und damit zu romanisieren. Es bedurfte noch langer, selbstkritischer Arbeit, bis auch die Kirche die unausweichliche Konsequenz aus dem Missionsauftrag Christi zog. Im Grunde begann diese neue Ära der Weltmission außerhalb des mediterranen Kulturkreises erst mit Papst Gregor dem Großen (ca. 540–604).

In Augustinus' «Gottesstaat» tauchen die Barbaren vor allem in argumentativem Zusammenhang auf. Wie sein Schüler Orosius sucht er die Katastrophe des Falls von Rom im Jahr 410 dadurch herunterzuspielen, daß er beispielsweise die blutigen Proskriptionen Sullas gegen seine Feinde mit dem relativ gemäßigten Vorgehen von Alarichs Goten in Rom konfrontiert. Den Scheußlichkeiten der Rache Sullas stellt er die unerwartete Tatsache gegenüber, daß die gotischen Krieger in Rom «weiträumige Kirchen zu Sammelplätzen und Zufluchtstätten für das Volk» bereitstellten und es offenbar Verwunderung auslöste, daß nur wenige Senatoren umgebracht wurden (De Civ. Dei I, 7, S. 12 u. III, 29, S. 163; zu Sulla: III, 27 ff., S. 160 ff.). Missionarische Konsequenzen zieht Augustinus aus diesen positiven Fakten allerdings nicht, sondern schreibt dies dem unmittelbaren Einwirken Gottes auf die Goten zu.

Die Frage des gerechten Krieges

Mit den «incursiones barbarorum» eng verbunden war für die Christen seiner Zeit – und bis zur Gegenwart! – die Frage der Berechtigung des Krieges beziehungsweise der Legitimität der Abwehr kriegerischer Angriffe, ein Thema von brennender Aktualität für Augustinus' Zeit. Große Autoritäten wie der Kirchenschriftsteller Tertullian (160–225),

Origenes (ca. 185–254) und Lactantius (ca. 250–325) hatten vor ihm jeden Kriegsdienst für Christen abgelehnt und die für die Gläubigen schlimmen Folgen als Martyrium in der Nachfolge Jesu Christi gedeutet. Nicht so der Kirchenvater und Bischof Augustinus, der sich in dieser brisanten Frage durchaus als pragmatischer Denker und Politiker erwies.

Die Lage hatte sich seither geändert, weil das Christentum Staatsreligion geworden war und die Invasionen barbarischer Völker bedrohlich zunahmen, womit die Kirche zur Stellungnahme gezwungen wurde. Augustinus entwickelte in einem richtungweisenden Brief an den römischen Feldherrn Bonifatius (422–432) seine These vom «gerechten Krieg» (bellum iustum). Er hielt Krieg für unvermeidlich, weil in der unaufhebbaren Sündhaftigkeit des Menschen begründet, doch war er für ihn nur dann gerechtfertigt, wenn er der Verteidigung des Vaterlandes diente – das bezog sich auf die aktuelle Situation des Imperiums –, wenn er der Erlangung des Friedens diente oder der Rückeroberung geraubten Gutes, was wohl ebenfalls auf die Okkupationen der neuen Völker abzielte. So verwundert es nicht, daß er, mehr als andere Kirchenväter, auch den Militärdienst positiv sieht (contra Faustum 22,77). Als Eingrenzung des Rechts auf Krieg gemeint, erwies sich der Begriff des «gerechten Krieges» bald als eine zweifelhafte Formel, die im Laufe der Geschichte immer wieder mißbraucht wurde. Papst Gregor der Große und viele Kirchenfürsten nach ihm hielten Krieg zur Ausbreitung des Glaubens sogar für verdienstlich vor Gott. Die sogenannte «Schwertmission» des Mittelalters zeigt zur Genüge, wie problematisch solche Lizenzen zum Krieg werden konnten. Konkret beschränkte sich die Kirche vor allem auf den Schutz der Nichtkombattanten, besonders der Frauen und Kinder, auf die Schonung von Kirchen und Heiligtümern, die auch Flüchtenden Schutz boten. Damit setzte sie die Asylfunktion paganer Heiligtümer fort. Ebenso gelang es im Mittelalter, den Bereich der geheiligten Zeiten auszuweiten, in denen Krieg untersagt war, ein erfolgreiches Bestreben, das in der Gottesfriedensbewegung (Treuga Dei) gipfelte.

Gesellschaftliche Probleme

Die Stellungnahmen des Kirchenvaters zu zentralen sozialen Problemen waren erstaunlich konventionell. Das gilt besonders für die Sklaverei, die bereits die Philosophen der Spätantike grundsätzlich in Frage gestellt hatten. Augustinus zog sich hier auf die theologische Position zurück, daß dieselbe, ebenso wie der Staat, ihren Ursprung in der Sünde habe, doch führte er diesen Gedanken nicht näher aus, sondern begnügte sich mit Ermahnungen, die Herren sollten ihre Sklaven als Menschen lieben, ein Wunsch, der wohl wenig mit der Realität zu tun hatte. Andere kirchliche Autoritäten hatten vor ihm wesentlich radikalere Positionen bezogen. Der Theologe und Bischof Gregor von Nyssa (335/40 – nach 394) lehnte jede persönliche Abhängigkeit strikt ab; sie war für ihn sowohl Frevel an der freien Natur des Menschen als auch ein Verbrechen gegen Christus. Ähnlich äußerte sich der Großstadtbischof Johannes Chrysostomos (345/49–407). Er plädierte für die Abschaffung der Sklaverei in christlichem Geist, dies allerdings mit Zustimmung der Herren, was wohl illusorisch war. Augustinus äußert sich scharf gegen Sklavenflucht und besonders gegen Sklavenerhebungen. Das richtete sich konkret gegen die donatistische Kirche Nordafrikas, eine sowohl religiöse wie sozialrevolutionäre Aufstandsbewegung in Numidien, die unter bedrückten Kolonen und Sklaven großen Zulauf hatte. Der Kirchenvater und andere nordafrikanische Bischöfe sahen die katholische Kirche ernsthaft bedroht und riefen das Militär zur Niederschlagung der Revolte zu Hilfe, wobei Augustinus taktisch klug, moralisch fragwürdig, den Argwohn der staatlichen Gewalt gegen die sozial- und staatskritischen Tendenzen der donatistischen Bewegung bestärkte. Andererseits fehlt es Augustinus nicht an berechtigtem Mißtrauen gegenüber dem Staat als einer Institution, die wegen der Sünde notwendig geworden sei. Berühmt ist sein Diktum im «Gottesstaat»: «Was anders sind also Reiche, wenn ihnen die Gerechtigkeit fehlt, als große Räuberbanden?» (De Civ. Dei IV, 4, 173), ein Wort, das allerdings mit Blick auf seine radikale Trennung zwischen zumeist negativ empfundenem weltlichen Staat und dem Gottesstaat gesehen werden muß. Daraus ergab sich für ihn auch die überwiegend negative

Bewertung des römischen Imperiums, die bis zur Häme geht (De Civ. Dei III, 14–51, 130–167).

In einem, aber folgenreichen Fall hat der Kirchenvater – ohne dies noch in seinen Konsequenzen überschauen zu können – für die Gesellschaftsentwicklung Europas einen neuen Weg eröffnet, nämlich durch eine neue, christliche Arbeitsethik, die er gleichsam nebenbei in seinem Genesis-Kommentar in wenigen Sätzen formulierte. Ausgehend von der Frage, ob der Mensch auch schon vor dem Sündenfall arbeiten mußte, bejaht er dies. Gibt aber der körperlichen Arbeit, dem «labor improbus», eine völlig neue Bedeutung: Arbeit ist ihm zufolge «exhilaratio animae» – Erheiterung der Seele – und überdies Mitwirkung am fortdauernden Schöpfungswerk Gottes, also ein positiver Wert (Genesis ad litteram CSEL 28/1, 242 f.). Vor dem Hintergrund der weitverbreiteten Verachtung der Arbeit in der paganen Antike gewinnt deren Neueinschätzung durch Augustinus erst ihre grundlegende Bedeutung. In seiner Mönchsregel (c. 29) gibt es daher bei ihm, d. h. schon lang vor der Benediktregel, eine sinnvolle Aufteilung des Tages in Arbeit und Lesung. Mit Blick auf die erwähnte Stelle im Genesis-Kommentar wird man sagen dürfen, daß Augustinus hier theologisch schon viel weiter ist als Benedikt, der lediglich den Müßiggang, die «otiositas», zum Feind der Seele erklärt (Reg. Ben., c. 48, 1). Allerdings hat es noch sehr lang gedauert, ehe sich eine verbindliche, christliche Arbeitsethik entfaltete, die zum Charakteristikum der europäischen Kulturentwicklung werden sollte.

Augustinus und der strenge Gott seiner Gnadenlehre

In Augustinus' Zeit als Bischof fällt auch die immer radikaler werdende Konzeption seiner umstrittenen Prädestinationslehre, die zu schweren Auseinandersetzungen innerhalb der Kirche führte. Es ist nicht ausgeschlossen, daß die allgemeine, politisch-militärische wie soziale Verdüsterung des Zeithorizonts seit dem Fall Roms (410) der immer dringlicher werdenden Frage nach der Erkennbarkeit des göttlichen Willens eine erschreckende Aktualität gab und daß dies den pessimistischen Radikalismus des Kirchenvaters begründete oder verschärfte.

Hinzu kam Augustinus' eigene Erfahrung menschlicher Ohnmacht gegen die Gewalt des Eros, die der düsteren Härte seiner Prädestinationslehre eine besondere Note gab. Ihr Kern war sein Begriff der «Erbsünde» als einem unentrinnbaren Schicksal, verbunden mit einem alttestamentlichen, archaischen Gottesbegriff, der nur schlecht zum gnädigen Gott der Evangelien paßt. In seiner letzten, radikalen Kampfschrift «Contra Julianum» beruft sich Augustinus zwanzig Mal auf einen Vers des 2. Buchs Mose (2,20 Vers 5), der lautet: «Denn ich, der Herr, dein Gott, bin ein eifersüchtiger Gott, der die Schuld der Väter heimsucht bis ins dritte und vierte Geschlecht an den Kindern derer, die mich hassen, der aber Gnade übt bis ins tausendste Geschlecht an den Kindern derer, die mich lieben und meine Gebote halten.» Man muß sich fragen, welche Beweiskraft ein rächender Stammesgott mit anthropomorphen Zügen für die eher gnadenlose «Gnadenlehre» des Kirchenvaters haben kann? Es ist eine «elitäre» Lehre, die behauptet, daß nur wenige zur Gnade auserwählt, die Mehrzahl der Menschen aber zur ewigen Verdammnis bestimmt sind. Bischof Julianus von Aeclanum (380/86–443/45), der Adressat der Streitschrift, hatte zusammen mit Pelagius (350/354 – nach 418), einem gebildeten Theologen britischer Herkunft, und anderen Bischöfen die Willensfreiheit des Menschen betont. Er wurde deswegen vom Papst des Amtes enthoben und starb in Konstantinopel im Exil. Julianus und Pelagius verwarfen den Begriff der «Erbsünde», weil dieser der Gerechtigkeit Gottes widerspreche; und damit sei, wie Pelagius feststellte, jede moralische Verdienstlichkeit und die Freiheit menschlichen Handelns zugunsten eines unerforschlichen Determinismus aufgegeben. Julianus erkannte in Augustinus' radikaler Position sogar manichäische Elemente, was bei dessen ideologischer Vergangenheit durchaus möglich ist.

Nicht zu Unrecht hat man der augustinischen Gnadenlehre eine «Logik des Schreckens» bescheinigt. Die tiefe Problematik dieser Lehre erhellt auch aus dem skurrilen transzendentalen Konstrukt des Kirchenvaters, daß nämlich die wenigen von Gott Erwählten die Lücken in den Reihen der Seligen auffüllen sollten, die durch den «Engelabfall» entstanden seien, eine geradezu himmlische Platzanweiser-Idee, für die es in der Heiligen Schrift keine Stütze gibt und deren rein virtueller Charakter absolute Grenzen theologischer Spekulation deutlich macht.

Letzten Endes wurde durch den Radikalismus Augustins in der Gnadenlehre die erlösende «Frohbotschaft» des Neuen Testaments zu einer irrationalen «Drohbotschaft». Was Augustinus zu dieser radikalen (Un)Gnadenlehre gebracht hat, mag wohl auch der Protest gegen einen menschlichen Urtrieb gewesen sein, sich durch Gebote und Verbote in eine klare Beziehung zu Gott zu bringen. Gerade gegen diese auf Wechselseitigkeit beruhende Beziehung, die im schlechtesten Fall zur «Verrechnungsbasis» guter Werke werden kann und tiefe, archaische Wurzeln im paganen Götterkult hatte, setzt der Kirchenvater ein verzweifeltes Nein: Gottes Wille ist ihm ein letztlich undeutbares, schreckliches Geheimnis, das allem menschlichen Streben verschlossen bleibt. Im Grunde war der rächende Gott des Aurelius Augustinus, theologisch gesehen, auch ein Rückfall in den stammesbezogenen Gott des alten Volkes Israel, weshalb alle modernen Versuche scheitern, in der Gnadenlehre doch noch den Begriff der Willensfreiheit einzubringen, die Pelagius sehr klar mit Blick auf die Entscheidung für gut oder böse folgendermaßen formulierte: «Gott wollte, daß wir beides können, aber nur eines tun, nämlich das Gute.» Es ist kein Zufall, daß gerade aus der asketischen Bewegung heftige Proteste gegen die radikale, augustinische Position kamen, aber auch ein theologischer Ausgleichsversuch, nämlich der «Semipelagianismus» des berühmten Inselklosters Lérins. Obwohl päpstlicherseits nicht akzeptiert, hat sich die Kirche diesem gemäßigten Standpunkt mehr und mehr angenähert und ihn mit Recht in ihrer seelsorgerischen Praxis angewandt. Das bedeutet, daß menschlicher Wille zum Guten und die göttliche Gnade einander bedingen. Insgesamt ist der ausufernde Streit um die Willensfreiheit des Menschen und um das Ausmaß seiner Vorbestimmung durch Gott eines der großen theologischen wie geistesgeschichtlichen Themen der spätantiken wie der europäischen Welt, dessen Aktualität jede Generation aufs neue erleben und bewältigen muß. Bernhard von Clairvaux (1090–1153), Ordensgründer, Theologe und Mystiker, nahm es um 1127/28 in seiner Schrift «De gratia et libero arbitrio» (Über Gnade und Willensfreiheit) auf, und für Martin Luther war es ein Kernstück seiner von Augustinus geprägten Theologie.

Biographisch bleibt bemerkenswert, daß Augustinus für sich selbst aus seiner pessimistischen Gnadenlehre keine Konsequenzen zog, denn er muß fest überzeugt gewesen sein, daß er zu den von Gott zum ewigen Heil Erwählten gehöre. Anders kann man sich das dankbare und freudige Zwiegespräch mit Gott als Grundtenor seiner «Bekenntnisse» nicht erklären. Es ist ein gnädiger Gott im weitesten Sinne, der ihn über viele Irrwege zum Heil führt, allen sittlichen und religiösen Abwegen zum Trotz.

Ein realistischer Heiliger

Wie passen nun die verschiedenen Bilder vom Kirchenvater Augustinus zusammen: das des irrenden Suchers im Zwiegespräch mit Gott, das des düsteren Verkünders der Unentrinnbarkeit jedes Menschenschicksals nach dem unerforschlichen Willen eines Gottes, der nur wenigen Gnade erweisen wird, und schließlich das von der historischen Wirklichkeit geprägte Bild des Bischofs als Streiter gegen den Pelagianismus und Verfolger der Donatisten? Müssen sie zusammenpassen, oder liegt es näher, die klaffenden Widersprüche stehen zu lassen, wie sie sind: als Unerklärlichkeit, als Aporie jeden Menschenschicksals? Und weiter: Wie fügen sich die disparaten Seiten seines Lebens zum Begriff der Heiligkeit zusammen, wie sie die Kirche definiert? Und weiter: Trägt zu seiner Heiligkeit auch die Klosterregel bei, die er um 397 ohne pastoralen Auftrag für einen Männerkonvent in Hippo als «Praeceptum» verfaßte und die in schwierig zu bestimmender Tradierung seit dem 11. Jahrhundert in männlichen und weiblichen Augustinergemeinschaften weiterwirkte? Es ist in jedem Fall eine Vielfalt von Aspekten, die mit dem Leben und Wirken des Kirchenvaters verbunden sind, und allen wird man wohl nie ganz gerecht werden können.

Dennoch, Augustinus ist und bleibt ein großer Heiliger, der aus der drangvollen Fülle seines widersprüchlichen Lebens geistesmächtig herausgetreten ist und daher um die ständige Gefährdung des Menschen weiß. Vorbildhaft über die Zeiten bleibt er auch deshalb, weil noch im asketischen Widerruf der Glanz und Reichtum einer faszinierenden Existenz im Schiffbruch einer Weltepoche sichtbar wird, eine Daseinsfülle, die in sein literarisches Werk eingegangen ist und besonders in seinem theologisch-geschichtsphilosophischen Hauptwerk «Vom

Gottesstaat» seinen Niederschlag gefunden hat. Modern ist er auch deshalb, weil er bis zum Schluß seine Gotteserkenntnis immer wieder fragend überprüft; denn er ist überzeugt, daß letztlich Gott allein nur sich selbst erkennen kann (XIII, 379 f.). Daher auch sein berühmtes Wort: «Denn zu Dir [Gott] hin hast Du uns geschaffen, und unruhig ist unser Herz, bis es ruht in Dir.» Confessiones I, 1, 31: «Fecisti nos ad te et inquietum est cor nostrum, donec requiescat in te.» Ob der rächende Gott alttestamentarischen Ursprungs, der hinter seiner düsteren Prädestinationslehre steht, das letzte Wort sein kann, muß offenbleiben.

Schließlich, um der großen Persönlichkeit des Kirchenvaters noch anders gerecht zu werden, muß man ihn gleichsam fragend umkreisen und sich ihm unter einem eher phänomenologischen Aspekt nähern. Das bedeutet unter anderem ein bewußtes Absehen von theologisch-philosophischen Gesichtspunkten. Für sein Bekenntnisbuch gilt daher auch, daß es von Substanz und Wirkung her große Literatur, «Weltliteratur», ist. Dies schon deshalb, weil der Text jeden Leser zur Überprüfung seines eigenen Lebens, seiner Hoffnungen und seines Scheiterns zwingt. Das geschieht in oft hinreißender, ästhetischer Form. Auch wenn Augustinus seinen Weg zu Gott gefunden hat, bleibt er doch Rhetor im besten Sinne, weil er durch Schönheit zu dem führt, was für ihn Wahrheit ist – Verführung zum Glauben –, ein Angebot auch für Zweifler und Agnostiker, und sei es nur als Anreiz zu wahrhaftiger Selbstbefragung mit ungewissem Ausgang. Auch dies wäre ein Beweis für große, nämlich zeitlose Literatur, der wohl immer ein metaphysischer Kern eignet.

Was Augustinus' literarische Qualität anbelangt, so darf man noch einen Schritt weiter gehen und seinen Stil mit der schwülstigen, oft inhaltsleeren Rhetorik vieler spätantiker, paganer Autoren vergleichen. Aus religiöser Überzeugung schreibt er bewußt eine klare, einem christlichen Publikum verständliche Sprache, die keineswegs poetischer Kraft entbehrt, wie die «Bekenntnisse», aber auch seine Psalmenkommentare beweisen. Entscheidend ist dabei, daß seine Prosa, so zurückgenommen und kunstvoll einfach sie hinsichtlich ihrer Form war, dennoch ästhetisch bewußte, rhetorisch kontrollierte Literatur ist. Dieses christlich begründete neue Stilgefühl findet sich auch in der berühmten Bibelübersetzung des Kirchenvaters Hieronymus, der

«Vulgata», die gegenüber den älteren lateinischen wie griechischen Texten der Heiligen Schrift eine sprachliche Nobilitierung bedeutete und das Vorbild für das mittelalterliche Kirchenlatein war und blieb. Ein neuer Geist hatte sich eine neue sprachliche Ästhetik geschaffen. Freilich, zweihundert Jahre später war es den kirchlichen Autoren nicht mehr möglich, ihre Texte nach strenger rhetorischer Selbstkontrolle so zu kontrollieren, wie dies Augustinus und Hieronymus konnten, so daß bis zum Beginn der «karolingischen Renaissance» des 8. und 9. Jahrhunderts in weiten Teilen Europas jene Sprachverwilderung festzustellen ist, die man als «merowingisch» bezeichnet. Daß aus diesem Niedergang der lateinischen Schriftkultur schließlich die romanischen Sprachen Europas hervorgingen, steht auf einem anderen Blatt. Das umfassende Œuvre des Aurelius Augustinus, das für viele Jahrhunderte die europäische Welt – und nicht nur die kirchliche – prägte, gehört somit auch zum Bild seiner Persönlichkeit und daher zur Frage seiner «sanctitas». Deshalb ist seine Heiligkeit, sprich Verehrungswürdigkeit, nicht etwas Zusätzliches, das man ihm gleichsam aus Gold ums Haupt montierte, wie dies die spätantike und mittelalterliche Kunst bei ihren erkorenen Heiligen oft getan hat. Vielmehr wächst sie als vorbildliche Kraft unmittelbar aus der verwirrenden Intensität und Vielschichtigkeit seines Lebens als christlicher Lehrer und Theologe; eines schwierigen Lebens, das er uns nach den Möglichkeiten seiner Selbsterkenntnis, die in jedem Fall fragmentarisch bleiben mußte, entschlüsselt hat: Gerade deshalb ist seine Heiligkeit lebendig geblieben und im besten Sinne für jeden frag-würdig, also unsere existentiellen Fragen herausfordernd.

Radegunde (518/20–587)
Das Drama ihres Lebens und dessen burleskes Nachspiel

Ein tragisches Schicksal

Wie plötzlich stürzen stolze Königreiche! Die hohen Giebel, die in langer Reihe vom Glück gesegnet aufragten, sie liegen niedergebrannt, umgerissen von der Gewalt des Untergangs. Düstere Asche breitet sich statt der gewölbten Decke über die Halle, die vormals blühte in Schmuck und Pflege der Fürsten ... Weh! Schrecklich bedecken die unbegrabenen Leichen das Schlachtfeld, so liegt der ganze Stamm in *einem* Grab. Nicht mehr Troja allein beklagt seine Ruinen: das Thüringerland hat die gleiche Vernichtung erlitten ... Ich aber, selbst eine Barbarenfrau und ganz erfüllt von Trauer, vermag nicht den See der Tränen zu weinen, die zu weinen waren. Jeder einzelne hat seine eigenen Tränen, ich aber muß um alle klagen: der Schmerz des ganzen Stammes ist zugleich mein eigener Schmerz. Das Schicksal schonte noch die Männer, die der Feind erschlug; ich allein blieb als einzige am Leben, um ihnen nachzuweinen» (zit. nach I. Vielhauer).

Es sind der Königin eigene Klageworte, die Venantius Fortunatus, ihr Seelenfreund, klassisch-poetisch überhöht, in seiner Elegie über den Untergang Thüringens ihr in den Mund legt. Er schrieb sie fast 50 Jahre nach den schrecklichen Ereignissen nieder, in deren Folge die thüringische Königstochter als Kriegsbeute ins Frankenreich kam. Bischof Gregor von Tours, der bedeutendste Geschichtsschreiber der Frühzeit des Merowingerreiches, ein packender Erzähler und ironischer Kommentator der Geschichte der Merowingerkönige, hat Radegundes Schicksal in einer knappen Passage seiner Frankengeschichte folgendermaßen zusammengefaßt: «[König] Chlotachar aber führte Radegunde, die Tochter [des Thüringer] Königs Berthachar, bei seiner Rückkehr als Gefangene mit sich und nahm sie zur Frau; ihren Bruder ließ er später ungerechterweise durch schändliche Menschen töten. Sie aber wandte sich zu Gott, legte das weltliche Gewand ab und baute sich ein Kloster in der Stadt Poitiers. Durch Gebet, Fasten und Almosengeben trat sie so leuchtend hervor, daß sie einen großen Namen unter dem Volke gewann» (Hist. Franc. III, 7).

Hinter diesem lakonischen Bericht verbirgt sich die Tragödie eines Lebens von der Gewalt des Nibelungenliedes, aber gebändigt von christlicher Selbstverleugnung und deshalb ohne den Schluß grausamer Blutrache. Schon deshalb ist dieses Leben bemerkenswert, zeigt es doch, wie tief die christliche Friedensbotschaft schon früh in der germanischen Welt des Kampfes in der Seele einer adeligen Frau Wurzeln schlagen konnte. Daß dies noch nicht der «Normalfall» war, schildert Gregor von Tours, Sprößling einer gallo-römischen Senatorenfamilie, sehr ausführlich in seiner Frankengeschichte am Beispiel des bestialischen Ausrottungskampfes der Merowingerköniginnen Brunichilde und Fredegunde.

Um so leuchtender hebt sich das Leben der thüringischen Königstochter Radegunde von dieser dunklen zeitgenössischen Folie ab, zeigt es doch ohne Pathos die weltverändernde Kraft wahrer Heiligkeit auch oder gerade in einer heillosen Welt. Sie wurde 518/20 als Tochter des Thüringerkönigs Berchthar geboren, der in erbitterten Machtkämpfen mit seinen zwei Brüdern das Leben verlor, so daß seine beiden Kinder, Radegunde und ihr jüngerer Bruder, am Hofe des Oheims Hermenfried und dessen Gemahlin Amalaberga, einer Nichte des Gotenkönigs Theoderich in Ravenna, aufwuchsen. Da die Goten bereits arianische Christen waren, ist anzunehmen, daß Radegunde am Hofe die neue Religion bereits kennenlernte und wohl auch annahm. Zu Amalabergas Sohn Amalafried, einige Jahre älter als Radegunde, bahnte sich eine zarte, unerfüllte Beziehung an, die sie zeitlebens als schmerzliche Erinnerung begleiten sollte. Obwohl schon damals Opfer einer Familientragödie, die sie wohl unbewußt durch ihre Neigung zu Amalafried für sich aufzuarbeiten suchte, stand ihr selbst bald Schreckliches bevor, als der Frankenkönig Chlothar I. (511–560/61) das gefährlich erstarkte Thüringerreich in der Schlacht an der Unstrut vernichtete. Berchthar fiel, Amalaberga konnte mit ihren Kindern nach Italien entkommen und ging später nach Byzanz, wo ihr Sohn Amalafried als römischer Offi-

Die heilige Radegunde, Skulptur aus Kalkstein, 15. Jahrhundert, Saint-Sornin Lavolps. – Die thüringische Königstochter Radegunde war die Gattin des Frankenkönigs Chlothar I. und Gründerin des Heiligkreuzklosters bei Poitiers. Die Skulptur stellt die Heilige im Gewand einer Äbtissin dar, die sie nie gewesen ist. Das Attribut der Krone ist auf ihre königliche Herkunft und Vermählung zurückzuführen, es könnte sich dabei um den Schmuck der Merowinger handeln, den sie als Ehefrau Chlothars trug. In der einen Hand hält sie die Bibel, in der anderen Hand ein Haferbündel. Ihr Festtag ist der 13. August. Das Grab der Heiligen in der Klosterkirche wurde eine vielbesuchte Wallfahrtsstätte, wo die Schutzheilige von Poitiers auch als Patronin der Weber, Töpfer und kranken Kinder verehrt und bei Aussatz, Fieber und Geschwüren um Hilfe angefleht wird.

zier sein Leben verlor. Radegunde und ihr Bruder wurden als Kriegsbeute ins Frankenreich verschleppt und kamen an den Hof Clothars I. nach Soissons. Nun begann erst recht ihre Leidensgeschichte, denn der Frankenkönig hatte auf das offenbar sehr schöne Mädchen ein Auge geworfen, konnte sie aber erst 536 nach dem Tod seiner Hauptfrau – die Merowinger lebten zumeist polygam – gegen ihren verzweifelten Widerstand heiraten. Sie hatte zusammen mit einer Freundin, vermutlich der späteren Äbtissin ihres Klosters, Agnes, einen Fluchtversuch unternommen, der aber entdeckt wurde. So begann ihre Ehe. «Man sagte darum zum König» – so steht es in ihrer zweiten Lebensbeschreibung –, «er habe mehr eine Nonne als eine Königin geheiratet.» Chlothar I. war zweifellos ein roher, machtgieriger Mensch; um so erstaunlicher ist es darum, daß er offenbar den inneren Wert dieser Frau erkannte und schätzte, die als Kriegsbeute in seine Hand gefallen war. Anderenfalls hätte er sich nicht hartnäckig bemüht, ihr ein Kloster in Poitiers zu bauen, als er einsah, daß sein Werben erfolglos bleiben mußte. Radegunde besaß Ansehen im Königshause, und nicht zufällig konnte die Klosterherrin und «diacona» mit ihrer Autorität schlichtend in die Streitereien der Merowingersippe eingreifen. Schon vor der Heirat hatte Chlothar der jungen Frau das Königsgut Athies südlich Péronne zur Verfügung gestellt. Dort lernte sie nicht nur reiten, um später den König begleiten zu können, sondern sie erhielt auch den Bischof Athalbert von Thérouanne als Lehrer des katholischen Glaubens, der sie zugleich mit der Literatur der Kirchenväter, aber auch mit klassischen antiken Autoren vertraut machte. Das kam sicher ihren eigenen Neigungen entgegen, vor allem ihrer schon damals ausgeprägten tiefen Frömmigkeit und einer Demut, die sich als Mildtätigkeit den Armen gegenüber zeigte, die weit über das traditionelle Maß von Herrschermilde hinausging.

Es ist nicht leicht, über ihre Ehejahre von 536 bis zur Ermordung ihres jüngeren Bruders (zwischen 550 und 560) Genaueres zu erfahren, denn die späteren Retrospektiven auf die Heilige, wie man sie sowohl bei Gregor von Tours, der ihre Wundertaten schildert, wie in den beiden sehr unterschiedlichen Lebensbeschreibungen des Venantius Fortunatus und der Nonne Baudonivia findet, lassen ihr heiligmäßiges Leben nach hagiographischer Manier schon früh beginnen. Nun ist es damals wie heute schwierig, als Außenstehender die Wirklichkeit einer Ehe zu beurteilen. Noch schwieriger ist es, deren biographische Züge unter den späteren «Übermalungen» hagiographischer Art herauszuarbeiten. Immerhin fällt auf, daß sich die Heilige auch später als Klosterfrau mit großer Umsicht politischer Mittel bediente, um ihre Stiftung gegen Eingriffe von anderer Seite – etwa durch den zuständigen Diözesanbischof Maroveus von Poitiers – zu schützen oder um durch ihre «internationalen» Beziehungen vom byzantinischen Kaiserpaar Justin (565–578) und Aelia Sophia Kreuzreliquien zu erhalten, die sie dann feierlich in ihr Kloster holen ließ. Bei dieser Gelegenheit kam es zu ernstlichen Differenzen mit Maroveus von Poitiers, der sich als zuständiger Bischof weigerte, diesen Reliquientransfer liturgisch zu organisieren. Er widerstrebte sicher nicht aus grundsätzlicher Abneigung gegen das Reliquienwesen – die es aber damals auch schon gab –, sondern weil er besorgt war, der neue Kreuzeskult könnte den Ruhm des alten Hilariusheiligtums in Poitiers, dessen Hüter er war, beeinträchtigen. Radegunde bediente sich übrigens auch in diesem Fall der königlichen Hilfe, um Marveus zur Raison zu bringen (Vita II, 16). Mit anderen Worten: Es gab ein typisch mittelalterliches Neben-, Mit- und Gegeneinander religiöser wie politischer Aktivitäten, deren jeweilige Komponenten von den Biographen sehr unterschiedlich gewichtet wurden.

Diese Feststellung gilt auch für den radikalen Wendepunkt von Radegundes Leben, der mit der Ermordung ihres Bruders eintrat. Es hat einige Wahrscheinlichkeit für sich, daß dieser letzte männliche Sproß der thüringischen Königsfamilie deshalb sterben mußte, weil in Thüringen und Sachsen Aufstände gegen die fränkische Herrschaft ausbrachen und Chlothar I. wohl befürchtete, Radegundes Bruder stehe als legitimer Erbe thüringischer Königsmacht mit den Aufständischen in Verbindung. Ob dies der Wahrheit entsprach, bleibe dahingestellt. Auf jeden Fall verlor Radegunde mit dem Bruder die letzte Verbindung zur Welt ihrer Heimat. Mehr noch: Sie gab sich selbst Mitschuld an dessen Tod, da er ihretwegen es unterlassen hatte, rechtzeitig zu fliehen. Ihr erschütterndes Klagelied über den Toten, wie es Venantius Fortunatus in dichterischer Form überliefert hat, läßt erkennen, daß die Bande des Blutes in ihr sehr stark waren, nicht zufällig bezeichnet sie sich als

«Barbarenfrau», obwohl sie längst eine heiligmäßig lebende Christin war. In dieser grausamen, ausweglosen Situation, in der das letzte Band des Blutes zerrissen wurde, ist sie fast eine Schwester Kriemhilds, die aber, anders als jene, mit gewaltiger seelischer Kraft dem Gebot Christi folgend nur Schmerz, aber keine Rache fühlte.

Das Kloster als Trost und Schutz

Rache wollte Radegunde nicht nehmen, aber mit dem Mörder ihres Bruders das Bett zu teilen, war ihr nach menschlichem wie göttlichem Recht ebenso unmöglich. Sie ergriff – eine machtvolle Frau, eine «virago» – die Initiative und verlangte vom Bischof Medardus von Soissons, der selbst eine heiligmäßige Persönlichkeit war, er solle sie zur Diakonin weihen und damit dem Zugriff ihres Gatten entziehen. Den aber fürchtete Medardus, und so suchte er Radegunde mit Beispielen aus der Heiligen Schrift zu bewegen, bei ihrem Gemahl als Vorbild einer christlichen Königin und Dulderin zu bleiben. Die Sache spitzte sich dramatisch zu, als fränkische Adelige aus der Umgebung des Königs den Bischof in der Kirche bedrohten. Dessenungeachtet legte Radegunde in der Sakristei entschlossen das wollene weiße Gewand kirchlicher Dienerinnen an. Dann erschien sie im sakrosankten Altarraum und wandte sich mit ernsten, bittenden Worten an Medardus: Beim Jüngsten Gericht würde Gott ihre Seele, die er habe verderben lassen, von ihm, dem Bischof, zurückfordern. Von ihrer Eindringlichkeit überwältigt, sprach Medardus jetzt spontan die Scheidung vom König aus.

Wiederum, wie schon einmal, flieht Radegunde über Orléans nach Tours in den Schutz des heiligen Martinsgrabes. Der König scheint nunmehr seine Versuche aufgegeben zu haben, sie zurückzugewinnen. Jedenfalls behandelte er sie als Königin und muß ihr aus ihrer Morgengabe reiches Gut überlassen haben, mit dem sie in Tours ein Männerkloster stiften konnte. Sie selbst gründete für sich und andere Frauen in Saix nördlich Poitiers an der Loire eine geistliche Gemeinschaft, die offenbar noch keine feste Regel hatte, sich aber karitativer Arbeit widmete. Radegunde speiste regelmäßig die Armen; sie ließ sie baden und neu einkleiden. Die Königin führte ein asketisches Leben und widmete sich besonders, wie Venantius Fortunatus, ihr Freund und Biograph, später berichtet, mit größter Aufopferung und Liebe den Aussätzigen. Ihr geschiedener Gatte versuchte noch zweimal, sie wieder an den Königshof zurückzuholen, doch Bischof Germanus von Paris gelang es beide Male, Chlothars rührenden Versuch mit dem Hinweis zu unterbinden, sein Verlangen erzürne Gott, die Kirche und Radegunde. Baudonivia, die zweite Biographin der Heiligen, will sogar wissen, der König habe durch den Bischof Radegunde um Verzeihung gebeten. Das ist nicht unwahrscheinlich, denn er förderte den Klosterbau der Königin durch reiche Schenkungen.

Die Klostergründung selbst betrieb Radegunde seit 555 mit großer Umsicht und ganz offensichtlich in Zusammenarbeit mit ihrem ehemaligen Gatten. Zwar soll er nach dem Bericht Baudonivias den Asketismus seiner ehemaligen Gattin als ein eher mönchisches denn ein königliches Joch ironisiert haben, dennoch bezeugt Radegunde selbst in einem Brief an die benachbarten Bischöfe, das Kloster «habe der durchlauchtigste Herr König Chlothar begründet und reich beschenkt; und nach seiner Gründung habe ich diesem Kloster durch eine Schenkung alle die Güter, welche mir der König in seiner Freigebigkeit geschenkt hat, verliehen ...» (Gregor, Hist. Franc. IX, 42). Auch Baudonivia bezeugt, daß das Kloster auf Anordnung des hohen Königs, «per ordinationem praecelsi regis Chlotharii» (Vita II, 5), errichtet sei. An einer engen Zusammenarbeit der Geschiedenen ist daher nicht zu zweifeln.

Wichtiger als der ebenso feinsinnige wie ergebnislose Gelehrtenstreit über den Rechtsstatus des Heiligkreuzklosters ist dessen innere Organisation, die wiederum die feste Hand der Gründerfürstin erkennen läßt. Für relative Sicherheit sorgte eine starke Befestigung mit Wachtürmen; nur der Nonnenfriedhof mit der Grabkapelle lag außerhalb des Klosters. In dem schon zitierten Schreiben an die Poitiers benachbarten Bischöfe, legte Radegunde nicht nur fest, daß keine Nonne das Kloster jemals verlassen dürfe und daß die Eintretenden ihr Eigentum an den Konvent abgeben müßten, sondern sie sorgte auch dafür, daß ihre Schöpfung von äußeren Störungen nach Möglichkeit unbeeinträchtigt bleiben sollte. Da heißt es ahnungsvoll, wie sich bald herausstellen sollte, und beschwörend: «Wenn etwa nach meinem Tode, wie ich nicht glauben will, irgend jemand, sei es der Bischof der Stadt oder ein Beamter des Königs oder irgendeine andere Person, das Kloster durch böswilligen Rat oder richterlichen Spruch beunruhigen oder die Regel verletzen sollte; oder wenn jemand eine andere Äbtissin als meine Schwester Agnes, welche die Weihe vom heiligen Germanus in Gegenwart seiner Amtsbrüder erhalten hat (einsetzen sollte); oder wenn die Nonnen selbst, was niemals geschehen darf, ein Murren erheben und eine Änderung erstreben sollten, ... wenn ferner eine gegen die Regel aus dem Kloster austreten sollte ...» Hier folgt die in solchen Fällen übliche Verfluchung der Rechtsbrecher. Hatte die Klostergründerin mit ihrer Menschenkenntnis eine Vorahnung dessen, was nach ihrem Tod wirklich in himmelschreiender, burlesker Form eintreten sollte?

Auch die berühmte Regel des heiligen Bischofs und bedeutendsten Metropoliten Galliens, Caesarius von Arles (ca. 470–542), die er dem Nonnenkloster seiner Schwester Caesaria gab und die sich Radegunde, zusammen mit ihrer Jugendfreundin und Äbtissin Agnes, wohl selbst in Arles holte, sollte kein unüberwindlicher Schutzwall gegen die «fragilitas humana», die menschliche Gebrechlichkeit, sein. Die Nonnenregel des Caesarius ist die erste Klosterordnung des Abendlandes für Frauen. Es zeugte für Radegundes Umsicht und Tatkraft, daß sie sich für ihren Konvent die vortreffliche Regel eines großen und erfahrenen Kirchenmannes holte und ungeachtet des Widerstandes von Bischof Maroveus die Kreuzreliquie aus Byzanz erwarb, um den geistlichen Glanz ihrer Gründung zu steigern. So schien alles aufs beste geordnet, und die fromme Königin glaubte ihre Stiftung durch eine klug ausbalancierte Zweipoligkeit des Klosterlebens auch für die Zukunft gesichert zu haben. Der eine Pol war sie selbst als strenge Asketin, von der ihr Biograph Venantius Fortunatus rühmend sagt, sie habe das unblutige Martyrium der Selbstkasteiung auf sich genommen. So bereitete sie sich selbst Schmerzen mit einem einschneidenden, eisernen Gürtel, den sie noch mit Gewichten beschwerte. Hinzu kam unermüdliche Krankenpflege. Gern verrichtete sie für ihre Mitschwestern die niedrigsten Dienste und nannte dieselben sogar ihre Töchter, «die ich gewählt habe, ihr mein Licht und Leben, ihr meine jungen Pflänzchen, ihr meine Ruhe und mein ganzes Glück». Ihr asketisches Ziel enthüllt ein Traum, den Radegunde ein Jahr vor ihrem Tod der Nonne Baudonivia mitteilte: An paradiesischem Ort kam ein schöner Jüngling – Christus – auf sie zu, der sie tröstend ansprach: «Warum suchst du mich unter so viel Tränen und Seufzern und kreuzigst dein Fleisch um meinetwillen, der ich doch immer bei dir bin?» Sollte sie am Ende ihres Lebens den Sinn ihrer strengen Askese bezweifelt haben?

Denn da gibt es noch die andere Radegunde, nämlich die Königin und würdige Stiftsdame, die auch im Kloster weltoffen blieb. Venantius Fortunatus weiß von einem Gespräch zwischen ihr und einer Nonne zu berichten, die ihr scherzend berichtete, sie habe draußen, wo mit großem Lärm getanzt und gesungen wurde, eines ihrer Lieblingslieder gehört. Darauf Radegunde: «Das ist ja schön, wenn du, die du einem frommen Leben verbunden bist, noch Gefallen am Geruch der Welt hast.» Sie selbst hatte nämlich, völlig ins Gebet versunken, gar nichts von dem weltlichen Gesang gehört.

Literarisches Klosterleben

«Geruch der Welt», dem verschloß sich auch Radegunde nicht. Sie ließ sich nach Chlothars Tod 561 von ihren Stiefsöhnen Charibert, Guntram, Chilperich und Sigibert – mit letzterem hatte sie besondere Verbindungen – den Schutz ihres Klosters auch bei Krieg oder Machtwechsel garantieren. Zugleich bemühte sie sich, wenn auch mit wechselndem Erfolg, die Könige der nächsten Generation bei Streitigkeiten zu versöhnen; das war gleichermaßen politisch klug wie christlich. Bischöfe und Prälaten kamen ins Kloster und wurden königlich bewirtet, man führte theologische Gespräche, an denen auch ihre Jugendfreundin Agnes, die sie als Äbtissin erkoren hatte, teilnahm. Als um 567 der italienische Dichter Venantius Fortunatus durch Vermittlung König Sigiberts nach Poitiers kam, entstand eine Art literarischer Zirkel, ein schönes Beispiel christlicher Geselligkeit. Dieser Kreis wurde der zweite Pol von Radegundes geistlicher Existenz, dessen sie offenbar bedurfte. Wer war dieser unterhaltsame Seelenfreund?

Venantius Fortunatus, um 540 bei Treviso geboren, um 600 als

Bischof von Poitiers gestorben, hat, ungeachtet dieses ehrwürdigen Amtes am Schluß seiner Tage, ein bewegtes Wanderleben als Poet, Schriftsteller und Hagiograph geführt. Seine klassische Bildung erhielt er in Ravenna, dem für die Kultur Europas so wichtigen westlichen Außenposten byzantinischer Zivilisation. Von einem Augenleiden durch die Hilfe des fränkischen Reichsheiligen Martin von Tours geheilt, beschloß er 565 aus Dankbarkeit dessen Kultstätte zu besuchen, doch trieb ihn vielleicht auch die Furcht vor dem drohenden Einfall der Langobarden aus Italien. Über die Alpen, wo ihm der Neustamm der Bajuwaren begegnete – es ist die erste sichere Bezeugung der Bayern –, zog er rheinabwärts nach Köln und dann über Trier, Metz, Reims, Paris und Soissons bis Poitiers. In Metz erlangte der begabte Dichter, ein Spätling klassisch-antiker Bildung, die Sympathie König Sigiberts I., des Stiefsohns der Radegunde, und gewann hier wie an anderen Höfen Freunde und Gönner. Sigibert hat ihn wohl auch der Königin Radegunde empfohlen. Zahlreiche Gedichte aus dieser Zeit bezeugen seine enge Beziehung zu den Großen des Merowingerreiches, er muß ein beliebter Charmeur gewesen sein. Als er etwa 27 Jahre alt 567 in Poitiers ankam, begann eine lebenslange Freundschaft mit Radegunde und deren Äbtissin Agnes, die er in seinen liebenswerten Huldigungsgedichten «Mutter» und «Schwester» nannte, ja, er bezeichnete Agnes und sich als «Zwillinge der gemeinsamen Mutter Radegunde». Es war eine innige Freundschaft, in der sich religiöses und sehr menschliches Empfinden auf beglückende Weise verbanden, ein Zustand, der offenbar den strengen asketischen Willen Radegundes harmonisch mit einem Leben für Literatur und Freundschaft verband. Mehr als 50 elegante und liebevolle Dank- und Gelegenheitsgedichte bezeugen diesen verfeinerten Seelenkult, und wenn sich auch Radegunde selbst als «Barbarin» bezeichnete, so spricht doch aus den geistreichen Huldigungen des Dichters der sensible Geist dieser ersten germanischen Heiligen, die in ihrer Person gleichsam paradigmatisch die geistige Verschmelzung der nordischen Welt mit der christlich umgeprägten römischen Kultur erprobte, ein Vorgang, aus dem insgesamt Europa als geistige Macht hervorgehen sollte.

Mit Recht hat man Venantius Fortunatus den «ersten Dichter des Mittelalters» (F. Brunhölzl) genannt, in dessen Werk sich die Antike mit der geistigen Kraft des Christentums eng verband. Er steht ebenso wie Radegunde nicht nur zeitlich an der Grenzscheide zweier Kulturepochen, an der etwas später im westgotischen Spanien auch der Bischof Isidor von Sevilla (ca. 560–636) durch seine berühmte lexikalische Rettungsaktion kulturellen Basiswissens stand. Noch für die Poeten der Karolingerzeit wurde die Dichtung des Fortunatus ein leuchtendes Vorbild. Das hatte seinen guten Grund, denn sein hochentwickeltes ästhetisches Sensorium wie seine vortreffliche Beobachtungsgabe von Natur und Menschen sowie die Eleganz seiner Verse, also sein Niveau, entziehen ihn eigentlich einer simplen chronologischen Einordnung. In seiner meisterhaften Elegie über den Untergang Thüringens (De excidio Thuringiae) läßt er Radegunde selbst ihr bitteres Jugendschicksal erzählen. Er tut dies mit so viel Einfühlung, daß man sogar vermuten konnte, sie selbst sei die Verfasserin. Zwei seiner religiösen Hymnen von zeitloser Schönheit sind in die Liturgie eingegangen: «Pange lingua gloriosi» und «Vexilla regis prodeunt», ein feierliches Prozessionslied. Auch mit dem Bischof und Geschichtsschreiber Gregor von Tours verband ihn enge Freundschaft. Auf dessen Anregung formte er die Lebensbeschreibung des heiligen Martin von Tours in ein hagiographisches Epos um. In seinen Epigrammen tritt er uns selbst – nicht ohne Selbstironie – entgegen: Als Feinschmecker und Genießer, dem Radegunde gut auftragen läßt, lobt er etwa eine Sahnespeise, in der noch die Fingerabdrücke der Freundinnen erkennbar sind. Als Gegengabe bringt er ein Obstkörbchen, man schmückt ihm den Eßtisch nach antiker Sitte mit Rosen, und Radegunde scheint seine huldigenden Verse mit eigenen Versen erwidert zu haben. Jedenfalls schreibt er ihr galant: «Auf kleinen Wachstäfelchen hast du mir lange Gedichte geschrieben ... Für die Festtafel bereitest du vielfältige Speisen, doch meine Begierde nach deinen Worten ist stärker.» Eine Idylle in einer gefährdeten Welt. Ein Gedicht an Radegunde, die sich in der Fastenzeit entzog, ist in seiner sehnsüchtigen Intimität von einem Liebesgedicht kaum zu unterscheiden. Im Gegensatz zur schwülstigen Poesie der epigonalen Zeitgenossen ist seine Dichtung «frisch und wahr» (M. Manitius), er hat ein Auge für Landschaft, Menschen und Schicksale, etwa in seinem Gedicht über eine Moselfahrt, auf der er König Sigibert I. begleitet (I, 19). Bei aller Poesie hatte Fortunatus genug praktischen Sinn, daß er eine Art Geschäftsträger und Sekretär Radegundes werden konnte und damit eine unentbehrliche Kontaktperson zur Außenwelt. Wie eng und herzlich die Bindung an Radegunde und Agnes gewesen ist, geht auch daraus hervor, daß er nach deren Tod um 587 sein altes Wanderleben wieder aufnimmt. Doch kehrte er später wieder zurück und wurde sogar für kurze Zeit noch Bischof von Poitiers.

Die Burleske

Es gehört zur Tragik der heiligen Königin, daß das Heiligkreuzkloster, ihr Lebenswerk, das sie in kluger Voraussicht durch Schutzbriefe und Zusagen der Könige in seiner Substanz gesichert zu haben glaubte, in schwere Turbulenzen geriet. Die «zweipolige» Lebensform von Askese und Weltoffenheit, die Radegunde mit ihrer charismatischen Kraft in Balance zu halten verstand, fiel mit ihrem Tod weg. Es fehlte offenbar der asketische Pol und damit gerieten Disziplin und Prestige des Klosters ins Schleudern. Ohne die heilige Königin scheint sich der Konvent unter der neuen Äbtissin Leubovera bald in ein elegantes Damenstift verwandelt zu haben, in dem merowingische Prinzessinnen in einem skandalösen Aufstand die Macht an sich reißen konnten. Zwar hatten die Töchter des Hochadels schon zu Lebzeiten von Radegunde und Agnes mit ihren Dienern und einem damals nicht alltäglichen Komfort – auch Spiele waren im Kloster erlaubt – ein eher standesgemäßes als radikal asketisches Leben geführt. Aber die heiligmäßige Stifterin hatte das durch ihre Autorität in Schranken halten können. Nun aber brach 589/90 ein Verhängnis in die fromme, durch königlichen Schutz gesicherte Idylle ein, das Gregor von Tours als Beteiligter in seiner Frankengeschichte mit grimmiger Ironie schildert. Es kam um so unerwarteter, als sich noch die Äbtissin Agnes ernsthaft bemüht hatte, den Zwist mit Bischof Maroveus gütlich beizulegen, indem sie ihr Kloster nunmehr ausdrücklich seiner Oberaufsicht unterstellte. Mit der neuen Äbtissin Leubovera kam dann eine wohl schon vorhandene Mißstimmung zum Ausbruch, die von zwei merowingischen Königstöchtern im Konvent, Chrodechildis und Basina, artikuliert wurde. Man warf der Äbtissin vor, ein Mann in Frauenkleidern sei in ihrer nächsten

Umgebung, auch habe sie sich mit Brettspielen unterhalten, habe weltlichen Personen üppige Gastmähler gegeben und sogar eine Verlobung im Kloster gefeiert. Ebenso hätten Männer das Nonnenbad benützt. Zu allem Überdruß habe Leubovera ihrer Nichte ein Kleid aus einer Altardecke machen lassen. Die Anschuldigungen waren gleichsam die fatale Variante jener weltoffenen Liberalität, für die Radegunde gesorgt hatte. Leubovera suchte die Vorwürfe zu entkräften und erbot sich darüber hinaus, vom Bischof jede Buße auf sich zu nehmen. Aufgrund der Quellenlage ist es schwer zu entscheiden, inwiefern diese Vorwürfe stichhaltig waren, doch muß zumindest der Aufenthalt und die Ausstattung ihrer Nichte im Kloster gegen die Regel des Caesarius von Arles verstoßen haben. Daß es männliches Dienstpersonal im Heiligkreuzkloster schon zu Radegundes Zeiten gab, steht außer Frage, und ebenso, daß deren enge Freundschaft mit Venantius Fortunatus kaum mit der Caesariusregel konform war. Es entsprach aber dem Lebensstil eines aristokratischen Damenstifts, ein Stil, der ohne die Autorität der Gründerin leicht weltliche Züge annehmen konnte. Immerhin befanden die für diesen Fall zusammengekommenen Bischöfe, Leubovera sei unschuldig, wohingegen die Anklägerinnen Chrodechildis und Basina sich schwerer Vergehen schuldig gemacht hätten, und zwar schon durch den gewaltsamen Ausbruch aus dem Kloster und durch ihre Weigerung, zum Verhör zu erscheinen. Der Streit eskalierte. Chrodechildis und Basina verließen endgültig mit 40 Nonnen das Kloster, und erstere wandte sich mit ihren Beschwerden an die königliche Familie. «Ich gehe zu den Königen, meinen Verwandten, um ihnen die Schmach melden zu können, die wir erleiden; denn man erniedrigt uns hier, gleich als seien wir nicht Königstöchter, sondern von niederen Mägden geboren!» Eine Parole, die Bischof Gregor mit den Worten kommentiert: «Die Unselige und Leichtsinnige gedachte nicht, in welcher Erniedrigung die heilige Radegunde lebte, die dieses Kloster gegründet hat.» Er selbst schlug Chrodechildis vor, mit ihr zu Bischof Maroveus zu gehen, um den Streit zu regeln, aber die zornige Königstochter lehnte dies ab und schaltete machtbewußt ihre königlichen Verwandten ein.

Gregor von Tours berichtet hier aus erster Hand, denn seine Nichte Justina war Pröpstin des Klosters. Leubovera wurde von einer Rotte von «Mördern, Giftmischern, Huren, Landflüchtigen und Verbrechern anderer Art, die Chrodechildis um sich gesammelt hatte, vor der Lade der Kreuzreliquie schwer mißhandelt. Nunmehr griff König Childebert ein, verständigte sich mit König Gunthram und berief eine Bischofskonferenz, der Gregor von Tours, Ebergisel von Köln, Gundegisil von Bordeaux und Maroveus von Poitiers angehörten. Graf Macco von Poitiers wurde angewiesen, den Nonnenaufstand niederzuschlagen. Die Königstochter Basina hatte inzwischen den Widerstand aufgegeben und sich mit Leubovera wieder versöhnt, wohingegen Chrodechildis den Kampf fortsetzte und mit der Kreuzreliquie in der Hand den Kriegern Maccos drohend entgegentrat: «Braucht, ich bitte euch, keine Gewalt gegen mich, die ich eine Königin bin, eines Königs Tochter und die Base eines anderen Königs; tut es nicht, es möchte sonst einst die Zeit kommen, da ich mich an euch räche!» (Hist. Franc. X, 15–17). Maccos Leute stürzten sich dennoch auf Chrodechildis' Meute und machten alle nieder; sie selbst blieb jedoch unangetastet und brachte vor den Bischöfen alle Anschuldigungen wieder vor, die den Aufstand ausgelöst hatten; unter anderem auch den, Leubovera habe einen Mann in Frauenkleidern um sich. Wie sich herausstellte, war es ein Verschnittener. Gregor weist in seinem Bericht halb entschuldigend darauf hin, daß Eunuchen auch am Kaiserhof in Konstantinopel üblich waren, welche die Frauen des Hofes bedienten, doch war ein Nonnenkloster doch noch eine andere Sache. Bei dieser Befragung stellte sich allerdings auch heraus, daß mehrere Nonnen des Klosters inzwischen schwanger waren. Der Streit nahm immer groteskere Formen an, auch die Drohung mit Exkommunikation der Aufständischen fruchtete nichts. Die wütenden Nonnen fielen in der Hilariuskirche zu Poitiers mit Faustschlägen über die Bischöfe her, so daß die kirchliche «Versammlung mit Blut bespritzt und mit zerschlagenen Köpfen aus der Kirche lief» (X, 41). So berichtet Gregor als Augenzeuge, vielleicht hatte er selbst Schläge bezogen. Es würde zu weit führen, alle Einzelheiten zu berichten oder die kirchenrechtlichen Probleme darzulegen, die durch den Streit akut wurden. Immerhin ist bemerkenswert, daß Bischof Gregor sowohl im 9. wie im 10. Buch seiner Geschichte ausführlich über den Skandal berichtet, der dann eigentlich wie das «Hornberger Schießen» endete, denn auch die Hauptanstifterinnen des Aufstands, Chrodechildis und Basina, kamen glimpflich davon. Sie waren eben doch Königstöchter der herrschenden Dynastie, die sich ihrer Macht selbst gegenüber den kirchlichen Autoritäten durchaus bewußt waren. Ihre Exkommunikation wurde auf Wunsch des Königs stillschweigend zurückgenommen. Basina kehrte ausgesöhnt ins Heiligkreuzkloster zurück, während Chrodechildis, die sich geschworen hatte, unter Leubovera nicht in den Konvent zurückzugehen, von Childebert einen Gutshof (villa) als Ruhesitz bekam. Man trug auf seiten der Kirche wie des Königtums den Gegebenheiten erstaunlich sachlich Rechnung: Königsblut war eben «ein ganz besondrer Saft». Aber auch die Zerbrechlichkeit menschlicher Institutionen und kirchlicher Ordnungen wird deutlich, gegen die selbst beste Vorsorge nicht schützen konnte. Um so heller leuchtet vor dieser dunklen Folie die liebenswerte und tragische Gestalt der thüringischen Königstochter und merowingischen Königin, die in ihrer Person und in ihrem Lebenskreis «barbarische» Herkunft und christliche Lebensart wegweisend zu verbinden wußte.

Wilfrid von York (ca. 634–709)
Ein frühmittelalterlicher, germanischer Adelsheiliger

Wilhelm Levison, der Herausgeber der umfangreichen Lebensbeschreibung Wilfrids von York aus der Feder seines Zeitgenossen Eddius Stephanus, nannte diese Vita eines der ergiebigsten Heiligenleben des Frühmittelalters, sie ist aber auch «die politischste unter den frühen Biographien Englands» (W. Berschin). Man darf hinzufügen, daß sie eine der «welthaltigsten» Texte dieses Genres und in dieser Hinsicht nur mit der – beinahe – Autobiographie seines Landsmanns Willibald von Eichstätt zu vergleichen ist. Der Text der Biographie Wilfrids von York kann auf sehr verschiedene Weise interpretiert werden: als wichtiger Beitrag zur Kirchengeschichte des angelsächsischen England, als Beleg für die engen Beziehungen zwischen England und dem Kontinent im Frühmittelalter oder als Quelle zur Missionsgeschichte. Hier kann es jedoch nicht darum gehen, einfach den suggestiven Deutungsmustern des Autors der Vita, Eddius Stephanus, zu folgen. Auch Beda Venerabilis (673/74–735), Englands größtem Gelehrten in dieser Epoche, der die Wilfrid-Vita sorgfältig auswertet, geht es in seiner «Kirchengeschichte des englischen Volkes» vor allem um deren kirchengeschichtliche Bedeutung. Denn Wilfrid spielte auf der berühmten Synode von Whitby 664 eine wichtige Rolle für den Sieg der römischen kirchlichen Observanz über die bis dahin in England mächtige irische Mönchskirche, die das angelsächsische Kirchenwesen tief geprägt hatte.

Ein krisenreiches Leben

Das alles ist bekannt und soll hier beiseite bleiben, ebenso Wilfrids bedeutende Rolle als Klostergründer. Wichtig ist aber ein Aspekt, der den Charakter seiner Vita betrifft, beziehungsweise die auffällige Dis-

Petrus van Opmeer, Wilfrid von York, Kupferstich aus dem Neederlands Catholyk Martelaarsboek, Amsterdam, um 1700. – Der Kupferstich zeigt den Bischof von York historisch unzutreffend mit dem Kreuzstab mit zwei Balken, dem Zeichen der päpstlichen Legaten. Die Brunnenfigur im Hintergrund stellt einen Knaben dar, der einen einfachen Kreuzstab mit Osterfahne trägt. Diese Figur ist eine Anspielung auf den Einsatz des Heiligen für die Abschaffung der keltischen Bräuche zugunsten der römischen Liturgie und der Benediktregel. Nach einer Pilgerreise nach Rom wurde Wilfrid 664 zum Bischof von York ernannt, konnte sein Amt aber wegen Kompetenzstreitigkeiten lange Zeit nicht ausüben. Er trat außerdem als Wortführer der römischen Observanz bei der Synode von Withby hervor, was die Darstellungstradition als päpstlicher Gesandter motiviert haben könnte. Sein Festtag ist der 24. April.

krepanz zwischen der Lebensrealität Wilfrids und dem extrem hagiographischen Aspekt, unter dem Eddius Stephanus dieses bewegte, teilweise dramatische Leben darstellt. Eddius Stephanus zeichnet seinen Helden als christlichen Märtyrer, als zu Unrecht Verfolgten, als vorbildlichen Kirchenmann, Missionar und Klostergründer. Fast jede seiner Handlungen oder Gefährdungen wird mit biblischen Vergleichen paraphrasiert und damit eine Schlüssigkeit und Harmonie dieses Heiligenlebens hergestellt, die jedoch – und das ist das Faszinierende dieser monumentalen Lebensbeschreibung – in eklatantem Widerspruch zu den Fakten steht, die der Autor selbst berichtet. Beda Venerabilis hat diese Darstellung zwar weitgehend übernommen, berichtet allerdings wesentlich distanzierter, als dies Eddius Stephanus getan hat. Biographische Substanz und deren hagiographische Deutung klaffen also bei letzterem entschieden auseinander; was es im folgenden nachzuweisen gilt.

Ein Feuerwunder begleitet schon Wilfrids Geburt (c. 1). Seine Familie war zweifellos adlig, denn es wird berichtet, daß der vierzehnjährige Knabe, schön und mit guten Geistesgaben, vom Vater mit Waffen, Pferden und ansehnlicher Ausstattung für ihn und seine Diener versehen und zum adeligen Herrendienst an den Königshof geschickt wird. Es hört sich an, als zöge Ritter Gawein mit Gefolge auf «aventuere» und zu Hofe. Dorthin haben ihn «viri nobiles», vornehme Männer, empfohlen, die einst im Hause von Wilfrids Vater Dienst geleistet hatten. Er wird angenommen, weil er ansehnlich und klug ist (c. 2). Lange Zeit hält es ihn aber nicht am Königshof, denn er will nach Rom. Innerhalb eines Jahres finden der König und die Königin einen passenden Begleiter für die Reise, die Wilfrid, körperlich kräftig und schnell zu Fuß (c. 2), gut bewältigt. Er muß aber außer dem geistlichen Begleiter auch eigene Dienstleute mitgenommen haben, denn bei seinem Aufenthalt in Lyon werden solche ausdrücklich erwähnt.

Das Erzbistum Lyon wird für Wilfrid in mehr als einer Hinsicht zum Schlüsselerlebnis, denn er kehrt nach einem begrenzten Aufenthalt in Rom, wo ihm eine Papstaudienz gewährt wird, wieder nach Lyon zurück, und zwar zu seinem (geistlichen) Vater, dem Erzbischof von Lyon (c. 5). Diese Rückkehr in die gallische Metropole hat gute Gründe, denn der dortige Erzbischof Dalfinus nimmt ihn und seine Begleiter freundlich auf und will ihn sogar adoptieren. Beiseite bleibe hier die Detailfrage, ob Dalfinus der zweite Name des Erzbischofs Aunemundus war oder ob letzterer dessen Bruder gewesen ist. Wichtig ist jedoch, daß Dalfinus dem angelsächsischen adeligen Jüngling anbietet, er würde ihm, wenn er bei ihm in Lyon bliebe, einen guten Teil Galliens auf Lebenszeit zur Herrschaft geben und ihn mit seiner Nichte verheiraten (c. 4); ein sehr weltliches Angebot an einen jungen Mann, der, wie Eddius Stephanus berichtet, aus geistlichen Gründen nach Rom gegangen war. Aber schon die Tatsache, daß es Wilfrid nach dem Romaufenthalt wieder nach Lyon zog, muß hier stutzig machen, auch wenn der Autor diesen zweiten Aufenthalt ebenfalls hagiographisch deutet. Was konnte den angelsächsischen Adelssproß an Lyon besonders reizen? Es war wohl vor allem der tiefe Eindruck, den Lyon als Mittelpunkt einer kirchlich-aristokratischen Doppelherrschaft der Familie des Dalfinus-Aunemundus auf ihn machte. Das war ein bleibender Eindruck, der für Wilfrids späteres Wirken in England wichtig werden sollte. Lyon war nämlich eine jener machtvollen spätmerowingischen Regionalherrschaften, die sich von der Königsherrschaft faktisch losgelöst hatten und die man als «aristokratische Republiken mit bischöflicher Spitze» und als «Bistumsrepubliken» bezeichnet. Wilfrid lernt in Lyon diese geistlich-weltliche Herrschaftsform kennen, die ihm einen unauslöschlichen Eindruck gemacht haben muß, sonst hätte er, nach England zurückgekehrt, nicht mit aller Kraft und gegen erbitterten Widerstand von Königen und Bischöfen versucht, diese neue Form geistlicher Herrschaft dort ebenfalls zu verwirklichen.

Der zweite, nachrömische Aufenthalt in Lyon entwickelte eine beängstigende Dramatik, der Wilfrid um ein Haar selbst zum Opfer gefallen wäre. Dalfinus hatte es offenbar aufgegeben, ihn als Schwiegersohn zweiten Grades zu gewinnen und gab ihm die Tonsur, d. h. das Scheren des Haupthaars, nach römischer Art. Nach drei Jahren kam die Katastrophe. Die Merowingerkönigin Balthild (680), die als angelsächsische Sklavin an den Hof gekommen war und dort zur Gattin König Chlodwigs II. (639–657) aufstieg, verfolgte nach dessen Tod als energische Herrscherin eine straffe, zentralistische Politik, die sich unter anderem auch gegen die fränkischen «Bistumsrepubliken» richtete. Im Zuge dieser schweren Auseinandersetzungen, denen nach Eddius

Stephanus neun Bischöfe zum Opfer fielen, wurde auch der «Kirchenstaat» Lyon liquidiert und Bischof Dalfinus-Aunemundus hingerichtet. Eddius Stephanus nennt denn auch Balthild, die sich andererseits als Klostergründerin und Förderin des irofränkischen Mönchtums Ruhm erworben hatte, eine böse Königin und, nach biblischem Vorbild, eine zweite Jezabel (c. 6). Um ein Haar wäre Wilfrid als Günstling des Dalfinus-Aunemundus 661/662 selbst hingerichtet und so zum Märtyrer geworden. Aber Gott hatte – so deutet es die Vita – anderes mit ihm vor. Schon zum Martyrium bereit, fragen Adelige aus Balthilds Umgebung, wer dieser schöne Jüngling sei, der sich mutig auf den Tod vorbereite. Da wurde ihnen gesagt: «Er kommt von jenseits des Meeres und ist ein Angelsachse aus Britannien.» Daraufhin wurde er geschont und freigelassen. Man könnte nun diese Szene dahingehend ausmalen, daß es die *Angelsächsin* Balthild war, die ihren Landsmann verschonte, aber da unsere Vita darüber schweigt, mag diese Vermutung einem historischen Roman vorbehalten bleiben, zu dem Wilfrids Leben geradezu anreizt.

Die gefahrvolle Rückkehr

Was nun folgt, ist ein ständiges, teilweise dramatisches Auf und Ab im Leben Wilfrids, welches im einzelnen darzulegen zu weit führen würde. Er geht, mit kostbaren Reliquien versehen, nach England zurück, und zwar nach Northumbria, wo er vom König Oswiu (641–670) und seinem mitregierenden Sohn Alfrith mit großen Ehren empfangen und sogar mit einem Landgut beschenkt wird. Da Wilfrid gegenüber der älteren irischen Kirchenordnung, die im angelsächsischen Britannien Eingang gefunden hatte, die moderne römische Observanz vertritt, erhält er das Kloster Ripon zur Leitung. Der Autor verschweigt allerdings bei dieser Nachricht, daß die beiden Gründer des Klosters, Eata und Cuthbert, aus Ripon als Vertreter des irisch-keltischen Kirchentums vertrieben worden sind. Offenbar war ihm diese Vorgeschichte peinlich. Nach Wilfrids Priesterweihe durch den fränkischen Bischof Agilbert wird er 664 auf Beschluß angelsächsischer Könige und durch Wahl des Volkes Bischof von York (c. 11), reist zur Weihe nach Gallien, wo seine Ordination durch zwölf katholische Bischöfe erfolgt, kehrt per Schiff in einem Sturm und unter mancherlei Gefährdungen durch noch heidnische Bewohner Britanniens nach York zurück. Dort findet er aber sein Bistum neu besetzt (c. 14). König Oswiu hatte dies durch Einflüsterung des Teufels getan. Wilfrid zieht sich in sein Kloster Ripon zurück, wirkt aber zugleich in bischöflichen Funktionen bei König Egbert von Kent und König Wulfhere von Mercia. Nach drei Jahren wird er 669 auf Anweisung des neuen Metropoliten Theodor von Canterbury wieder in York als Bischof eingesetzt (c. 15). Gleichzeitig erneuert er die Kathedralkirche von Kent, baut in Ripon eine neue Klosterkirche und lädt zu deren Weihe die Könige Ecgfrith von Northumbria und Aelfwini von Deira mit Äbten, Präfekten und anderen Würdenträgern ein. Voll Stolz verliest Wilfrid, vor dem Altar stehend, feierlich eine Liste aller Landgüter, die ihm die Könige für ihr Seelenheil und mit Erlaubnis und Unterschrift der Bischöfe geschenkt hatten. Danach wird auf Einladung der Könige drei Tage und drei Nächte gefeiert. Offenbar war dies nicht nur eine kirchliche Feier, sondern ein Fest der weltlichen wie geistlichen Führungsschicht des Landes. Eddius Stephanus berichtet bei dieser Gelegenheit über die prachtvolle künstlerische Ausstattung der neuen Kirche und über bebilderte Bibeln, geschrieben in goldenen Lettern auf Purpurpergament, sowie über deren kostbare Behältnisse aus Gold, Gemmen und Edelsteinen, die Wilfrid hatte anfertigen lassen. Es ist das Verhalten und der Lebensstil eines geistlichen Fürsten mit reichem weltlichen Besitz, den er selbstbewußt der Öffentlichkeit bei diesem dreitägigen Fest darbietet.

Wie im Drama folgt auf diesen Höhepunkt von Macht und Ansehen der neuerliche und um so tiefere Sturz. Haß erhebt sich gegen den reichen und mächtigen Bischof. Diesmal ist es Iurminburg, die ebenfalls, wie zuvor schon Königin Balthild, als zweite Jezabel beschrieben wird, König Ecgfriths Gattin, die ihren Mann gegen Wilfrid aufhetzt. Sie tut dies in einer Weise, die ungewollt die Machtstellung Wilfrids charakterisiert. Sehr eloquent führt sie dem König den weltlichen Ruhm des Bischofs, seine Reichtümer, die große Zahl seiner Klöster, die stattliche Größe seiner Bauwerke, das zahllose Heer seiner Anhänger vor Augen, die mit königsgleicher Kleidung und Bewaffnung ausgestattet seien (c. 24).

An dieser haßerfüllten, offenbar hellsichtigen Charakteristik der geistlich-weltlichen Doppelherrschaft Wilfrids vermag man am besten zu erkennen, wie tief dieser von der geistlich-weltlichen «Bischofsrepublik» des Lyoner Erzbischofs und Pseudo-Märtyrers Dalfinus-Aunemundus geprägt war, so daß er Vergleichbares in England ins Leben gerufen hatte. Kein Zweifel, daß sowohl die Macht des Königs als auch der Einfluß anderer Bischöfe von Wilfrids «Bischofsrepublik» nach gallisch-spätmerowingischem Muster schwer beeinträchtigt worden sind. Und ähnlich, wie Königin Balthild und später die Frühkarolinger diese geistlichen Sonderherrschaften zerschlagen haben, reagierten auch im Falle Wilfrids das Königtum und die loyal zur Königsherrschaft stehenden Bischöfe. So war es kaum verwunderlich, daß sich auch der Grieche Theodor (669–690) als Erzbischof von Canterbury auf die Seite der Gegner Wilfrids schlug, was Eddius als kirchentreuer Autor nur ganz nebenbei schamhaft erwähnt.

Um so ausführlicher berichtet er jedoch später die Aussöhnung zwischen beiden, und auch diese Szene zeigt trotz hagiographischer Stilisierung den unbeugsamen Charakter Wilfrids und sein aristokratisches Machtbewußtsein. Erzbischof Theodor von Canterbury, als Grieche von Geburt im Vollbesitz byzantinischer, kirchlicher Bildung, der als Oberhirte der angelsächsischen Kirche viel für die Hebung der geistigen Kultur Englands getan hat, wollte sich nämlich, kränklich wie er war, vor seinem Ende mit Wilfrid aussöhnen und bat ihn, nach London zu kommen. Er bekannte vor diesem seine große Schuld, den Königen, die Wilfrid ins Exil getrieben und aller seiner Güter beraubt hatten, zu diesem Vorgehen seine Zustimmung gegeben zu haben. Dieses Schuldbekenntnis schloß Theodor mit dem Wunsch, Wilfrid möge sein Nachfolger als Erzbischof werden, ein Wunsch, der sich allerdings nicht erfüllte (c. 43). Wilfrid seinerseits verhielt sich wesentlich reservierter als der Grieche. Er sprach lediglich die Hoffnung aus, daß Gott Theodor die Feindschaft verzeihen möge, die er gegen ihn gezeigt habe. Er versicherte ihm daher nur, daß er nun sein Freund sein und für ihn beten wolle. Gleichzeitig forderte er aber Theodor unverblümt auf, er möge seine Freunde brieflich davon unterrichten, daß sie sich versöhnt hätten, daß er – Wilfrid – ohne Schuld seines Besitzes beraubt worden sei und daß die Adressaten der Briefe dafür sorgen sollten, daß ihm

Teile seines Besitzes zurückerstattet würden. Das war eine eher frostige, mit konkreten Forderungen gespickte «Versöhnung», die in dem Vorschlag gipfelte, daß ein Konzil mit Theodors Einwilligung zusammentreten solle, um einen Nachfolger auf dem Erzstuhl von Canterbury nach Theodors Tod zu bestimmen. Der Kontext dieser Stelle macht klar, daß Wilfrid fest erwartete, Theodors Nachfolger zu werden. Auch an dieser markanten Stelle zerreißt der von Eddius Stephanus absichtsvoll ausgebreitete hagiographische Schleier, mit dem er Wilfrid als Märtyrer, als verfolgten Mann Gottes und als Opfer böser Feinde, aber zugleich auch, was der Wirklichkeit eher nahekommt, als frommen, väterlichen Beschützer seiner Untergebenen, Priester und Mönche dargestellt hat. Die geschichtliche Realität, der kirchenpolitische Machtkampf, ist klar erkennbar. Theodor hatte nämlich nichts anderes getan, als in päpstlichem Auftrag die angelsächsische Kirche zu reorganisieren, wobei er konsequent vakante Bischofsstühle besetzte und vor allem jene übergroßen Diözesen, die durch die politischen Machtverhältnisse entstanden waren, in kleinere, überschaubare Bistümer unterteilte. Genau das traf aber das bischöfliche Imperium, das sich Wilfrid aufgebaut hatte.

Es würde zu weit führen, nun im einzelnen die weiteren Katastrophen ausführlich darzustellen, die Wilfrid widerfuhren. Er wurde neun Monate im Gefängnis festgehalten, seiner Ornate beraubt, seine Untergebenen, d. h. seine bischöfliche «familia», zerstreut und aus ihrem Besitz vertrieben. Die Königin – so berichtet Eddius Stephanus mit Entsetzen – reißt Wilfrids Reliquienkasten an sich und behängt sich mit den darin enthaltenen goldgeschmückten Heiltümern (c. 34). Es spricht für sich, daß Wilfrid die Hälfte seiner Amtszeit im Exil, nämlich im Merowingerreich, verbringen mußte. Dabei geriet er in Gallien in die dramatischen Auseinandersetzungen zwischen dem fränkischen Hausmeier Ebroin und dem hochpolitischen Bischof Leodegar von Autun (679/80), einem Repräsentanten jener mächtigen Bischöfe und Stadtherren, die für diese Epoche charakteristisch waren. Schließlich und endlich gelang es Wilfrid nach all diesen Streitigkeiten und Kalamitäten, in die auch Rom als «prima sedes» schiedsrichterlich eingeschaltet war, doch noch Teile seines früheren großen Besitzes zurückzuerhalten; doch eine «Bistumsrepublik» im gallisch-merowingischen

Sinne kam dabei nicht mehr heraus. Weder die Kurie noch die englischen Könige hatten ein Interesse an der Wiedererrichtung einer geistlich-weltlichen Großherrschaft. Welche Sachverhalte dabei noch eine Rolle gespielt haben mögen, bleibt hinter dem hagiographischen Schleier des Biographen verborgen. Immerhin fällt auf, daß Wilfrid 686/87 nach seiner Rückberufung auf seine Kirchen und Klöster in York, Hexham und Ripon und einer zwischenzeitlichen Leitung des Klosters Lindisfarne in den Jahren 691/92 wieder vertrieben und von einem Konzil 702/03 neuerdings verurteilt und exkommuniziert wurde. Eine letzte Romreise Wilfrids im Jahre 703/04, bei der er offensichtlich sein Verhalten rechtfertigen konnte, bewirkte, daß er mit nachdrücklicher päpstlicher Hilfe 705 die Klöster Hexham und Ripon zurückerhielt. Ein streitbarer Prälat also, dessen Machtbewußtsein und adelige Allüren unverkennbar unter der hagiographischen Verfremdung hervortreten. Daß er eine bedeutende Persönlichkeit war, bezeugt auch der weitaus sachlichere Bericht des Beda Venerabilis. Als Vertreter der römischen Observanz gegenüber der irischen Mönchskirche, als Klostergründer und Durchsetzer der Benediktregel in England wie als Bauherr hat Wilfrid der angelsächsischen Kirche wichtige Impulse gegeben. Walter Berschin nennt ihn einen der «reichsten und mächtigsten Heiligen der Geschichte», der seine Machtfülle wahren wollte und der «selbst als Wundertäter mehr gefürchtet als geliebt» war.

Was nun diese Wunder betrifft, die Wilfrid zugeschrieben werden, so zeigt seine Vita jene Sparsamkeit, die ein Charakteristikum der frühen angelsächsischen Hagiographie in England wie auf dem Kontinent gewesen ist. Dies ist ein sehr auffälliges Merkmal, dennoch zögert man, es völkerpsychologisch dem angelsächsischen Realismus und Sinn fürs Konkrete zuzuschreiben. Auch bei Eddius Stephanus herrscht – trotz seiner Treue zum hagiographischen, erbaulichen Erzählstil – diese Sparsamkeit der Wunderberichte. Am Anfang der Vita ist es die schon erwähnte Feuererscheinung, am Schluß sind es drei eher dürftige Wunderzeichen nach seinem Tode. Am spektakulärsten ist noch jene Totenerweckung eines eben geborenen Kindes, das die Mutter an der Brust hält und um dessen Leben sie Wilfrid kniend und weinend anfleht. Der Knabe wird mit der Taufe ins Leben zurückgebracht und seiner Mutter zurückgegeben, allerdings unter der strikten Bedingung, daß er mit sieben Jahren der Kirche, «um Gott zu dienen», übergeben werde. Als die Mutter aber sah, daß ihr Kind zu einem hübschen Knaben heranwuchs, weigerte sie sich – vom Gatten und dem Teufel überredet –, das Versprechen der Übergabe an die Kirche zu erfüllen und floh mit dem Kinde außer Landes. Wilfrid ließ durch seinen Gutsverwalter Hocca das Kind aufspüren und mit Gewalt zurückbringen, wo es im Kloster Ripon mit dem Beinamen «filius episcopi» aufwuchs, Mönch wurde und später an einer Seuche starb. An dieser Stelle bricht Eddius Stephanus in Jubel aus, daß auf diese Weise Eodwald – so hieß der geistliche Bischofssohn – die Freuden des ewigen Lebens erlangte. Wilfrids Verhalten erinnert in diesem Fall aber eher an einen weltlichen Grundherrn, der einen geflohenen Hörigen mit Gewalt wieder an sich bringt, als an einen Mann der Kirche und Seelenhirten, und so verdunkelt dieses Wunder der Lebensrettung des kranken Kindes eher Wilfrids Bild, als daß es ihm zur Ehre gereichen würde.

Das glorreiche Ende

Ein letztes Mal tritt uns Wilfrids großer Lebensstil bei seinem Abschied von der Welt entgegen, nämlich bei der Verteilung seines immer noch beträchtlichen Besitzes kurz vor seinem Tode (c. 63). Es ist wiederum, wie die große Fest- und Jubelfeier bei Vollendung des Kirchenbaus in Ripon, eine öffentliche Manifestation. Hier verteilt ein anderer «König von Thule» all sein Hab und Gut; ob er einen goldenen Becher zurückbehalten hat, ist nicht überliefert. Eine große Szene, die man nicht besser beschreiben kann, als dies Walter Berschin in seinem Werk über «Biographie und Epochenstil» getan hat:

«Seine [Wilfrids] letzten Taten sind so sagenhaft wie die ersten. Herrscherlich läßt er seine Schatzkammer in Ripon öffnen, Gold, Silber und Edelsteine vor acht Zeugen ausbreiten. Nun wird der Schatz geteilt: das beste Viertel für Rom, dann eins für die Armen, eins für die Äbte von Ripon und Hexham, damit sie, wie es in der Quelle heißt, ‹mit Geschenken die Freundschaft von Königen und Bischöfen erlangen können›. Das letzte Viertel spricht Wilfrid wie ein Imperator seinen Veteranen zu: den Exilgefährten, die keine Landgüter erhalten haben. Von Ripon aus zieht er noch einmal durchs Land, verkündet sein Testament, teilt Gut und Geld an die Mönche aus» (c. 64).

Er ist ein Herrscher, der Land und Leute verteilt und weiß, daß Freigebigkeit, «milte», eine fürstliche Tugend ist, wie sie auch Beowulf zu eigen war, und er weiß ebenso, daß auch der Mönche Herz durch Geld erfreut wird. Und wie ein Fürst oder Adeliger handelt er nach alten gentilen Traditionen, wenn er als seinen Nachfolger im Kloster Ripon seinen Verwandten Tatberht als Abt einsetzt und dabei auf ein eventuell hier anzuwendendes kirchlich-kanonisches Vorgehen keine Rücksicht nimmt.

Tatberht, sein Verwandter war es auch, dem er schon früher bei einem Ausritt sein ganzes bewegtes Leben aus dem Gedächtnis erzählt hat. So konnte sich Eddius Stephanus, der Wilfrid seit 30 Jahren kannte und überdies auf seinen drei Romreisen begleitet hat, bei seiner Vita auch noch auf jenen Lebensbericht stützen, den der Heilige, sein nahes Ende fühlend, seinem Verwandten übermittelt hatte. Diese Dichte der Information ist in unserem Zusammenhang schon deshalb hervorzuheben, weil sie beweist, wie bedeutend der Anteil des Biographen an der Ausformung dieser Biographie gewesen ist, und dies in einem sehr spezifischen Sinn: Er schöpfte nämlich nicht aus vagen Traditionen, wie dies bei so manchen hagiographischen Texten der Fall ist, sondern aus der Fülle eines an Widersprüchen, Kämpfen und Peripetien überreichen Lebens, an dem der Biograph aktiven Anteil genommen hat und dessen teilweise krasse Realität er bis in Details hinein kannte. Es war sicher keine leichte Arbeit, aus diesem in jeder Hinsicht konkreten, prallvollen Leben das Kultbild eines vorbildlichen christlichen Heiligen zu formen. Dazu bedurfte es nicht nur einer liebevollen Parteilichkeit, sondern auch der Überzeugung, daß Wilfrid, ungeachtet aller Widrigkeiten seines wirklichen Lebens, eine wahrhaft gottbegnadete Persönlichkeit gewesen ist. Um so erstaunlicher ist es daher, daß die Biographie nur in zwei mittelalterlichen Handschriften überliefert ist. Es liegt nahe, anzunehmen, daß das Meisterwerk von Bedas Kirchengeschichte, in dem die Biographie Wilfrids in knapper, prägnanter Form aufgenommen wurde, die weitere Verbreitung der ausführlichen Vita des Eddius Stephanus hemmte. Gentiles und adeliges Fühlen und Handeln treten aber auf jeden Fall im Leben dieses frühen germanischen Kirchenfürsten klar hervor, und dies sogar gegen die hagiographische Intention des Autors.

Willibald von Eichstätt (ca. 700–787)
Religiöser Tourist, Bischof und Missionar

Angelsachsen auf dem Kontinent

Das Frühmittelalter kennt das Phänomen der asketischen Heimatlosigkeit, der «peregrinatio religiosa», das wohl zu unterscheiden ist vom allgemeinen Wallfahrtswesen, das in der Spätantike mit den großen Kultstätten der Christenheit begann und schon im 4. Jahrhundert Itinerare, d. h. Reiseführer zur Orientierung etwa im Heiligen Land, hervorbrachte. Irische und bald danach auch angelsächsische Mönche haben seit dem 6. und 7. Jahrhundert ihre Heimat verlassen, kamen auf den Kontinent und wurden unentbehrliche Helfer bei der Missionierung der germanischen Völker; so der heilige Columban im Frankenreich und in Oberitalien oder die Angelsachsen Willibrord und Winfrid-Bonifatius, der «Apostel der Deutschen», in Friesland und rechts des Rheins sowie in Süddeutschland. Nicht selten waren es Verwandte, die sich gemeinsam zur «peregrinatio religiosa» und zu missionarischer Arbeit entschlossen, so daß man mit Recht von einem «Clan-Verhalten» gesprochen hat. Hier war es besonders Winfrid-Bonifatius (672/75–754) selbst, der geradezu ein klösterliches Verwandtschaftsnetz knüpfte. In seinen Klostergründungen in Fulda, Ordruf, Fritzlar, Tauberbischofsheim am Main, Kitzingen und Ochsenfurt brachte er viele Verwandte und angelsächsische Landsleute unter. Zu ihnen gehörte die heilige Lioba von Tauberbischofsheim († um 782) mit ihren Nonnen, aber auch Willibald und Wynnebald von Eichstätt. Der Kontakt innerhalb dieses Verwandtschaftsnetzes muß eng gewesen sein. Wynnebald, der Gründer von Kloster Heidenheim, ließ seine Schwester Walburga aus England nachkommen und wandelte dafür seinen Mönchskonvent in ein Doppelkloster für Männer und Frauen um. In diesem Kloster lebte auch deren Verwandte, die Nonne Hugeburc, von

Willibald von Eichstätt, Abbildung aus einem mittelalterlichen Passionale, um 1130, Württembergische Landesbibliothek Stuttgart. – Die Darstellung des Heiligen stammt aus einem liturgischen Buch mit Heiligenlegenden (Passionale). Das Initial zeigt den Heiligen in stark stilisierter Form im Bischofsgewand und mit Krummstab (Pedum). Interessanterweise ist der Heilige hier nicht mit der bischöflichen Mitra, sondern mit dem mittelalterlichen Birett abgebildet, das ein Teil der Tracht vieler auch niederer Kleriker war. Leider verrät die Darstellung nur wenig über das bewegte Leben des um 700 geborenen Sohns eines angelsächsischen Königspaares. Seinen Erlebnisbericht von den heiligen Stätten der Christenheit schrieb seine Verwandte, die Nonne Hugeburc, im Kloster Heidenheim nieder; es ist der interessanteste Reisebericht des 8. Jahrhunderts über das Verhältnis von Christen und Muslimen im Heiligen Land. Willibalds Verehrung setzte bald nach seinem Tod ein; Eichstätt wurde das Zentrum seines überwiegend regionalen Kultes. Sein Festtag ist der 7. Juli; er gilt als Patron der Gittermacher.

der ausführlicher zu reden sein wird. In Liobas Lebensbeschreibung wird berichtet, Winfrid-Bonifatius habe sich gewünscht, daß deren Gebeine einst in seinem eigenen Grab mitbestattet würden, «um mit ihr gemeinsam den Tag der Auferstehung erwarten zu können»; eine Geschichte, die man nicht ohne Rührung lesen kann. Asketische Heimatlosigkeit und gefahrvolle Pilgerfahrt ins Heilige Land, das seit dem 7. Jahrhundert unter arabisch-islamischer Herrschaft stand, vereinigten sich aber in der bewegten Lebensgeschichte des heiligen Willibald von Eichstätt, eine Geschichte, die um 778 der Heilige im Alter seiner jungen Verwandten Hugeburc im Kloster Heidenheim erzählte. Hugeburc hat erstaunlich viel von der lebendigen Frische des Berichts in ihrem Text eingefangen, und gerade dieser Umstand gibt schon hier Gelegenheit für einige generelle Anmerkungen zum gängigen Begriff der «asketischen Heimatlosigkeit» oder der «peregrinatio religiosa».

Beide Termini haben ihre tiefe, durch zahlreiche Quellen belegte Berechtigung, nur darf man sie nicht mit schablonenhafter Ausschließlichkeit verwenden. Sonst gewinnen Wallfahrtwesen und religiöse Pilgerschaft wie auch der missionarische Impetus einen allzu sauertöpfischen, ja düsteren Aspekt. Gerade die Lebensgeschichte des heiligen Willibald kann vor solcher Einseitigkeit warnen; dies um so mehr, als die Authentizität der Vita dafür garantiert, daß man es hier eben nicht mit nachträglich übergestülpten hagiographischen Topoi, d . h. monastischen Gemeinplätzen, zu tun hat, sondern mit der Sicht eines Autors, der zugleich der Gegenstand der Darstellung ist. Denn im Grunde ist der Text eine Autobiographie, die – modern gesprochen – von der Nonne Hugeburc gleichsam «auf Tonband» aufgenommen worden ist. Für Willibald Wichtiges wird ausführlich berichtet, während vieles, was uns kirchengeschichtlich bedeutsam wäre, oft nur knapp und kursorisch zur Sprache kommt. Das wiederum hat zur Folge, daß die gewiß ehrlich gemeinte «peregrinatio religiosa» dieses Angelsachsen auch sehr menschliche Erfahrungslust, naiven Wissensdurst und unverhohlene Weltfreude und Interesse an Land und Leuten erkennen läßt.

Sein Bericht ist eine der mentalitäts- und kulturgeschichtlich interessantesten Quellen des Frühmittelalters, besonders aufschlußreich für die sich anbahnenden Beziehungen zwischen Christentum und

Islam im Heiligen Land. Es gibt kaum einen Text, der dem Begriff «religiöser Tourismus» so exakt entspricht wie Willibalds abenteuerliche Pilgerfahrt nach den heiligen Stätten des Christentums. Zwar ist das Latein dieser Quelle ganz im pretiösen, gekünstelten Stil der Schule des angelsächsischen Gelehrten und Dichters Aldhelm (ca. 640–709) geschrieben, dennoch schlägt der überraschende Realismus der Schilderung immer wieder durch, ein Realismus, den man mit einiger Vorsicht vielleicht doch als typisch englisch bezeichnen darf.

Es hängt mit der Authentizität dieser Lebensbeschreibung zusammen, daß Willibald keine Haßtiraden gegen die Muslime über die Lippen bringt, ja, daß ihm ein Kalif human begegnet, ein mentalitätsgeschichtlich interessantes Faktum, weil es das gängige Kolossalgemälde von der Konfrontation zweier Weltreligionen ebenso konkret wie positiv korrigiert. Willibalds Bericht, seine «Morgenlandfahrt», ist ein faszinierendes Dokument für den Zustand des Heiligen Landes im 8. Jahrhundert und für die mißtrauische, aber dennoch zögerliche Annäherung zweier Weltreligionen mit ihren divergierenden Kulturen. Es war ein mit vielen Imponderabilien behafteter Schwebezustand, der dann durch Karl den Großen und den Kalifen Harun al-Raschid in ein einigermaßen vertraglich gesichertes Verhältnis überführt wurde. Hierbei ging es vor allem um eine geschützte Wallfahrt der Christen zu den heiligen Stätten Palästinas. Wie nötig dieses Abkommen war, zeigt die nicht ungefährliche, ja abenteuerliche Pilgerreise Willibalds, die er von Rom aus zwischen 723 und 727 unternahm; sie führte ihn viermal nach Jerusalem und mündete in einen Aufenthalt in Konstantinopel 727 bis 729, wo er in einer Zelle bei der Apostelkirche lebte. Zwischen 729 und 739 hielt er sich in Montecassino auf, dort beteiligte er sich am Wiederaufbau der benediktinischen Urabtei unter Abt Petronax. Sein Anteil war insofern entscheidend, als er als angelsächsischer Mönch benediktinischer Observanz die lebendige Tradition des großen abendländischen Mönchsvaters und seiner Regel verkörperte. Mit Willibald kehrte aus der blühenden monastischen Landschaft Englands der Geist des Ordensstifters wieder in die einst von den Langobarden zerstörte Abtei auf europäischem Umweg zurück. Nach einer Audienz bei Papst Gregor III. (731–741) kehrte er nach Deutschland zurück, wo ihn Winfrid-Bonifatius zusammen mit seinem Bruder Wynnebald für die Mission einsetzte. 740 zum Priester geweiht, wurde Willibald 741 Bischof von Erfurt; dieses Bistum hatte jedoch nicht lange Bestand. Man nimmt an, daß Willibald nach 745 seinen Sitz als Bischof in Eichstätt hatte. Mit seiner Beteiligung gründete sein Bruder Wynnebald 752 das Kloster Heidenheim, nach dessen Tod leitete ihre Schwester Walburga das Doppelkloster.

Das gottgefällige Wanderleben

Vom Kloster Waldham bei Winchester aufbrechend, dem Willibald schon als Knabe übergeben worden war, ging der Jüngling mit Vater und Bruder 720 auf eine Romwallfahrt zu den Gräbern der Apostel. Der Vater hatte anfangs, im Blick auf die gebrechliche Gattin und die anderen noch unmündigen Kinder, gezögert, aber schließlich gab er dem Drängen des Sohnes nach. Von Hamblehaven aus überquerte man den Kanal, kam nach Rouen, überwand «in eisigen Nebelstürmen» die schneebedeckten Alpen und erreichte nach manchen kriegerischen Bedrohungen Lucca. Dort starb der Vater und wurde bei der Klosterkirche des heiligen Frigidianus bestattet. Rom beeindruckte die angelsächsischen Pilger tief, doch befiel sie dort eine gefährliche Seuche; dennoch blieb Willibald mit seinen mönchischen Begleitern bis zum Osterfest des Jahres 723. Dann brach er, wie es in seiner Vita heißt, «nachdem er den Rat seiner Freunde und die Zustimmung seiner Sippe eingeholt hatte», mit einigen Gefährten zur Wallfahrt ins Heilige Land auf. Über Terracina und die Hafenstadt Gaeta erreichten sie per Schiff Neapel, blieben dort zwei Wochen und konnten dann mit einem ägyptischen Schiff nach Sizilien weiterreisen. In Catania besuchten die Pilger das Grab der heiligen Märtyrerin Agatha, deren Gebeine jedesmal, wenn der Vulkan Ätna seine Lavamassen gegen die Stadt schickt, dem Feuerstrom des Berges schutzflehend entgegengehalten werden. Drei Wochen verweilten die Pilger, dann zogen sie weiter nach der schon in der Antike berühmten Hafen- und Weinstadt Malvasia «im Lande der Slawen». Es war in der Tat so, daß seit dem Ende des 6. Jahrhunderts von der unteren Donau aus slawische Völkerschaften weit in den griechischen Mittelmeerraum eingedrungen waren und sich dort niedergelassen hatten. Über Syrakus ging die Fahrt weiter über die Insel Chios nach Kleinasien bis zum Wallfahrtszentrum Ephesos mit der großen Grabkirche des Evangelisten Johannes, die an einem «schönen Punkt» (locus speciosus) außerhalb der Stadt lag; auch hier zeigt sich die anschauliche Erzählweise des greisen Willibald. Ebenso besuchte man den Kultort der heiligen Siebenschläfer, der durch eine spektakuläre Auferstehungslegende Ziel großer Pilgermassen geworden war. Von den Mühen der Wallfahrt berichtet Willibald ebenfalls, nämlich als er mit seinen Gefährten in die schon bei Strabo und Plinius erwähnte Stadt Phygela kam: «Dort blieben sie einen Tag. Und sie baten um Brot und gingen zu einem Brunnen in der Mitte des Ortes. Und am Brunnenrand sitzend tauchten sie das Brot in das Wasser, und so aßen sie davon.» – Ein realistisches Detail der Pilgerreise, das sich als mündlich überliefertes Bild deutlich vom pretiösen Stil der Vita unterscheidet; man glaubt Willibald sprechen zu hören.

Weiter ging die Reise über Milet, wo zwei Einsiedler auf einer mächtigen Säule lebten, die den Wasserfluten standhielt, durch ein Gebirge, wo die Pilger «von hartem und bitterem Hunger heimgesucht [wurden], so daß sie, vom Fasten innerlich zermürbt, befürchteten, «der das Ende bringende Tag des Todes stehe ihnen bevor». Auch hier schlägt wieder der realistische Berichtston Willibalds entschieden durch. Dann schiffte man sich nach Zypern ein, «eine Insel mit zahlreichen Bistümern und Klöstern, die zwischen Griechen und Sarazenen liegt». Nach dem ersten Siegeslauf der islamisch-arabischen Revolution war Zypern den neuen Herrn 648 tributpflichtig geworden, doch erholte sich das byzantinische Reich von diesem kriegerischen Ansturm der Heere Mohammeds, so daß es am Beginn des 8. Jahrhunderts unter Kaiser Justinian II. (ca. 669–711) zu einem Frieden kam, den Willibald sehr zutreffend beschreibt: «Die Bewohner von Zypern … waren ohne Waffen, weil seit langem Frieden zwischen den Sarazenen [so nennt er die neuen islamischen Okkupanten] und den Griechen herrschte.» Es fällt auf, daß der Angelsachse sich im Gegensatz zu anderen Zeitgenossen und späteren Jahrhunderten sich grober Schmähungen der neuen Religion und ihrer Repräsentanten enthält. Sicher waren die Reisewege allerdings immer noch nicht, denn als die angelsächsischen Pilger – es waren außer Willibald noch sieben Landsleute –

wieder auf das Festland gingen, um in Homs (Emessa) in einer von Kaiserin Helena errichteten Kirche das Haupt Johannes' des Täufers zu verehren, wurden sie von den Sarazenen als Spione verdächtigt und festgenommen. Immerhin führte man die Verhafteten zu einem reichen, alten und offenbar weltläufigen Mann, der sie nach Herkunft und Reiseziel ausfragte. Als die Pilger freimütig ihre Absichten darlegten, gab der Alte folgenden Bescheid: «Oft sah ich hierher Menschen kommen aus jenen Gegenden der Erde, Glaubensgenossen derselben. Sie wollen nichts Schlimmes, sondern begehren nur, ihr Gesetz zu erfüllen.»

Der Fortgang der abenteuerlichen Reise

So kamen die Pilger wieder frei, um im Palast des Statthalters weitere Reiseerlaubnis nach Jerusalem zu erbitten. Dort verhaftete man sie erneut und warf sie in den Kerker, um inzwischen beim Kalifen Hischam in Bagdad Weisungen einzuholen, wie weiter mit den Fremden zu verfahren sei. Wieder kam ihnen Gott zu Hilfe, denn in Homs lebte ein Kaufmann, der sie «zur Rettung seiner Seele» loskaufen wollte. Zwar gelang ihm dies nicht, aber er konnte die Pilger immerhin mit Speise versorgen. «Zweimal in der Woche schickte er seinen Sohn ins Gefängnis, der sie in ein Bad führte. Mehr noch! Am Sonntag nahm er sie mit zur Kirche über den Markt, damit sie unter den verkäuflichen Waren das sehen sollten, was ihren Sinn erfreute, und damit er sodann aus seiner eigenen Tasche ihnen das kaufte, was nur irgendwie ihrem Wunsche entsprach.» Offenbar hatte sich die Stimmung zwischen den Religionen entspannt; die Stadtbürger kamen voller Neugier zu ihnen, «denn sie waren jung, schön und mit guten Kleidern wohl ausgestattet». Es kam ihnen zu Hilfe, daß ein Mann aus Spanien, der einen Bruder als Kämmerer im Palast des Kalifen hatte, zu ihnen ins Gefängnis kam und ebenso der Kapitän des Schiffes, das die Pilger nach Zypern gebracht hatte. Beide gingen mit dem Kaufmann vor den Herrscher und baten, er möge sich selbst den Bericht der Fremden anhören. Dies geschah, und der Kalif antwortete mit erstaunlicher Toleranz, die an Lessings «Nathan» erinnert: «Warum sollen wir sie bestrafen? Sie haben kein Verschulden wider uns. Gib ihnen den Weg frei und laß sie ziehen.» Nach solchen Erlebnissen versteht man wohl, warum sich Willibald in seiner Erzählung davor hütete, gegenüber Hugeburc Haßtiraden gegen die Muslime loszulassen. Offenbar haben erst die Kreuzzüge den Haß zwischen Christen und Muslimen wieder mächtig aufflammen lassen.

Die angelsächsischen Mönche zogen nun unbehelligt nach Damaskus weiter und konnten bei längeren Aufenthalten alle berühmten christlichen Kultstätten aufsuchen. In der syrischen Metropole pilgerten sie auf den Spuren des Apostels Paulus, in Kanaan besuchten sie den Ort des Weinwunders Christi; in der dortigen Kirche stand noch einer der sechs Wasserkrüge, deren Inhalt der Herr als Hochzeitsgabe in Wein verwandelt hatte. Dann ging es weiter zum Berg Tabor, wo nach einer von Hieronymus aufgezeichneten Tradition Christi Verklärung stattgefunden hatte. Sie zogen weiter nach Tiberias am See Genezareth, wo der Herr auf dem Wasser gewandelt, Petrus aber versunken war, pilgerten dann in den Geburtsort der Maria Magdalena und weiter nach Kapernaum, dem Ort einer Totenerweckung durch Christus, bis sie an die Quellen des heiligen Flusses Jordan kamen, in dem Jesus getauft worden war. Dieser Ort zog damals viele Menschen an, um sich taufen zu lassen. Willibald hat diesen Platz mit seiner Kirche sehr gut in Erinnerung: «Und wo man jetzt tauft, da steht ein hölzernes Kreuz in der Mitte, und ein kleiner Wasserarm befindet sich dort. Und ein Seil ist über den Jordan gespannt, hüben und drüben befestigt. Da kommen am Fest der Epiphanie Schwache und Kranke und halten sich am Seil fest und tauchen so in das Wasser unter.» Willibald badete dort im Jordan. Der Heilige weiß auch von den Jordanquellen anschaulich zu berichten. «Dort verbrachten sie [die Pilger] eine Nacht zwischen den beiden Quellen und» – hier springt der Text in die unmittelbare Rede Willibalds über – «Hirten gaben uns saure Milch zu trinken. Und dort gibt es merkwürdige Rinder mit langen Rücken und kurzen Beinen, mit mächtigen Hörnern. Alle haben die gleiche Farbe, eine purpurrote. Sümpfe von großer Tiefe befinden sich dort. Und wenn zur Sommerszeit große Hitze vom Himmel her gewöhnlich die Erde versengt, da machen sich diese Büffel auf und laufen zum Sumpf und tauchen mit dem ganzen Körper ein, den Kopf allein ausgenommen.»

Es ist beinahe ein naturwissenschaftliches Interesse, das Willibald hier an den Tag legt und das kaum etwas mit dem religiösen Zweck seiner Pilgerfahrt zu tun hat. Das geht auch aus vielen anderen Textstellen hervor. Schon deshalb unterscheidet sich diese Vita aus seinem eigenen Mund sehr von anderen Heiligenlegenden, die zumeist innerhalb der engen Grenzen sakraler Topik bleiben. In ähnlich sachlich beobachtendem Stil wird viel später Marco Polo (1254–1324) über die Mongolenherrschaft berichten.

Der realistische Blick

Es würde zu weit führen, im begrenzten Rahmen einer biographischen Skizze jeden Ortsaufenthalt genauer zu beschreiben, wie dies Willibald getan hat. Aber einige Beispiele mögen doch zeigen, wie sehr er sich bei aller ehrfürchtigen Frömmigkeit einen klaren Blick bewahrte. Das gilt etwa für den ersten Aufenthalt in Jerusalem. Er schildert sehr genau das Grab des Erlösers mit dem darüber errichteten Zentralbau Kaiser Konstantins, den Perser 614 zerstörten und den danach der Abt Modestus prachtvoll erneuerte. Ähnlich genau spricht Willibald von den drei hölzernen Kreuzen, die auf dem Kalvarienberg standen «*zum Gedächtnis* an das Heilige Kreuz des Herrn und der anderen, die mit ihm gekreuzigt worden waren». Hier wird eindeutig keine Beziehung zu jenem echten Kreuz Christi hergestellt, das nach späterer Tradition die Kaiserin Helena aufgefunden haben soll, sondern es ist von Gedächtniskreuzen die Rede. Das authentische Kreuz soll einst in einer nahen Kirche aufbewahrt worden sein, die der Heilige bei seinem zweiten Jerusalem-Aufenthalt besuchte und in deren Aura er von einer Erblindung genas. Ebenso präzise ist Willibald bei dem großen viereckigen Stein vor der Tür des Christusgrabes. Er sagt, daß er *ähnlich* dem früheren Stein sei, den der Engel von dem Grabeingang wegwälzte. Auch hier handelt sich es um ein Erinnerungsmonument des Glaubens auf geheiligtem Boden, nicht um ein «Original»; eher könnte man hier von einem «Environment für Pilger» sprechen, das jene erst mit religiösem Sinn erfüllen mußten. Man kann den Wert dieser «heiligen Nüchternheit» des gottesfürchtigen Angelsachsen erst voll ermessen, wenn man sie mit dem gigantischen Wunderschwulst etwa der orientalischen Georgslegende vergleicht, der sich um die ohnehin nur virtuelle Existenz dieses Heiligen rankt. Ähnlich genau ist Willibalds Schilderung der Jerusalemer Himmelfahrtskirche mit ihrem Werk aus Erz, «kunstvoll und schön», das an jener Stelle stand, an der Christus gen Himmel fuhr.

Viermal weilte Willibald mit seinen Pilgern in Jerusalem, zweimal in der Kalifen-Residenz Damaskus, wo er bei Hofe neuerlich um eine Reisegenehmigung nachsuchen wollte; doch der Herrscher hatte wegen einer Pest seine Hauptresidenz verlassen. Daß es dem Heiligen nicht an praktischer Vernunft mangelte, zeigt die Geschichte mit dem Kürbis, den er aushöhlte, mit Balsam füllte und dessen Öffnung er so geschickt verstopfte, daß syrische Kontrolleure, die sein Gepäck sorgfältig durchsuchten, nichts von diesem wertvollen Exportprodukt bemerkten. Andernfalls hätte schwere Folter gedroht. Dies geschah 726 in der Hafenstadt Tyrus, wo die angelsächsischen Pilger vom Winter bis Ostern auf einem Schiff lebten, das sie dann nach Konstantinopel brachte, der Hauptstadt des byzantinischen Reiches, die zugleich eine heilige Stadt war, weil in ihr drei biblische Heilige ruhten: Andreas, Timotheus und der Evangelist Lukas. Wie schon erwähnt, lebte Willibald dort nahe der Apostelkirche, in der auch der berühmte Kirchenvater Johannes Chrysostomos († 407) und der Theologe Gregor von Nazianz († 390) ruhten. Nach zwei Jahren, in denen er auch die reiche und durch das erste Kirchenkonzil Kaiser Konstantins bekannte Stadt Nikea besuchte, kehrte Willibald endlich mit seinen Gefährten unter dem Schutz päpstlicher und kaiserlicher Gesandter nach Sizilien zurück. Über Catania kamen sie bis Reggio di Calabria, wo gewissermaßen der Wallfahrtsteil der abenteuerlichen Reise zu Ende ging.

Nunmehr folgte ein vor allem touristisches Ziel sensationeller Art, nämlich die Fahrt zur Insel Vulcano und deren bis heute aktiven Vulkan, der damals als «Hölle des Theoderich» (infernus Theoderichi) bekannt war. Papst Gregor der Große († 604), nach Zahl der erhaltenen Handschriften seiner Werke wohl der am meisten gelesene Autor des Frühmittelalters, berichtet in seinen «Dialogi» (IV. c. 30), daß der arianische Gotenkönig nach seinem Tod vom Teufel in den Schlund des Vulkans geworfen worden sei. Diesen feuerspeienden Vulkankegel bestieg Willibald mit seinen Begleitern, um den Eingang der Hölle schaudernd zu besichtigen. Das war zweifellos eine religiöse Motivation, hatte aber darüber hinaus auch touristischen Anreiz; andernfalls hätte Willibald kaum so ausführlich seiner Verwandten von diesem Bergabenteuer erzählt: Es ist die längste Episode seiner Vita und geradezu ein Paradebeispiel genauer Naturbeobachtung, wie sie Alexander von Humboldt nicht besser hätte schildern können. Auf jeden Fall muß Willibald von der titanischen Urgewalt der Eruptionen tief beeindruckt worden sein; man vermag sich vorzustellen, wie wortreich und anschaulich er Hugeburc – vermutlich in der altenglischen Muttersprache – dieses Erlebnis schilderte: «Dort ist die Hölle des Theoderich. Und als sie dorthin kamen, stiegen sie vom Schiff, um zu sehen, wie die Hölle beschaffen sei. Und sogleich war Willibald allzu begierig und wollte sehen, wie die Hölle im Inneren wäre. Und er wollte den Gipfel des Berges besteigen, wo sich die Hölle darunter befand. Und er vermochte es nicht, weil die Aschenschichten aus der finsteren Unterwelt bis an den Rand heraufreichten und dort in Massen aufgehäuft lagen. Und wie der Schnee, wenn er vom Himmel wirbelnd weiße und winterlich fallende Massen aus den luftigen Höhen und Vorratskammern des Himmels aufzuhäufen pflegt, so lagen die Aschenmengen aufgehäuft auf dem Gipfel des Berges, so daß sie den Anstieg für Willibald verhinderten. Aber dennoch sah er das grausige und schauerlich erschreckende Feuer aus dem Krater hervorbrechen und ausspeien. Wie unter einem rollenden Donner, so sah er eine mächtige Feuersäule und den Qualm des Rauches, wie er gewaltig in die Höhe emporstieg, furchteinflößend. Es ist jener Bimsstein, den die Schreiber gewöhnlich haben [als Poliermittel für Pergament und zum Schärfen der Rohrfedern]. Den sah er, wie er aus dem Erdinneren emporstieg und mit dem Feuer ausgeworfen und ins Meer geschleudert und abermals vom Meer an das Festland geworfen wurde. Und die Menschen heben ihn auf und führen ihn von dort mit.»

Für die Kirchen- und Klostergeschichte des Frühmittelalters ist zweifellos der produktive lange Aufenthalt Willibalds im wieder entstehenden benediktinischen Hauptkloster Montecassino und seine missionarische und episkopale Pionierarbeit in Eichstätt wesentlich wichtiger als das Naturerlebnis am Vulkan. Dennoch nimmt letzteres in seinem Lebensbericht mehr Raum ein als die lange Aufbautätigkeit in Benedikts Urkloster, durch die er die Aufmerksamkeit Papst Gregors II. auf sich zog. Für die Kulturgeschichte insgesamt ist jedoch seine wagemutige Pilgerfahrt ins islamisch-arabisch okkupierte Heilige Land von enormer Bedeutung: Sie zeigt sehr konkret sowohl die Konfrontation zweier Weltreligionen als auch deren tastende Versuche, ihre wechselseitigen Beziehungen, soweit dies möglich war, zu normalisieren.

Was den heiligen Willibald selbst anbelangt, so läßt seine erstaunlich sachliche und authentische Lebensbeschreibung am Schluß doch die möglicherweise anachronistische völkerpsychologische Vermutung zu, daß es bereits im 7./8. Jahrhundert so etwas wie den vielzitierten «angelsächsischen Pragmatismus» gegeben hat. Auch die Sparsamkeit früher angelsächsischer Hagiographie an Wundergeschichten spräche dafür wie auch die lebenspralle, ereignisreiche Vita des Bischofs Wilfrid von York (ca. 634–709). Aber diesen Gedanken ausführlicher zu verfolgen, wäre in der Tat «ein weites Feld» ... Frömmigkeit und Abenteuerlust sind jedenfalls im Leben Willibalds von Eichstätt eine unterhaltsame und sehr enge Verbindung eingegangen, man könnte in diesem Fall sogar von einer «poetischen Liaison» von Hagiographie und Völkerkunde sprechen.

Kaiser Heinrich II. (973–1024)

Frömmigkeit und Macht

Man kann sich mit Recht fragen, ob in einem Buch wie dem vorliegenden ein energischer, imponierender Herrscher wie Kaiser Heinrich II. am rechten Platz ist. Weiß man doch zur Genüge, daß sich sein Beiname «der Heilige» lediglich der Tatsache verdankt, daß seine Ehe mit Kunigunde kinderlos blieb und daher später als «Josephsehe» in freiwilliger Keuschheit gedeutet wurde? Ebenso ist bekannt, daß Heinrich ein gewiefter, wenn nötig harter Politiker gewesen ist, für den ein Heiligenschein ein eher unpassendes Accessoire gewesen sein dürfte. Bleibt also nur die lokale Bamberger Kulttradition, die seiner spektakulären Bistumsgründung und seiner Grablege im Dom gilt. Es ist zweifellos eine lebendige Tradition, in der sich echte Frömmigkeit und Dankbarkeit zum Heiligenkult kristallisiert haben.

So weit, so gut. Seit Stefan Weinfurter seine brillante Biographie des Herrschers veröffentlicht hat, sieht das Bild des Kaisers wesentlich anders aus. Der Eindruck einer oft trickreichen Politik ist zwar geblieben und sogar noch konkreter herausgearbeitet worden, aber es hat sich andererseits doch gezeigt, daß die komplizierte, nicht leicht zu entschlüsselnde Persönlichkeit des Herrschers ein hohes Maß von wahrer Frömmigkeit und tiefer Religiosität aufweist, die durch Heinrichs vortreffliche theologische Bildung eine ganz eigene Signatur erhält und seinem Leben einen besonderen Glanz verleiht, der weit über das Niveau traditioneller Königsfrömmigkeit hinausgeht. Schon die Tatsache, daß er als Mann der Bildung und Theologie geistig mit der Mehrzahl seiner Reichsbischöfe auf gleicher Höhe stand oder sie oft noch überragte, gehört zum Besonderen seiner Persönlichkeit. Wenn man, wie in diesem Buch versucht wird, das Spektrum der Heiligkeit, seine vielfältigen, oft überraschenden Ausformungen und Schattierungen, weit genug faßt, kann man dennoch seinen Beinamen «der Heilige» gelten lassen und

Krönungsbild Heinrichs II., Regensburger Sakramentar, nach 1014, Bayerische Staatsbibliothek München. – Der König, der sich aktiv in die Buchproduktion seiner Zeit und deren Ikonographie einschaltete, läßt hier bewußt sein Königtum als allein von Gott gegeben darstellen; es ist Christus, der ihm die Krone aufsetzt. Zu beiden Seiten Heinrichs stehen die Heiligen Emmeram und Ulrich, die den Herrscher stützen – ein alttestamentliches Motiv (Exodus 17,11–13). Mit Recht hat man daher von Heinrichs «Moseskönigtum» (S. Weinfurter) gesprochen. Neben der Kaiserkrone gelten auch Zepter, Lilie und ein Kirchenmodell als Attribute des heiligen Herrschers, dessen am 13. August gedacht wird und der bis heute der Schutzpatron von Bamberg und Basel ist.

darf den eher irreführenden Bezug zur Kinderlosigkeit durch eine Josephsehe aufgeben. Denn: Heiligkeit, das ist einerseits die hochindividualisierte Frömmigkeit der spätantiken Mönchsväter Ägyptens und der kappadokischen Wüste, wie sie uns in den «Apophthegmata patrum», den spirituellen Sinnsprüchen der Väter, überliefert ist. Heilig ist aber auch die geradlinige Frömmigkeit Martins von Tours und die barmherzige Demut des heiligen Franziskus, und heilig werden auch die gebildeten Theologen und Kirchenväter der Spätantike genannt, deren Ruhm ganz auf ihrer gewaltigen geistigen Leistung beruht. Mit einem Wort: Es gibt ein Kaleidoskop möglicher Frömmigkeit und Heiligkeit, und unter diesem Aspekt mag auch der Blick auf das Leben Kaiser Heinrichs II. manches finden, was traditionelle Herrscher-Religiosität qualitativ übersteigt. Dabei kann man sich dann auch ein beckmesserisches Quantifizieren ersparen, wie hoch der Anteil des «Unheiligen» in einem prallvollen Herrscherleben wohl gewesen sein dürfte.

Der politische Pragmatiker

Heinrichs Griff nach der Königsherrschaft war schwierig, ist aber zugleich ein gutes Beispiel für sein fintenreiches Agieren. Als Sohn des Bayernherzogs Heinrich II., «des Zänkers», und der Burgunderin Gisela waren seine politischen Chancen nicht sehr groß, als Kaiser Otto III. am 24. Januar 1002 bei seinem Versuch starb, Rom, das ihn verjagt hatte, wieder zu erobern. Die Malaria hatte ihn dahingerafft. Heinrich bewunderte den jugendlichen Kaiser sehr und hielt treu zu ihm, auch und gerade in den gefährlichen Situationen, die Otto durch sein Residieren in Rom heraufbeschworen hatte. Ursprünglich war er für die geistliche Laufbahn bestimmt, vermutlich auf Druck seines Oheims, Kaiser Ottos II., der damit Erbansprüche der bayerischen liudolfingisch-luitpoldinischen Linie des Kaiserhauses verhindern wollte. Jedenfalls hatte sich der junge Heinrich eine gediegene geistliche Bildung erworben. Gleichzeitig geriet er unter den bestimmenden Einfluß des bedeutenden Klosterreformers Bischof Wolfgang von Regensburg (972–994) und vollendete seine theologische Ausbildung an der berühmten Hildesheimer Domschule, die unter Bischof Bernward

(993–1022) ein Zentrum ottonischer Geisteskultur war. Danach führte ihn aber sein Vater ins politische Leben zurück, so daß er 995 dessen Nachfolger als Herzog und zugleich eine verläßliche Stütze des jungen Kaisers Otto III. werden konnte.

Bei dessen plötzlichem Tod nutzte er die Möglichkeit, vollendete Tatsachen zu schaffen, stoppte in Polling bei Weilheim den Trauerzug mit der Leiche des Kaisers, die nach Aachen überführt werden sollte, bemächtigte sich der Reichsinsignien und zwang den bisherigen engsten politischen Berater des toten Kaisers, Erzbischof Heribert von Köln, die bereits nach Aachen vorausgeschickte Heilige Lanze, seit der Lechfeldschlacht ein besonderes Palladium ottonischen Reichskults, wieder herauszugeben. Damit hatte sich der junge Heinrich offensichtlich zu weit vorgewagt, denn die zur Beisetzung Ottos III. in Aachen versammelten Großen des Reiches entschieden sich bei der Königswahl zu Ostern 1002 für Herzog Hermann II. (997–1003) von Schwaben. Gleichzeitig trat der politisch erfolgreiche Markgraf Ekkehard von Meißen in Sachsen, seit den Ottonen Kernland für die Königswahl, als Thronanwärter auf. Das Glück begünstigte jedoch Heinrich, er konnte sich auf einer Reichsversammlung in der Pfalz Werla gegen ihn durchsetzen. Ekkehard hatte nun die Absicht, sich mit Hermann von Schwaben gegen den Sieger von Werla zu verbünden, wurde aber auf der Heimreise heimtückisch ermordet; es war wohl eine Familienrache. Der wichtigste zeitgenössische Chronist Thietmar von Merseburg versichert ausdrücklich, Heinrich II. habe nichts mit diesem Mordanschlag zu tun. Aber gerade diese nachdrückliche Feststellung hat manche Historiker Verdacht schöpfen lassen. Für Heinrich jedenfalls war der Weg frei. Erzbischof Willigis von Mainz (975–1011), der «Grand Old Man» der Reichspolitik, entschied sich für Heinrich und konnte ihn am 7. Juni 1002 in Mainz mit Hilfe der bayerischen, fränkischen und oberlothringischen Großen wählen, salben und krönen. Da das Reichsvolk der Sachsen sowie die Schwaben und Niederlothringer der Wahl ferngeblieben waren, mußte der neue Herrscher in Vorverhandlungen, gleichsam durch eine «Stufenwahl» mit einem Königsumritt in die Herzogtümer sowohl faktisch wie symbolisch die Herrschaft antreten. Auch Hermann von Schwaben huldigte ihm nun. Schließlich kam es im ottonischen Stammland Sachsen am 25. Juli zu einer Art «Nachwahl», womit dem inzwischen gewohnheitsrechtlich gewordenen Anspruch der Sachsen, den König zu stellen, Genüge getan wurde. Heinrichs Gattin, die Luxemburgerin Kunigunde († 1033), konnte dann am 10. August in Paderborn gekrönt werden.

Glück, aber vor allem hartnäckiger politischer Pragmatismus hatten den gesundheitlich labilen Bayernherzog an die Spitze des Reiches gebracht, und pragmatisch-nüchtern ging es auch weiter. Die großen, imperialen Ambitionen seines Vorgängers, ein in Rom residierendes und auf Italien konzentriertes Kaisertum zu schaffen, wurden ad acta gelegt. Die Umschrift der Bullen Heinrichs II., nämlich «Renovatio regni Francorum», ließ klar erkennen, daß eine bewußte Rückverlagerung der Königsmacht ins Reich selbst erfolgt war: Rom taucht hier nicht mehr auf. Das bedeutete aber keineswegs, daß Italien insgesamt aufgegeben wurde, denn die lange, wechselvolle Auseinandersetzung mit dem Markgrafen Arduin von Ivrea (1002–1015), der das oberitalienische Machtvakuum nach dem Tode Ottos III. auszunutzen gedachte und sich schon am 15. Februar 1002 in Pavia zum König Italiens hatte ausrufen lassen, zeigt zur Genüge, daß der neue Herrscher des Reiches nicht gewillt war, auf Italien zu verzichten. Es gelang ihm schließlich, Arduin zu entmachten, der den Rest seines Lebens in seinem Eigenkloster Fruttuaria, gleichsam in geistlichem Gewahrsam, verbringen mußte. In den fortdauernden Streit der stadtrömischen Adelsfamilie der Crescentier mit den Tuskulaner Grafen um die Papstwürde griff Heinrich, der sich 1004 in Pavia zum König Italiens hatte krönen lassen, mit Umsicht und schließlichem Erfolg ein; er konnte 1013 in einem zweiten Italienzug nach Verhandlungen mit dem Tuskulanerpapst Benedikt VIII. (1012–1024) nach Rom ziehen, wo ihn dieser am 14. Februar 1014 in der Peterskirche zum Kaiser krönte. Die Stadt Rom selbst war aber wie zu Zeiten Ottos III. unberechenbar. Schon eine Woche danach brach ein Aufstand los, der Heinrich zum Rückzug zwang: Wie ein zeitgenössischer Chronist bissig bemerkte: «beladen mit den Flüchen wie mit den Schätzen Italiens». Überdies nahm der neue Kaiser vorsichtshalber viele Grafen Mittel- und Norditaliens als Geiseln mit sich. Realistisch wie er die Lage beurteilte, hatte er zwar noch in Rom eine Synode abgehalten, aber danach in Oberitalien nach Möglichkeit deutsche Bischöfe eingesetzt, in Ravenna seinen Halbbruder Arnold. Die römische Territorialherrschaft der Tuskulaner ließ er aus guten Gründen unangetastet. Reichsitalien, ein Bestandteil der Königsherrschaft seit der Karolingerzeit, war damit wieder gesichert.

Eine neue Situation trat jedoch ein, als Papst Benedikt VIII., zusammen mit Genua und Pisa, gegen die islamische Okkupation Süditaliens und Sardiniens vorgehen wollte. Diese militärische Initiative geriet ins Stocken, weil sich das byzantinische Kaisertum wieder stärker im Süden einschaltete, Capua und Salerno eroberte und sogar Rom bedrohte. Benedikt VIII. reiste in dieser gefährlichen Lage zu Heinrich nach Bamberg, um kaiserliche Hilfe zu erbitten. Damals wurde gerade die Bamberger Domkirche, das Lieblingswerk des Kaisers, feierlich eingeweiht. In der Tat konnte Benedikt eine feste Zusage für einen weiteren Italienzug Heinrichs erlangen. Ebenso bestätigte der Herrscher ihm das Privileg Ottos des Großen von 962 für das Papsttum und seine wachsende Machtstellung: das «Ottonianum», und erweiterte es sogar durch neue päpstliche Befugnisse. Dies wohl in der klaren Einsicht, daß eine dauerhafte, in Rom zentrierte Kaiserherrschaft, wie sie Otto III. zu etablieren versuchte, ohnehin illusorisch war. Schon im Dezember 1020 erschien Heinrich mit einem starken Heer, flankiert von den Verbänden Erzbischofs Pilgrims von Köln und des Patriarchen Poppo von Aquileja in Italien, warf die Byzantiner bis Apulien zurück, setzte in Capua als neuen Fürsten Pandulf von Teano ein. Dennoch kam es zu keiner entscheidenden Wende. Neu war allerdings, daß seit 1017 auf päpstlich-kaiserlicher Seite normannische Ritter kämpften, denen es in den nächsten Jahrzehnten gelingen sollte, die Gegensätze und Rivalitäten zwischen Byzantinern, Muslimen und Regionalfürsten virtuos für den Ausbau eines eigenen, straff organisierten Normannenreiches in Süditalien auszunutzen.

Schwierig gestalteten sich auch die Verhältnisse in den Fürstentümern der Grenzregionen des Reichs. Die Herzogtümer waren seit Otto III. erstarkt, so daß es großer Anstrengungen bedurfte, den Amtscharakter der Herzogsherrschaft wieder durchzusetzen. Ähnliches gilt für Flandern, Holland und Niederlothringen. In Oberlothringen hingegen waren es die Brüder der Kaiserin Kunigunde, die Grafen von Luxemburg, die sich der Bistümer Trier und Metz bemächtigen wollten und nur mit großen militärischen Anstrengungen in ihre Schranken verwiesen werden konnten. Dabei setzte Heinrich gegen seine machtgierigen Schwäger sogar Verbände des slawischen Lutizenbundes ein, die als Heiden das Trierer Land verwüsteten und Kirchen zerstörten. Zeitgenossen haben dies Heinrich mit Recht übelgenommen, obwohl dieser nichts anderes getan hatte als einst Karl der Große, der mit Hilfe heidnischer slawischer Stämme den Widerstand der Sachsen gebrochen hatte.

Anders als zu Karls Zeit war aber das slawische Ostmitteleuropa inzwischen machtvoll in die europäische Politik eingetreten und hatte in dem polnischen Fürsten Boleslav Chrobry (965/67–1025) einen starken Herrscher, mit dem Heinrich viele Jahre zu rechnen hatte. Auch gegen diesen christlichen Gegner stützte er sich auf den heidnischen Lutizenbund, was ihm wiederum harte kirchliche Kritik eintrug. Selbst ein Verwandter des Kaisers, Bischof Brun von Querfurt, der große Slawenmissionar und «Erzbischof der Heiden», wandte sich scharf gegen Heinrich, da dessen Bündnis mit den Lutizen, das gegen Boleslav Chrobry gerichtet war, sein eigenes Missionswerk in Polen gefährdete. Aus Polen schrieb er an den Herrscher: «Möge mir der König seine Gnade nicht entziehen, wenn ich sage: Ist es gut, einen Christen zu verfolgen und mit einem Heidenvolk [den Lutizen] Freundschaft zu schließen? Wie verträgt sich Christus mit Belial, wie vergleicht sich das Licht der Finsternis? Wie gehen Svarozic [ein Slawengott], d. h. der Teufel, und der Führer der Heiligen, euer und unser Mauritius zusammen? In welcher Front vereinigen sich die Heilige Lanze und die Feldzeichen des Teufels, die sich mit Menschenblut nähren?» Nach allgemeiner Überzeugung hatten der heilige Mauritius und die Heilige Lanze 955 die Schlacht auf dem Lechfeld gegen das Heer der noch heidnischen Madjaren entschieden. Man wird zugeben müssen, daß sich in dieser Frage die pragmatische Machtpolitik Heinrichs am weitesten von Prinzipien christlicher Herrschaft entfernte. Man hat in diesem Zusammenhang vermutet, daß die Gründung des Bistums Bamberg eine Sühne für sein Vorgehen gegen das inzwischen christliche Polen gewesen sei; doch fehlt es dafür an Belegen. Wie dem auch sei, nach drei Kriegen von wechselndem Erfolg gegen den mächtigen Polenkönig konnte letzterer 1018 im Frieden von Bautzen die Lausitz und das Milsener Land als Reichslehen behaupten. Dafür gelang es Heinrich, die böhmischen

Přemysliden, die Boleslav zeitweise verdrängt hatte, wieder einzusetzen. Zu Ungarn, das unter König Stephan dem Heiligen (997–1038) christlich geworden und der Heinrichs Schwager war, blieben die Beziehungen normal, obwohl der Madjarenfürst auch enge Verbindungen mit dem griechischen Kaisertum in Byzanz – dem Gegenspieler Heinrichs in Italien – unterhielt. Dauerhaften Erfolg hatte der Kaiser in Burgund, dessen Integration als eigenen Reichsteil er in die Wege zu leiten verstand. Sein Nachfolger, Kaiser Konrad II. (ca. 990–1039), an dessen Pferd nach der Meinung des Volkes «die Steigbügel Karls des Großen hingen» – ein Politiker völlig anderen Typs, aber ebenso pragmatisch wie Heinrich –, vollendete dann die Stellung des Königreiches Burgund als integraler Teil des Reiches. Man wird aufgrund dieses knappen Abrisses der Königsherrschaft und des Kaisertums Heinrichs II. schwerlich auf die Idee kommen, diesen kühlen Pragmatiker im Glorienschein von Heiligkeit zu sehen. Ganz anders bietet sich jedoch das Bild des Herrschers dar, betrachtet man ihn als Herr, Protektor und Reorganisator der Kirche und als Förderer des Mönchtums und seines Reformstrebens. Hier erkennt man den frühen Einfluß Bischof Wolfgangs von Regensburg, des Repräsentanten der lothringischen Klosterreform, die durch ihn über Trier nach Bayern gekommen war.

Die Gründung Bambergs: Diplomatie und Frömmigkeit

Die Gründung des Bistums Bamberg war in gewisser Weise Heinrichs Meisterstück, bei dem sich politisches Finassieren und echte Frömmigkeit ununterscheidbar durchdringen. Der Ort Bamberg, der vom mächtigen Adelsgeschlecht der älteren Babenberger seinen Namen hat, war schon lange ein befestigter Ort (castrum, civitas) und seit Beginn des 10. Jahrhunderts Königsgut mit einer beträchtlichen Grundherrschaft, das Kaiser Otto II. 973 Herzog Heinrich dem «Zänker» geschenkt hatte. Dessen Sohn, der spätere König Heinrich II., baute diesen auch militärisch wichtigen Stützpunkt weiter aus, übertrug ihn 997 seiner Gattin Kunigunde als Morgengabe und erbaute gleichzeitig auf dem späteren Domberg eine Kirche mit zwei Krypten, unterhalb derer sich schon eine Marktsiedlung entwickelt hatte. Mächtigster Mann in der ganzen Region war damals Hezilo, Heinrich von Schweinfurt, der 1002 die Königswahl Heinrichs II. unterstützte, wofür ihm dieser eine Anwartschaft auf das Herzogtum Bayern in Aussicht stellte. Als König dachte er dann allerdings nicht mehr daran, seine Zusage zu erfüllen, die dem Babenberger eine beherrschende Stellung in Süddeutschland gegeben hätte. Bemerkenswert ist die Schlitzohrigkeit Heinrichs, mit der er Hezilo das Herzogtum Bayern mit dem scheinbar objektiven Hinweis auf das Wahlrecht der bayerischen Großen verweigerte, das er selbst, wie sich zeigte, einfach ignorierte. Hezilo schloß sich deshalb dem großen Aufstand des Polenkönigs Boleslav Chrobry gegen Heinrich II. an, den der König aber 1003 rasch niederwerfen konnte. Hezilo verlor seine Grafschaften und Reichslehen, womit die fränkischen Babenberger politisch ausgeschaltet waren.

Damit war der Weg frei für das Lieblingsvorhaben des Königs, die Gründung eines neuen Reichsbistums in Bamberg, dessen materielle Basis unter anderem die eingezogenen babenbergischen Besitzungen wurden: Politisch-militärischer und kirchlicher Erfolg waren nur zwei Seiten derselben Medaille. Was trieb den König zu dieser Bistumsgründung? Die Ehe Heinrichs mit der Luxemburgerin Kunigunde blieb kinderlos, obwohl es eine ganz normale Ehe gewesen ist. Das hat Heinrich in mehreren Urkunden biblisch eindeutig (nach Genesis 2,24) beschrieben: Sie «waren eins im Fleische». Der König gab auf der Synode von Frankfurt 1002 offiziell die Gründung des Bistums Bamberg bekannt und nannte auch sein Motiv. Er hatte die Hoffnung auf Kinder aufgegeben und wollte deshalb alle seine Güter dem neuen Bistum schenken und damit an Gott zurückgeben. Die Vorbereitungen für diese umfangreiche Stiftung, die auch reichen Güterbesitz in Bayern einschloß, waren bereits seit 1004, d. h. nach der Niederwerfung Hezilos, in die Wege geleitet worden.

Widerstand gegen die Bistumsgründung kam aber von geistlicher Seite, denn es mußte dafür die Zustimmung älterer Bistümer erlangt werden, die Rechtsansprüche im Bamberger Raum hatten. Seit karolingischer Zeit gehörte dieser zum Bistum Würzburg, der Süden dem Bistum Eichstätt. Es kam zu langwierigen Vorverhandlungen mit Bischof Heinrich I. von Würzburg, der schließlich auf einer Mainzer

Synode unter dem Vorsitz des Metropoliten Willigis in die Abtretung der fraglichen Regionen einwilligte und dafür als materielle Entschädigung den Ort Meiningen mit 150 Bauernstellen erhielt. Dies war der offizielle Teil der Mainzer Vereinbarung. Aber der wohlunterrichtete adelige Chronist Thietmar von Merseburg, der dem Königshaus persönlich nahestand, weiß weiter zu berichten, daß Bischof Heinrich seine Zustimmung an die Bedingung geknüpft hatte, daß Würzburg zum Erzbistum erhoben und das neue Bistum Bamberg ihm als Suffragan untergeordnet würde (Thietmar, Chronik VI, c. 30). Bei dieser Gelegenheit erzählte der Chronist etwas sehr Persönliches über Heinrichs Liebe zu Bamberg: «Du mußt seine Vorgeschichte kennen, lieber Leser! Der König hatte von klein auf seine Stadt Bamberg in Ostfranken besonders geliebt, mehr als andere begünstigt und sie bei seiner Vermählung seiner Gemahlin als Morgengabe verliehen. Seit ihm dann aber Gottes Erbarmen die Sorge für das Reich anvertraut hatte, plante er insgeheim ständig, dort ein Bistum zu errichten.» Der König liebte also diesen Ort schon seit seiner Kindheit, und daß er ihn seiner Gattin Kunigunde geschenkt hat, beweist seine innige Verbundenheit mit ihr, die uns auch aus anderen Quellen bekannt ist und der er auch ikonographisch deutlich Ausdruck verliehen hat: Nämlich als gleichberechtigte, von Gott gekrönte Herrscherin. So stellt es jedenfalls das berühmte Perikopenbuch Heinrichs II. dar, dessen künstlerische Gestaltung er maßgeblich beeinflußt hat.

Aber noch war die Privilegierung Bambergs nicht unter Dach und Fach, denn als Bischof Heinrich von Würzburg merkte, daß sein Wunsch, seine Diözese zum Erzbistum zu erheben, unerfüllt blieb, widersetzte er sich hartnäckig der angestrebten Regelung. Es ist darüber gestritten worden, ob der König den Würzburger Bischof absichtlich mit einer unerfüllbaren Zusage hinters Licht geführt habe oder ob diese «Zusage» lediglich ein Versprechen gewesen sei, sich in Rom für den Primatiatswunsch Bischof Heinrichs einzusetzen. Kirchenrechtlich gesehen war der Wunsch des letzteren ohnehin nur mit päpstlicher Genehmigung zu realisieren, und hier war der Würzburger von Anfang an in der schwächeren Position, denn sein Streben nach erzbischöflicher Würde – als heimliche Forderung an den König gestellt – hätte nur gegen den Willen des Mainzer Metropoliten Willigis durchgesetzt werden können, was von vornherein unmöglich war. Diese Situation konnte der König dann insofern nutzen, als er 1007 auf dem Mainzer Konzil – dem Heinrich von Würzburg wohl schon deshalb fernblieb, weil sein geheimer Wunsch sich ja gegen Erzbischof Willigis, seinen Metropoliten, richtete – mit großer Bravour seine Bistumsgründung durchsetzte. Allerdings wurde Bamberg vorläufig Suffraganbistum von Mainz. Heinrich bezichtigte auf der Mainzer Synode den Würzburger Bischof des reinen Ehrgeizes und warf ihm vor, durch seine Weigerung «eine Mehrung unserer heiligen Mutter Kirche zu hindern». Thietmar von Merseburg schildert das Vorgehen König Heinrichs sehr genau: Es war eine kluge Mischung von Demut Willigis gegenüber, der ihn einst zum König gekrönt hatte, und politischer Durchsetzungskraft. Sein Kanzler Eberhard wurde nach dem Willen des Königs der erste Bischof Bambergs (Thietmar, Chronik VI, c. 31 u. 32). Es kam sogar zu einer Versöhnung des Königs mit Bischof Heinrich von Würzburg. Danach ging eine Gesandtschaft zu Papst Johannes XVIII., der im Juni die Bistumsgründung bestätigte, ebenso aber auch dessen Unterstellung unter die Metropole Mainz anordnete. Dennoch deutete sich die künftige Vorrangstellung Bambergs schon dadurch an, daß der Papst das Bistum unter seinen besonderen Schutz nahm. Niemand, auch der Mainzer Erzbischof nicht, konnte an der Ausstattung und dem Rechtsstatus Bambergs ohne päpstliche Genehmigung etwas ändern. Das war ein spezieller päpstlicher Schutz, wie ihn bis dahin noch kein Bistum des Reiches erhalten hatte. Hier kündigt sich schon das neue Selbstbewußtsein der Kurie an, das im Verlauf des 11. und 12. Jahrhunderts die Beziehung zwischen Kaisertum und Papsttum gravierend belasten und verändern sollte, weil es die Reichsbischöfe zum strikten Gehorsam gegenüber Rom verpflichtete. Das wiederum konterkarierte die Herrschaft des Königs über die Reichskirche.

Unter dem Reformpapst Leo IX. (1002–1054) aus der Familie der elsässischen Grafen von Dagsburg-Egisheim wurde Bamberg 1053 Erzbistum und sein Dom die ehrwürdige Gedenkstätte für den Gründerkaiser und seine Gattin. Der echte religiöse Impetus, der Heinrich bei dieser schwierigen Bistumsgründung beflügelte, ist unverkennbar, ebenso die frühe Liebe Heinrichs zu diesem Ort. Die Mittel, mit denen er sein Projekt durchsetzte, mag man kritisieren, ganz gleich, ob es sich um die Vertreibung der Babenberger oder um die Überrumpelung Bischof Heinrichs von Würzburg handelte. Daß Heinrich überdies ein Mann gediegener kirchlicher Bildung und ebenso – wie die von ihm inszenierte hohe Buchkultur zeigt – eine ästhetisch sensible Persönlichkeit war, steht außer Frage. Doch hatte er auch den Nutzen kultureller Dinge im Auge. Die Aneignung von Teilen der Bibliothek Ottos III., die er als Grundstock seinem Bistum schenkte, läßt dies ebenso erkennen wie die herrschaftsideologisch bedeutsamen Selbstdarstellungen im Regensburger Sakramentar (Clm 4456) und im berühmten Perikopenbuch (Clm 4452), einem ästhetischen Meisterwerk, das seiner Initiative entstammte. Daß sich in diesem Prachtkodex auch eine eindrucksvolle Darstellung des Jüngsten Gerichts findet, dürfte kein Zufall sein, denn endzeitliches Fühlen und Denken war dem Herrscher nicht fremd. In diesen Zusammenhang gehört sicher auch die in der Geschichte der Kaiserzeit einmalige Tatsache, daß Heinrich sich reichen Eigenbesitzes und eines Lieblingsgutes entledigte, um Gott eine groß geplante Stätte der Verehrung darzubringen. Das ging weit über die ansonsten übliche Schenkungspraxis der Herrscher des Reiches hinaus. Der baldige Anbruch des Jüngsten Tages mit dem großen Gottesgericht dürfte den Herrscher zur Gründung des Michaelsklosters in Bamberg bestimmt haben, denn dieser Erzengel würde nach dem Glauben der Zeit die Verdammten von den Guten absondern und letzteren den Weg zum Himmel freigeben.

Auch an Heinrichs Herrschaftspraxis läßt sich dieser eschatologische, das nahe Weltende bedenkende Zug erkennen. Auf der Diedenhofener Synode von 1003 forderte er die Bischöfe kategorisch auf, so wie einst Mose endlich die Gebote Gottes in die Tat umzusetzen. Er fuhr sie zornig an: «Schau, schau, ihr also leitet die Orte der heiligen Priester und ihr sitzt auf bequemeren Bischofsstühlen als Mose ... und doch seid ihr zu stummen Hunden geworden, die nicht bellen können!» (Vita Adalberonis II, c. 15 u. 16). Mit Recht hat man daher Heinrichs Königsherrschaft als «Moseskönigtum» (S. Weinfurter) charakterisiert und damit den tiefen Ernst gemeint, mit dem er seine Herrschaft über die hohe Geistlichkeit ausübte.

Heinrichs königliche Bischofsherrschaft: Frömmigkeit und Macht

Diesen unverkennbaren religiösen Ernst wird man als den Kern seiner Macht über die Reichskirche einschätzen müssen, so sehr auch hier auf den ersten Blick und in den konkreten Einzelheiten ein zielbewußter Pragmatismus zum Nutzen des Reiches sein Markenzeichen gewesen ist. Sein hartnäckiges und schließlich erfolgreiches Finassieren bei der Gründung des Bistums Bamberg zeigt ihn in der Tat als einen Meister im «Management» königlicher Kirchenherrschaft, aber gerade in diesem paradigmatischen Fall wird auch sein echter, geistlicher Impetus offenbar. Das gilt auch für seine anderen geistlichen Stiftungen und für die Erneuerung älterer Klöster, die stets mit einer von ihm nachdrücklich geforderten, spirituellen Reform verbunden wurden. Heinrich war von seiner Aufgabe als christlicher König völlig und in einem Maß durchdrungen, wie dies im Reich – sieht man von der ebenfalls stark religiös verstandenen Königsherrschaft Kaiser Heinrichs III. (1039–1056) ab – weder vor noch nach ihm der Fall gewesen ist. Bei aller notwendigen Kritik an ihnen, durften sich die Bischöfe als Teilhaber an der Macht und als «Kollegen» des Königs fühlen. Ebenso verstand sich Heinrich in einem sehr ernst gemeinten Sinn als «Herr» und «Bruder» der Mönche (S. Weinfurter). Das stärkste Konfliktpotential stellte hingegen der Reichsadel mit seinen wachsenden territorialen Ambitionen; hier griff Heinrich denn auch am schärfsten durch.

Den Zeitgenossen war die Mitherrschaft der Bischöfe, gleichsam in Augenhöhe mit dem König, sehr wohl bewußt. Thietmar von Merseburg berichtet anläßlich der Vorgeschichte seiner eigenen Bischofserhebung sehr anschaulich, wie Heinrich II. sich angelegentlich mit Erzbischof Tagino von Magdeburg über die Besetzung des Bistums Merseburg beriet, wie der Herrscher dessen Vorschlag akzeptierte, Thietmar einzusetzen, wie er später aber von diesem Plan «auf Veranlassung gewisser Leute», wie Thietmar spitz bemerkt, abkam, worauf Tagino energischen Widerstand leistete und schließlich doch die Wahl und Erhebung Thietmars in Merseburg durchsetzte (Thietmar, Chronik VI, c. 38,39). Bei dieser Gelegenheit erfährt man auch etwas über die Praxis des sogenannten ottonisch-salischen Reichskirchensystems, das Heinrich virtuos handhabte. Er ließ nämlich Thietmar durch Erzbischof Tagino fragen, ob er einen Teil seines Erbgutes dem Bistum Merseburg stiften würde. Das war ein Usus, der erst später vom Reformpapsttum als «Simonie», d. h. Ämterkauf, heftig bekämpft wurde. Erzbischof Tagino wird in diesem Bericht als «simpnista» bezeichnet, also als Amtskollege des Königs, wobei dieses merkwürdige Wort auch als «Mitbischof» interpretiert werden kann. Anläßlich des Dortmunder Gebetsbundes von 1005 heißt es dann ausdrücklich, König Heinrich habe sich mit seinen «Mitbischöfen» (coepiscopi) getroffen, wurde also selbst als Bischof akzeptiert.

Es würde zu weit führen, die zahlreichen Beispiele von energischer Intervention in hochkirchliche Angelegenheiten und besonders bei Bischofseinsetzungen im einzelnen vorzuführen. Auf jeden Fall wird klar, daß es ein ganz besonderes Vertrauensverhältnis zwischen König und Episkopat gab; es war eine «Funktionsgemeinschaft ..., die es in dieser Intensivität bei keinem anderen Herrscher des Mittelalters gegeben hat» (S. Weinfurter). Im Prolog seiner Chronik hat denn auch Thietmar von Merseburg nicht ohne Stolz festgestellt: Pontifices domini nunc in regno dominantur – die Bischöfe des Herrn herrschen jetzt im Reich (Prolog, Vers 33). An anderer Stelle ergänzte er diesen fulminanten Satz durch die ebenso zutreffende Bemerkung, der König allein habe die Gewalt (potestas), die Bistümer des Reiches zu besetzen, und drückte damit sehr exakt die religiös untermauerte Überzeugung aus, die Heinrich II. erfüllte und lenkte. Wie autokratisch er dabei vorgehen konnte, zeigt die von ihm gegen heftigen Widerstand des Klerus erzwungene Einsetzung seines Vertrauten Tagino als Magdeburger Erzbischof. Charakteristisch für Heinrich war es jedoch, daß er es nicht, wie etwa sein Nachfolger Konrad II. (ca. 990–1039) bei einer rigorosen Kirchenherrschaft beließ, sondern daß er überdies mit den in enger geistlicher Gemeinschaft lebenden Geistlichen der Domkirchen in einer festen Gebetsverbrüderung verbunden war. Mit anderen Worten: Das energische Regiment über die Reichskirche war mit diesem Gebetsbund gleichsam spiritualisiert und in seinen Auswirkungen abgefedert, weil der König als Mitglied des Gebetsbundes zugleich dessen reformierende Kraft war, die sich auch in einer erneuerten Kanonikerregel für die Domgeistlichkeit manifestierte. Das neue Bistum

Bamberg spielte in diesem geistlichen Verbund eine vorbildgebende Rolle. Heinrich selbst hat die dortigen Domkanoniker als «seine in Christus geliebtesten Brüder» bezeichnet. Innerhalb des Gebetsbundes kam dem Totengedenken besondere Bedeutung zu, bei welcher Gelegenheit jeweils Hunderte von Armen gespeist werden sollten. Auch weltliche Personen von hohem Rang wie der Sachsenherzog Bernhard I. konnten Mitglieder sein.

Heinrich ließ es sich überdies angelegen sein, große Schenkungen an Bistümer zu machen. Gleichzeitig verstärkte er ganz erheblich die schon bisher geübte Praxis, Grafschaften den Bischöfen zu unterstellen, so daß die jeweiligen Amtsinhaber Stiftsvasallen wurden. Ob er allerdings damit die Macht des weltlichen Adels zugunsten der Reichskirche bewußt schwächen wollte, ist umstritten. Auch die Tatsache, daß Heinrich viel stärker als bislang statt in Königspfalzen in Bischofstädten seinen Aufenthalt nahm, gehört zur systematisch erstrebten engen Bindung zwischen Herrscher und Kirche, doch mögen auch materielle Gesichtspunkte dabei mitgespielt haben, nämlich die optimale Nutzung des Reichskirchengutes. Jedenfalls zeigt sich in solchen Maßnahmen immer wieder die für Heinrich charakteristische Verzahnung politischer und geistlicher Ziele, der auch die zahlreichen, von ihm in großer Regelmäßigkeit einberufenen Synoden dienten.

Heinrich als «Bruder der Mönche»

Zum innersten Wesen des Königs und Kaisers Heinrich dringt man wohl vor, wenn man sein enges Verhältnis zum Mönchtum ins Auge faßt. Mit Recht kann man ihn als «König der Mönche» bezeichnen (S. Weinfurter). Seine labile Gesundheit – vor allem ein immer wieder auftretendes Steinleiden – mag ihn früh gelehrt haben, an die Gebrechlichkeit und Vergänglichkeit des menschlichen Lebens zu denken. Auch hatte der große Reformabt und Bischof Wolfgang von Regensburg einen unauslöschlichen Eindruck auf ihn gemacht. Bei dessen Begräbnis im Juni 1000, Heinrich war damals noch bayerischer Herzog, soll er dessen Bahre auf den Schultern mitgetragen und den Schlüssel zu dessen Grab zeitlebens «wie ein Wahrzeichen des Sieges» stets bei sich gehabt haben. Auch der benediktinischen Urabtei Montecassino galt seine besondere Verehrung, die insofern noch einen sehr persönlichen Hintergrund hatte, als Heinrich überzeugt war, der heilige Benedikt als Gründer Montecassinos habe ihn von seinem Steinleiden geheilt. Der knappen Mitteilung des Herrschers in einer Urkunde über dieses Wunder hat sich später die Legendenbildung bemächtigt. Es muß aber auch im Auge behalten werden, daß Heinrich bei einem Italienzug, gleichsam im Vorbeigehen, in die inneren Angelegenheiten Montecassinos hart eingriff. Der bisherige, mit Byzanz paktierende Abt Atenulf konnte sich der Verurteilung nur durch die Flucht entziehen, auf der er sein Leben verlor. An seine Stelle setzte Heinrich seinen Vertrauensmann Theobald (1022–1035) als Abt ein, um damit die Großabtei im Süden Italiens zu einem Stützpunkt seines kaiserlichen Einflusses gegenüber byzantinischen Ansprüchen zu machen. Auch in diesem Fall verquicken sich innige Benedikt-Verehrung mit einem kirchenpolitischen Pragmatismus besonderer Art, denn es galt, mit Entschlossenheit den Bestrebungen der Griechen entgegenzutreten, dieses Urkloster des westlich-lateinischen, d. h. römischen Mönchtums der griechisch-orthodoxen Kirche einzugliedern: Zahlreiche Schenkungen und Privilegien Heinrichs verstärkten seine Position im Kloster. Das war allerdings nur ein vorübergehender Erfolg, denn erst unter den Salierkaisern konnte Montecassino fester an das Reich gebunden werden.

Anders als sein Vorgänger Otto III., der das griechisch-eremitische Mönchtum und dessen Repräsentanten Romuald von Camaldoli und Nilus von Rossano gefördert hatte, strebte Heinrich danach, das reguläre, in klösterlichen Gemeinschaften organisierte benediktinische Mönchtum und seine Reformorden nachhaltig zu fördern. Wie ernst es ihm mit den nötigen Klosterreformen war, geht schon daraus hervor, daß er auf die bislang übliche militärische Unterstützung der Reichsklöster, die bis dahin Truppen für die Heerfahrt zu stellen hatten, verzichtete, was auf eine merkliche Verminderung des Reichsheers hinauslief. Es war ihm sehr ernst mit der Klosterreform, und so ist es kein Zufall, daß nach seinem Tode behauptet wurde, er habe den Wunsch gehabt, sich der kaiserlichen Würde zu entäußern und als Mönch ins Kloster zu gehen. Sowohl in Montecassino wie im Kloster St. Vanne in Verdun soll er diesen Wunsch bekundet haben. Das ist vielleicht spätere Legende, doch ist es nicht unwahrscheinlich, daß der kränkliche Herrscher gegen Ende seines Lebens von Phasen der tiefen Resignation heimgesucht wurde, die ihm ein stilles Klosterleben als Ideal erscheinen ließen. Bemerkungen und Wünsche dieser Art könnten ihm bei seinen häufigen Klosterbesuchen leicht über die Lippen gekommen sein. Insgesamt jedoch hat die Charakterisierung als «Mönchskönig» vor allem die Bedeutung, daß er der monastischen Kultur als Quelle mittelalterlicher Bildung und asketischer Lebensgestaltung eine ganz besondere Funktion geben wollte. Dabei spielte eine wichtige Rolle der Königsschutz, die «libertas regalis», mit dem er geistliche Gemeinschaften, vor allem wenn sie sich einer inneren Reform unterzogen hatten, aus den älteren Abhängigkeiten von Herzögen, Markgrafen oder adeligen Stiftern herauszulösen trachtete. Auch gegen bischöfliche Gewalt über Klöster richtete sich seine Privilegierung, wie der Fall des Nonnenklosters Niedernburg in Passau zeigt, dem er 1010 die Gerichtsbarkeit und die Herrschaft über seine Freien und Grundholden verlieh; dies unter Ausgrenzung des Ortsbischofs. Damit war der ursprüngliche Status als Reichskloster wiederhergestellt.

Überdies hatte der König dadurch wieder einen sicheren Stützpunkt in der Stadt, die ansonsten dem Bischof gehörte. Ähnliche Privilegien beziehungsweise Bestätigungen ihrer reichsklösterlichen Rechte erhielten St. Florian bei Linz, Werden, Corvey, Kemnade, Selz, Lorsch, Weißenburg, Nienburg, Alsleben, Helmarshausen, Hersfeld und Ellwangen. Der Königsschutz umfaßte Immunität, d. h. Unabhängigkeit von fremder Herrschaft außer der des Königs, ferner Garantie für Zehnt, Güterbesitz, Vogtwahl und Wildbann. Das bedeutete zugleich eine Vereinheitlichung der Rechtsordnung. Memleben als ottonisches Hauskloster bestätigte er 1002 mit Immunität und Besitz den gleichen hohen Rechtsstatus, wie ihn die großen Reichsklöster Fulda, Corvey und Reichenau als Zentren von Frömmigkeit, Bildung und Kultur besaßen. Königsschutz – das war beileibe keine Leerformel oder Formalität, denn immer wieder baten Äbte bei Streitigkeiten um Besitz und Rechte, die nach wie vor an der Tagesordnung waren, Heinrich um seinen Schutz. Daß Königsschutz aber auch eine zweischneidige Sache sein konnte, mußten manche Klöster erfahren, wenn der

Herrscher energisch in innere Angelegenheiten, die Rechte des Abtes eingeschlossen, eingriff: So in St. Emmeram zu Regensburg und in Hersfeld. Besonders stark ließ Heinrich II. seine Macht über Klöster jene Konvente spüren, die mit der Stiftung des Bistums Bamberg an diese exzeptionell persönliche Königsgründung gingen. Man kann sicher sein, daß er dabei wegen seiner tiefen Frömmigkeit durchaus ein gutes Gewissen hatte. Es waren dies Haslach, Kitzingen am Main, Stein am Rhein, Gengenbach, Schuttern und Deggingen. Besonders sichtbar wird der königliche Wille im Fall des Klosters Stein, das als ursprünglich schwäbisches Herzogskloster bis 1004 auf der Festung Hohentwiel lag und nun auf Heinrichs Befehl an den Rhein verlegt wurde. Es war nur konsequent, daß der König und spätere Kaiser das traditionelle Zustimmungsrecht zur Erhebung eines Abtes besonders scharf handhabte und nur in besonderen Fällen, etwa wenn Belange der engeren Verwandtschaft betroffen waren, davon keinen Gebrauch machte.

Schon als bayerischer Herzog hatte er 1001, als in Kloster Tegernsee der Abtstuhl frei wurde, seinem wichtigsten Vertrauensmann in monastischen Belangen, dem Abt Godehard von Niederalteich (960/61–1038) auch Tegernsee unterstellt. Godehard, aus einer Dienstmannenfamilie von Niederalteich stammend, war ein leidenschaftlicher Verfechter der lothringischen Klosterreform, für deren Einführung Heinrich ihm ein weites Wirkungsfeld bieten konnte. Als Erneuerer des Klosters Hersfeld, das er zwölf Jahre erfolgreich als Abt leitete, und seit 1022 als Bischof von Hildesheim, wo er Nachfolger des großen, auch für die Kunst wichtigen Bischofs Bernward wurde, kann Godehard als einer der bedeutendsten Kirchenmänner seiner Zeit gelten. In ihm wirkte der monastische Reformwille Kaiser Heinrichs machtvoll weiter. Godehards Biograph versteigt sich sogar zu der Behauptung, er sei «mit den Seinen der einzige gewesen, der in jener Zeit der Ordensregel vollkommen nachlebte». Das war sicher übertrieben, denn die Reformen, die von den Klöstern Gorze in Lothringen und Cluny in Burgund ausgingen, entfalteten sich in einem weitgespannten, das christliche Europa umfassenden Netzwerk monastischer Erneuerungskräfte, in dem Godehards Bemühungen nur ein Ausschnitt sein konnten. Bemerkenswert ist jedoch Godehards konforme Haltung gegenüber dem Anspruch seines königlichen Förderers, in klösterlichen Verhältnisse bestimmend einzugreifen. Er versichert nämlich, immer wieder in der Benediktregel geblättert, aber nichts gefunden zu haben, was dem Gehorsam gegenüber dem Herrscher widerspreche. Ein königstreuer Reformer also, aber es sollte bald danach eben diese Gehorsamspflicht ein Hauptstreitpunkt zwischen Kirche und Kaiser auf allen Ebenen des Zusammenwirkens werden.

Wie wichtig die Reorganisation des klösterlichen Lebens für Heinrich II. war, geht auch daraus hervor, daß er sich vom Großkloster Cluny eine Abschrift der monastischen Grundschriften des Klostergründers Johannes Cassianus von Marseille (ca. 360–430/35) schicken ließ. Mit Abt Odilo von Cluny (961/62–1049) stand er schon seit 1003 in enger Verbindung, letzterer besuchte ihn mehrmals bei Hofe, und 1014 reiste er mit nach Rom, um an der Kaiserkrönung Heinrichs teilnehmen zu können. Auf der Rückkehr von seinem letzten Italienzug versäumte es Heinrich 1022 nicht, «orationis causa» – um zu beten – Cluny zu besuchen. Er brachte dem Kloster und seinem berühmten Abt eine goldene Krone und andere königliche Insignien mit, nämlich ein goldenes Zepter, kaiserliche Festgewänder und ein goldenes Kreuz. Sinnfälliger konnte man wohl kaum die ideelle Einheit von Kaisertum und Mönchtum dartun als mit der Übergabe dieser Herrschaftszeichen an den wichtigsten Abt des christlichen Abendlandes. Die Mönche von Cluny, des «heilsmächtigsten Klosters seiner Zeit», nahmen ihn dafür in ihre Gebetsverbrüderung auf und versprachen ihm überdies ein seiner Würde entsprechendes, besonderes Totengedächtnis. Heinrich war damit der Bruder der Mönche geworden. Auch in das Totengedächtnis des Reformklosters von Fruttuaria in Piemont, das ihm wichtige Privilegien verdankte, ließ er sich aufnehmen. Mit Recht konnte daher die Chronik des Reichsklosters Lorsch von Heinrich II. sagen, er sei von so großer Liebe zum frommen Leben erfaßt gewesen, daß er der Vater der Mönche genannt wurde (Codex Lauresh. I, c. 78).

So stellt sich am Ende doch noch einmal die Frage, ob er als Heiliger gelten darf, nämlich heilig durch sein Wirken und Fühlen und nicht durch die hagiographisch umgedeutete Kinderlosigkeit. Einen Heiligen im vollen Wortsinn wird man ihn wohl kaum nennen können, dafür war er ein allzu versierter Machtpolitiker. Aber er war auch eine komplizierte Persönlichkeit von subtiler Geistigkeit und vor allem ein Mensch voll tiefem, dringendem Heilsverlangen, das jeden Heiligen auszeichnet. Vielleicht ist es am besten, die Frage nach seiner «sanctitas» offen und es bei der Feststellung zu lassen, daß kein mittelalterlicher Kaiser dem Stande der Heiligkeit so nah gekommen ist wie Kaiser Heinrich II., und dies, obwohl ihn Thietmar von Merseburg mit Blick auf seine Unbeugsamkeit, ja Härte sehr nüchtern so charakterisierte: «Er demütigte jeden, der gegen ihn aufstand, und zwang alle, ihm mit gebeugtem Nacken zu huldigen» (Chronik IV, c. 54). Zwar verklärte ihn die legendenhafte Überlieferung, aber es gab auch Stimmen, die von Gefahr für sein Seelenheil sprechen. Vor Gottes Richtstuhl gestellt, habe sich für Heinrichs Seele erst die Schale zum Bösen gesenkt, bis im letzten Augenblick der heilige Laurentius mit dem Kelch, den der Kaiser einst der Merseburger Kirche geschenkt hatte, der Waagschale mit guten Werken das Übergewicht gegeben habe. Fehlte ihm also die asketische Selbsterkenntnis und Demut, die Heilige wie Martin und Franziskus auszeichnet? Aber auch Hieronymus und wohl auch Bernhard von Clairvaux ermangelten in hohem Maße der wahren Demut, und dennoch sind sie Heilige geworden. Deshalb nochmals: Lassen wir die Frage nach Art und Intensität seiner Heiligkeit offen.

Bernhard von Clairvaux (1090–1153)
Kämpfer, Organisator, Mystiker

Eine Vorüberlegung

Das berühmteste Wort des Kirchenvaters Augustinus: «Unser Herz ist ruhelos, bis es ruht in Dir, o Herr» – dieses Wort, erwachsen aus eigener Erfahrung des großen Theologen, könnte zugleich die Kurzformel für den Abt, erfolgreichen Klostergründer, Mystiker, streitbaren Gottesmann und leidenschaftlichen Propagator des zweiten Kreuzzugs sein. Wie eine sprühende Feuersäule ging dieser schmächtige, oft kränkliche Mann durch seine Zeit, gleichermaßen begeisternd wie verbrennend, ein zarter Gottesfreund, ein treuer Vater seiner Zisterziensermönche, aber auch ein gnadenloser Gegner seiner Feinde unter Christen und Heiden. Man hat immer wieder von Bernhards «gespaltener», widersprüchlicher Persönlichkeit gesprochen, und allen betulichen Harmonisierungsversuchen an dieser extremen religiösen Existenz zum Trotz bleibt wohl etwas schwer Vereinbares an diesem Heiligen. Allerdings macht man es sich doch zu leicht, aus Bernhard so etwas wie einen mittelalterlichen «Dr. Jekyll and Mr. Hyde» zu machen. War er wirklich nur «ein verfrühter Großinquisitor» oder eher ein Genie der geistlichen Freundschaft für jene Tausende, die, von ihm entflammt, in die vielen Klöster seines Ordens eintraten? Man wird wohl nie die sensible Psyche dieser religiösen Existenz voll ergründen können, ebensowenig wie man den eleganten, geistvollen Stilisten und Gott suchenden Mystiker mit dem wüst polemischen Kreuzzugspropagator harmonisieren kann: Letztes Widerspruchs-Potential bleibt. Man sollte sich allerdings von dem naiven Glauben lösen, daß sensible Menschen auch mild und mitfühlend oder gar nachsichtig sein müßten. Eher das Gegenteil ist richtig. Der Sensible ist für viele Reize offen. Das heißt wohl auch, daß er leichter reizbar ist als «normale Men-

Jean Fouquet, Der heilige Bernhard, lehrend; Der heilige Bernhard und der Teufel, Stundenbuch des französischen Schatzmeisters Étienne Chevalier, um 1455, Musée Condé Chantilly. – Fouquet zeigt im oberen Teil des Bildes Bernhard als Kirchenlehrer im Kreise seiner Schüler, die ihm ergriffen lauschen. Wegen seiner Fähigkeiten als Lehrer wurde Bernhard oft auch als «Doctor mellifluus» (honigfließender Lehrer) mit dem Bienenkorb dargestellt. Im unteren Teil des Bildes widersteht der charismatische Heilige dem Teufel, der ihn mit lockender Geste in Versuchung führen will. Schon 1174 wurde Bernhard von Papst Alexander III. heiliggesprochen: ein Heiliger voller Widersprüche, zugleich kämpferischer Kirchenmann und Mystiker, Vater der Mönche und scharfer Polemiker. Er wird am 20. August als Schutzheiliger von Burgund, Ligurien und Genua sowie als Patron der Imker und Wachszieher verehrt.

schen» und damit auch eines oft maßlosen Hasses fähig. So weit liegen also die beiden Pole von Bernhards Psyche – höchste Sensibilität und schmetternder Haß – gar nicht auseinander. Mehr noch, es gibt eine ursächliche Verbindung zwischen beiden.

Lassen wir es bei dieser Vorüberlegung bewenden und versuchen vorerst, den biographischen Spuren eines Heiligen zu folgen, der sich – nicht ohne Eitelkeit – selbst als «Chimäre des Jahrhunderts» bezeichnete. Der Zisterzienserabt Isaak von Kloster Stella, ein Schüler und Zeitgenosse Bernhards, hat ihn aus persönlicher Erinnerung mit folgendem Paradoxon charakterisiert: «allen war er schrecklich aus Liebe und lieb aus Schrecken ...» (Sermo 52, 15, PL 194, 1869 D). Aber vielleicht ist die merkwürdige Selbstbeschreibung Bernhards als Fabelwesen, liest man sie im Kontext des Briefes an die Kartäusermönche, gar nicht so eitel, sondern eher resignierend. Auch eine andere Briefstelle ist wohl nicht so eitel, wie dies auf den ersten Blick erscheint. Es handelt sich um einen Brief an Papst Eugen III.: «Sie sagen, daß nicht Ihr der Papst seid, sondern ich» (ep. 239). Nun war Eugen der Schüler Bernhards, so daß es sich hier eher um einen saloppen Scherz unter eng Vertrauten als um eitle Selbstbespiegelung handeln könnte. Auf jeden Fall ergibt sich aus den fast 550 Briefen ein modern anmutendes Bild des Menschen Bernhard, das durch seinen unvergleichlichen Stil, durch die aphoristische Eleganz seiner Ausdrucksweise wie durch sein, mit klassischen Zitaten bereichertes, nobles Vulgata-Latein einen tiefen Einblick in Kopf und Herz des großen Abtes vermittelt. Allerdings trägt seine schneidende Ironie, sein beißender Spott, seine herbe Kritik an Zeit und Zeitgenossen nicht unwesentlich zur Brillanz seiner Briefe bei. Gerade in diesem Punkte gleicht er einem anderen großen Briefschreiber von ähnlicher Ambivalenz und Bravour: dem Kirchenvater Hieronymus.

Spuren einer Biographie

Bernhard kam 1090 als dritter Sohn einer kinderreichen, frommen, ritterlichen Familie im burgundischen Fontaines-lès-Dijon zur Welt. Er wurde damit in einen Stand hineingeboren, der gerade im 12. und

13. Jahrhundert für die kulturelle Entfaltung Frankreichs und Deutschlands als kirchlich-monastische Reformkraft, als Träger der ersten nachantiken Laienliteratur und als neue, politisch-militärische Funktionselite große Bedeutung erlangte. Der Vater war Vasall des burgundischen Herzogs und galt als tapferer Ritter. Bernhards späterem Vertrauten und Sekretär Gottfried vertraute der Heilige an, seine extrem gottesfürchtige Mutter, die am liebsten Nonne geworden wäre und aus der bedeutenden Adelsfamilie Montbard stammte, habe während der Schwangerschaft den beängstigenden Traum gehabt, sie trüge einen bellenden Welpen im Leib: Ein Mönch deutete dies der Mutter so, daß das Kind ein ausgezeichneter Prediger würde. Ganz gleich, ob dies eine wahre Geschichte – was sehr wohl möglich ist – oder ein legendenhafter Gemeinplatz (ein Topos) war, für die Mutter blieb Bernhard, ein Kind von schwankender Gesundheit, der Lieblingssohn, für den sie sich von Anfang an eine geistliche Laufbahn wünschte. In der Schule der Regularkanoniker zu Châtillon erhielt der Knabe eine gründliche theologisch-literarische Bildung, die ihm später als Prediger und polemischer Diskutant sehr zustatten kam. In den im engeren Sinne mathematisch-naturwissenschaftlichen Fächern scheint er jedoch keine genaueren Kenntnisse besessen zu haben.

Schon früh zeichnete Bernhard große Liebesfähigkeit aus. Ein leidenschaftlicher Brief an seinen Vetter Robert von Châtillon, der Mönch in Cluny, dem berühmtesten monastischen Zentrum Europas im Hochmittelalter, geworden war, belegt diese starke Fähigkeit zur Freundschaft. Er wollte seinen Verwandten um jeden Preis aus Cluny wieder zurückholen, weil ihm dieses Kloster zu wenig asketisch war. Dies ist ein Schicksal, das viele Klöster, die als spirituell beflügelte, strenge Reformkonvente begonnen hatten, ereilte: Es lockerte sich die strenge Askese des begeisterten Neubeginns. Schon damals entstand in Bernhard jenes Zerrbild Clunys, das er später in einer scharfen und daher wohl teilweise ungerechten Kampfschrift gegen die Cluniazenser und ihre reich ausgestalteten, ästhetischen liturgischen Formen zeigen sollte.

Vorerst jedoch schien sich Bernhard eher auf dem «Weg in die Welt» zu befinden. Er dichtete und komponierte – wie dies auch sein großer «Feindbruder» Petrus Abaelard tat – weltliche Lieder, ein Faktum, das man ihm später vorhielt, als er selbst ähnliches an Abaelard kritisierte. Ob der Tod seiner Mutter (1106/07) in ihm die große «conversio», die Wendung zum geistlichen Leben, bewirkte, ist umstritten. Fest steht, daß er 1112 mit dreißig Gefährten in das burgundische Kloster Citeaux, das strenge Urkloster des Zisterzienserordens, eintrat. Seine Wendung zum asketischen Leben war kein plötzlicher, spontaner Entschluß wie nach ihm bei Franziskus, sondern ein schrittweises Sich-selbst-Finden, bei dem eine Traummahnung der Mutter eine Rolle spielte. Nach eigenem Geständnis peinigte ihn damals seine Sexualität, mehr noch aber die Angst vor der Hölle, zu deren Pforten ihn Gott – ebenfalls in seinem Traum – hinabführte, um ihm die Qualen zu zeigen, denen die «Sünder» ausgeliefert sind. Die Verdammung der geschlechtlichen Begierde (concupiscentia) als Werk des Teufels, die triste Verteufelung der stärksten und auch kreativsten Lebenskraft, ist wohl – neben der Ketzerverfolgung – der tiefste Schlagschatten der gesamten Kirchengeschichte. In den Evangelien gibt es kaum Anhaltspunkte für diese krasse und bis zur Mißachtung der Ehe gehende Dämonisierung der Sexualität, jener Grundvoraussetzung menschlichen Lebens, die erst mit Paulus und den spätantiken Kirchenvätern sowie durch die anschwellende asketische Bewegung immer stärker als sündhaft tabuisiert und zum Teufelswerk wurde; auch das Alte Testament kennt solche Verdammungen überhaupt nicht. Die abstoßenden Haßtiraden des Hieronymus gegen Christen, die der Meinung waren, eine gute, christliche Ehe sei ebenso wertvoll wie ein asketisches Leben, sprechen hier für sich (s. oben, S. 53f.). Man muß allerdings hinzufügen, daß solches Zelotentum die Menschen des Mittelalters in ihrer Lebenslust kaum beeinträchtigt hat und nachweislich auch im Weltklerus nur teilweise akzeptiert worden ist. Für Bernhard hingegen wurden Askese und Mönchtum der heilkräftigste Weg zu Gott, die «vita fortissima» schlechthin. So fiel es einem Überzeugten nicht schwer, andere zu überzeugen. Das 11., 12. und 13. Jahrhundert als große Epoche der Bekehrungen zum radikalen Asketismus im Zeichen der aufeinanderfolgenden Wellen von Kirchen- und Klosterreformen – eine Geistesbewegung, die in hohem Maße auch junge Adelige ergriff – beweist die Macht des asketischen Ideals. Chiliastische Endzeiterwartungen verstärkten noch diesen Trend. Innerhalb der eigenen Familie konnte Bernhard sein individuelles, visonär-asketisches Lebenskonzept sogar so weit durchsetzen, daß alle seine Angehörigen ins Kloster eintraten. Daß hier Bernhards Liebe zu den Seinen und darüber hinaus seine große Liebesfähigkeit mit im Spiel waren, beweist sein ergreifendes Klagelied auf den Tod seines älteren Bruders Gerhard, Cellerar des Klosters, den er in exzessiver, fast unchristlicher Weise betrauerte: «Wohin ist er mir entrissen? Wohin aus den Händen geraubt, der Mensch eines Sinnes mit mir, der Mann nach meinem Herzen? Wir haben uns geliebt im Leben: wieso sind wir im Tode getrennt? ... Ich lebe, um lebend zu sterben: und das soll ich ein Leben nennen?» (Super Cantica 26,2,4).

Bernhard muß schon als junger Mönch eine starke Faszination ausgeübt haben, denn es wird berichtet, daß Mütter um ihre Söhne, Gattinnen um ihre Männer und Freunde um ihre Freunde fürchteten und sich verzweifelt bemühten, sie dem überwältigenden Charme und der Werbekraft des Heiligen zu entziehen, mit der er seinen Klöstern neue, zum Mönchtum bekehrte Jünglinge zuführte. Es ist diese Nachricht aber auch in anderer Hinsicht aufschlußreich, nämlich als ein Beleg dafür, daß sich die Welt der Laien, also etwa 90 Prozent der Bevölkerung, allem kirchlichen Ansinnen und Werben zum Trotz auf Distanz hielt und ihre eigenen, in diesem Fall familiären Prioritäten wahren wollte. Im Extremfall galten der Kirche, ungeachtet ihrer eigenen Meinungsdifferenzen, solche Gegenstimmen aus der Welt der Laien oft nur als Wirkung teuflischer Mächte.

Wie dem auch sei, Bernhard, der große Abt von Clairvaux, gründete allein 69 Klöster, andere Konvente schlossen sich der neuen, strengeren Disziplin der Zisterzienser an, so daß der Heilige am Schluß über ein monastisches Imperium von etwa 166 Klöstern (Zisterzen) gebieten konnte. Das war – trotz aller Querverbindungen, die es dennoch gab – eine starke monastische Gegenmacht zu dem älteren, reicheren und in mancher Hinsicht auch repräsentativeren Kloster-Imperium Cluny, das immer noch geistliche Großmacht im mittelalterlichen Europa war und mit bedeutenden Äbten wie Petrus Venerabilis gewaltigen Einfluß in Kirche und Politik ausübte. Cluny unter Abt Odilo war im Investiturstreit zwischen Kaiser Heinrich IV. und Papst Gregor VII. vermittelnd tätig gewesen, und es war durch den planmäßigen Ausbau eines Netzes von Pilgerhospizen für die Wallfahrt nach Santiago di Compostela enorm reich geworden. Diese Konkurrenzsituation muß man sich vor Augen halten, will man Bernhards spätere scharfe Angriffe auf das angeblich verweltlichte, vom Luxus korrumpierte Cluny richtig einschätzen.

Der Aufstieg von Citeaux war schlichtweg atemberaubend. Es war eine Gründung des Abtes Robert von Molesme (ca. 1028–1111), der dieses dem behäbigen Lebensstil von Cluny ähnliche Kloster verließ, um 1098 den asketisch strengen Konvent von Citeaux zu gründen. Auf päpstliche Anordnung mußte aber Robert als Abt nach Molesme zurückkehren, doch blieb ein Teil der Mönche vor Ort. In diese monastische Gemeinschaft traten nun Bernhard und seine Anhänger ein, um Novizen zu werden. Strenge Askese, nämlich langes Wachen und Fasten, bestimmten den Tagesablauf, dazu körperliche Arbeit, wie sie schon in der Benediktregel vorgeschrieben, aber bei wachsendem Reichtum der Klöster in den Hintergrund getreten oder ganz weggefallen war. Es ging, wie überall im Mönchtum, um das unblutige Martyrium der Nahrungs- und Sexualaskese als eine Form der Nachfolge Christi (imitatio Christi). Oder, wie es Gottfried von Auxerre, der Sekretär Bernhards, später formulierte: Die Zisterzienser «wüten großherzig gegen sich selbst und ertöten ihre Glieder. Sie selbst sind also gleichzeitig die Gefolterten und die Folterer». Für Bernhard, der sich durch extreme Bußübungen ein lebenslängliches Magenleiden zuzog, das dann auch zu seinem Tod führte, bestand der Nutzen des Leibes vor allem darin, daß er dem Asketen die Möglichkeit zu Bußübungen an diesem Leib gibt. In seiner Predigt über das Hohelied begründete er die Enthaltsamkeit von Wein und Fleisch als Mittel gegen die «Geilheit»; selbst Brot lehnte er ab, weil ein voller Bauch nicht gern bete, und einfaches Wasser in vollen Zügen zu trinken wollte er sich auch abgewöhnen. Dieser Radikalismus reizte ihn wohl, machte ihn andererseits aber auch untauglich für körperliche Arbeit in Feld und Wald, die im Frühstadium des Zisterziensertums noch eine Rolle spielte.

Es war jene Aufbruchsepoche, in der Bernhard sich und die Seinen noch mit Recht als «die Armen» (pauperes) bezeichnen konnte, ein Zustand, der sich im Laufe der raschen Ausbreitung des neuen Ordens mit seinen auch wirtschaftlichen Erfolgen wandelte. Bei der Übernahme des Benediktinerklosters Savigny in der Normandie, einer reichen Kongregation, der 31 weitere Konvente angehörten, die 1149 erfolgte, ging reichlich Land mit abhängigen Bauern in zisterziensischen Besitz über, wodurch sich die eigene körperliche Arbeit der Mönche, die in Savigny ohnehin schon aufgehört hatte, erst recht erübrigte. Was jedoch typisch für alle Zisterzienserklöster blieb, war die straffe, rationale Arbeitsorganisation der sogenannten Grangien-Wirtschaft, die nicht nur den kollektiven Reichtum des Ordens förderte. Sie trug gleichzeitig durch den planmäßigen Landesausbau östlich von Elbe und Oder viel zur agrarischen Erschließung schwach besiedelter Räume bei. Das Institut der «Konversen», der Laienbrüder, das zwar schon vor Bernhard existierte, aber von den Zisterziensern systematisch ausgebaut wurde, war für das Funktionieren ihrer Wirtschaftsorganisation wichtig. Es waren wohl vor allem diese Laienbrüder, denen die Landarbeit und die wirtschaftliche Tätigkeit des Klosters oblagen. Damit war der Bereich körperlicher Arbeit auch organisatorisch deutlicher vom monastischen abgegrenzt. Das effiziente System der Grangien, agrarischer Großbetriebe mit allem Zubehör, das weitgehend in den Händen der Konversen lag, hatte aber auch eine unbeabsichtigte, negative Nebenwirkung, die schon den Zeitgenossen auffiel. Überall dort, wo der Orden Besitz erhielt und seine Wirtschaftsorganisation etablierte, gerieten die vorhandenen bäuerlichen Anwesen in große Bedrängnis, die meistens zu ihrer Einverleibung in die Grangien führte. Konkret bedeutete dies für die bäuerliche Bevölkerung eine Verschlechterung ihres Sozialstatus. Man fürchtete sich geradezu vor dem Auftreten der Zisterzienser und vor der fast frühkapitalistischen Rationalität und Effizienz ihres Wirtschaftens. Caesarius von Heisterbach (ca. 1180–ca. 1240) weiß zu berichten, daß sich die Menschen Sorgen um ihr Erbe machten. «Diese Mönche sind gekommen, um uns und unsere Söhne zu enterben; es war geradezu Panik, die die Leute in Heisterbach ergriff» (Caesarius, Dialogus VII, 7). Bernhard selbst ist für diese Entwicklung, die zugleich ein Abweichen vom ursprünglichen, asketischen Armutsideal bedeutete, kaum verantwortlich zu machen, denn für ihn war die «imitatio Christi», wie sein radikaler Lebensstil beweist, ganz selbstverständlich mit Armut verbunden. Vielmehr hat man es mit einem generellen Phänomen vieler asketischer Bewegungen zu tun, deren radikaler Reformimpuls oft mit dem Tod des charismatischen Gründers erlahmt und zu einer «Normalisierung» des geistlichen Anspruchs führt, der im besten Fall wiederum neue Reformanstrengungen auslöst.

Clairvaux war nicht das erste Kloster, das von Citeaux aus gegründet wurde, aber durch die charismatische Persönlichkeit Bernhards das wichtigste und daher Ausgangsort vieler Neugründungen in Europa. Über Ausmaß und Art der Rolle Bernhards innerhalb des Ordens gehen allerdings die Meinungen auseinander. Vor Clairvaux waren schon La Ferté und Pontigny als Filiationen, d. h. als Neugründungen der Urabtei, entstanden. Aber zweifellos war es bereits der wachsende Ruhm Bernhards, der den starken Andrang in Citeaux und damit die beiden Neugründungen bewirkt hatte. So war es nur konsequent, daß Abt Stephan 1115 den noch jungen kränklichen Bernhard mit der Gründung von Clairvaux beauftragte. Es war eine Art Familienunternehmung, denn unter der apostolisch beglaubigten Zwölfzahl des Gründungskonvents befanden sich Bernhards vier Brüder sowie ein Onkel und zwei Vettern. Gosbert der Rote, Vizegraf des Grafen Hugo der Champagne, der das Kloster mit Grund und Boden ausstattete, war ebenfalls ein Vetter. Es war ein von der Rodung noch ausgespartes, einsames Tal in der Diözese Langres, dem die Mönche den Namen «Clara Vallis» – helles Tal – gaben; ob man diese Bezeichnung mit der «Lichtmystik» der Zisterzienser in Verbindung bringen kann, wie man dies für ihre offene, helle Architektur getan hat, bleibe dahingestellt. Bernhard mußte sich nun vom zuständigen Diözesanbischof in Langres die Genehmigung für seine Gründung einholen, dieser befand sich aber gerade auf einem Konzil in Tournus, weshalb er sich an den Bischof Wilhelm von Champeaux (ca. 1070–1122) in Châlons-sur-Marne wandte, eine Zelebrität seiner Zeit, der als Theologe und Philosoph berühmt geworden war, in der Kathedralschule von Paris lehrte, aber von seinem Schüler Abaelard im sogenannten «Universalienstreit», bei dem es um die Realität der Allgemeinbegriffe (universalia) ging, übertrumpft wurde. Wilhelm und Bernhard verstanden sich auf Anhieb, der erstere trug viel zum wachsenden Ruhm des letzteren bei. Ob Bernhard schon damals eine Abneigung gegen Wilhelms Hauptfeind Abaelard faßte, muß offenbleiben.

Die Anfänge in Clairvaux waren nach Bernhards Willen und nach der materiellen Situation hart, die asketische Praxis offenbar noch härter, denn es kam zu einem ersten Konflikt zwischen dem jungen Abt und seinen Mönchen. Manche drohten, nach Citeaux zurückzukehren, so daß der Bischof von Châlons-sur-Marne schlichtend eingreifen mußte. Es entbehrt nicht der Tragik, daß Bernhard, dessen Seele immer wieder zu mystischen Höhen emporgetragen wurde, die er in hinreißenden Predigten seinen Mönchen zu vermitteln suchte, hier scheitern mußte. Der einfache Mönch, voll guten Willens, seinen Leib zu kasteien, konnte ihm kaum zu den beglückenden seelischen Erleuchtungen folgen, die dem Abt als himmlische Belohnung gegeben waren und ihn immer mehr zu einem Übermaß des Heilseifers antrieben. In späteren Jahren entwickelte Bernhard offenbar doch Mitleid mit den asketischen Mühen seiner Mönche: «Ich weiß, Brüder, ich weiß, in welcher Bedrängnis ihr seid, wie ihr euch den ganzen Tag über mit Fasten abtötet, mit vieler Arbeit, in überlangem Wachen, mit Hunger und Durst, mit Kälte und Dürftigkeit ...» Ja, er geht sogar so weit zu fragen: «Geht es nicht doch über menschliches Vermögen, über die Natur gegen das Herkömmliche, was ihr erduldet?» (In Psalmum qui habitat I, IV, 383). Allerdings kommt er im weiteren Verlauf seines Textes letztlich zu einer positiven Bewertung asketischer Kasteiung, weshalb die vorausgehende verständnisvolle Fragesequenz doch nur rhetorischer Art gewesen sein dürfte. Sein geistig souveräner, älterer Freund Wilhelm von Champeaux sorgte schließlich über den Abt von Citeaux dafür, daß Bernhard, der am Rande des physischen Zusammenbruchs stand, für ein Jahr die extremsten asketischen Anstrengungen unterbrach und sich leidlich erholen konnte; doch blieben ihm dauerhafte gesundheitliche Schäden.

Inzwischen wuchs die Zahl der von Bernhard gegründeten oder reformierten Klöster. Bei seinem Tod 1153 waren es 69 unmittelbar von Clairvaux aus gegründete Klöster, die ihrerseits 75 Tochterklöster hatten, aus denen nochmals 22 weitere Zisterzen hervorgingen. Hinzu kamen 97 mittelbar mit Clairvaux verbundene Zisterzen, viele davon auch im Reich, in England, Wales, Irland, Schweden und Portugal. Clairvaux hatte sich bei Bernhards Tod 1153 166 Konvente zugeordnet, d. h. fast die Hälfte aller damals bestehenden Zisterzienserklöster.

Vor allem in der Frühzeit des Ordens bestand die Nahrung der Mönche fast ausschließlich aus Gemüsen, die ohne Öl und Speck gekocht wurden, eine strenge vegetarische Diät, die neben dem asketischen Nutzen auch deshalb bevorzugt wurde, weil man meinte, vor dem Sündenfall hätten sich alle Geschöpfe nur mit pflanzlicher Kost ernährt. Es konnte nicht ausbleiben, daß von benediktinischer Seite, vor allem von den Cluniazensern, Kritik an dieser extremen Nahrungsaskese geübt wurde: Die ohnehin «blutlosen Zisterzienser» würden sogar ihre Kranken mit maßloser Grobheit behandeln, wodurch man «mehr zerstöre als erbaue». Solche Einwände mußten so lange wirkungslos bleiben, wie Bernhard mit seiner charismatischen Kraft an der Spitze seines Klosterimperiums stand, dem er schon 1119 mit der päpstlich beglaubigten «Charta caritatis» eine einheitliche Ordnung gab. Anders als bei den Benediktinern, die in vielen Klöstern sehr individuelle Lebensordnungen (consuetudines) hatten, welche die Regel ergänzten und ausgestalteten, legte Bernhard Schritt für Schritt eine für alle Zisterzen geltende strikte Ordnung fest, deren Befolgung durch jährliche Visitationen kontrolliert wurde. Ob dies allerdings alleiniges Verdienst Bernhards war, wie es die zwei ersten Lebensbeschreibungen suggerieren, die als Vorbereitungsschriften für die Heiligsprechung Bernhards 1174 entstanden, ist umstritten. Die erste, erhaltene Kompilation der Beschlüsse des Generalkapitels von 1134 zeigt noch keinen typisch «bernhardinischen» Einfluß. Angesichts des konzentrierten Interesses von Zeitgenossen und Nachwelt auf die Gestalt Bernhards ist vielfach übersehen worden, welche große Rolle Stephan Harding († 1134), wohl der «bedeutendste der Gründeräbte Citeaux'», in seinem langen Abbatiat bis 1133 für die Grundzüge der inneren Verfassung des Ordens hatte. Das gilt offensichtlich auch für die Entstehung der «vielschichtigen ‹Charta caritatis›». Die auf den ersten Blick eher pedantisch erscheinende Charta lebte und wirkte aber durch die Faszination, die von Bernhard selbst ausging. Wilhelm von Thierry (1085/90 – 1148/49), wie Bernhard aus der ritterlichen Gesellschaft stammend, theologisch gebildet und ursprünglich dem cluniazensischen Klosterverband angehörend, war durch die Bekanntschaft mit dem krank daniederliegenden Bernhard so sehr von dessen Charisma hingerissen, daß er nicht nur dessen inniger Freund wurde, sondern selbst Zisterzienser und schließlich auch Bernhards Biograph. Er selbst schildert, wie ihn solch liebevolle Zuneigung jenem Manne gegenüber ergriff und ein tiefes Verlangen, mit ihm in Armut und Einfachheit zusammenzuleben. Auch hier zeigt sich jene spontane Faszination, die Bernhard – ein «Menschenfischer» im biblischen Sinn – auf andere, besonders junge Menschen ausübte, mit denen er seine zahlreichen Klöster bevölkern konnte. Wilhelm sollte später – und hier verquickt sich menschliche Zuwendung, ja Liebe zu dem charismatischen älteren Freund auf tragische Weise mit den heftigen und leider oft haßerfüllten theologischen Konfrontationen der Epoche – durch einen entstellenden Traktat über die Theologie des großen Frühscholastikers Petrus Abaelard seinen Freund in die in jeder Hinsicht befremdliche Konfrontation der beiden bedeutendsten Geister der Zeit treiben.

In die Mitte der dreißiger Jahre fiel auch der Neubau des Klosters Clairvaux, den Bernhards Bruder Gottfried, seit 1128 Prior, gegen schwere Bedenken des Abtes durchsetzen konnte. Bauen kostete viel Geld, und Bernhard fürchtete, daß die Baumaßnahme das ursprüngliche Armutsideal untergraben könnte, eine Befürchtung, die ihre guten Gründe hatte. Dennoch ließ er sich überzeugen und stellte dann zu seinem Erstaunen fest, daß sein Ruhm als Mönchsvater, Wundertäter und Prediger schon so groß war, daß die Schenkungen des Adels, aber auch reicher Bürger aus den Städten der Umgebung mehr einbrachten, als für den Bau nötig war. Die bewußte Schlichtheit der Gebäude verband sich mit bemerkenswerten technischen Neuerungen. Dazu gehörte ein von der Aube abgezweigter Kanal, der teilweise unterirdisch lief und die Mühlen betrieb, Handwerksbetriebe, Schmiede und Lodenwalker versorgte sowie der Entsorgung diente. Es waren moderne Anlagen, die in Clairvaux zwar kaum mehr erhalten, aber heute noch in der Tochtergründung Fontenay zu besichtigen sind.

Anders als es Bernhard wohl selbst gedacht hatte, war es ihm in den nächsten Jahren nur wenig gegönnt, sich des monastischen Lebens in Clairvaux zu erfreuen, denn zwischen 1130 und 1145 nahmen ihn kirchenpolitische Ereignisse von europäischer Bedeutung voll in Anspruch; hinzu kamen schwere theologische wie personalpolitische Auseinandersetzungen, die er teilweise selbst zu verantworten hatte. Auch Heiligen bleibt der Zweifel an ihrem Tun und Lassen nicht erspart, sie sind dafür sogar eher disponiert als andere Menschen, da zu ihrem asketischen Dasein notwendig permanente Selbstkontrolle gehört. Am Ende seines Lebens mußte Bernhard sich eingestehen, daß seine Erfolge in Kirche und Welt nur auf Kosten seines kontemplativen Lebensideals möglich waren. So konnte er in einem Brief an einen Kartäuserkonvent, also an Ordensleute, die in großer Konsequenz den völligen Rückzug aus der Welt lebten, selbstkritisch bekennen: «Es ist Zeit, daß ich auch an mich denken muß. Zu euch schreit mein monströses Leben (vita monstruosa), mein belastetes Gewissen. Als Fabelwesen meines Jahrhunderts (chimaera mei saeculi) verhalte ich mich weder wie ein Kleriker noch wie ein Laie. Das Leben eines Mönchs habe ich schon lange abgelegt, [aber] nicht mönchischen Habit. Ich will euch nichts weiter über mich schreiben ... was ich treibe, warum ich mich bemühe, welche Schwierigkeiten ich in der Welt habe, ja, in welche Abgründe ich geworfen bin ...» (ep. 250,4). Tragische Ironie, daß sich Bernhard hier Verhaltensweisen vorwirft, die er einst in härtester Weise an Petrus Abaelard getadelt hatte, nämlich ein unsicheres Schwanken zwischen mehreren, sich eigentlich ausschließenden Existenzformen. Und doch trug gerade diese Ambivalenz seines Daseins zur überragenden Bedeutung seiner Persönlichkeit wesentlich bei.

Kämpferische Jahre: Papsttum, Kaisertum und Theologie

Seit 1130 griff Bernhard leidenschaftlich in das kirchliche Schisma ein, das durch den Machtkampf zwischen Papst Innozenz II. (1130–1143) und Papst Anaklet II. (1130–1138) entstanden war, wobei letzterer mit der Mehrheit des Kardinalskollegiums gewählt worden war und sich durch Bildung, Sachkunde und untadeligen Lebenswandel auszeichnete. Innozenz II. erlangte mit Hilfe einer Minderheit handstreichartig die Tiara, die Folge war ein jahrelanges Schisma mit schwerwiegenden politischen Folgen. Anaklet stammte aus der in Rom einflußreichen Familie jüdischer Herkunft, der Pierleoni. Dieser mächtige, reiche Adelsclan stand in scharfem Gegensatz zur römischen Familie der Frangipani. Frankreich und Oberitalien standen überwiegend auf der Seite Innozenz' II., der zugleich der Repräsentant der

Reformorden und damit auch der Zisterzienser war. Sowohl Norbert von Xanten, der spätere Erzbischof von Magdeburg (ca. 1080/85–1134), als auch Bernhard setzten sich vehement für Innozenz ein. Bernhard begleitete Innozenz in einem beispiellosen kirchenpolitischen Feldzug durch Frankreich, Deutschland, die Niederlande sowie Italien und konnte den noch unentschlossenen König Lothar III. (1075–1137) für seinen Kandidaten gewinnen. Dieser krönte dafür 1133 den deutschen König in Rom zum Kaiser. Dies war allerdings nur ein kurzes Intermezzo in Rom, denn sobald Lothar mit seinem Heer die Stadt verlassen hatte, setzte sich dort wieder Anaklet II. mit seinem Anhang durch. Erst nach dessen Tod 1138 konnte Innozenz II. endgültig in Rom einziehen.

Bernhards Rolle bei dieser ganz Europa ergreifenden Auseinandersetzung im einzelnen zu beschreiben, würde zu weit führen. Zwar gelang es ihm 1135, das Schisma in Aquitanien-Südfrankreich durch seine Autorität zu beenden, und ebenso konnte er sich auf einem Hoftag in Bamberg der weiteren Mithilfe des Kaisers im Kampf gegen Anaklet versichern. Jedoch waren die Mittel, die er dafür einsetzte, nicht immer erfreulicher Natur. Zwar hielt es sich noch im Rahmen des üblichen, wenn Bernhard den römischen Papst Anaklet als «Bestie aus der Apokalypse» apostrophierte; schlimmer war es hingegen, wenn er ihn in einem Brief an Kaiser Lothar III. wegen seiner Herkunft aus einer jüdischen Familie diffamierte. Daß die Pierleoni schon seit Generationen Christen waren, spielte für ihn offenbar keine Rolle. Die absichtsvolle Diskreditierung Anaklets – der Mönch in Cluny gewesen war – ist um so schlimmer, als Bernhard, wie sein Verhalten bei den rheinischen Judenpogromen zeigt, kein grundsätzlich bösartiger Feind des ersten Gottesvolkes gewesen ist; es war also reine Taktik im Spiel. Aufschlußreich ist auch, auf welche Weise Wilhelm II. von Poitou der Partei Bernhards und Innozenz' II. unterworfen wurde. Der Graf, als Anhänger Anaklets II. exkommuniziert, hatte vor der Kirche, in der Bernhard die Messe zelebrierte, zu warten. Den Hostienteller in der Hand ging der Abt «flammenden Antlitzes, flammenden Auges, nicht bittend, sondern drohend» auf Herzog Wilhelm zu, sich selbst in die Rolle Christi versetzend, und donnerte ihn an: «Siehe, der Sohn der Jungfrau [Christus im Altarsakrament] schreitet zu dir, der Haupt und

Herr der Kirche ist, die du verfolgst. Hier ist dein Richter, in dessen Namen sich jedes Knie der Himmels-, Erden- und Höllenbewohner beugt. Hier ist dein Richter, in dessen Hand diese deine Seele kommen wird! Wirst du auch ihn verachten?» Alle Umstehenden weinten, und Wilhelm brach unter der Last der Anklage Bernhards und der Gegenwart des Leibes Christi psychisch und physisch wie ein Epileptiker zukkend zusammen, verlor die Sprache und kam erst wieder durch einen Fußtritt Bernhards zu Bewußtsein (Vita Prima Ia, 2, 6, 38). Es war zweifellos eine eindrucksvolle Inszenierung, mit der der Heilige unmittelbar und mit durchschlagender Wirkung Christus mit ins Spiel brachte – wenn auch mit einer dem Altarsakrament unwürdigen Schlußpointe. Der Graf gründete als Sühne ein Zisterzienserkloster und pilgerte später zur Buße nach Santiago di Compostela. Soweit der Bericht in der Lebensbeschreibung Bernhards aus der Feder seines Schülers und Sekretärs Gottfried von Auxerre.

Es war übrigens nicht die einzige wirkungsvolle Inszenierung Bernhards, denn auch bei der Gewinnung König Konrads III., des ersten Stauferherrschers, für den Zweiten Kreuzzug, den er zuvor schon mehrfach vergebens angegangen hatte, setzte der Heilige sehr bewußt seine suggestive Kraft als Prediger ein. Am 27. Dezember 1146, während eines Hochamtes im Kaiserdom zu Speyer, gelang es Bernhard, König Konrad, ansonsten ein nüchterner Politiker, durch eine gewaltige apokalyptische Predigt zur Kreuzfahrt mitzureißen. Sich selbst wiederum in die Rolle Christi versetzend, redete er sein hohes Publikum und besonders den König – als Mensch, nicht als Herrscher – machtvoll an: «O Mensch, was hätte ich für dich tun sollen und habe es nicht getan?» Konrad brach in Tränen aus und rief, dem Prediger ins Wort fallend: «Ich bin bereit, Ihm zu dienen!» Unter begeisterten Ovationen nahm der König das Kreuz und die Heerfahne aus Bernhards Hand.

Bernhards Reise an den Rhein hatte aber noch einen anderen, sehr ehrenhaften Grund. Im Gefolge der Kreuzzugsbegeisterung, die man auch als Kreuzzugshysterie bezeichnen kann, war es zu viehischen Ausschreitungen des sich christlich nennenden Pöbels gegen die Juden gekommen. Vergebens suchten die Bischöfe diese Verfolgungswelle zu stoppen, so daß Erzbischof Heinrich I. von Mainz (1142–1152) Bernhard brieflich bat, als charismatischer Prediger zu Hilfe zu kommen.

Ein Mönch namens Radulf peitschte mit prophetischen Hetzreden die Menge immer wieder auf, und in der Tat wurden, wie Bernhards Ordensbruder Otto von Freising in seinen «Taten Friedrichs» zu berichten weiß, viele Juden ermordet (Gesta Frederici I, 39). Bernhard eilte nun herbei, verdammte Radulfs Hetze als «schmutzige Ketzerei» und predigte dann seinerseits an jenen Orten, in denen Radulf gewütet hatte, traf ihn später selbst in Mainz und brachte ihn dank seiner Autorität zum Schweigen. So scharf der Heilige in seinen Kreuzzugsbriefen gegen das Wüten der Heiden im Heiligen Land polemisiert, nimmt er doch die Juden als das Gottesvolk des Alten Testaments, das die Verheißung besitze, grundsätzlich aus und wendet sich auch gegen Zwangsbekehrungen, da sich nach seiner Überzeugung dieses Volk am Ende der Zeiten selbst bekehren werde. Mit Nachdruck fordert er daher die Kreuzfahrer auf, die Juden weder zu töten noch zu vertreiben.

Es gab damals im christlichen Lager ein relativ breites Meinungsspektrum über die Juden unter christlicher Herrschaft. Große Klöster wie Cluny und Saint-Denis nahmen deren Dienste als Geldverleiher und Händler von Luxusgütern gern in Anspruch, und bis zum Spätmittelalter lebten sie auch ohne Ghetto mitten unter der christlichen Bevölkerung. Der berühmte Abt Suger von Saint-Denis (1081–1151), Schöpfer des französischen Königsstaates, dürfte sie sogar für insgesamt «integrierbar» gehalten haben. Jedenfalls zeugen die edlen Frauengestalten von «Synagoge» und «Ecclesia» an den Portalen gotischer Kathedralen davon, daß der Platz des jüdischen Volkes im Heilsplan Gottes relativ klar definiert war. Man wird allerdings Bernhard in dieser Frage nicht für grundsätzlich tolerant im heutigen Sinne halten dürfen; er war sich als ungemein bibelkundiger Theologe zwar über die Rolle des ersten Gottesvolkes in der Geschichte sehr wohl im klaren, huldigte aber dennoch der weitverbreiteten Auffassung, daß dessen Schicksal als Volk der «Gottesmörder» mit seiner Zerstreuung in der Welt genügend charakterisiert sei. Feste, dauerhafte Grundsätze gab es in dieser letztlich theologischen Frage aber nicht, denn zweifellos hat die von Bernhard betriebene scharfe Kreuzzugspropaganda die Lage der Juden verschlechtert. Er löschte im Rheinland gewissermaßen nur einen Brand, an dessen Entstehung er nicht unschuldig war. Das zeigte sich übrigens auch an den Versprechungen für die Kreuzfahrer: Neben dem ewigen himmlischen Lohn für alle, die auf der «kriegerischen Pilgerfahrt» ins Heilige Land fielen, sollten ihnen auch alle Schulden bei jüdischen Geldgebern erlassen sein. So scheint es nicht ausgeschlossen, daß mancher Ritter das Kreuz nahm, um nicht zu Hause im Schuldturm zu landen.

So leidenschaftlich sich Bernhard auch in die Kirchenpolitik und in die nach wie vor diffizilen Probleme zwischen Papst und Kaiser stürzte, war ihm doch immer klar, daß Clairvaux und das Leben seines Ordens der Kern seiner Existenz blieb. Die Briefe, die er von seinen drei Italienaufenthalten nach Hause schrieb, sind voller Klagen über die Weltläufe; er kommt sich wie im Exil lebend vor, und das schmerzliche Empfinden von der Nichtigkeit und Eitelkeit dieser Welt bricht bei ihm immer wieder durch. Einzelne Konflikte belasten ihn zusätzlich; etwa der Streit um die Abtwahl in Montecassino oder sein hartnäckiger Kampf um die Besetzung von Bistümern in Frankreich mit ihm genehmen Kandidaten. Hilfreich bei der Entschärfung von Konflikten war er hingegen, wenn es um die sich bis zum Tode Lothars III. zuspitzenden Kompentenzquerelen zwischen Papst und Kaiser ging, in denen die alten Probleme des Investiturstreits des 11. Jahrhunderts wieder auflebten. Selbst nach der Beilegung des kirchlichen Schismas, an der Bernhard maßgeblich beteiligt war, hören seine bitteren Klagen nicht auf. In einem Brief an Innozenz II. bekennt er, vergessen zu haben, daß er «im Tal der Tränen lebe», also an einem Ort, wo Dornen und Disteln wachsen, die, kaum abgeschlagen, wieder nachschießen.

Nun ist der Schmerz darüber, aus der Ruhe klösterlicher Abgeschiedenheit herausgerissen zu sein, eine von jeher im Mönchtum lebendige Empfindung, die auch Bernhard bitter erfahren mußte und in ihm die Sehnsucht nach dem Tode als Beginn des eigentlichen Lebens verschärfte. Dort wollte er «mit Christus sein». Aber diese Sehnsucht nach Ruhe, Kontemplation und mystischem Aufstieg zu Gott, die sicher durch die sich häufenden Phasen des Krankseins verstärkt wurde, war nur ein Teil seiner Psyche wie seines Temperaments. Denn da gibt es auch noch seine unverhohlene Freude am erfolgreichen Wirken in der Welt, die Lust an Taktik und am Spiel politischer Interessen, die sich etwa an seinem Geschick zeigt, mit dem er Lothar III. für seinen Papst Innozenz zu gewinnen wußte, oder an seinem taktisch meisterhaften, aber kaum lobenswerten Vorgehen, mit dem er seinen theologischen Antipoden Petrus Abaelard aus der Bahn zu werfen verstand. Selbst seine Erfolge als Wundertäter wußte er virtuos in Szene zu setzen. Ganz zu schweigen von der organisatorischen Umsicht, mit der er den großen Zustrom begeisterter Jünglinge zum asketischen Leben in zahlreiche neue Klöster seines Ordens zu leiten wußte. Sicher spielte bei dieser Sorge für den Bau neuer Zisterzen seine Überzeugung vom nahen Weltende die wichtigste Rolle; sie beflügelte auch seine Kreuzzugspropaganda und gab seinem Wirken eine nach seiner Überzeugung göttliche Legitimation. In den Kämpfen seiner Zeit war er jedoch, wie sein konkretes Vorgehen zeigt, ein wendiger Pragmatiker, der notfalls auch zurückstecken konnte, aber dennoch seine Ziele nicht aus den Augen verlor. Die topische Bescheidenheit seiner Briefanfänge, in denen er von seiner «Unwürdigkeit und Ungelehrtheit» spricht, kann nicht darüber hinwegtäuschen, daß er ein starkes Selbstbewußtsein besaß; nicht ohne Grund galt er bei seinen Gegnern, die sich dem Faszinosum seiner Persönlichkeit entzogen, als extrem eitel. Man muß allerdings hinzufügen, daß sein Selbstbewußtsein nicht unbegründet war, denn er war nicht nur ein mitreißender Prediger, sondern auch ein glänzender Stilist, geistvoll, witzig, aber auch ein verletzender Florettfechter des Wortes, der seinen Argumenten Pfeffer und Gift beimischen konnte.

Bernhard und Petrus Abaelard: Die Konfrontation zweier Theologien

Schon Bernhards massive theologische Angriffe gegen Bischof Gilbert von Poitiers (ca. 1080–1154), einen der profiliertesten Vertreter der Schule von Chartres, sind grundsätzlicher Natur. Der Schüler und Sekretär Bernhards, Gottfried von Auxerre, verschärfte noch diese Konfrontation, die aber nur mit einem halben Sieg des Zisterzienserabtes endete. Otto von Freising, der bedeutendste Historiker des Reiches im Mittelalter, ein Ordensbruder Bernhards, schildert in seinen «Taten Friedrich Barbarossas» (Gesta Frederici I, 44, 45) sehr ausführlich und distanziert diese Kontroverse, die zwar mit einer Verurteilung Gilberts endete, aber ihm dennoch die ehrenvolle Rückkehr auf den Bischofsstuhl, also eine Rehabilitierung, bescherte. Gilbert, der in Paris gelehrt hatte und schulbildend wirkte, war, wie Otto ironisch bemerkte, nicht aus dem gleichen, nämlich weichen Holz geschnitzt wie Petrus Abaelard, den Bernhard zuvor zur Strecke gebracht hatte. Als Repräsentant der frührationalistischen, aristokratischen Schule von Chartres wußte er sich in Gegenwart des Papstes sehr wohl zu wehren. Es ist kaum anzunehmen, daß Papst Eugen III. und die anwesenden Bischöfe in der Lage waren, der sprachlogischen Argumentation zu Einheit und Dreiheit von Vater, Sohn und Heiligem Geist zu folgen, aber der Papst war doch klug genug, die Auseinandersetzung nicht bis zum äußersten eskalieren zu lassen, wie dies Bernhard, Gottfried und ihre Mitstreiter gewünscht hätten. Das positive Zeugnis, das Otto Gilbert ausstellt, bedeutet zugleich Kritik am Ordensbruder Bernhard, den er an anderer Stelle glattweg als einen Fanatiker bezeichnet (Gesta Frederici I, 50). Immerhin läßt Otto Bernhard als einen angesehenen und hochgeschätzten Mann gelten und nennt ihn hinsichtlich Lebensführung und Sittenreinheit «verehrungswürdig ... begabt mit Weisheit, hochgebildet und berühmt». Um so glaubwürdiger ist daher Ottos realistische Charakterisierung beider Kontrahenten. Die Causa Gilbert hatte aber noch ein Nachspiel, denn die römischen Kurienkardinäle kritisierten nun ihrerseits den Papst, er habe geduldet, daß Bernhard seine Glaubensartikel wie Gesetze «promulgiert» und damit seine Kompetenz überschritten habe. Empört hielten sie Papst Eugen III. vor: «Was macht dein Abt und mit ihm die gallische Kirche?» Nur Rom allein stehe ein Urteil in Glaubensfragen zu (Gesta Frederici I, 61). Eugen gelang es, die Kardinäle zu beschwichtigen, und ein gleiches tat Bernhards demütiger Brief in dieser Frage. Er hatte einfach sein Prestige, das ohnehin durch das jämmerliche Scheitern des von ihm proklamierten Kreuzzugs angeschlagen war, überzogen.

Über alle persönlichen Motive hinaus, die Bernhard sowohl im Streit mit Gilbert als auch zuvor mit Petrus Abaelard auch bestimmt haben mögen, ging es ihm jedoch um etwas für sein Glaubensverständnis Zentrales und Unveräußerliches: Ihm, als einem von mystischer Gotteserfahrung und tiefer Gläubigkeit geprägten Menschen, mußte es ein Ärgernis, ja, mehr noch, eine Sünde wider den Heiligen Geist sein, die Glaubenswahrheiten der Kirche mit dem logischen Instrumentarium der aristotelischen Dialektik zu analysieren und zu verifizieren. Bernhards Position in dieser Grundfrage war eindeutig: «So macht der menschliche Verstand alles für sich geltend und läßt nichts dem Glauben» (ep. 188 1). Auch Franziskus von Assisi hegte später solche Besorgnis. Ratio als Interpretament für die Geheimnisse des Glaubens, das war für Bernhard Frevel, der die Substanz des Glaubens in Frage stellte. Gerade dies hatte aber Petrus Abaelard mit seiner Lehrschrift «Sic et non» (Ja und Nein) und erst recht mit seiner «Theologia» getan, worin, trotz aller vorsichtigen Vorbehalte und Kautelen, widersprüchliche Aussagen der Bibel wie der Kirchenväter gegeneinandergestellt und der Versuch unternommen wurde, sie durch rationale Verfahren aufzulösen. Abaelard war zwar nicht der Schöpfer, aber der Vorreiter der rationalen scholastischen Methodik, die dann vor allem das 13. Jahrhundert beherrschen sollte, als Aristoteles als «*der* Philosoph» schlechthin galt, so daß man ihn nicht einmal mehr beim Namen zu nennen brauchte. Vor Abaelard hatten schon Denker wie der Kanonist Bernold von Konstanz († 1100) und vor allem Ivo von Chartres (ca. 1040–1115/16), das Haupt der Schule, widersprüchliche Aussagen der Kirchenväter kritisch gegenübergestellt. Abaelards Verdienst bestand darin, diese Methode zur vernunftmäßigen Begründung der Glaubenswahrheiten angewendet zu haben. Das führte mit einer gewissen Konsequenz zu einer schärferen Abgrenzung zwischen Glauben und Wissen und im 14. Jahrhundert zu der heftig umkämpften These von den «zwei Wahrheiten», nämlich der des Glaubens und der der Vernunft; beide konnten sich widersprechen. Abaelard war insofern noch vorsichtiger, als er zwar die Notwendigkeit der Dialektik für die Theologie betonte, sich aber gleichzeitig gegen deren Mißbrauch auf dem Gebiet der Dogmen, besonders der Trinitätslehre, wandte. Ausdrücklich stellte er fest: Die Vernunft vermag nur unvollkommene Gleichnisse zur Erklärung der göttlichen Wahrheiten beizubringen. Feststellungen dieser Art vermochten aber den grundsätzlichen Streit nicht zu verhindern.

Der Konflikt Bernhards mit Petrus Abaelard hatte eine längere Vorgeschichte, die recht harmlos begann. Der Zisterzienser hatte, vermutlich im Auftrag Papst Innozenz' II., als Visitator das Paraklet-Kloster bei Nogent-sur-Seine besucht, das Abaelard nach dem Ende seiner tragischen Liebesgeschichte mit Heloise für sie gegründet hatte und das 1131 die päpstliche Bestätigung erhalten sollte. Abaelard schrieb damals an Bernhard, daß man im Kloster seinen Besuch ersehnte, und Bernhard nahm damals offenbar keinen Anstoß an den für ihn milden Lebensformen des Konvents, sondern predigte sogar «engelsgleich» in der Klosterkirche. Da entrüstete ihn aber dann eine Wendung, in der die Nonnen das Vaterunser beteten, nämlich die Bitte um das «tägliche Brot» (nach Lukas 2,3). Der Konvent sprach aber diese Stelle nach Matthäus 6,11, die sich nicht auf die Bedürfnisse des Tages bezog, wie sie später Martin Luther sehr ausführlich und konkret umschrieb, sondern auf das übernatürliche Brot der Eucharistie. Beide Versionen der lateinischen Vulgata waren durch den griechischen Urtext abgedeckt und auch durch Kirchenväter autorisiert. Bernhard tadelte aber die damals schon ungewöhnliche, längere Version, wogegen sich Abaelard brieflich mit folgendem Argument wandte: Nur Matthäus könne das Vaterunser noch selbst aus Christi Mund gehört haben, während Lukas kein Augen- und Ohrenzeuge mehr war. Also sei die Matthäus-Variante die authentische. Abaelard argumentierte damit quellenkritisch-historisch und verschärfte den Gegensatz noch durch die spitze Bemerkung, daß auch die Zisterzienser liturgische Neuerungen gegen den allgemeinen Usus eingeführt hätten, so etwa bei den Marien- und Heiligenfesten. Mit historischer Beweisführung hatte sich übrigens Abaelard schon früher in Gefahr gebracht, als er die Mönche des Reichsheiligtums Saint-Denis mit seiner sicher zutreffenden Überzeugung zur Weißglut reizte, ihr Klosterheiliger Dionysius könne nicht mit dem (ohnehin problematischen) Athener Paulus-Schüler identisch sein. Abt Suger von Saint-Denis ließ damals Abaelard einsperren, um ihn vor ein Königsgericht zu bringen, schließlich hing der Ruhm (und damit die großen finanziellen Erträge des Klosters) von der Identifikation des Heiligen mit dem Dionysius vom Athener Areopag und damit mit Paulus zusammen. Petrus Abaelard konnte sich damals nur durch die Flucht retten. Die Kontroverse mit Bernhard hatte hingegen noch keine Folgen, aber man nahm sich wohl schon wechselseitig kritisch ins Visier.

Es vergingen mehrere Jahre, ehe es 1139 zu einer neuen und nunmehr für Abaelard schicksalhaften Konfrontation mit Bernhard kam. Beide waren inzwischen europäische Zelebritäten: Bernhard als Thaumaturg, päpstlicher Berater und hinreißender Prediger, Petrus Abaelard als scharfsinniger, berühmter Pariser Magister, der viele Schüler und begeisterte Anhänger um sich sammeln konnte. In einem Brief an Kardinal Guido, den späteren Papst Coelestin II., einen Freund Abaelards, formulierte der Zisterzienserabt seine schweren Bedenken gegen letzteren und brachte ihn diskriminierend mit Ketzern wie Arius, Pelagius und Nestorius in Verbindung (ep. 190, 2; 190, 23, 330 f.). Er verschärfte in einem Traktat für Papst Innozenz II. seine Angriffe und nannte Abaelards theologische Positionen Verletzungen des Glaubens und Schmähungen Christi. Dem Angegriffenen kam es dann bald zu Ohren, daß Bernhard seine «Theologia» als «Stultilogia», also als Blödsinn, verunglimpfte (ep. 190, 9). Bernhard wußte übrigens, daß sein Gegner sich rühmte, Schüler und Anhänger im Kardinalskollegium zu haben und daß er in Frankreich als akademischer Lehrer starken Einfluß hatte. Damit wurde er ein scharfer Konkurrent Bernhards, und es entbrannte ein ausufernder Streit, der zugleich, modern gesprochen, ein Kampf von Professoren um ihre Schüler wurde.

Im Frühjahr 1140 schrieb der schon erwähnte Freund und Verehrer Bernhards, Wilhelm von Thierry, einen alarmierenden Brief an denselben, der schwere Anklagen gegen theologische «Neuerungen» des Petrus Abaelard enthielt, die sich angeblich, Meere und Alpen überspringend, über Provinzen und Reiche verbreiteten und allenthalben frei diskutiert würden. Kernpunkte der neuen Lehre waren die Trinität, die Gnade Gottes und das Sakrament der Erlösung. Besonders anstößig waren etwa Formulierungen Abaelards, wonach der (christliche) «Glaube die Meinung von unsichtbaren Dingen» sei, oder seine Gleichsetzung des Heiligen Geistes mit der platonischen Weltseele (nus). Anstößig war ferner Abaelards Distinktion, daß wirkliche Sünde nur mit innerer Zustimmung und aus Verachtung Gottes geschehen könne und daher die sexuelle Begierde und Lust im Grunde keine Sünde seien. Auch wenn Wilhelms Anklagen sich nur auf eine nicht autorisierte Abschrift von Abaelards «Theologia scholarum», also eigentlich auf einen Abriß seiner Theologie für Studenten der Pariser Schulen, stützte, enthielt der Text in jedem Fall Sprengstoff genug. Hier wie in anderen wichtigen Schriften Abaelards, wie «Sic et non» und «Scito te ipsum», einer Ethik, die Wilhelm als «monströs» charakterisierte, ging es generell auch um die Ablehnung der bislang traditionellen allegorischen Interpretation der Bibel, die bis zu dem großen Theologen Origenes (ca. 185–254) zurückreicht. Und dies war wohl das eigentliche Umstürzlerische an Abaelards Ideen, die auch Bernhard erregen mußten, obwohl er nicht sogleich Stellung nehmen wollte. Was den alarmierten Wilhelm selbst betraf, so war er eigentlich ein theologischer «Konvertit», gestand er doch selbst ein, er habe Abaelard geliebt und würde ihn jetzt noch lieben, wenn er nicht solche Monstrositäten lehren würde. Als Häretiker hatte Wilhelm den Kritisierten aber nie bezeichnet, obwohl Abaelard schon 1121 in einem spektakulären Prozeß kirchlich gemaßregelt worden war. Grund hierfür war eine theologische Schrift des jungen Magisters, die auf einem Konzil in Soissons verurteilt wurde; der Verfasser wurde gezwungen, sie selbst ins Feuer zu werfen.

Jetzt aber, 1140/41, sah die Sache anders aus, denn nach einiger Zeit des Zögerns, die wohl der genaueren eigenen Information gewidmet war, griff Bernhard – nach einem offenbar ergebnislos verlaufenen Gespräch mit Abaelard – diesen frontal in Briefen an den Papst und an Kardinäle als Ketzer an. Er unterstellte Abaelard schwere Beschädigung des Glaubens sowie Verachtung der Kirchenväter und damit der Tradition, was in der Sache nicht ganz falsch war, und sprach sogar von einem «5. Evangelium» des Magisters, was auf schwere Blasphemie Abaelards hinauslief. Wie in vielen seiner zahlreichen Kampfschriften war Bernhard auch hier maßlos und aggressiv. In seinem Brief an Papst Innozenz II., der ihm Dank schuldete, stellte er unverhohlen fest, es sei Aufgabe des Nachfolgers Petri, die Verderber des katholischen Glaubens «zu vernichten» (ep. 190, 1, 2). Wie ein Wahnsinniger wüte Abaelard in der Bibel und gegen Vernunft (!) und Glauben. In anderen Brandbriefen zum selben Thema denunzierte er den Magister als «Verfolger des Glaubens», als einen «Herodes im Inneren und äußerlich einen Johannes». Er disputiere mit Knaben und pflege schlechten Umgang mit Frauen, ein Argument, das sich innerhalb der Kirche seit den Tagen der Kirchenväter einer traurigen Beliebtheit erfreute. Es lief auf die simple Gleichung hinaus: wer Schlechtes lehre, der sei auch sittlich verworfen. Häresie – das war die dunkle Begleiterin der Orthodoxie, die um so schärfer hervortrat, je präziser die dogmatischen Unterscheidungen wurden. Und als Häretiker wird Abaelard nunmehr gnadenlos vorgeführt: Er sei ein Vorläufer des Antichrist und täusche mit seinem «Waffenträger Arnold von Brescia viele um so mehr, als sie sich in Engel des Lichts verwandeln, wiewohl sie Satan angehören» (ep. 189, 3 u. 4). Bernhard weigerte sich deshalb, mit Abaelard zu diskutieren, denn dessen Schriften reichten bereits aus, ihn zu verurteilen; was aber nicht seine, sondern Sache der Bischöfe sei. Bernhards Briefe aus dieser Zeit sind geradezu eine Kaskade von Schmähungen des Gegners: Er nennt ihn Herodes, Erfinder von Lügen, Züchter perverser Lehren (ep. 193), Sohn des Drachens (ep. 330), Natter und Hydra (ep. 331), Feind der Kirche und Verfolger des Glaubens (ep. 338, 1) und geißelt ihn als einen Mönch ohne Regel, als Prälaten ohne Fürsorge und als einen Abt ohne Disziplin (ep. 332).

Nach diesen massiven Angriffen Bernhards war ein Häresie-Verfahren gegen Abaelard unvermeidlich und damit faktisch schon in die Wege geleitet. Man hat mit Recht darauf hingewiesen, daß Bernhards Vorwürfe weniger aus den Originaltexten seines Gegners als aus Wilhelms ungenauen Auszügen aus denselben stammten; das allein war schon ein fragwürdiges Vorgehen, sich auf diese Exzerpte zu stützen. Auch fehlte es nicht an pauschalen Urteilen, zu denen auch jenes gehört, daß Abaelard nicht disputiere, sondern übergeschnappt sei. Man wird Bernhards Frontalangriff besser verstehen, hält man sich vor Augen, daß es in der Tat um Kernfragen des Glaubens geht, die der Abt bedroht sah. Schon Abaelards Definition, Glaube sei (nur) die «*Meinung*, die man von unsichtbaren Dinge habe», bedeutete für ihn einen ungeheuerlichen Seinsverlust für die Grundlage der christlichen Religion. Fragen solcher Art wurden aber zu dieser Zeit – wenn auch zumeist als «rhetorische Fragen» – durchaus diskutiert. Auch der große, hochgebildete Abt von Cluny, Petrus Venerabilis (1092/94–1156), konnte solche Fragen stellen: «Ist es denn gewiß, was wir von Gott glauben, ist der Glaube, den wir haben, zweifelsfrei der wahre?» (De Miraculis 2, 25). Es war dies der gefährliche Sog einer sich absolut setzenden Vernunft, der nicht selten über die Grenzpfähle der kirchlichen Dogmen hinaustrug und den Bernhard zeitlebens leidenschaftlich bekämpfte. Vorerst reagierten weder der Papst, noch Bischöfe und Kardinäle, und wohl deshalb begab sich Bernhard in die Höhle des Löwen, nämlich nach Paris zu den theologisch-philosophischen Schulen, die damals zur späteren Universität, der Sorbonne, zusammenzuwachsen begannen. Anfangs hatten seine Auftritte nur geringen Erfolg, was ihn, den fulminanten Prediger, bis zu Tränen erschütterte. Er verlor aber nicht den Mut, und so gelang es ihm doch, in seinen Reden vor Pariser Klerikern und Studenten Boden zu gewinnen und manche Anhänger Abaelards auf seine Seite zu ziehen. In einem Rückblick der Bischöfe heißt es denn auch, er habe «auch viele Scholaren ermahnt, die Bücher [Abaelards] voll des Giftes zu verabscheuen und wegzuwerfen». Zwanzig Studierende sollen ihm daraufhin als Mönche nach Clairvaux gefolgt sein. In der «Rede an die Kleriker über die Bekehrung», einem rhetorischen Glanzstück Bernhards als hinreißender Prediger, Seelenführer und Lehrer, konfrontiert er dramatisch den gottfernen, frevlerischen Eigenwillen des Menschen als abstoßendes, mit Aussatz gestraftes ruinöses, altes Weib mit dem «Aufatmen der Tröstung» im Heilsangebot des Matthäusevangeliums. Der Drohung des «Großen Bruders» (Gott) mit Höllenqualen – die Homosexualität vieler Priester wird dabei besonders angeprangert – steht die Seligkeit der Barmherzigen gegenüber, die zugleich, wie er als Lehrer suggestiv hinzufügt, eine Barmherzigkeit mit sich selbst ist, nämlich im Blick auf ein jenseitiges Schicksal. Kurz, hier wie in seiner fruchtbaren Tätigkeit als leidenschaftlicher Erzieher von Königen, Päpsten und als geistlicher Förderer des ritterlichen Templerordens wie als erfolgreicher «Seelenfänger» unter den jungen Adeligen Frankreichs, die er am liebsten alle in seinen Klöster einsammeln wollte (Friedrich Heer), zeigt sich Bernhard von seiner gewinnendsten Seite.

Unterdessen nahmen aber auch seine Angriffe auf Petrus Abaelard immer konkretere, härtere Formen an und gingen weit über einen Neidkomplex gegenüber einem erfolgreichen Kollegen hinaus. Den Vorschlag, mit seinem Gegner Aug' in Aug' zu diskutieren, lehnte er leidenschaftlich ab: Er möchte Abaelard lieber die Zähne mit Knüppeln einschlagen lassen, als ihn mit Argumenten zu widerlegen (ep. 190, 11). Das war eine aggressive Haltung, die es verständlich machte, daß Otto von Freising ihn bei allem Respekt als Zeloten bezeichnete. Bei aller Härte des Ausdrucks und der Umgangsformen wird man aber nicht übersehen dürfen, daß sich, weit über den persönlichen Konflikt hinausreichend, zwei diametrale Möglichkeiten des Glaubens gegenübertraten, die sich immer wieder im Gang der Kirchengeschichte zu Wort meldeten. Einerseits der durch Frömmigkeit beflügelte Wunsch, die Glaubenswahrheiten mit den Mitteln der Vernunft zu durchdringen und damit zu festigen, und andererseits der ebenso leidenschaftliche Wille, die religiöse Gewißheit nicht dem Zugriff der Ratio auszusetzen. Wie es Bernhard genau formuliert: «Im Gebet wird Gott wohl würdiger gesucht und leichter gefunden als in der Disputation» (De consideratione, 5, 14, 32). Für ihn, Bernhard, bleibt der Glaube unfehlbar, weil er die Grenzen menschlicher Vernunft überschreitet. Es war die Unverletzlichkeit des Glaubens, um die er mit aller Leidenschaft rang.

Dies alles waren beherzigenswerte Grundsätze, die aber in der konkreten Arena der Konfrontation bedenkliche Folgen haben konnten. Bernhards Strategie lief darauf hinaus, außerhalb des Universitätsbereiches, der durch päpstliche Privilegierung ein hohes Maß von Meinungsfreiheit im akademischen Diskurs gestattete, Abaelard kein öffentliches Forum für seine häretischen Ideen zu geben. Vielleicht spielte es auch eine Rolle, daß sich Bernhard dem scharfsinnigen dialektischen Florett Abaelards nicht gewachsen fühlte. So verweigerte er sich der Diskussion, die Abaelard wünschte und wie sie auch der Erzbischof von Sens 1141 ermöglichen wollte. Bernhard war der Meinung, daß die Schriften des Gegners ausreichten, ihn zu verurteilen; von der Präsenz Abaelards versprach er sich offenbar nichts Gutes. Die Bischöfe bestanden aber auf seiner Teilnahme am Verfahren. Unter diesen Umständen ergriff Bernhard die Initiative und organisierte in Sens eine Versammlung hoher Kleriker und kirchlicher Würdenträger, von denen er annehmen konnte, daß sie in seinem Sinne urteilen würden.

Abaelard, der viele Freunde unter der geistigen Elite hatte, wurde Bernhards Anklageschrift zugespielt, so daß er sich zur Widerlegung der Vorwürfe und Verdächtigungen äußern konnte. Er lud seinerseits viele Freunde nach Sens ein und erzwang sogar die von Bernhard gefürchtete Disputation, dies in der nicht unrealistischen Hoffnung, seinen Gegner mit seiner dialektischen Brillanz überwinden und damit die Eröffnung eines offiziellen Anklageverfahrens wegen Häresie verhindern zu können. In der Tat erschienen einflußreiche Freunde aus der Hierarchie in Sens, ferner zahlreiche nordfranzösische Äbte sowie der französische König mit weltlichen Großen, aber auch Reformer wie der indirekt in das Verfahren involvierte Arnold von Brescia und der bedeutende Denker Gilbert von Poitiers, mit dem Bernhard später in Konflikt geriet. Die Angelegenheit stand also am Vorabend der alles entscheidenden Disputation für den Zisterzienserabt nicht besonders aussichtsreich. Gegen den Widerstand des Kardinaldiakons Hyazinthus von Bobo, der ein Freund Abaelards war, versammelte Bernhard in dessen Abwesenheit schon am Abend vor der Konferenz die Bischöfe – vermutlich in ihm genehmer Auswahl – und überredete sie dazu, alle Schriften Abaelards, die Bernhard in wohlerwogener, zugespitzter Auswahl vorlas, als häretisch zu verwerfen. Bischof Berengar von Tours, ein Schüler Abaelards, wußte von dieser im Grunde illegalen Vorkonferenz auch zu berichten, daß die anwesenden Bischöfe schwer betrunken waren, so daß sie das entscheidende Wort «damnamus» (wir verurteilen) nicht mehr richtig auszusprechen vermochten, sondern es lallend zu «namus» (wir schwimmen) verballhornten. Berengars satirisch überzogene Verteidigungsschrift für Abaelard war zweifellos ein scharfes Pamphlet voller Sottisen, er wollte es dem Angreifer einfach heimzahlen. Im einzelnen versuchte er, Bernhard Irrtümer nachzuweisen, und ging sogar so weit, dessen berühmten Hohelied-Kommentar, ein Glanzstück religiöser Literatur, als neuerungssüchtiges Plagiat abzutun (PL 178, 1863–1864) und ihm stilistische Mängel vorzuwerfen. Berengar mußte für seinen Verteidigungsangriff auf Bernhard ins Exil gehen. Er nahm zwar manches zurück, blieb aber mit Recht bei seiner Feststellung, daß man Abaelards «Stimme ohne Anhörung abgewürgt habe» (PL 178, 1872A). Somit ist Berengars Empörung über Abaelards rechtswidrige Verurteilung ohne Anhörung doch sehr verständlich, und ebenso berechtigt ist es, wenn er Bernhard vorwirft, er hätte als Mönch nicht so mitleidlos kämpfen dürfen.

Der Erfolg blieb aber auf Bernhards Seite, sein Coup am Vorabend der Bischofskonferenz erlangte Gültigkeit. Der nächste Tag brachte eine neue Überraschung: Nun standen sich die beiden Kampfhähne unmittelbar gegenüber, die Disputation, die der Abt gefürchtet hatte, entfiel jedoch. Bernhard verlas lediglich vor der Versammlung seine Anklagekapitel und fragte den Gegner kategorisch, ob er leugne, die inkriminierten Texte verfaßt zu haben, oder, wenn dies nicht der Fall sei, ob er die fraglichen Stellen beweisen oder verbessern könne? Das wäre nun genau der Punkt gewesen, an dem Abaelard mit dialektischer Bravour hätte zum Gegenschlag ausholen können. Zur allgemeinen Überraschung schwieg aber der Beklagte; er appellierte nur generell an die Autorität des Papstes und verließ mit seinem Anhang die Versammlung; ein Verhalten, das von Historikern sehr unterschiedlich beurteilt worden ist. War es Taktik, die höchste Instanz in Rom anzurufen, oder eher ein Schock, unter dem Abaelard nicht die Gelegenheit wahrnahm, sogleich pointiert zu erwidern? Wie dem auch sei, eine Flut von Briefen nach Rom war die Folge, wobei es Bernhard geschickt verstand, Briefschreiber zu ermuntern und in seinem Sinn zu instruieren. Er selbst schrieb in aller Schärfe an den Papst und verleumdete bei dieser Gelegenheit den Kardinaldiakon Hyacinthus, der als Freund Abaelards sicher ein ganz anderes Bild des Verlaufs der Versammlung in Rom entwerfen würde. Er forderte den Heiligen Vater kategorisch auf, nach der Beendigung des Schismas nun auch mit der Häresie aufzuräumen oder – wie es in der bibelfesten Argumentationsdiktion der Kirche hieß – «die Füchse» aus den Weinbergen des Herrn zu fangen, d. h., die Ketzer zu beseitigen. Vergebens plante Abaelard, in seiner Angelegenheit selbst nach Rom zu gehen, vergebens verfaßte er in Cluny, wo er nun unter dem gütigen Schutz des Abtes Petrus Venerabilis lebte, Verteidigungsschriften, vergebens beklagte er darin die «höchste Bosheit oder Ignoranz», mit der man ihn als Häretiker abgestempelt hatte. Bernhard war schneller, er setzte bei Innozenz II. – der ihm allerdings auch seinen Sieg über Papst Anaklet wesentlich verdankte – die rasche offizielle Verurteilung Abaelards durch und war im übrigen nicht bereit, sich mit diesem auf weitere Disputationen einzulassen. In der Verurteilung des Magisters, dem ewiges Schweigen auferlegt wurde, wurden auch alle seine Anhänger, Arnold von Brescia eingeschlossen, als «Urheber einer perversen Lehre und als Angreifer gegen den Glauben» exkommuniziert. Der Papst stellte Bernhard frei, wo Abaelard in Klosterhaft genommen werden sollte; seine Schriften waren dem Feuer zu übergeben. Proteste seiner Schüler und Freunde fruchteten nichts. Immerhin erreichte Petrus Venerabilis durch seine Autorität in Rom, daß der Exkommunizierte in Cluny als Gast und nicht als Gefangener leben konnte und daß der Papst seine Exkommunikation später wieder aufhob, so daß der hochgelehrte Magister seine Studien fortsetzen konnte. Ihm und Abt Rainald von Citeaux gelang es schließlich auch, Bernhard und Abaelard zu versöhnen, doch bleibe dahingestellt, ob dies mehr als eine äußerliche Geste war. Schon im folgenden Jahr starb der berühmte Lehrer.

Es spricht für die Noblesse des großen Abtes von Cluny, daß er an Abaelards frühe Geliebte und spätere Gattin, die Äbtissin Heloise, einen einfühlsamen Beileidsbrief schrieb. Es sollte aber nur wenige Jahrzehnte dauern, bis die dialektische Methode in Theologie und Philosophie mit dem großen Zeitalter der Scholastik den Namen Abaelards rehabilitierte und sein Werk wieder zu Ehren brachte, während die traditionelle allegorische Bibelexegese, der Bernhard weitgehend huldigte, in den Hintergrund trat. Daß beide Gegner – man hat sie treffend «Feindbrüder» genannt – guten Glaubens gegeneinander stritten, muß nicht besonders betont werden. Ein zeitgenössisches Klagelied über Abaelards Tod, das zugleich Bernhard und die Zisterzienser in ihren Kutten anklagt, rief leidenschaftlich ganz Frankreich zu Entrüstung und Mitgefühl auf, ein Zeichen dafür, welche tiefen Spuren der große Magister im Bewußtsein seiner Zeit hinterlassen hatte. Auf der von Bernhard so klug manipulierten Synode von Sens hatte er zwar gesiegt, aber es war ein Pyrrhus-Sieg, denn selbst im Zisterzienserorden waren die Meinungen über den Ausgang des Verfahrens geteilt. Man unterließ es nämlich in den Zisterzen keineswegs, sich mit Manuskripten des Verurteilten zu versorgen. Sie waren «heiße Ware», und die in ihnen behandelten Themen sollten die Theologie der Zukunft maßgeblich bestimmen.

Es gab aber auch Konflikte anderer Art, in die Bernhard streitlustig eingriff und die schon länger schwelten, ehe er mit seinem Pamphlet «Apologia» den Ton der Auseinandersetzung entscheidend verschärfte. Um 1124/25 schaltete er sich nämlich in den aus Konkurrenzgefühlen heraus entstandenen Streit zwischen Cluniazensern und Zisterziensern ein. Er griff vor allem an, daß Cluny die alte Strenge in der Befolgung der Benediktregel aufgegeben habe, kommentierte nicht ohne Häme die ausufernde Pracht der cluniazensischen Architektur, vor allem die gewaltigen Ausmaße ihrer Kirchen. Hier war es wohl besonders der gigantische Bau von «Cluny III», dessen Fragmente heute noch beeindrucken, der Bernhards Mißfallen erregte. Kritisiert wurde der Luxus der Fresken, des reichen figuralen Schmucks der Kirchen, die Kostbarkeit der Bibliotheken und Aufenthaltsräume und ebenso die pretiöse Schönheit der liturgischen Geräte.

Man wird sich an dieser Stelle die Frage stellen müssen, ob Bernhard die Welt der Schönheit aus asketischer Überzeugung verschlossen blieb. Grundsätzlich wäre hier zu sagen, daß Kritik an gewissen Kunstformen ästhetisches Empfinden keineswegs ausschließt, sondern eher voraussetzt. Schon seine brillante Feder, die poetische Kraft des Ausdrucks in seinem unvollendeten Meisterwerk, den 86 «Sermones super Cantica canticorum», dem Hohelied-Kommentar, spricht für Bernhards ästhetische Sensibilität, ebenso seine Vorschriften für die zisterziensische Baukunst, die auf bewußte Schlichtheit abzielten. Danach waren, wohl mit Blick auf Clunys architektonische und figurale Prachtentfaltung, Farbigkeit und Schmuck verboten; doch spielte das Licht in den Klosterkirchen eine sowohl mystische wie ästhetische Rolle, d. h., ein baukünstlerisches Wollen war unverkennbar. Damit unterschied sich die Architektur der Zisterzienser als gewollt asketische Baukunst deutlich vom Radikalismus des heiligen Franziskus, dem jeder feste oder gar geplante Bau grundsätzlich, weil gegen das Armutsideal verstoßend, widerstrebte, so daß die frühen Franziskanerkirchen in der Tat kahlen Gebets- und Predigerscheunen gleichen. Anders sehen jedoch von Anfang an die Zisterzienserkirchen aus, die asketisches Kunstwollen zeigen: Fenster aus weißem Glas, ohne Kreuze und Bilder, waren vorgeschrieben, denn «der Höchste wohnt nicht in von Menschen gemachten Stätten», vielmehr muß man ihm in der Seele seinen Tempel bauen. So forderte es Bernhard bei einem Kirchweihfest; es klingt geradezu puritanisch (In dedicatione ecclesiae, 2, 2). Konsequenterweise wird daher in den «Capitula» (c. 26) aus den dreißiger Jahren vorgeschrieben, daß es in den Zisterzen keine Skulpturen geben dürfe und an Bildern nur das Kruzifix. Auch in diesem Fall bot Cluny das Negativbild. Von Habsucht und Götzendienst ist bei Bernhard die Rede: «Es wird die wunderschöne Gestalt eines oder einer Heiligen gezeigt und für um so heiliger angesehen, je bunter sie ist. Die Leute laufen, sie zu küssen, werden zu Schenkungen eingeladen und bewundern mehr Schönes, als daß sie Heiliges verehren ... Auf Kosten der Armen wird den Augen der Reichen gedient. Es finden die Neugierigen, womit sie sich ergötzen, es finden nicht die Armen, womit sie ihren Unterhalt bestreiten.»

Das war Sozialkritik aus asketischer Sicht, wie man sie später etwa bei Berthold von Regensburg (ca. 1210–1272), dem großen franziskanischen Prediger, in ausgeprägter Form wiederfindet; eine Kritik, die sich aber keineswegs grundsätzlich gegen das Schöne richtet. Daß dem so ist, zeigen Bernhards konkrete Beanstandungen: «Im übrigen, was macht in den Klöstern, vor den Brüdern, die doch lesen, jene lächerliche Ungeheuerlichkeit, eine wunderbar verformte Schönheit und schöne Verformung? Was tun dort unreine Affengesichter? Wilde Löwen? Monströse Kentauren? Halbmenschen? Gefleckte Tiger? Kämpfende Ritter? Hörnerblasende Jäger? Unter einem Kopf kannst du viele Leiber sehen und umgekehrt auf einem Leib viele Köpfe. Man nimmt auch einen Schlangenschwanz an einem Vierfüßler wahr, an einem Fisch den Kopf eines Vierfüßlers. Da zieht eine Bestie ein Pferd nach vorn, dort zerrt sie eine halbe Ziege nach hinten ...» (Apologia XII, 28, 29). Es liest sich wie ein Bildkatalog der wunderbaren, phantastischen und oft skurrilen Kunst der mittelalterlichen Buchillustration und Bauplastik, Glanzleistungen der Epoche. Ironisch bemerkt Bernhard dazu, der sich offenbar sehr genau die Fresken und Miniaturen Citeaux' unter dem kunstfreundlichen Abt Stephan Harding und diejenigen Clunys angeschaut hat, man möchte eher den ganzen Tag mit der Bewunderung dieser Einzelheiten als in der Meditation der Gesetze Gottes zubringen. Mit solcher Kritik an figuraler Kunst im kirchlichen Bereich stand er übrigens nicht allein, sondern die Theologen Bernhard von Chartres (um 1114/26) und sein Gegner Abaelard waren derselben Meinung; dies in einem Zeitalter, in dem die bildende Kunst mit der frühen Gotik einen glanzvollen Aufschwung nahm.

Es war also der asketische Auftrag des Mönchs als des «engelsgleichen Menschen», der Bernhard die Feder führte. Auch die geradezu modische Kleidung der Mönche Clunys war Gegenstand von Bernhards Frontalangriff und nicht zuletzt das fürstliche Auftreten, der geradezu feudale Habitus des Generalabts von Cluny, der mit einem gewaltigen Troß mit mindestens 60 Pferden auftrat, was nur weltlichen Herrschern gezieme. Es gab auch andere Angriffe von zisterziensischer Seite gegen Cluny, aber keiner war so treffsicher bis zur Persiflage. Bernhards Kritik hatte auch ein sehr persönliches Motiv: Sein leiblicher Bruder Robert war von den Zisterziensern zu den Cluniazensern übergetreten, und er hatte vergeblich versucht, ihn zurückzuholen. Scharf kritisiert wird auch Clunys Usus, zwar – außer an Festtagen – kein Fleisch zu essen, dafür aber üppige, raffiniert gewürzte Fischgerichte zu servieren und reichlich bemessene Zukost an Brot und Wein zu gestatten. Für den magenkranken Bernhard war dies ohnehin ein Greuel, und so weiß er sich mit dem Apostel Paulus einig, der an die offenbar genußsüchtigen Römer geschrieben hatte: «Das Reich Gottes ist nicht Speise und Trank, sondern Gerechtigkeit, Friede und Freude im Heiligen Geist» (Röm. 7,22). Petrus Venerabilis reagierte mit Gelassenheit und führte gegen Bernhards Attacke in der Menüfrage die humane und flexible Vorschrift des Kapitels 34 der Benediktregel ins Feld: «Wer wenig braucht, soll Gott danken und nicht betrübt sein. Wer aber mehr braucht, soll seiner Schwäche entsprechend demütig sein und sich nicht für die erwiesene Barmherzigkeit überheblich zeigen.» Überdies verweist der Cluniazenser auch auf Augustinus: «Vor allem ist Liebe (caritas) zu bewahren. Der Liebe wird die Ernährung, der Liebe das Reden, der Liebe Kleidung und Aussehen zugeordnet.» Im Gegenzug die Härte des Zisterziensischen Asketismus angreifend, sieht Petrus die Liebe (caritas, magistra caritas) als Grundprinzip der Benediktregel an und wirft unter Hinweis auf sie den Gegnern vor, sie hätten die benediktinische Tugend der «discretio», der klugen Unterscheidung, in eine schematisierende, d. h. unmenschliche Lebensordnung (indiscretionis inhumanitas) verwandelt. Die längere asketische Tradition Clunys stand hier gegen den asketischen Radikalismus des jungen Konkurrenzordens, der das Unmögliche anstrebte.

Immerhin nahm Petrus Venerabilis die Angriffe zum Anlaß, mit Umsicht und größerer Strenge Reformen in seinem gewaltigen Klosterverband durchzusetzen. Andere Vorwürfe Bernhards wies er aber sachlich korrekt zurück, etwa dessen Kritik, Abt und Konvent würden sich nicht vor an- und abreisenden Gästen zu Boden werfen und unterließen es auch, den Gästen die Füße zu waschen. Verfahre man so, dann müßte der ganze Konvent entweder dauernd im Gästehaus sein, oder man hätte die Gäste ständig in der Klausur oder in den Werkstätten. Insgesamt klingen in Bernhards Text Themen an, die in der massiven Kirchenkritik des 13. Jahrhunderts wie des Spätmittelalters eine große Rolle spielen sollten: die Armut als Voraussetzung einer wahrhaften Nachfolge Christi, wie sie Franz von Assisi vorlebte, aber auch als gesellschaftliches Problem. In letzterem Fall wurde vor allem der Reichtum der Papstkirche angegriffen, der im 14. Jahrhundert von der franziskanischen Opposition und von Marsilius von Padua (ca. 1290 – ca. 1343) zu einem Zeitproblem ersten Ranges und damit zu einem Politikum gemacht wurde.

Bernhard und der Zweite Kreuzzug (1147–1149)

Das Thema Kirche und Krieg hat eine lange Vorgeschichte. Sie begann mit einem grundlegenden Brief des Kirchenvaters Augustinus an den römischen Feldherrn und Gouverneur Afrikas Bonifatius und betraf die grundlegende Frage, ob und unter welchen Umständen es kirchlich erlaubt war, Kriege zu führen. Anders als das Urchristentum, das bis zum Martyrium die aktive Teilnahme am Kampf verweigerte, definierte der Kirchenvater einige Fälle, die auch Christen erlaubten, Krieg zu führen. Einer dieser Fälle besagte, es sei berechtigt, mit militärischen Mitteln ein geraubtes Gut wieder zu erlangen. Diesem Tatbestand entsprach es nun nach Meinung des Hochmittelalters, Palästina, das Heilige Land, in dem Christus gelebt und den Kreuzestod erlitten hatte, dem Islam wieder zu entreißen. Diese Überzeugung hatte schon den Ersten Kreuzzug unter Papst Urban II. (1088–1099) ausgelöst, ähnliches galt für den Zweiten, bei dessen Proklamation und Organisation Bernhard eine Schlüsselrolle spielte. Eschatologische Vorstellungen vom baldigen Weltende trugen zu seinem leidenschaftlichen Engagement bei, obwohl er sich gerade damals als kranker Mann ruhige Jahre in Clairvaux gewünscht hatte. Auch hatte er eine längere geistige Entwicklung hinter sich, ehe er zum Ideologen der «bewaffneten Wallfahrt» für Christus wurde. Jerusalem, der Hauptort im Leben und

Sterben Jesu, war für ihn lange ein rein spiritueller Ort, kein Eroberungsziel gewesen. Mehr noch: Für ihn war Clairvaux das wahre Jerusalem. Seinen Mönchen verbot er grundsätzlich die Pilgerfahrt, denn er war der Überzeugung, daß nicht der Ort die Menschen heiligt, sondern «die Menschen den Ort». Allzuleicht schleiche sich bei der Pilgerfahrt Ruhmsucht ein, ja, es könne bei dieser Gelegenheit mancher den Einflüsterungen des Teufels erliegen (ep. 82,2). Diese Auffassung hatte Tradition. Schon Winfrid-Bonifatius befürchtete für wallfahrende Nonnen, sie könnten in den Bordellen Italiens und des Frankenreiches enden, und auch der Hoftheologe Karls des Großen, Theodulf von Orléans (ca. 769–821), bemerkte sarkastisch: «Es ist besser zu Hause in Ehren zu leben, als nach Rom zu ziehen. Man verdient den Himmel nicht mit seinen Füßen, sondern durch sein Wohlverhalten.»

Um wieviel problematischer mußte daher die «bewaffnete Wallfahrt» sein. Als Berater des ersten geistlichen Ritterordens, der Templer, der 1120 in Jerusalem entstanden war und dessen Lebensordnung Bernhard 1129 auf dem Konzil von Troyes endgültig formulierte, war er der Idee näher gekommen, daß Jerusalem als «Erbe und Haus Christi» wieder fest in christliche Hand kommen müsse. Für den Templerorden verfaßte Bernhard auch seine Werbeschrift «Zum Lob der neuen Ritterschaft» (De laude novae militiae), die gleichzeitig eine Kritik am weltlichen Rittertum beinhaltete. Durch den Zwist unter den christlichen Herrschern des Heiligen Landes – den Nutznießern des Ersten Kreuzzugs – hatte die arabisch-islamische Seite kriegerisch wieder stark an Boden gewonnen. Das auslösende Signal wurde im Dezember 1144 der Fall Edessas, des nordöstlichen Bollwerks der vier Kreuzfahrerstaaten auf dem Boden Palästinas, das in die Hände Zengis, des Herrschers von Mossul und Aleppo gefallen war. Die islamische Welt befand sich nun wieder auf dem Vormarsch und jetzt erst wandten sich die christlichen «Ministaaten» Palästinas um Hilfe an Rom. Das löste die päpstliche Initiative zum Zweiten Kreuzzug aus, der Bernhard durch Kreuzzugspredigt und Briefe an die Fürsten der Christenheit eine mächtige Stimme gab. Frühestes Zeugnis dieses Sinneswandels ist seine zwischen 1128 und 1136 entstandene Templerschrift (ep. 363), wonach der irdische Ruhm (der Eroberung Jerusalems) jenseitigen Nutzen nicht mindere, sondern mehre. In seinen anfeuernden Kreuzzugsbriefen, die für eine zahlreiche Teilnahme am Heidenkrieg warben und daher ein fragwürdiges propagandistisches Niveau haben, das Bernhards Geistigkeit wenig entspricht, verschärfte sich der Ton. Nunmehr ist von einem Vernichtungskrieg und von Ausrottung der islamisch-arabischen Feinde im Heiligen Land die Rede (ep. 457). Ungeachtet seiner Krankheit eilte Bernhard predigend und werbend in Frankreich und Deutschland von Ort zu Ort. Auch Papst Eugen III. verbot ausdrücklich, daß die unterworfenen Nichtchristen in ihrem bösen Irrglauben (perfidia) verharren konnten, wenn sie dafür Geld zahlten. Dies nämlich war der generelle Usus im islamischen Bereich, so daß die Christen gegen eine Sondersteuer bei ihrem Glauben und in ihren Kirchen bleiben durften.

Einen Höhepunkt in Bernhards Kreuzzugspropaganda war seine wohlorganisierte flammende Predigt vor dem burgundischen Kloster in Vézelay, wo der charismatische Abt, zusammen mit dem französischen König Ludwig VII. (1137–1180), ein Holzgerüst bestieg, um als «Himmelsinstrument» – so ein Augenzeuge – für die Kreuzfahrt zu werben. Man schrie vor Begeisterung, Bernhard zerriß seine Kleider für Stoffkreuze, die für die Menge gleichsam Kontaktreliquien waren. Zeitgenossen berichten, daß Städte und Burgen die männliche Bevölkerung verloren, die ins Heilige Land zog. Die Kriegslust innerhalb des christlichen Europa, eine normale Konstante, die aus dem adeligen Fehderecht kam und von der Kirche in der Gottesfriedensbewegung (Treuga Dei) mühsam genug eingedämmt wurde, wendete sich nunmehr nach außen. Otto von Freising bezeugt dies: «... plötzlich herrschte fast im ganzen Abendland Friede, und es galt nicht nur als Unrecht, Kriege anzuzetteln, sondern auch, in der Öffentlichkeit Waffen zu tragen» (Gesta Frederici I, 45). Bernhard selbst führt diese Beobachtung über die innere Befriedung Europas als massenpsychologische Folge der Kreuzzugsbegeisterung noch insofern weiter, als er auch für die Kreuzfahrer selbst und für die Kirche insgesamt einen großen Nutzen voraussah. Aus brutalen Verwüstern werden treue Verteidiger. So kann Christus durch seine Feinde über seine Feinde triumphieren, wie er einst Saulus zu Paulus wandelte; ein Gedanke der an Hegels «List der Vernunft» – als säkularisierte Vorsehung Gottes – erinnert (De Laude V, 10): Auch die Bösen müssen zum Reich Gottes beitragen.

Welchen Anteil reine Abenteuerlust und die Freude, dem grauen Alltag zu entkommen, dabei hatten, ist schwer zu sagen. Neben der den Kreuzfahrern von der Kirche versprochenen völligen Sündenvergebung – theologisch ein Unfug – spielten materielle Überlegungen zweifellos eine Rolle. Schon Fulcher von Chartres (1059–1127), der souveräne Chronist des Ersten Kreuzzugs, berichtet mit bemerkenswerter Offenheit über sehr weltliche Motive der «bewaffneten Wallfahrt» und über das schöne Leben, das die im Orient ansässig gewordenen Kreuzfahrer dort führen konnten: «Wer einst als Fremdling ankam, ist heimisch geworden, der Pilger hat sich niedergelassen ... Diejenigen, die in ihrem Vaterland arm waren, macht Gott hier reich; die nur ein paar Geldstücke hatten, besitzen hier eine Unzahl von byzantinischen Münzen; denjenigen, die nur einen Pachthof ihr eigen nannten, schenkt Gott hier eine ganze Stadt. Warum in den Westen zurückkehren, da es sich doch im Osten so gut leben läßt? ... Gott will uns allesamt reich machen und an sich ziehen.»

Für Bernhard gab es sicherlich keine Überlegungen solcher Art, er identifizierte sich leidenschaftlich mit dem Sieg der christlichen Sache in Palästina. Gleichzeitig erweiterte er die Kreuzzugsidee zum gnadenlosen Kampf gegen die slawischen Völker an der Ostgrenze des Reiches. Im Wendenkreuzzug von 1147, der im Beisein Bernhards auf dem Reichstag zu Frankfurt am 13. März beschlossen wurde, sollten die fast ununterbrochenen Kämpfe mit den östlichen Nachbarn durch Proklamierung einer Kreuzfahrt kirchlich legitimiert und intensiviert werden. Bernhards Rundschreiben an alle Gläubigen rief zur Rache an den Heidenvölker und zu ihrer Ausrottung auf: «Wir verkünden: Die Kraft der Christen rüstet sich gegen jene [die Slawen] und empfängt das Heilszeichen [das Kreuz], um jene Heidenvölker gänzlich zu vernichten oder unwiderruflich zu bekehren» (ep. 457). Verträge gegen Geld und Tribut durften nicht geschlossen werden; auch im akuten Fall des Slawenkreuzzugs wurde die islamische Kompromißformel der Sondersteuer Nichtgläubiger ausdrücklich verworfen. Bernhards Kampfruf «Tod oder Bekehrung» nur als Metapher für die Christianisierung zu verstehen, ist unhaltbar und widerspricht der rüden Praxis. Die Magdeburger Annalen sagen es 1147 klar und nüchtern: Es sei das Ziel, «die Wenden entweder der christlichen Religion zu unterwerfen oder sie mit Gottes Hilfe (!) völlig auszurotten». Daß dem auch so war, bezeugt 1163 eine Urkunde Heinrichs des Löwen: «Da die himmlische Gnade unseren Unternehmungen Erfolg geschenkt hat, haben wir über die Menge der Slawen derart triumphieren können, daß wir den Gehorsam der Demütigen durch die Taufe zum ewigen Leben, den Trotz der Hochmütigen durch Vergießen ihres Blutes zum ewigen Tod geführt haben» (Dipl. Heinrichs d. L. Nr. 53). Es gab dennoch Fürsten, die im eigenen Interesse mit slawischen Völkern Verträge abschlossen, ohne auf deren Bekehrung zu bestehen. Schon Kaiser Heinrich II. (1002–1024) war mit einem Heer gegen seine widerspenstigen luxemburgischen Vettern zu Felde gezogen, in dem Verbände der heidnischen Lutizen mitkämpften. Kirchliche Chronisten wie Helmold von Bosau (ca. 1120–1177) in seiner «Chronica Slavorum» und Vinzenz von Prag († nach 1170) waren denn auch als Kenner der realen Verhältnisse vor Ort scharfe Kritiker des Wendenkreuzzugs, wenn sie auch Bernhards Prestige als Wundertäter gelten ließen. Man sieht, daß es innerhalb der Kirche durchaus nüchterne Beurteiler dieses fragwürdigen Unternehmens gab, ja sogar prinzipielle Gegner wie den Abt Gerhoch von Reichersberg und den anonymen Würzburger Annalisten, die die Kreuzfahrt als Werk des Antichrist verurteilten oder deren Scheitern als göttliche Strafe für Sünde und Entartung des Kreuzfahrerheeres hielten; letzterer Gesichtspunkt war allerdings nicht weit von der entschuldigenden Sicht der Dinge entfernt, deren sich Bernhard bei seiner Selbstverteidigung nach dem Scheitern des Kreuzzugs bediente.

Während im Osten des Reiches Eroberung und Landesausbau erfolgreich weitergeführt wurden – man hat dafür den zweifelhaften Begriff der «Schwertmission» geprägt –, endete der Zweite Kreuzzug in Palästina, so gut er auch organisiert schien, in einem völligen Desaster. Die Gründe können hier nicht ausführlich erörtert werden. Uneinigkeit der Fürsten, mangelnde Unterstützung aus Byzanz, der christlichen Vormacht des Vorderen Orients, und die geschickte muslimische Kriegstaktik führten wohl vor allem zum raschen Zusammenbruch. König Konrad III., nun wieder ernüchtert, verließ als erster mit seinen Rittern das Heilige Land. Ludwig VII. von Frankreich folgte bald seinem Beispiel. Es war ein blamabler Rückzug, und er wurde in Europa auch als solcher empfunden. Selbst Johannes von Salisbury, an sich ein

Freund Bernhards, schob einen Teil der Schuld auf dessen Schüler, den Prior Gottfried von Laroche, der als angemaßter Legat und Ratgeber König Ludwigs durch seine antibyzantinische Scharfmacherei zum Mißerfolg beigetragen habe (Historia pontificalis, c. 24).

Bernhard, der mit seinem Radikalismus von «Tod oder Bekehrung» die Schlüsselfigur des gescheiterten Unternehmens war, geriet jetzt in die Defensive und mußte für die Katastrophe den Kopf hinhalten. Damit kamen wieder jene Christen zu Wort, die allein die friedliche Bekehrung der Muslime gelten lassen wollten. Petrus Venerabilis, auch in diesem Fall eine Figur des Maßes und Ausgleichs, hatte bei der «interkonfessionellen» Hohen Schule in Toledo eine lateinische Übersetzung des Korans bestellt, damit man endlich sachkundig die Mission im islamischen Bereich betreiben konnte. Er wollte Bernhard mit dieser wichtigen Aufgabe betrauen, erhielt aber eine Absage. Die Möglichkeit eines Dialogs war damit zu Gunsten harter Konfrontation aufgegeben, obwohl es sie vielleicht gegeben hat, denn die Verflechtungen Europas mit der islamischen Welt waren auf wirtschaftlichem und zivilisatorischem Gebiet bereits eng, und der Islam war im letzteren Fall hier zumeist der gebende Teil. Kirchenfürsten unter arabischer Herrschaft wie Wilhelm von Tyrus (ca. 1130–1186) verlästerten den Islam nicht als Teufelswerk, sondern betonten bei allem Gegensatz den monotheistischen Charakter dieser Religion.

Solche Überlegungen waren Bernhard fremd, und so verwundert es auch nicht, daß ihn alle Angriffe eher kalt ließen. Wilhelm von Saint-Denis beklagte damals bitter, sein Abt Suger werde als Tyrann, Bernhard aber trotz seiner Heiligkeit als Betrüger und Lügner beschimpft. Es kam sogar die Meinung auf, Pseudopropheten, Teufelssöhne und Zeugen des Antichristen hätten das Kreuz gepredigt und das Volk mit nichtigen Worten zu diesem Unglück gezwungen. Auch Bernhards biblischer Nachweis, daß Gott viele Niederlagen des Volkes Israel habe geschehen lassen, um es wieder auf den rechten Weg zurückzuführen, fand wenig Anklang. Dasselbe galt für sein entschuldigendes Argument, durch den Tod auf dem Kreuzzug habe Gott vielen abendländischen Christen das Himmelreich geöffnet; auch das wollte nicht verfangen. Abt Suger von Saint-Denis, der eigentliche Lenker der Politik der französischen Könige und Erbauer der ersten gotischen Kathedrale, war über die große Zahl von Gefallenen bestürzt, aber auch über die ruhmlose, negative Einstellung der Heimgekehrten. Bernhard seinerseits war empört über die Kreuzritter, denen nach der Rückkehr nichts Besseres einfiel, als Turniere abzuhalten. Er forderte von Suger kategorisch die Unterbindung solcher unangebrachten Spektakel. In einem Brief an seinen Oheim Andreas, der als Tempelritter im Heiligen Land lebte, ließ Bernhard seinem Zorn freien Lauf: «Wehe über unsere Fürsten! Im Heiligen Land haben sie nichts Gutes getan, in ihren eigenen Ländern, in die sie schnell zurückgekehrt sind, begehen sie unglaubliche Übeltaten ... Sie sind Mächtige, damit sie Böses tun können, dem Guten aber verweigern sie sich» (ep. 288). Das war zugleich eine massive Standeskritik an der Oberschicht, der er selbst entstammte. Grundsätzlich aber wies er jede Schuld von sich und kritisierte seinerseits die Kreuzfahrer, sie hätten zu sehr auf ihre Kräfte als auf Gottes Hilfe vertraut, ein Argument, das schwer zu widerlegen war, aber auch kaum überzeugte. Im übrigen spricht es für sich, daß man in Clairvaux bei der Redaktion seiner Briefe wohlweislich die fanatischen Kreuzzugsbriefe aussparte. Sie paßten nicht mehr in das Lebensbild, wie es sein Sekretär Gottfried von Auxerre der Nachwelt vermitteln wollte. Wie man es auch wenden mag: Sowohl Bernhards Vorgehen gegen Petrus Abaelard wie seine Rolle beim Zweiten Kreuzzug werfen dunkle Schatten auf die Biographie eines Mannes, der dennoch eine imponierende Persönlichkeit, eine herausragende Gestalt seiner Zeit und als Abt, «Menschenfischer», Thaumaturg (Wundertäter) und Mystiker ein großer Heiliger gewesen ist.

Ein anderer Gesichtspunkt sei hier noch eingebracht. Es genügt gerade für die Kreuzzugsepoche nicht, nur das Pro und Contra der kirchlichen Meinungen zu betrachten, auch wenn Klerus und Mönchtum – ein Bruchteil der Bevölkerung! – damals ein fast ausschließliches Monopol der, modern ausgedrückt, veröffentlichten Meinung besaßen. Selbst wenn es schwierig ist, quellenmäßig die «Stimme der schweigenden Mehrheit» zu erforschen, muß dies doch versucht werden, da die kirchliche Meinungsbildung extrem «selbstreferentiell», d. h. thematisch nur auf sich bezogen war. Ob es um die schier endlosen dogmatischen Streitigkeiten um das Wesen der Trinität – ein höchst «virtuelles» Thema –, um die Rolle Marias oder um asketische Standards geht, es ist immer nur der kirchlich gebildete, relativ kleine Teil der Bevölkerung, der sich darüber kompetent unterhalten kann. Aber damit hat der Historiker noch nicht «die Welt» und das ganze schillernde Spektrum der Meinungen erfaßt. Wie es jenseits der klerikalen Diskursgesellschaft aussehen konnte, mögen zwei Beispiele zeigen. Im 10. Jahrhundert antwortete in der Diözese Utrecht ein Dorfältester auf die Mahnung des Geistlichen, zur Kommunion zu gehen, ihm sei ein Krug Bier lieber als der Kelch des Herrn. Der Mönch Alpert von Metz († 1021/25) wußte von Lästerungen der Wirtshausgänger über den asketischen Grafen Ansfried von Brabant zu berichten, die in der Behauptung gipfelten, die menschliche Seele sei nichts und verschwinde mit dem letzten Atemzug. Man könnte die Reihe solcher absolut konträren Meinungen von jenseits des Vorhangs kirchlicher Selbstvergewisserung fortsetzen, der ansonsten so schwer zu durchdringen ist. Auch im Falle von Bernhards Kreuzzug gibt es außerhalb der kirchlichen Diskursgesellschaft noch ganz andere Urteile, die wenig mit den Themen der Kirche zu tun haben. Marcabru (ca. 1150), ein provençalischer Dichter und Zeitgenosse Bernhards, schrieb die bewegte Klage einer jungen Frau, deren Geliebter mit dem Kreuzzug fortgegangen war. Sie hadert mit ihrem Schicksal, klagt Gott an, der ihr gerade das genommen hat, was ihre Freude gewesen. Für Jesus sei er fortgegangen, der schöne, vornehme, tapfere und reiche Freund, und ihr bleibe nur großer Schmerz, viel Sehnsucht und Weinen. Deshalb verwünscht sie König Ludwig VII. von Frankreich (zit. nach Peter Dinzelbacher, S. 329). Freilich, solche Stimmen lassen sich nur selten aus den Quellen erschließen, aber in Wirklichkeit dürften sie zahlreich gewesen sein; auf jeden Fall müssen sie hinzugedacht werden, will man sich nicht mit dem kirchlichen Meinungsspiegel, der zwangsläufig einseitig ist, begnügen.

Der Thaumaturg

Die Fülle der Wunderberichte, die seit der christlichen Spätantike und besonders im europäischen Mittelalter um Märtyrergräber und um wundertätige Heilige entstanden sind, stellt für den modernen Menschen, der sich über Psychoanalyse, Tiefenpsychologie und Psychosomatik unterrichtet hat, ein kaum überwindliches Verständnisproblem dar. Dennoch bietet sich auch heute noch eine reiche Palette von Möglichkeiten, historische wie zeitgenössische Wunderberichte – man denke an Lourdes – ins eigene Weltbild aufzunehmen. Hier geht es bescheidener darum, auf quasi naturwissenschaftliche Wahrheitsbeweise hagiographischer Wundererzählungen von vornherein zu verzichten und dafür den Begriff einer «subjektiven Wahrheit» einzuführen, ein Unterfangen, das gleichermaßen Thaumaturgie wie die Realität mystischer Erlebnisse betrifft. «Subjektive Wahrheit» will hier nur heißen, daß auch sie insofern Realität hat, als sie geschichtlich wirksam und damit relevant wird, im vorliegenden Fall etwa die feste Überzeugung Bernhards von Clairvaux, von Gott mit Wunderkraft begnadet zu sein. Diese Art von Wahrheit ist real faßbar, weil sie weltgeschichtliche Wirkung entfaltete; leider gibt es sie aber auch als Bewegungskraft moderner politischer Ideologien, die sogar – wie die Religion – ihre eigenen überzeugungsstarken Protagonisten und Märtyrer hervorgebracht hat. Sie ist somit im einen wie im anderen Bereich die verändernde Kraft des unbedingten Glaubens und damit die Wahrheit des Wirklichen, weil Wirksamen, als einer Kategorie geschichtlichen Lebens. Schon deshalb ist es für den Historiker nicht möglich, die Wundererzählungen um Bernhard als «Aberglauben» oder gar als «Pfaffenbetrug» abzutun; dies wäre eine besonders peinliche Art der Realitätsverweigerung, die den offenen Zugang zu den Phänomenen, von denen hier berichtet werden soll, von Anfang an versperrt.

Bernhard dürfte wohl schon in den zwanziger Jahren seines Jahrhunderts zu der Überzeugung gelangt sein, daß sich Heiligkeit durch Wunder erweise: «Sanctitatem miracula probant» (In natali S. Benedicti 7). Diese Erkenntnis hatte zwar eine lange Tradition, war aber insofern nicht alleinbestimmend, als es in der gebildeten Welt der Spätantike auch ein «aufgeklärtes Christentum» gab, das wahre Heiligkeit auch ohne Wundertaten, nämlich als rein christliche Vorbildlichkeit kannte – eine Auffassung die in der rationalen Theologie der Scholastik wieder zum Tragen kam. Als ein «miraculum» galt es bereits für Bernhard, daß es ihm, dem «honigfließenden Doktor», gelang, Konrad III. zur Kreuzfahrt zu gewinnen. Überhaupt fällt auf, daß fast alle seine

Wunder – meist Heilungen – öffentlichen Charakter haben, so etwa sein Heilungswunder, das auf dem Frankfurter Reichstag im März 1143 die Anwesenden ungemein beflügelte, zur Kreuzfahrt ins Wendenland aufzubrechen. Die Publizität seiner Wunder steht in einem seltsamen Kontrast zu Bernhards Willen, im eigenen Kloster keine Wunder zu vollbringen, um die klösterliche Ruhe nicht durch den Zudrang Fremder zu stören (Vita Prima IV, VIII, 44). Hier fühlte er sich in erster Linie als Abt und Beschützer seiner Mönche, denen er in der Tat, ungeachtet seiner asketischen Strenge, ein guter, hilfreicher Vater war. Das Volk allerdings nahm ihn in erster Linie als Wundertäter wahr, und der bewußte Einsatz seiner Wunderkraft verstärkte noch deren Wirkung in der Öffentlichkeit der Reichstage wie bei seiner erfolgreichen Versöhnungsarbeit in Mailand, wo er durch zahlreiche Heilungen und Teufelsaustreibungen einen eskalierenden kirchlichen Streit beilegen konnte. Wie immer die Realität seiner Wunder zu bewerten ist: Sie hatte ihre reale, geschichtlich faßbare Wirkung. Das Volk in Mailand verehrte ihn jedenfalls abgöttisch und holte sich Fasern seiner Kleidung als heilkräftige Kontaktreliquien. Ähnlich gestaltete sich eine Versöhnungsaktion Bernhards in Metz. Dort spielte ein öffentliches Wunder eine Rolle, denn er heilte Heinrich von Salm von einer Taubheit, die jenen befallen hatte, weil er sich zuvor in frevelhafter Weise Bernhards Bitte um Frieden verschlossen hatte (Vita Prima IV, VIII, 49). Auch bei der Versöhnung feindlicher Fürsten, die Bernhard aus politischen Gründen immer wieder betrieb, hing der Erfolg nicht zuletzt von seiner thaumaturgischen Kraft ab.

Der Heilige war sich aber auch der Tatsache bewußt, daß ein Wundertäter die Fähigkeit hat, Furcht und Schrecken über Übeltäter zu bringen. An einem berühmten Zeitgenossen, dem irischen Bischof Malachias († 1148), hat er dies drastisch dargestellt. Malachias war der Sohn einer mächtigen irischen Adelsfamilie und Erzbischof von Armagh, dazu ein bekannter Wundertäter; als Vorkämpfer der Kirchenreform Irlands war er in schwere kirchenpolitische Auseinandersetzungen verwickelt; 1140 besuchte er auf der Rückreise von Rom das Kloster Clairvaux. Er wurde Bernhards enger Freund und Gründer des ersten Zisterzienserkloster Irlands, Mellifont. Der Zisterzienserabt war dem Iren in geradezu schwärmerischer Liebe zugetan, er diktierte seinem Sekretär Gottfried die Lebensbeschreibung des Heiligen, in der 24 Wunder geschildert werden. Malachias' bewegtes, kämpferisches Leben bot ihm zahlreiche Gelegenheiten, sehr überzeugend sowohl über dessen Heilungen wie auch über seine Strafwunder zu berichten, mit denen der Ire seinen vielen Feinden zusetzte. Wie nicht anders zu erwarten, geht es um schwere Bestrafungen der Gottesfeinde (Vita Malach. XI, 22, 23). Ein Gebet des Malachias erzeugt ein furchtbares Unwetter, das die Anführer der Bösen mit Blitzen niederstreckt, deren Leichen man am nächsten Tag halbverkohlt in Baumästen aufgespießt findet. Bernhard führt hier anschaulich eine Eigenschaft von Heiligen vor, die noch jahrhundertelang im Volksglauben lebendig bleiben sollte: Ein Heiliger kann sowohl helfen wie auch schaden – eine eher archaisch-magische als christliche Vorstellung.

Aufschlußreich für Bernhard selbst ist in diesem Zusammenhang ein Argument, das er bei seiner nachträglichen Verteidigung des Zweiten Kreuzzugs gegenüber Papst Eugen III. ins Feld führt. Hier geht es um seine beglaubigten Wunder, die ihn bei seiner leidenschaftlichen Kreuzzugspredigt als Vollstrecker göttlichen Willens legitimierten. Nach der Katastrophe waren jedoch seine Wundertaten und die göttliche Begnadung seiner Rede zweifelhaft geworden. Was – so fragt Bernhard jetzt den Papst rhetorisch – hätte er wohl von den Kreuzfahrern zur Antwort erhalten, wenn er sie jetzt, nach dem Scheitern, ein zweites oder drittes Mal zum Kampf gerufen hätte? Woher wissen wir denn, daß deine Rede von Gott kommt? Welche Wunder vollbringst du, damit wir dir glauben? Die Frage der Kreuzfahrer ist nur allzu berechtigt, denn wenn Wunder die Heiligkeit eines Thaumaturgen beweisen, gilt auch der Umkehrschluß, daß das Ausbleiben von Wundern dessen Begnadung in Frage stellt. Es gab übrigens auch zu Bernhards Zeiten Kritiker am Wunderglauben, so etwa den gelehrten, schon in anderem Zusammenhang erwähnten Abt Gerhoch von Reichersberg. Ohne dies auf Bernhard zu beziehen, stellt er nämlich nüchtern fest: «Lahme, Blinde und Halbblinde werden von vermeintlichen Wundertätern unter Gebet und Handauflegen gesegnet. Geben sie auf die Frage nach ihrem Befinden auch nur unbestimmte Auskunft, werden sie als geheilt emporgerissen und in der begeisterten Masse herumgereicht. Sich selbst überlassen, fallen sie in die alte Krankheit zurück (De invest. Antichr. c. 66, MGH, Libelli de lite III, S. 383). Auch Berengar von Tours äußert sich in seinem spöttischen Pamphlet zur Verteidigung Abaelards gegen Bernhard ironisch über dessen angebliche Wunder (PL 178, 185 ff.), und etwa 80 Jahre später setzt der Archidiakon von Oxford Walter Map (ca. 1130/35–1209/10) in seinen schwankhaften, eher parodistischen Episoden noch eins drauf, wenn er flapsig von Bernhards eifrigen Bemühen um Wundertaten spricht, «das jedoch von keinerlei Erfolg gekrönt war» (De nugis curialium, MGH SS XXVII, S. 64f.). Solchen einzelnen Gegenstimmen gegenüber sei betont, daß sowohl Bernhard selbst wie seine Zeitgenossen, Volk wie Fürsten, von seiner Wunderkraft überzeugt waren; eine «subjektive Wahrheit» zwar, aber eine wirkliche, weil wirkende.

Der Mystiker

Mystische Gottesschau und Literatur kann nur dann entstehen, wenn Christus nicht mehr ein ferner Weltbeherrscher, ein erhabener «Pantokrator» ist, sondern durch seine Menschwerdung den Menschen naherückt und damit persönlich ansprechbar wird; und zwar nicht nur als visionäres, ekstatisches Erlebnis, sondern als Ergebnis geistiger Bemühung, die den Aufstieg zu ihm ermöglicht. Letzteres begegnet bei Hildegard von Bingen, die immer die Klarheit und Taghelle betonte, in der ihr das Gotteserlebnis zuteil wurde. Mystik ist erst möglich in einem religiösen Umfeld individualisierter Seelenkultur, in einem «esprit de finesse», dessen Entstehung und Existenz sie am deutlichsten signalisiert. Nur so ist es erklärlich, daß wir im frühen orientalischen Mönchtum der Wüstenväter und in ihren «Apophthegmata patrum» – den Sinnsprüchen dieser Väter – sowie in den «Confessiones» des Kirchenvaters Augustinus erste Zeugnisse kontemplativer Mystik finden. Es ist bei ihm jenes, mit Recht berühmte Kapitel des Abschieds von seiner Mutter Monnica, in dem er eine unmittelbare Gottesschau und Verzückung schildert, die beiden zuteil wird (Conf. IX, 10, 23–26). Daß individuelle Erlebnisse dieser Art dem Menschen möglich sind, weiß auch Benedikt in seiner Regel: Im 7. Kapitel über die Demut (humilitas) beschreibt er, wie dem Mönch in 12 Stufen des asketisch beflügelten Aufstiegs zu Gott eine höchste Empfindung der Freiheit und Liebe zuteil wird, welche durch die Nähe zu Gott «alle Furcht vertreibt». Wie sehr solche subtile Seelenkultur an die geistige Reife einer Epoche gebunden ist, zeigt die Tatsache, daß seit dem Ende der christlichen Antike und bis ins 11./12. Jahrhundert Gotteserlebnisse solcher Art ausbleiben; es gibt nur bedrohliche Jenseits- und Höllenvisionen ohne mystischen, individuellen Bezug zu Gott. Erst mit Bernhards Christusmystik, wie sie in seinem Kommentar zum Hohenlied besonders eindrucksvoll hervortritt, sind Seelenerlebnisse dieser Intensität wieder möglich – als Signum eines Zeitalters der Individualisierung auf allen Lebensgebieten, die weltliche Minnelyrik und den höfischen Roman mit eingeschlossen. Hier entfaltet sich Bernhard als der «große Liebende», hinter dessen Leidenschaftlichkeit alle irdische Unzulänglichkeit und «fragilitas» zurücktritt. Im letzten vollendeten Traktat über das Hohelied – das Meisterwerk blieb eine Torso – gelingt es Bernhard, das Unaussprechliche des unmittelbaren Gotteserlebnisses transparent und mitteilbar zu machen; dieser Text ist sein «literarisches Testament» (Jean Leclerq, S. 298):

«Und nun wird mich vielleicht jemand fragen, worin der Genuß des göttlichen Wortes bestehe. Ich werde ihm antworten: ‹Sucht zunächst einen Menschen, der das bereits erfahren hat, und fragt ihn danach.› Denn, wenn es mir, selbst mir, geschenkt worden wäre, diese Erfahrung zu machen, glaubt ihr vielleicht, daß ich aussagen könnte, was unaussprechlich ist? Hört doch auf den heiligen Paulus, der diese Erfahrung besaß: ‹Wenn wir außer uns gewesen sind, geschah es für Gott, wenn wir besonnen sind, geschieht es für euch.› Mit anderen Worten: ‹Es ist etwas ganz anderes, ob ich ganz allein bin oder ob ich bei euch bin. Was zwischen Gott und mir vorgeht, kann ich innerlich erfahren, aber nicht ausdrücken; mit euch dagegen versuche ich auf eine Weise zu sprechen, die ihr begreift.› Du, der du begierig bist zu wissen, worin der Genuß des göttlichen Wortes besteht, bereite nicht dein Ohr, sondern deinen Geist; denn die Gnade wird ihn belehren, nicht die Sprache. Dieses Geheimnis bleibt den Weisen und Klugen verborgen; es wird den Kleinen geoffenbart. Ja, meine Brüder, sie ist groß, groß und erhaben: die Tugend der Demut, die das als Wirklichkeit erfaßt, was nicht mit Worten auszudrücken ist, die allein lernt, was sich nicht lehren läßt. Nur sie ist würdig, vom göttlichen Worte zu empfangen und durch das göttliche Wort zu begreifen, was sich durch Worte nicht erklären läßt. Und aus welchen Gründen ist es so? Gewiß nicht, weil sie es verdient, sondern weil es so der Wille dessen ist, der der Vater des Wortes, der Bräutigam der Seele ist. Jesus Christus, der Herr, welcher ist Gott, gepriesen über alles in Ewigkeit. Amen» (Serm. in Cant. 85, 14).

Es ist kein unreflektierter, wirrer Gefühlssturm, der ihn hier erfaßt, sondern eine klare Wegweisung zu Christus, die wie bei Benedikt ihre Stufen der Vervollkommnung hat. Wie bei diesem gibt es am Ende keine Furcht zwischen Christus und der Seele, denn es herrscht Liebe, weil Christus als Mensch über Menschen Gericht halten wird (Serm. in. Cant. 73/II, 5; 83/I, 3) und Gnade walten läßt. Deshalb strömt ihm eine erstaunliche Heilsgewißheit zu, so daß er seinen Mönchen, wenn sie auf dem Weg asketischen Lebens bleiben, ausdrücklich zusichern kann, es sei ihnen die Pein des Fegefeuers erspart. Der mystische Weg zu Gott ist für Bernhard kein zufälliges Geschenk des Himmels, sondern ein wirklicher, begehbarer Weg, der, seiner Überzeugung nach, jedem offensteht, der aufrichtig sucht, bis er die «Süße Gottes» schmeckt. Demut ist – benediktinisch gedacht – die Grundvoraussetzung, aus der sich die Liebe zu Gott entfaltet (De grad. humil., c. 2, Nr. 3). So kann der Mensch in die Tiefe der Wahrheit eindringen, und zwar in zwei Stufen: erstens durch «consideratio», also durch prüfende ernsthafte Betrachtung, der die «contemplatio» als wahres und sicheres Eindringen in das Wesen aller Dinge folgt. Als Höhepunkt der Kontemplation erwächst aus ihr die Ekstase (De cons. V, 14, Nr. 32), der «excessus», die der unmittelbare Verkehr zwischen Seele und Gott ist, das «Hereintreten des reinen Geistes in die Seele». Das bedeutet zugleich Loslösung von den körperlichen Sinnen, also ein Sich-selbst-Verlieren, ja sogar eine Auslöschung des eigenen Selbst (Serm. in Cant. 85), ein Gedanke, der für die gesamte, spätere Mystik folgenreich wurde und noch bei Angelus Silesius in dessen «Cherubinischem Wandersmann» auftaucht.

Das gilt auch für Bernhards kühnen Gedanken der «Gottwerdung (deificatio) des Menschen» (De diligendo Deo, c. 10, 28), den er in einem Bilde erläutert: wie der Wassertropfen, in viel Wein gegossen, seine eigene Natur zu verlieren scheint, indem er Geschmack und Farbe des Weines annimmt, und wie das feurige und glühende Eisen ganz dem Feuer ähnlich wird, nachdem es seine frühere und eigentümliche Form verloren hat, und wie die Luft vom Sonnenlicht durchflossen in dieselbe Klarheit des Lichts umgeformt wird, so sehr, daß sie nicht nur erleuchtet, sondern selbst Licht zu sein scheint, so wird im Jenseits in den Heiligen das Menschliche in unaussprechlicher Weise verschwinden und völlig in Gottes Willen verwandelt werden. Mit diesen klaren Analogien beschreibt Bernhard mit geradezu naturwissenschaftlicher Nüchternheit – eine «heilige Nüchternheit»! – die Kernidee der «unio mystica» des Menschen mit Gott, die zugleich Deifikation (Vergöttlichung) des Menschen ist. Mit innerer Konsequenz ergibt sich aus seiner Abfolge menschlicher Bemühungen bis zur Ekstase, daß Bernhard, den man ansonsten einen «Augustinus redivivus» genannt hat, die Freiheit des menschlichen Willens, wenn auch in sehr engen Grenzen, vertritt, also nicht der düsteren augustinischen Prädestinationslehre anhängt, die deshalb auch bei ihm nicht auftaucht. Dies ist um so einleuchtender, als er – eine herausragende Figur des europäischen Asketismus – wie die gesamte monastische Bewegung Willensfreiheit als Lebensprinzip akzeptieren muß. Ohne die Freiheit des Willens wäre jede asketische Anstrengung sinn- und nutzlos.

Blicken wir zurück und wagen abschließend unsererseits ein Bild, um das Wesen dieser überwältigenden Figur europäischen Geistes fassen zu können: Er gleicht einem Edelstein, der an vielen Seiten geschliffen ist und daher überirdisch glänzt. Es sind seine Tugenden, nämlich seine hinreißende Gottesliebe, sein überwältigendes Gefühl für Freundschaft, für seine Mönche, aber auch seine in damaliger Zeit einzigartige Kraft als begnadeter, faszinierender Prediger, als ein «Verführer zu Gott», als Wundertäter und als Friedensstifter an Fürstenhöfen und in verfeindeten Städten und – vor allem – seine mystische Wegweisung zu Gott, die auch in stilistisch brillanten Texten wie seiner Interpretation des Hohenliedes ihren Niederschlag gefunden hat. Aber es gibt an diesem Edelstein auch rauhe, dunkle, ungeschliffene Stellen, die das allzu Menschliche in ihm symbolisieren: Seine Kraft, Gegner zu hassen und sie auch mit Schlauheit niederzuringen, wie dies im Falle Abaelards deutlich wird. Diese Kraft tritt mächtig hervor, wenn er den

Glauben, wie er ihn verkörperte, essentiell bedroht glaubt. Dazu gehört schließlich auch die ambivalente Rolle, die er als Propagator des Zweiten Kreuzzugs spielte und ebenso danach im geschickten Abwiegeln der Verantwortlichkeit für dessen Mißlingen. Zweifellos war er – wie Hieronymus – auch ein virtuoser, je nach Adressat sehr wandlungsfähiger Briefschreiber; aber ebenso wie der große Kirchenvater war er oft von einer Härte des Menschlichen, dem jeder, auch der Heilige, unterworfen bleibt; nur daß es bei ihm krasser auffällt als bei anderen Menschen. Die «geschliffenen» wie «ungeschliffenen» Seiten des Edelsteins menschlicher Existenz urteilend zueinander in Beziehung zu setzen, sei jedem erlaubt oder sogar aufgegeben, wenn er nur dabei jener eigenen Befindlichkeit eingedenk bleibt, die von der Kirche als «fragilitas humana» bezeichnet wird und uns alle betrifft.

Hildegard von Bingen (1098–1179)
Adelsheilige, Prophetin und Wissenschaftlerin

Skizze einer religiösen Existenz

Es ist nicht leicht, das Leben einer Heiligen zu beschreiben, deren Bedeutung unter recht unterschiedlichen Aspekten zu schildern wäre: als Asketin sehr individueller Art; als theologisch und wissenschaftlich leidenschaftlich interessierte Autodidaktin, die selbstbewußt zu Fragen der Zeit wie den religiösen Volksbewegungen und dem Ketzertum Stellung nahm; ebenso als eine Frau, die sich der Verbindungen aus ihrer adeligen Herkunft sehr wohl zu bedienen und die ganz offensichtlich auch die Verbreitung ihres Werkes zu organisieren wußte. Auf überraschende Weise oszillierte ihr Wesen zwischen christlicher Demut und starkem Selbstbewußtsein. Ein ausgedehnter Briefwechsel, dessen Umfang und Echtheit in der Forschung noch diskutiert wird, flankierte diese Bemühungen und erhöhte ihr Prestige als «prophetissa». Auch als lateinische Dichterin erlangte sie hohen Rang. Hingegen ist Hildegards zweifellos vorhandene Bedeutung als Medizinerin von bemerkenswerter Unbefangenheit bislang, wegen teilweise fehlender Grundlagenforschungen, noch nicht so klar zu erfassen, wie dies wünschenswert wäre. Daß sie aber auf diesem Gebiet bedeutende Nachwirkungen bis in die deutschsprachige Literatur des Spätmittelalters und der frühen Neuzeit hatte, steht wohl außer Frage. Die zweifelhaften, mehr von Geschäftssinn als solider Kenntnis geleiteten Versuche, eine spezielle «Hildegard-Medizin» zu propagieren, stehen einer seriösen Rekonstruktion ihres medizinischen Wissens eher im Wege, als daß sie wirklich brauchbare Erkenntnisse zutage förderten.

Dessenungeachtet ist an der europäischen Bedeutung Hildegards nicht zu zweifeln. Schon die erstaunliche Internationalität der Forschungen über ihr Œuvre belegt dies eindrucksvoll. Nach dem bisheri-

Hildegard von Bingen, Miniatur aus dem leider zerstörten Codex ihrer wichtigsten Schrift «Scivias» (ehemals Hessische Landesbibliothek Wiesbaden). – Hildegard ist hier als Seherin lauschend und schreibend dargestellt. Flammen der Erleuchtung schlagen aus ihrem Haupt, während der Mönch Volmar, ihr Sekretär, demütig in der Tür verharrt. Er übersetzte alle ihre Schriften aus den flüchtigen Mitschriften auf Wachstafeln, die sie während ihrer Visionen anfertigte, in eine geordnete Form auf Pergament. Obwohl der im 13. Jahrhundert eingeleitete Heiligsprechungsprozeß zu keinem Abschluß kam, hat Hildegard seit dem 15. Jahrhundert einen festen Platz in kirchlichen Kalendarien und Martyrologien. Ihr Festtag ist der 17. September; sie gilt als Patronin der Sprachforscher und Naturwissenschaftler.

gen Stand unserer Kenntnis zeichnet sich aber schon jetzt ein klares Bild ihrer reichen Persönlichkeit ab, die mit Metaphern wie «konservativ» oder «modern» nicht hinreichend zu beschreiben ist. Auf jeden Fall war sie neben Bernhard von Clairvaux (1090–1153) und Petrus Abaelard (1078–1142) eine der markantesten Figuren des «vielgestaltigen» 12. Jahrhunderts, einer Epoche des geistigen Aufbruchs auf vielen Gebieten. Es war eine ungemein kreative Zeit für Theologie, Philosophie und Wissenschaft und zugleich im deutschen Sprachraum das große Eröffnungsjahrhundert der mittelhochdeutschen Geisteswelt und Sprachkunst im Ambiente einer neuen Laienkultur, die sich gleichermaßen aus dem Rittertum und der frühbürgerlichen, städtischen Zivilisation entfaltete. Hildegards hochgradige Individualität, ihre Klugheit auch in weltlichen Dingen und ihr bemerkenswerter Nonkonformismus auch in dogmatischen Belangen – etwa die Rolle der Frau betreffend –, den sie sich mit päpstlichem Schutz leisten konnte, dies alles ergibt ein vielfältiges Spektrum von Möglichkeiten, sich dieser einzigartigen Frau zu nähern, wobei ihre unbezweifelbare, in der Tiefe ihrer Seele wurzelnde Heiligkeit nur *ein*, wenn auch der wichtigste Aspekt ihrer Persönlichkeit ist – überdies ein zentraler und gleichsam zeitloser, weil er mit ihrer Sehergabe eng verknüpft ist, die ihre Zeitgenossen in hohem Maße faszinierte. Mit der Vielseitigkeit ihres Lebenswerkes als beeindruckende Laienpredigerin mit kirchlicher Approbation, als Äbtissin und «Verlegerin» ihrer Schriften wie als medizinisch interessierte Frau spiegelt sie in exemplarischer Weise den Aufbruch ihrer Zeit und erhält von dieser allgemeinen Stimmung umgekehrt vielfältige Anregungen. Mit Recht hat man den autodidaktischen Charakter ihrer Bildung betont, d. h. ihre Fähigkeit, das gängige Wissen und die geistigen Diskurse ihrer Zeit aufzugreifen und auf ihre Weise zu verarbeiten; dies allerdings ohne Kontakt mit dem sich eben bildenden Universitätswesen Europas. Das trug ihr später von dieser Seite Kritik ein. Sie dürfte sich bei allem Selbstbewußtsein der Art ihres Wissens bewußt gewesen sein, denn anders läßt es sich kaum erklären, daß sie bei Briefen an theologische Autoritäten wie Bernhard von Clairvaux eine ausgesprochene Demutshaltung einnahm. Ein gewisses Maß Berechnung ist allerdings nicht auszuschließen, denn gerade in diesem Fall gelang es ihr, Bernhards herablassendes Wohlwollen für ihre Schriften in ein explizites, positives Votum der «Chimäre des Jahrhunderts» – so Bernhard über sich selbst! – umzumünzen und für das Prestige ihrer eigenen Texte zu nutzen. In ähnlicher Weise verfuhr sie bei Papst Eugen III., dem Schüler Bernhards.

Persönliches Charisma hatte Hildegard in hohem Maße, denn auf den weiten Predigt-Reisen der oft Kränklichen wußte sie ihr Publikum zu faszinieren, und zwar nicht nur ungelehrte Laien, sondern auch Gebildete wie etwa den hohen Kölner Klerus. Daß sie sich ihres Wertes sehr bewußt war, bestätigt indirekt ihr Briefpartner Guibert von Gembloux; er kritisierte bei aller Verehrung für sie ihre hohe Selbsteinschätzung und stand damit, wie noch zu zeigen ist, nicht allein.

Hildegards spektakulärer Erfolg kam aus einer Kombination von Glück und sorgfältiger Planung sowie aus ihrem starken Selbstbewußtsein. Auch in ihrem Fall gilt Goethes Diktum: «Zu überzeugen fällt keinem Überzeugten schwer.» So konnte sie in einem Brief lakonisch feststellen: «Diese Worte kommen nicht von einem Menschen, sondern vom ‹lux vivens›, dem lebendigen Licht (Gottes)», ein Begriff, den sie dem Johannesevangelium (1,7–9) entnommen hatte und auch als «iustissima lux», «lumen mysticum» und «vera lux» in ihrer inspirierten Bibelexegese verwendete. Hier war sie ganz Autorität. Ihr erster Sekretär Volmar, der einen beträchtlichen und möglicherweise nicht unproblematischen Anteil an Niederschrift und Publikation ihrer Texte hatte, weiß zu berichten, daß die Rupertsberger Nonnen aufs schmerzlichste ihre Schrifterklärungen vermißten, wenn sie auf Reisen war (Nr. 195). Probst Volmar war es auch, der seit 1141 nach Jahren der Prüfung und der Diskussion mit Hildegard ihre Visionen dem Disibodenberger Abt Kuno eröffnete. Dieser gab davon Nachricht an Bischof Heinrich von Mainz, der wiederum ein unvollendetes Exemplar ihrer ersten mystischen, großen Schrift «Scivias» (Wisse die Wege) auf einer Trierer Synode 1147 Papst Eugen III. zur Kenntnis brachte. Die Nachricht der Vita Hildegards, daß Bernhard von Clairvaux, der selbst reiche mystische Erfahrungen besaß, in Trier anwesend war und den Papst davon überzeugt habe, daß «ein so großes Licht wie das ihre nicht verborgen bleiben dürfe», ist legendär. Aber daß Bernhard schon wegen seiner eigenen mystischen Inspirationen sich für die Wahrheit ihrer Visionen einsetzte, ist naheliegend. Hildegard selbst erwähnt in ihrer eigenen Darstellung der Trierer Synode allerdings Bernhard mit keinem Wort. Ihre Visionen sind im Mittelalter einzigartig und ungewöhnlich, sowohl durch ihre Kühnheit und Originalität als auch als ein in sich fast kohärentes theologisches Programm; man hat es als «Pan-Christus-Ontologie» bezeichnet. Sie war überzeugt von der Präexistenz aller Dinge im göttlichen Heilsplan: «Als nämlich Gott die Welt erschuf, hatte er schon von Anbeginn beschlossen, daß er Mensch werden wollte.» Selbst die Mystikerinnen des 13. Jahrhunderts waren nicht so kühn und einzigartig wie Hildegard. Um so nötiger war es daher für sie, Autoritäten wie Papst Eugen III. und Bernhard von Clairvaux auf ihrer Seite zu wissen. Insofern war ihr fester Wille, innerhalb kirchlicher Traditionen zu bleiben, die notwendige Voraussetzung dafür, daß sie in ihren Anschauungen und Lehren so frei und originell bis zur äußersten Grenze des dogmatisch Tragbaren gehen konnte.

Ein weiteres Wesensmerkmal war ihr hochentwickelter ästhetischer Sinn, der sich auch in ihrer Dichtung offenbart. Da ist sie durchaus originär und bildhaft schöpferisch, was sich besonders in ihren grandiosen kosmologischen Visionen offenbart. Distanz auch aus ästhetischen Gründen zeigt Hildegard in ihrer Ablehnung des fast selbstquälerischen Asketismus ihrer Äbtissin und Lehrmeisterin Jutta von Sponheim, den sie im Kloster Disibodenberg erlebt hatte. In ihren Briefen geißelt Hildegard immer wieder solchen extremen Asketismus als «Sünde», als «Eitelkeit», die Zorn und Unfrieden, ja Schrecken (terror) erzeugt und plädiert ihrerseits für eine «vernünftige Enthaltsamkeit», wie sie die Regel Benedikts und die Heiligen Väter vorschreiben: nämlich als eine nach Menschenmaß zu leistende geistliche Übung, «frohgemut und zur Erquickung des Leibes». Wieviel von dieser dem Leben zugewandten Interpretation von Askese aus ihrer hochadeligen Herkunft kommt, bleibe dahingestellt. Aufschlußreich ist aber in diesem Zusammenhang, daß sie in ihrer eigenen Klostergründung als Nonnen nur Adelige aufnahm und ihr Umgang eher elitär war. Sie hatte kein Interesse für Volksmission – die große Aufgabe der späteren Bettelorden –, und obwohl sie von der großen Reformbedürftigkeit von Kirche und Klerus überzeugt war, wendete sie sich gegen die religiösen Volksbewegungen der Zeit und besonders gegen deren ketzerische Varianten, die Katharer. Bei letzteren dürfte sie auch deren beängstigendes

Negativbild der Schöpfung als Werk des Bösen abgestoßen haben, denn sie selbst hatte, wie nach ihr Franziskus, ein positives Verhältnis zur Natur.

Es gibt somit viele Wege, sich dem Leben der Heiligen anzunähern und das vielfarbige Spektrum ihres Geistes zu verstehen. Daß auch zeitgenössische Kritik an Hildegard mit dazugehört, um ein plastisches Bild ihrer Existenz zu gewinnen, sei an einem Beispiel vorgeführt; es sagt mehr über sie aus als manche andere Zeugnisse ihrer Existenz. Zwischen 1148 und 1150, also zu einer Zeit, als Hildegard noch mit ihren Nonnen im reichen Kloster Disibodenberg lebte, erhielt sie ein Schreiben von der «magistra» Tenxwind, Äbtissin des Nonnenklosters in Andernach. Tenxwind war nicht irgendwer, sondern die leibliche Schwester des Abtes Richard von Springiersbach, der eine wichtige Rolle in der damals aufblühenden Regularkanonikerbewegung spielte, die sich auf die alten Augustinusregeln berief und ein strenges Leben in Armut verwirklichen wollte: Handarbeit, Fasten, Schweigen in Liebe und Brüderlichkeit gehörten zum Leitbild dieser monastischen Reformbewegung, der sich allein im Reich 150 Konvente anschlossen. Auch die Äbtissin Tenxwind gehörte zu diesem Kreis, auch ihr Kloster war bewußt arm und daher sicherlich nicht eines von jenen noblen Kanonissenstiften, die unverheirateten adeligen Frauen als gute Versorgungsstätten dienten. Äbtissin Tenxwind wandte sich scheinbar ehrerbietig an Hildegard, von der sie Wunderbares und Erstaunliches erfahren habe und deren neue klösterliche Lebensform sie offenbar interessierte, aber auch irritierte. Tenxwind zufolge seien Hildegards Jungfrauen beim Chordienst an Festtagen reich geschmückt. Beim Psalmensingen tragen sie ihr Haar gelöst, d. h., es gab keine Tonsur; außerdem trugen sie leuchtend weiße Seidengewänder, die bis zum Boden reichten, was wohl höfischer Sitte entsprach. Das war noch nicht genug des Schmucks, denn sie trugen auf dem herabwallenden Haupthaar auch goldgewirkte Kronen mit Kreuzen und einem Lamm in anmutiger Form an der Stirnseite. Die Hände schmückten sie mit goldenen Ringen. Tenxwind kommentiert nun, ihre ehrerbietigen Wendungen am Beginn des Briefes abrupt verlassend, diese Gebräuche sehr bestimmt mit dem Hinweis, der «erste Hirt der Kirche», Paulus, habe in seinem Brief an Timotheus (1, 2,9) dergleichen Schmuck ausdrücklich untersagt. Bedeutete diese Kritik schon einen Affront, geht

Tenxwind darüber hinaus zu einem Angriff über, der die Lebensweisen und die soziale Zusammensetzung des Hildegardklosters grundsätzlich in Frage stellte. Sie bemängelte nämlich, daß die Äbtissin nur solche Frauen in ihren Konvent aufnehme, die aufgrund ihrer Geburt «angesehen und frei», also adelig seien, wohingegen sie Frauen geringer Herkunft und weniger Reichen den Eintritt in ihre Gemeinschaft verweigere (Brief Nr. 52 u. 52 R). Das war ein Vorwurf grundsätzlicher Art, von dem man annehmen darf, daß sich Tenxwind «persönlich betroffen fühlte» (Alfred Haverkamp). Sie fährt hier schweres Geschütz auf und beruft sich auf Christus, der Fischer, einfache Leute und Arme als Apostel auserwählt habe. Mehr noch: Unter Hinweis auf Paulus' ersten Brief an die Korinther (1,26–28) hält sie Hildegard geradezu zornbebend entgegen, daß «Gott nur wenige Mächtige, nur wenige Adelige ausgewählt habe, sondern vielmehr solche, die von niedriger Geburt sind und in dieser Welt gering geschätzt werden». Damit hatte Tenxwind eine Grundidee des Neuen Testaments ins Spiel gebracht, die bis zur Gegenwart in der Kirchengeschichte immer wieder mit Macht auftaucht, Reformen bewirkt, ja sogar religiöse Revolutionen, und innerhalb der großen religiösen Volksbewegungen des Hoch- und des Spätmittelalters, der frühen Neuzeit sowie in den Ketzerbewegungen grundsätzliche Bedeutung erlangte. Es war dies ein geistiger Sprengsatz, der weit über das individuelle asketische Ideal hinausging.

Wie reagierte nun Hildegard mit ihren hochadeligen Verbindungen auf diesen frontalen Angriff der Andernacher Äbtissin? Ihre Erwiderung ist von einer kränkenden Kühle, ohne Höflichkeitsfloskel und Einleitung und endet mit der ostentativen Aufforderung an Tenxwind, ihre Antwort nicht als Äußerung eines Menschen zu bewerten, sondern als «Worte des hl. Geistes», der für Hildegard in dem leuchtenden «lebenden Licht» ihrer Visionen zu ihr sprach. Als erstes nimmt sie zur Kritik an ihren ästhetischen liturgischen Gebräuchen Stellung und argumentiert ganz im Sinne der damals aufblühenden Braut-Christi-Mystik, daß einer «virgo Christi» das Tragen einer Brautkrone erlaubt sein müsse. Womit – so wird man fortfahren dürfen – Tenxwinds Verweis auf Paulus für die Bräute Christi gegenstandslos ist. Im übrigen sei die goldene Krone ihrer Nonnen ein Sinnbild der Demut wie der Keuschheit und die weißen Seidenkleider Zeichen der Unschuld und der «Anmut der Tugenden». Auch die herabwallenden Haare ihrer Nonnen sind für Hildegard Symbole der jungfräulichen Gottesbrautschaft. Im Grunde haben beide Frauen sehr unterschiedliche Gottesbegriffe, woraus sich der Gegensatz ihrer Meinungen letztlich ableitet: Für Tenxwind ist es der «arme Christus», für Hildegard der Christkönig, der erhabene Weltenherrscher und «fortissimus et nobilissimus Deus» – eine im Grunde damals schon veraltende, eher aristokratische Gottesvorstellung. Es traten sich also Konzepte gegenüber, die sich auch im Wandel der Gottesbilder in der Kunst manifestierten. Es ist der Weg vom Christus-Pantokrator, der unnahbar thront, zum leidenden, armen Gottes-Sohn, dem sich jeder der «Mühseligen und Beladenen» nähern und eröffnen darf. Was in Theologie und Kunst aber eine Abfolge von Gottesvorstellungen ist, begegnet hier als gleichzeitiges Neben- und Gegeneinander, jeweils bedingt durch die gesellschaftliche Herkunft und deren Selbstinterpretation am Beispiel Gottes. Es begegnen sich einerseits Alt und Neu, aber andererseits hat man es mit einem bekannten kulturhistorischen Phänomen zu tun, nämlich mit der «Gleichzeitigkeit des Ungleichzeitigen» in jeder geschichtlichen Epoche. Wie sehr gesellschaftliche Grundüberzeugungen bei der Auseinandersetzung beider Äbtissinnen eine Rolle spielen, zeigt Hildegards weitere Argumentation. Sie läßt ihre Antwort nämlich nicht mit der Verteidigung ihrer liturgischen Bräuche bewenden, sondern steigert ihrerseits die Kontroverse ins Grundsätzliche. Tenxwind wird kühl zurechtgewiesen, daß allein Gott über sein Gebot zu befinden habe, daß sich der geringere Stand nicht über den höheren erhebe, wie dies einst Satan und der erste Mensch getan hätten. In diesem Zusammenhang fügt Hildegard einen Vergleich an, der fast zum geflügelten Wort geworden ist: «Welcher Mensch sammelt seine gesamte Herde in einem einzigen Stall, Ochsen, Esel, Schafe, Böcke, ohne daß sie auseinanderlaufen?» Ganz abgesehen davon, daß dieser zoologische Vergleich kaum das Wesen gesellschaftlicher Unterschiede und entsprechender Pflichten trifft, sagt er auch nichts über eine gottgewollte Rangordnung aus, die selbst im klösterlichen Bereich nicht aufgehoben ist. Sogar die Rangordnung im Himmel wird als Vorbild der irdischen Gesellschaftsordnung bemüht, und mit einem logischen Salto mortale wird aus der Allmacht Gottes gefolgert, daß er auch die Mächtigen liebe; alles andere sei «superbia» – Hochmut. Man sieht, daß bei Hildegard nicht selten Traditionelles und Neues völlig unvermittelt nebeneinander steht, ein psychischer wie theologischer Tatbestand, den man mit der Charakterisierung Hildegards als «konservative Revolutionärin» (Franz Felten) zu umschreiben versucht hat. Wie weit dieser Begriff trägt, mag am konkreten Lebensgang der Heiligen gezeigt werden.

Ein Leben zwischen Adelsstolz und Frömmigkeit, Ratio und mystischer Leidenschaft

Das konkrete Leben Hildegards ist im Vergleich mit anderen Heiligenviten eher ereignisarm, sieht man von der dramatischen Ablösung von ihrem Mutterkloster Disibodenberg ab. Im Jahr 1098 bei Alzey als Tochter des Adeligen Hildebert von Bermersheim und dessen Gattin Mechthild geboren, wurde Hildegard schon mit acht Jahren dem benediktinischen Doppelkloster Disibodenberg übergeben und kam dort in die Obhut der strengen, extrem asketischen Äbtissin und Magistra Jutta aus dem Hause der Grafen von Sponheim. Schon als Kind hatte sie Visionen. Zu ihrer Verwandtschaft gehörte der Trierer Erzbischof Arnold (1169–1183), ihr Bruder Hugo war Kantor im Mainzer Domkapitel. Schon während ihrer Jahre in Disibodenberg entwickelte sie ihre «Grundüberzeugung von der hervorragenden Rolle des Adels in der Heilsgeschichte» (Alfred Haverkamp), die sie dann in ihrem berühmten Text «Scivias – Wisse die Wege» näher ausformuliert. Unter Juttas Leitung konnte sie sich dem Bibelstudium und den Schriften der klassischen Kirchenväter widmen und legte 1113/14 das Ordensgelübde nach der Benediktregel ab. Ihre Visionen empfand sie anfangs eher als Heimsuchung, auch stieß sie damit verschiedentlich auf das Mißtrauen der Mönche und des Abtes. Nach Juttas Tod wurde sie selbst Magistra des Nonnenkonvents, der sich wegen ihres wachsenden Rufes vergrößerte. Gleichzeitig wuchsen aber auch die Differenzen mit den Mönchen des Klosters. Ihre engste Vertraute und Stütze war die hochadelige Nonne Richardis, Tochter des Markgrafen Rudolf von Stade in der sächsischen Nordmark und Schwester des Bremer Erzbischofs Hartwig (1148–1168). Das Benediktinerstift Disibodenberg auf einem

Berg am Zusammenfluß von Nahe und Glan war ein reich ausgestattetes Eigenkloster des Mainzer Erzbistums und hatte erst seit 1112 auch einen Frauenkonvent. Unter Hildegards Leitung spitzten sich aber die Konflikte mit dem Männerkloster so stark zu, daß sie in einer sich lange hinziehenden Auseinandersetzung gegen den Widerstand des Disibodenberger Abtes die Umsiedlung des Frauenkonvents auf den Rupertsberg über Bingen am Rhein durchsetzen konnte. Dabei kamen ihr sicher ihre adeligen Familienverbindungen zugute, denn die zunehmend feindseligen Disibodenberger Mönche machten ihr auch materiell den Wegzug schwer. Hildegard war überzeugt, daß sich der Männerkonvent gegen sie verschworen hatte und ein Teil der Mönche ihre Visionen als Trugbilder bezeichnete. «Als ich dies hörte, brach mir das Herz, mein Fleisch und meine Adern verdorrten, und während ich einige Tage auf dem Bette lag, hörte ich eine Stimme, die mir verbot, an jener Stätte noch länger etwas über Schau vorzutragen oder zu schreiben» (Vita s. Hildegardis, S. 137). Unter diesen Umständen kann es nicht verwundern, daß die ersten Jahre in Rupertsberg trotz mancher Hilfe schwierig und materiell bescheiden waren, denn das reiche Disibodenberg ließ sie spüren, daß man mit ihrem ertrotzten Weggang nicht einverstanden war. Hinzu kamen Konflikte im Konvent, denn ihre bisherige enge Freundin Richardis von Stade und andere adelige Jungfrauen verließen sie. Es ist anzunehmen, daß Hildegard in den Rupertsberger Anfangsjahren noch nicht die Benediktregel als Klosterordnung eingeführt hatte, jedenfalls beklagte sie sich acht Jahre lang immer wieder über Widersetzlichkeiten ihrer Nonnen. Spätestens seit 1158 galt aber dann die benediktinische Regel. Dennoch wurde die Neugründung an der kulturellen Schlagader des Reiches, dem Rhein, ein Erfolg, weil sich inzwischen ihr Ruhm als «prophetissa» weiter verbreitet hatte und mit adeligen Novizinnen Vermögen und neue gesellschaftliche Verbindungen ins Kloster kamen. Auch die verkehrsgünstige Lage am Rhein erwies sich als segensreich, denn viele Bewunderer Hildegards besuchten sie und wirkten auf der Weiterreise als Multiplikatoren ihres Ruhms.

Der Briefwechsel

Vor diesem Hintergrund der Rhein-Situation, die ein weitmaschiges Netz von Kommunikation ermöglichte, muß man auch Hildegards weitläufigen Briefwechsel sehen. Auf den ersten Blick erscheint er dem Leser wohl nicht allzu ergiebig, und in der Tat wird man ihm relativ wenig an historischer Substanz entnehmen können. Doch sollte man nicht übersehen, daß ihre Briefe überwiegend paränetischen, seelsorgerischen Charakters waren. Es überwiegen generelle Ermahnungen, die Sünde in ihren mannigfaltigen Formen zu meiden. Das gilt selbst für ihre Briefe an Kaiser und Könige, wo man am ehesten zeitgenössische Details erwarten würde. Hingegen findet sich Aufschlußreiches über die aktuellen Probleme des Ordenslebens ihrer Zeit, über dessen innere Organisation, über den Stellenwert asketischer Praxis. So ermahnt sie ihre Freundin, die Äbtissin Elisabeth von Schönau, sie solle sich bewußt bleiben, daß «die Menschen tönerne Gefäße» seien, also fehlbar, weshalb man – so wird man schlußfolgern – auch in der Askese Maß halten und sich «mild, sanft, arm und erbärmlich» zeigen soll. Aus manchen flehentlichen Bitten um Briefe oder aus Antworten auf solche vermag man zu entnehmen, daß ihre Schreiben geradezu als Heiltümer, als Glück bringende «Talismane» angesehen wurden, ganz gleich, welchen Inhalt sie hatten. Auch in den Briefen geht es oft um visionär begründete göttliche Bescheide, wobei Hildegard sich gleichsam in einer «Doppelrolle» äußert: In der ersten Person als unmittelbares Sprachrohr Gottes und in der dritten Person als unwürdiges Medium.

Viele Briefschreiber suchten in seelischer Bedrängnis Rat, wobei es sehr berührt, daß Hildegard auch aus ihren eigenen Bedrängnissen und inneren Nöten kein Geheimnis macht. Ihre ausführlichen Schriften werden kaum verlangt, vielmehr geht es um Wegweisung aus ihrem Mund als «Tempel des Heiligen Geistes». Man will Künftiges wissen, möchte Ratschläge, was man Gutes tun und für welche Fehler man Buße leisten solle. Die Mönche des Klosters Siegburg etwa hatten Hildegard zur geistlichen Mutter erwählt und in ihre Gebetsgemeinschaft aufgenommen, beklagten sich aber, daß sie ihre häufigen Botschaften nicht beantwortet habe (Nr. 206). Wie in Bittbriefen anderer Klöster wollte man in Siegburg von der Seherin einen göttlich inspirierten Bescheid über den Zustand ihres Klosters. Hildegards Antwort (Nr. 206R) fiel hier relativ ausführlich aus, sie spendet Lob, sieht aber auch in bedrohlichen Bildern Gefahren: «Euern Konvent erblicke ich wie eine Wolke, die wie das Dämmerlicht erscheint, wenn der Tag vergeht und die Nacht naht. Unter euch sehe ich auch manche in guter Absicht wie Sterne leuchten, einige aber in der Dunkelheit der Ermüdung erblassen. Daher erhebt euch und ‹ergreift die Zucht, damit der Herr nicht zürnt und ihr abseits vom rechten Weg zugrunde geht›» (Ps 2,12). Insgesamt jedoch wird «der Segen des Herrn über euch» verkündet. Ganz anders klingt jedoch Hildegards frostiger Mahnbrief an ihren Bruder Hugo in Tholey. Sie rügt ihn wegen übler Nachrede: «Denn Gott weiß, daß du darin nicht recht handelst» (Nr. 208). Mit Recht hat man darauf hingewiesen, daß Hildegard auf sehr konkrete Fragen in den Briefen an sie nur sehr allgemeine, pastoraltheologische Antworten gibt. Auf die Anfrage der Äbtissin von Kloster Obermünster in Regensburg (Nr. 186), warum Hildegard ihr nicht auf zwei Anfragen geantwortet hatte, erwidert die Prophetissa mit einem längeren Brief über die Fallstricke des Teufels. Des weiteren ermahnt sie die Äbtissin, nicht schlecht über die Ortskirche zu denken; dies wäre schwere Sünde. Möglicherweise hatte sich die Äbtissin über das Regensburger Bistum beklagt. Die Antwort auf ihre zwei Fragen sollte Hildegard aber dem Boten mitteilen, der den Brief bringen würde. Man kann aus diesem wie anderen Schreiben entnehmen, daß wichtige Belange oft nur mündlich weitergegeben wurden; das würde jedenfalls den auffälligen Mangel an konkreten Themen in vielen Briefen erklären. Es gibt aber auch längere theologische Traktate, wie etwa den Text, der generell an alle weltlichen Gewalten gerichtet ist. Dabei geht es um die verwerfliche Lehre der Irrgläubigen, die nicht an die Verwandlung von Brot und Wein in den Leib und das Blut Christi glauben. Die Ermahnung endet mit einer sehr konkreten Aufforderung: «Daher, o ihr Könige, Führer und Fürsten und ihr übrigen Christenmenschen, die ihr Gott fürchtet, hört die Worte und verscheucht dieses Volk – seines Vermögens beraubt – aus der Kirche, indem ihr es vertreibt, aber nicht tötet, weil sie Geschöpfe Gottes sind» (Nr. 381). So aggressiv sie hier ist, unterscheidet sie sich doch noch positiv vom «normalen» Vorgehen der Kirche gegen Ketzer: Auch den Häretikern wird Gotteskindschaft zugesprochen, der gewaltsame Tod wird ihnen deshalb erspart. Originell ist schließlich ihr paraphrasierter Text des Vaterunsers; vermutlich entstand er aus der liturgischen Praxis ihres Nonnenkonvents (Nr. 383).

Zum substantiellen Kern des Briefwechsels gehört zweifellos die Korrespondenz mit dem Mönch Guibert von Gembloux (Nr. 102 bis 109R), in der es sehr offen und ernst um die Wahrheit des Glaubens und um die Gefahr des Hochmuts aus dem Wissen geht, ein Werkzeug göttlicher Offenbarung zu sein. So ist Hildegards Mund einerseits für den Mönch «eine honigtropfende Wabe», andererseits warnt er sie: «Fühle dich niemals sicher, bevor die Rechenschaft, die du über die dir anvertrauten Talente vor dem Gläubiger [Gott] geben mußt, abgelegt ist, und rühme dich nicht des Empfangenen, als wäre es dein Eigentum, denn es steht geschrieben: ‹Wer sich rühmt, rühme sich des Herrn›» (1. Korinther 1,31). Schließlich gibt der Briefwechsel Hinweise auf ihren Charakter wie auch auf ihren – bei aller christlichen Demut – facettenreichen geistigen Habitus, ihr gesundes Selbstbewußtsein mit eingeschlossen, das sie wohl ihrer Herkunft verdankt.

Reise und Predigt

Seit 1158, als ein Ausgleich mit dem Kloster Disibodenberg zustande kam, begab sich die nunmehr Sechzigjährige trotz ihrer labilen Gesundheit auf Predigtreisen, von denen mindestens zwei zuverlässig bezeugt sind: Die Fahrt nach Mainz, Wertheim, Würzburg, Kissingen, Ebrach und Bamberg sowie Reisen nach Trier, Metz und Köln. Die verkehrsmäßig äußerst günstige Rheinschiene kam ihr dabei sicher sehr zustatten. Überall scheint sie ihr Publikum tief beeindruckt zu haben. Sie selbst bezeichnete sich immer wieder als «ungelehrt». Das kann ein hagiographischer Gemeinplatz sein, doch wäre auch daran zu denken, daß sie ja in der Tat keine systematische theologische Ausbildung hatte, wie sie an den großen Schulen in Paris, Chartres, Bamberg und anderenorts erworben werden konnte. Im Grunde blieb sie eine Autodidaktin, die sich aber mit ihrem hellwachen Geist umfangreiches theologisches Wissen angeeignet hatte. Am aufregenden theologischen Diskurs ihrer Zeit konnte sie schon deshalb nicht aktiv teilnehmen, weil Theologie immer noch Männersache blieb, eine Tendenz, die sich mit der Entfaltung der Universitäten eher noch verstärkte. So dürfte es auch kein Zufall gewesen sein, daß die aufblühende mystische Literatur sich vorwiegend außerhalb der Universitäten als den Zentren des scholastischen Frührationalismus entfaltete. Es ging im Kern um eine sehr persönliche Beziehung zu Christus. Die Braut-Christi-Mystik von Frauen hatte hieran einen starken Anteil.

Für Hildegards Predigten, in denen sie ihre Gottesschau an ein größeres Publikum weitergab, bedeutete es aber ein großes Hindernis, daß nach Paulus' autoritativem Willen Frauen grundsätzlich vom Predigtamt ausgeschlossen waren (1 Timotheus 2,12), eine Bestimmung, die von Hildegards Gegnern auch ins Feld geführt wurde. In dieser Frage fand sie aber einen beredten Verteidiger in dem Mönch Guibert von Gembloux, wenn er sie auch vor allzu großer Selbstsicherheit warnte. Guibert verteidigte in seinem begeisterten Brief von 1175 an die «prophetissa» ihre Predigten mit dem Argument, daß die unmittelbare Inspiration Hildegards durch den Heiligen Geist sie vom paulinischen Verbot ausnehme: Sie gehorche dem Heiligen Geist, sei sich dabei der Gültigkeit des Verbots durchaus bewußt und stimme in ihren Büchern und Predigten mit dem katholischen Glauben völlig überein (Nr. 104). Hildegards Insistieren auf ihrer Ungelehrtheit könnte aber auch dazu beigetragen haben, ihren Ruhm als unmittelbares «Sprachrohr Gottes» zu erhöhen.

Ein weiterer Brief Guiberts (Nr. 102) ist in anderer Hinsicht aufschlußreich, denn er möchte genauer die näheren Modalitäten ihrer Inspiration erfahren. So fragt er Hildegard, ob ihr die Visionen entgleiten, sobald sie von ihren Sekretären aufgezeichnet waren, «so daß du dich gar nicht mehr an das Gesagte erinnerst? Wir möchten auch gerne erfahren, ob du diese Visionen in lateinischer Sprache diktierst oder ob du sie deutsch aussprichst und ein anderer sie ins Lateinische überträgt? Trotzdem sind wir begierig, auch das zu wissen: Hast du Schreiben gelernt und die Heilige Schrift durch eifriges Lesen kennengelernt? Oder war allein die göttliche Salbung deine Lehrmeisterin? Sie belehrt ja, wen sie will, über alles.» Das war eine Frage, die in den Kern der übernatürlichen Wesensschau zielte, nämlich auf die unausgesprochene Möglichkeit, daß Hildegard aus dem reichen Fundus ihrer Lektüre schöpfte, wenn sie aus Licht, Flammen und Wolken konkrete Botschaften formulierte. Guibert war ganz offensichtlich ein kluger Mann, denn in seinen Fragen steckt ein großes Problem: Nämlich der konkrete Transfer ihrer mystischen Botschaften in eine für andere erfahrbare, überzeugende Form und damit die Frage, wieviel Menschenwerk – etwa die sprachliche Umformung durch das Medium der deutschen Sprache – die Ursubstanz ihrer Vision verändern kann? Für Guibert, dessen Muttersprache wohl Französisch war, mußte dies jedenfalls von großem Interesse sein. In ihrem Antwortschreiben gibt Hildegard darüber genaueren Bescheid: Sie behalte ihre Visionen lange im Gedächtnis, so daß sie sich gut erinnere, was sie einmal gehört oder gesehen hat. «Was ich aber nicht sehe, das weiß ich nicht, weil ich ungebildet bin. Und was ich schreibe, das sehe ich und höre ich in einer Schau und gebrauche keine anderen Worte als diejenigen, die ich höre. Und ich spreche sie in ungefeiltem Latein aus, wie ich sie in der Schau höre, weil ich ja in dieser Schau nicht schreiben gelehrt werde, wie die Philosophen schreiben» (Nr. 103R). Mit dieser Erwiderung distanziert sie sich ganz offensichtlich vom theologischen Diskurs der Universitäten, dem sie ohnehin fernsteht, und beharrt auf der Unmittelbarkeit ihrer Inspiration, die ihr als einer Ungebildeten zuteil wird. Die Worte aber, die sie «hört und sieht», sind nicht «Worte, die aus Menschenmund ertönen», gehören also nicht irgendeiner Sprache an, sondern sind gleichsam jener Urstoff der Erkenntnis, den sie immer wieder als «blitzende Flamme», aber auch als «Wolke» beschreibt: «Die Gestalt dieses Lichts vermag ich überhaupt nicht zu erkennen», fügt sie erläuternd hinzu, «wie ich auch den Sonnenball nicht ganz anschauen kann.» Bleibt also die Frage offen, auf die auch Guibert abzielte, nämlich wo und in welcher Weise sich ein Lichtphänomen – ganz gleich, ob es in der Seherin oder außerhalb ist – in eine mitteilbare Gottesbotschaft verwandelt. Aber dies war wohl ihr Geheimnis, dem man mit erkenntnistheoretischen Überlegungen kaum beikommen kann. Wie dem auch sei: Als sie 1179 in Rupertsberg nach einem an Erfolgen reichen, stets von Krankheit bedrohtem Leben starb, stand ihr Prestige als Seherin und Deuterin von Gott, Welt und Zukunft und wohl auch als Heilkundige im Zenit.

Askese und Humanität

Schon von Anbeginn gab es im Christentum asketische Strömungen und damit auch Diskussionen über Ausmaß und Verdienstlichkeit der Selbstkasteiung. Der Welterfolg der Regula S. Benedicti beruhte nicht zuletzt darauf, daß hier eine humane Ausgewogenheit zwischen tätigem frommen Leben und asketischer Praxis gefunden war. Alle nachfolgenden Klosterordnungen orientierten sich trotz bedeutender Varianten an der Benediktregel; zudem war sie die Richtschnur für alle monastischen Reformen. Auch das Doppelkloster Disibodenberg folgte dieser Klosterordnung, doch praktizierte Hildegards Vorgängerin und Lehrerin Jutta von Sponheim persönlich einen extremen Asketismus, wie ihn die Regula Benedicti nicht kennt, und forderte dies offenbar auch von ihren Nonnen. Hildegard scheint unter diesem Extremismus gelitten zu haben, denn ihr späteres Urteil über Jutta war zumindest distanziert. Sie erwähnt sie in der eigenen Lebensbeschreibung nur knapp und unpersönlich und vermerkt, daß Jutta mit Nachtwachen und Fasten ihrem Körper keine Ruhe gönnte und ihm körperliche Qualen, etwa durch eine ins Fleisch schneidende eiserne Kette, zufügte. Jutta war für Hildegard ganz offensichtlich kein Vorbild. Wie sie selbst dachte, geht aus mehreren Briefen hervor. So schreibt sie einer Äbtissin in Erfurt: «Oft sehe ich, daß, wenn der Mensch durch übermäßige Enthaltung seinen Leib schädigt, dadurch Überdruß und damit mehr Laster in ihm entstehen, als wenn er ihn richtig ernähren würde» (Nr. 94R). Einer anderen Äbtissin im Kölner Raum rät sie, ihre Nonnen nicht durch Maßlosigkeit zu verscheuchen: «Wenn nämlich ein Mensch seinen Leib maßvoll nährt, hat er einen sanftmütigen und frohen Charakter ... Wer dagegen durch maßlose Abstinenz seinen Leib aufreibt, kommt immer zornig daher» (Nr. 156R). Daher dient eine «vernünftige Abstinenz» nach der Regel des heiligen Benedikt einem frohen Herzen und der Erquickung des Leibes, unvernünftige Enthaltsamkeit hingegen fördere Stolz und Bedrücktheit des Geistes (Nr. 234 u. 249). Und an eine Laienschwester schreibt sie: «Einer übertriebenen Enthaltsamkeit fehlt die Lebenskraft der Tugenden, und dort nimmt der eitle Ruhm der Untauglichkeit zu. Viel Erschreckendes entsteht dort, als ob es heilig sei; und es ist nicht heilig ... Die in solcher Eitelkeit leben, zeigen Zorn und keinen Frieden. Und sie sind durch ihren Charakter untauglich» (Nr. 234). Und noch schärfer warnt sie die Äbtissin Hazzecha von Kloster Krauftal: «Wenn ihr euch größeren Mühen unterzieht, als ihr zu tragen vermögt, werdet ihr ... durch die Täuschung des Teufels fallen» (Nr. 161). Man könnte das als asketischen Humanismus bezeichnen.

Hildegards eigene Auffassung von maßvoller, vernünftiger Askese konnte sie seit 1158 in ihrem neuen Kloster praktizieren. Darüber hinaus entwickelte sie ihre Vorstellung in einem Kommentar zur Benediktregel, der zwischen 1159 und 1164 in Rupertsberg entstand und der, wenn auch mittelbar, ihr eigenes monastisches Ideal am deutlichsten erkennen läßt. Für sie ist die Benediktregel gleich der Heiligen Schrift ein unmittelbar vom Heiligen Geist inspiriertes Werk. Um so interessanter sind ihre Interpretationsvarianten. Die Regel selbst charakterisiert sie treffend mit einem Bild: Benedikt «schlug den Nagel seiner Lehre, um den sich die Macht Gottes wie ein Rad dreht, nicht zu hoch und nicht zu tief ein» (1055 B). Das entsprach genau ihrer eigenen Haltung als Äbtissin, wie sie Guibert von Gembloux schildert, nämlich ihrer «discretio» und «temperantia», die ihr zur Wahl als Leiterin des Konvents verholfen hatte. Immer wieder betont sie das Maßvolle und Wohlüberlegte der Regel Benedikts. Sie wendet sich gegen überlanges Beten wie gegen eine überlange Liturgie, zeigt sich großzügiger hinsichtlich des Fleischgenusses im Kloster und fügt für den dritten Gang der Hauptmahlzeit (RB, c. 39), der bei Benedikt nur aus Früchten und Gemüse bestehen sollte, hinzu, daß auch Fisch, Käse und Eier gegessen werden dürfen, auch wenn Benedikt dies nicht erwähnt habe. Bezeichnend für ihre aufs Humane abzielende Interpretation der Regula Benedicti ist ihre Erläuterung, der heilige Mönchsvater habe die von ihr zusätzlich genannten Speisen deshalb nicht erwähnt, weil er voraussah, daß die Mönche ein Verbot ohnehin nicht befolgen würden.

Ob den Mönchen Unterwäsche erlaubt sei, wurde im 12. Jahrhundert auch diskutiert. Bei Benedikt war dies nur für Reisen erlaubt, wohingegen Hildegard der Meinung ist, daß Gott Unterkleidung nicht mißfalle, da die Berührung von Fleisch mit Fleisch leicht zu fleischlicher Sünde verführe. Diese Begründung ist deshalb bemerkenswert, weil sie hier eine hygienische Erleichterung asketisch motiviert. Aufschlußreich ist auch, daß sie «historisch» argumentiert: Zur Zeit Benedikts hatten die Menschen keine Unterkleidung, nun aber hätten sich die Sitten geändert. In einem ihrer Hauptwerke, nämlich «Scivias», findet sie sogar eine überraschende theologische Begründung für moderatere Formen monastischen Lebens: Denn so, wie Jesus mit dem Evangelium das strenge Gesetz Moses milderte, habe Benedikt auf Einwirken des Heiligen Geistes eine mildere Regel verfaßt und damit die älteren harten Formen mönchischen Lebens abgelöst; ein sehr origineller Gedanke, der eine sehr unterschiedliche Entwicklung asketischer Lebensweisen mit dem grundsätzlichen Unterschied zwischen Altem und Neuem Testament heilsgeschichtlich erklärt (V, c. 18–22).

Man hat gerade auch aufgrund ihres Benedikt-Kommentars Hildegards geistige Orientierung als konservativ-traditionalistisch (Giles Constable) charakterisiert, was kaum den Kern der Sache trifft. Nicht einmal ihre aristokratische Exklusivität kann man, quasi «eindimensional», als nur konservativ bezeichnen, dafür ist ihr geistiges Profil zu differenziert. Hildegards bereits durch ihre Briefe dokumentierte «Weltverbundenheit» und die kluge Art und Weise, in der sie dieses Medium zu einer Art Selbstinszenierung benützt, trägt sehr moderne Züge. Ihr ruhiger Blick auf die realen Gegebenheiten des Lebens gründet in der erstaunlichen, wirklichkeitsnahen Mentalität ihres Jahrhunderts, seinem aufbrechenden Individualismus in Religion, Philosophie, Poesie, Kunst und in den gerade damals erblühenden, säkularen Nationalliteraturen. Es ist ein Humanismus spürbar, der sich in den Werken so gegensätzlicher und in der Tat auch persönlich verfeindeter Geister wie Petrus Abaelard und Bernhard von Clairvaux ebenso zeigt wie in einem neuen Gottes- und Naturverständnis; wofür Hildegard von Bingen eine Kronzeugin ist.

Das naturwissenschaftliche Werk

Wie schon eingangs bemerkt, bleiben die Konturen ihres geistigen Profils wegen der komplizierten Quellenlage in wichtigen Bereichen oft unklar. Alle Originalbriefe von und an Hildegard, 389 an der Zahl, sind verschollen, wohl nicht zuletzt deshalb, weil die Autorin in zwei verschiedenen Stadien ihre Briefe edierte und mit Sicherheit auch zweckdienlich geändert hat. Unklar ist auch die Rolle, die ihr Schreiber und Vertrauter Volmar zwischen 1153 und 1173 gespielt und wie weit er redaktionell eingegriffen hat. Neben dem Wiener Kodex aus dem 13. Jahrhundert mit 271 Briefen hat der sogenannte Rupertsberger «Riesenkodex» mit 278 Briefen, den Hildegard mit Helfern als Redaktion letzter Hand am Ende ihres Lebens erstellte, große Bedeutung für die wissenschaftliche Rekonstruktion ihres Werkes. Überhaupt ist der umfangreiche Bestand von Rupertsberger Handschriften, die wohl alle zu Lebzeiten Hildegards entstanden sind und zahlreiche, inhaltlich relevante Korrekturen enthalten, ein erstaunliches Phänomen. Er umfaßt sowohl die Briefe als auch ihre anderen Schriften, besonders auch ihre sorgfältig festgehaltenen Visionen. Man kann Kloster Rupertsberg geradezu als Selbstverlag und Vertriebszentrale Hildegards bezeichnen, ein durchaus moderner Zug ihrer Persönlichkeit.

Als noch komplizierter und bislang undurchsichtiger erweist sich das Problem, Art und Umfang ihrer medizinischen Schriften zu bestimmen. Zwar steht außer Zweifel, daß Hildegard nach eigenem Zeugnis und dem ihrer Biographen, den Mönchen Gottfried und Theoderich, Texte naturkundlich-medizinischen Inhalts verfaßt hat, aber ein Bestand gesicherter naturwissenschaftlicher Schriften läßt sich bis jetzt nicht erstellen. Dennoch sind – bei allen Echtheitsproblemen – Aussagen über die Qualität ihres medizinischen Wissens möglich. So zeigt ein Vergleich mit den Medizin-Traktaten der berühmten Schule von Salerno, besonders der salernitanischen Drogenkunde des 11./12. Jahrhunderts, daß Hildegards Kenntnisstand offenbar nicht sonderlich innovativ war (G. Keil). Das dürfte mit der autodidaktischen Art ihrer Bildung zusammenhängen, die sich kaum mit der traditionsgestützten Medizin der Universitäten messen konnte. Immerhin kann man bei aller Vorsicht sagen, daß Hildegard bemüht war, rational vorzugehen. Die (rekonstruierte!) «Physica», wie sie in einer Handschrift (um 1300) aus dem Trierer Kloster St. Matthias vorliegt, ist jedenfalls von dem Bestreben geleitet, «die Phänomene in der Natur und im menschlichen Organismus aus der Gesamtwirkung elementarer Kräfte abzuleiten, rational zu erklären und statt metaphysischer

Begründungen mechanische Prinzipien und physikalische Vorgänge ins Feld zu führen ... In der Erklärung der Natur, ihrer Kräfte und Gesetzmäßigkeiten deutet sich eine neue Sicht und Methode an, die Natur nicht nur als Folie theologischer oder symbolischer Deutungen» zu verstehen (Irmgard Müller). Man muß allerdings hinzufügen, daß noch nicht völlig geklärt ist, ob dieser Text durchgängig Hildegard zugeschrieben werden kann.

Diesen Stand der Forschung vor Augen, wird man sich fragen müssen, ob nicht Hildegards sicher beträchtliche naturwissenschaftliche Kenntnisse weniger innovativ als vielmehr rezeptiv in einer originellen Weise sind, insofern sie neue Bewertungen wagt, die auch in ihren anderen Schriften zu finden sind. Als Heilkundige war sie offenbar von bemerkenswerter Unbefangenheit, auch in Fragen der Sexualität. Mutterschaft und Jungfräulichkeit stehen bei ihr – anders als in der kirchlichen Literatur der Zeit – gleichwertig nebeneinander, ja, bedingen einander. Das war eine Auffassung, die auch in der Spätantike vereinzelt vertreten worden war. So etwa von dem Mönch Jovinianus, einem Zeitgenossen des Kirchenvaters Hieronymus. Letzterer beschimpfte ihn in unflätigster Weise, weil Jovinianus Jungfräulichkeit und christlichen Ehestand als gleichwertig erklärt hatte. Nunmehr, in einem geistig kreativen Klima, taucht dieser Gedanke bei Hildegard wieder auf. «Modern» war sie auch darin, daß sie, im Unterschied zur Scholastik, die Gleichrangigkeit von Mann und Frau im Blick auf die Gottesebenbildlichkeit des Menschen verfocht. Anders als der Apostel Paulus läßt Hildegard die Frau nicht nur um des Mannes willen geschaffen sein, sondern auch den Mann um der Frau willen. Man wird kaum fehlgehen mit der Annahme, daß gerade ihr medizinisches Wissen ihr solche, für die damalige Zeit wagemutigen Ansichten nahelegte. Ihr kühnstes Unterfangen waren jedoch ihre Visionen und Prophetien sowie deren Edition und Verbreitung. Sie trugen ihr zeitgenössischen Ruhm, aber auch Kritik ein, die sich im 13. Jahrhundert noch deutlicher von seiten der Universitäten artikulierte.

Vision und Prophetie: Lebenserfüllung und Wagnis

«Die Prophetien von Hildegard erachte ich für wenig, vielmehr tadele ich diejenigen, die die Lehre einer Frau in den Kirchen verbreiten, obwohl doch Apostel Paulus den Frauen in der Kirche zu lehren verboten hat ... Darauf erwidern manche, daß der heilige Bernhard die Prophetien der Hildegard gesammelt hat. Wenn dies wahr sein sollte, so haben diese Prophetien dennoch keine Autorität. Denn Bernhard sammelte auch Texte, um sie zu widerlegen, wie etwa die Irrtümer von Abaelard, manche, um sie zu überprüfen, wie es wohl auch mit den Texten jener Frau gewesen sein mag. Manche sagen außerdem, daß der Papst ihre Schriften bestätigt habe, was offensichtlich eine Lüge ist, da der apostolische Stuhl bekanntlich Zweifelhaftes nicht bestätigt, um so weniger, als in dem Geschreibsel einer solchen Vermessenen viele Irrtümer enthalten sind ... Ich glaube vielmehr, solange mir nichts Gegenteiliges bewiesen wird, daß die Prophetie der Hildegard unmittelbar aus der List des Teufels entspringt ... Er will nämlich den Glauben den Menschen verhaßt machen. Er mischt der Wahrheit, die aus den heiligen Schriften und den Verkündigungen der Engel entspringt, mit vielen Falschheiten und Nichtigkeiten. Durch jene Hildegard lehrt er viele Irrtümer, gibt er Anweisungen an ihre ketzerischen Anhänger, jenen Zuträgern des Teufels und jenen Verfolgern der Heiligen. Alle Zeichen, die sie künden, sind betrügerisch, sie sind falsch und pervers» (zit. nach H.-J. Schmidt).

Dieser scharfe Angriff um 1270 auf Hildegard als «prophetissa» stammt von dem englischen Franziskaner, Theologen und Universitätsgelehrten Johannes Peckham (Pecham, ca. 1225/30–1292), der Provinzialminister seines Ordens für England war und später Erzbischof von Canterbury. Er war eine streitbare Persönlichkeit, suchte im Orden das ursprüngliche Armutsideal des heiligen Franziskus wiederzubeleben – allerdings mit geringem Erfolg – und war an der Universität Oxford als Vertreter der augustinischen Theologie und radikalen Prädestinationslehre ein scharfer Gegner der rationalen Theologie des Averroismus. Nicht ganz zufällig findet sich seine Attacke auf Hildegard in seinen drei Traktaten über die Armut. Es dürfte ihm kaum entgangen sein, daß die «prophetissa» wenig Verständnis für die Armutsideale der religiösen Volksbewegungen hatte, aus denen später die Bettelorden entstanden waren. In der Tat sind Armut und Armenfürsorge für Hildegard kein Thema, ebensowenig war es das Arbeitsgebot der Benediktregel und der Regeln der Reformorden. Ob dies mit ihrem aristokratischen Glaubensbewußtsein zusammenhing oder mit einem ästhetisch-humanistischen Lebensgefühl, bleibe dahingestellt.

Hauptangriffspunkt des Franziskaners waren ihre Visionen, aber auch das Geschick, mit dem die Äbtissin es verstanden hatte, Bernhard von Clairvaux und Papst Eugen III. zu Kronzeugen und Befürwortern ihrer Prophetengabe zu stilisieren. Hier hatte der Engländer offenbar erkannt, daß Hildegard dabei in eigener Sache am Werke gewesen ist. Eine andere Frage ist allerdings, ob man, wie Peckham es tut, von einer «Lüge» Hildegards sprechen darf, denn ihre felsenfeste Überzeugung vom göttlichen Ursprung ihrer Visionen – die tiefste seelische Triebfeder ihrer Existenz – dürfte allein schon dafür gesorgt haben, daß ihr bereits ein halbes Anerkennen oder Tolerieren ihrer übernatürlichen Geistesgabe als positive Bestätigung erscheinen mußte. Auch sollte man nicht vergessen, daß Papst Eugen III. in der Tat eine offizielle Kommission nach Disibodenberg schickte, um Näheres über die Umstände ihrer Visionen zu erfahren; daraufhin wurden ihre mystischen Schriften auf Befürwortung Bernhards von Clairvaux von Papst Eugen III. auf einer Trierer Synode 1147/48 approbiert, also als echt anerkannt. Hildegards Kanonisation als Heilige erfolgte 1233. Ein heute aktueller Aspekt, nämlich die Frage, ob es einen Zusammenhang zwischen ihren häufigen Erkrankungen und ihren Visionen gibt, soll hier nicht ins Spiel gebracht werden, da es kaum möglich ist, zeitliche Übereinstimmungen zwischen Krankheit und Vision festzustellen. Hildegard selbst hat wohl solche «klinischen» Vermutungen geahnt oder gar erfahren, denn sie betont immer wieder nachdrücklich, daß ihr Gott seinen Willen bei völlig klarem, hellwachem Bewußtsein mitgeteilt habe, also weder im Schlaf noch in einem abwesenden Trance-Zustand. Das wird man ihr glauben müssen. Mit einem Wort: Ihr Prestige als Seherin hat sie zwar klug und wohl auch systematisch gefördert, aber es hatte eine reale Grundlage in ihrem Bewußtsein; der Vorwurf Peckhams, sie lüge, entbehrt jeder Grundlage.

Wie waren nun ihre Visionen beschaffen? In ihrem Brief von 1175 an Guibert von Gembloux (Nr. 103 R) spricht sie, scheinbar paradox, von einer bildlosen Schau ohne Ekstase. Sie sieht «Worte, die nicht von menschlichen Lippen kommen, sondern gleich einer glänzenden Flamme und als Wolke in reiner Luft». Noch genauer beschreibt sie an anderer Stelle ihres Briefes ihren eigenen Zustand: «Und in dem gleichen Licht sehe ich manchmal, nicht oft, ein anderes Licht, das ich lebendiges Licht (lux vivens) nenne ... und wenn ich auf dasselbe hinschaue, ist alle Trauer und aller Schmerz von mir genommen, so daß ich wie ein unschuldiges, junges Mädchen bin und keine alte Frau.» Man muß Hildegard auch glauben, daß sie sich als Kind gefürchtet hat zu erzählen, was sie sah. Mystische Schau dieser beinah abstrakten Art gab es schon früher; Augustinus bezeichnet sie aus eigener Erfahrung als «visio intellectualis», und Bernhard von Clairvaux erfuhr ähnliches, wenn er in seinem «Sermo super Cantica 74» schildert, wie das «Wort» (Gottes) seine Seele besuchte. Hildegard berichtet in «Scivias» aber auch von einer anderen, mehr substantiellen Art von Vision: «Der Himmel war offen und ein feuriges Licht von höchstem Glanz kam herab und füllte mir Haupt, Herz und Brust wie eine Flamme, die aber nicht verbrennt, sondern wärmt» (Scivias, Protestificatio, S. 3, 26–4,29).

Wichtig ist aber auch, daß solche Lichterscheinungen kein Selbstzweck sind, sondern göttliche Wesenheiten, die Hildegard unmittelbar zur tieferen Bedeutung der Heiligen Schrift, des Alten und des Neuen Testaments, führen und damit zu einer geheimen Bedeutung der Bibel, wie sie Joachim von Fiore (ca. 1135–1202), einer der bedeutendsten und folgenreichsten Mönchstheologen, ein Lebensalter nach Hildegard ebenfalls als eine mystische «intelligentia spiritualis» erfahren sollte. Selbst das athanasische Glaubensbekenntnis glaubte Hildegard durch ihre visionäre Gabe auslegen zu können. Dies klingt vielleicht überheblich, aber selbst ausgebildete Theologen baten Hildegard um das rechte Verständnis der Heiligen Schrift und der aus ihr sich ergebenden, heiß umstrittenen dogmatischen Konsequenzen. So bat sie 1163/64 Bischof Eberhard von Bamberg (1146–1170) – sein Bistumssitz war eines der wichtigsten geistigen Zentren des Reiches im Hochmittelalter und er selbst ein hochgebildeter Theologe und Reichspolitiker – um eine Interpretation der Trinitätsformel «eternitas (Gott) – equalitas (Christus)

– connexio (deren Verbindung durch den Heiligen Geist)». Dies war in der Tat ein vieldiskutiertes Problem, das im Spätmittelalter der Kurienkardinal Nikolaus von Kues (1401–1464) auf seine Weise eher rationalistisch als mystisch löste. Für ihn entsprach der Trinitätsformel «Gott – Christus – Heiliger Geist» die Trias Ursache – Wirkung – und deren [kausale] Verknüpfung. Hildegard hingegen blieb mit ihrer Antwort bei ihrem bildhaften Gottesbegriff des wahren Lichts (verum lumen), unterschied sich also vom generellen Diskurs des 12. Jahrhunderts.

Zur «wissenschaftlichen Avantgarde des 12. Jahrhunderts» (Peter Dronke) gehört Hildegard wohl nicht, dafür bleiben ihre Visionen als «Bild gewordene Theologie» allzusehr im Subjektiv-Anschaulichen und sind schon aus diesem Grund keinem rationalen Diskurs zugänglich. Theologisch und logisch stellt sich hier allerdings ein Problem, nämlich die Frage, wie die Kluft zwischen subjektiver Lichterscheinung und konkreter Interpretation der «Botschaft» zu beurteilen ist. Die Gefahr eines unkontrollierbaren Subjektivismus von Hildegards Aussagen, der sich doch sehr markant vom lebhaften theologischen Diskurs ihrer Zeit unterscheidet, ist somit nicht von der Hand zu weisen. Auf jeden Fall ist die Bilderflut ihrer Visionen einzigartig. Visionsliteratur hat es schon im frühen Mittelalter gegeben, beispielsweise die «Visio Wettini» des Gelehrten und Dichters Walafrid Strabo im Kloster Reichenau (808/09–849), eine schauerliche Jenseitsvision, oder die Sammlung von Visionen, die Otloh von St. Emmeram (ca. 1010–1079) schrieb. Aber keiner dieser Texte von oft beschränkt-aktuellem Anlaß erreichte den gedanklichen Reichtum und die inhaltliche Kohärenz der Schriften Hildegards. Ihre Bilderfülle, deren Qualität in den eher mittelmäßigen Illustrationen ihrer Rupertsberger Nonnen kaum widergespiegelt wird, ist als ein ästhetisches Phänomen ebenso beeindruckend, wie es zugleich als ein Zeichen der sich stark individualisierenden Frömmigkeit des Hochmittelalters gelten kann. Ihre Visionen sind auch in literarischem Sinne «welthaltig», insofern man ihnen vieles zur Mentalitäts- und Religionsgeschichte ihrer Epoche entnehmen kann, ganz gleich, ob es um ihre scharfe Kritik an der als häretisch verdammten religiösen Volksbewegung der Katharer geht oder um die erneut heftig aufflammende Diskussion über die Armutsfrage als einem Grundproblem der Kirche von Anbeginn.

Um so auffallender ist es daher, daß in der Folgezeit sich die Wirkung ihrer Texte durchaus in Grenzen hielt. Für das 13. Jahrhundert spielten zwei Schriften des Gebeno, Prior der Zisterze Eberbach, eine wichtige Rolle, die dieser 1220 unter den Titeln «Pentachronon» und «Speculum futurorum temporum» mit der Absicht veröffentlichte, die Dunkelheit und Vieldeutigkeit von Hildegards Originaltexten durch Eindeutigkeit zu ersetzen. Gleichzeitig wollte Gebeno unter Berufung auf Hildegard den Zukunftsdeutungen Joachims von Fiore entgegentreten. Überhaupt war es ihr Schicksal, daß ihre Gedanken entweder durch Simplifizierungen beeinträchtigt wurden oder daß sich – was noch schlimmer war – andere Autoren unter ihrem Namen fälschlich zu Wort meldeten. Man hat sogar gemeint, daß unechte Hildegard-Texte wirksamer waren als ihre echten Schriften. Immerhin fand ihre Warnung vor den Katharern bei späteren Autoritäten Widerhall, doch an den Universitäten war ihr Echo gering. Weder Albertus Magnus (ca. 1200–1280) noch Thomas von Aquin (1224/25–1274), weder Bonaventura (1217/21–1274) noch Johannes Duns Scotus (1265/66–1308) – also die Leuchten der scholastischen Philosophie – erwähnen sie. Auch die päpstliche Untersuchungskommission, die 1233 für ihre Kanonisation eingesetzt wurde, reduzierte ihre Prophetengabe fast ausschließlich auf simple Mirakel.

Und doch sind ihre Visionen von bleibender Bedeutung, auch wenn sie Johannes Peckham als «Geschreibsel einer Vermessenen» bezeichnet hat. «Scivias» war ihre erste allegorische Visionsschrift, sie gibt sich als eine großangelegte Predigt über den christlichen Glauben. Es ist ein kühnes Werk, denn die Exegetin dürfte sich kaum bewußt gewesen sein, was es bedeutet, wenn sie lange Reden Christi und anderer biblischer Personen dichtete, «die zwar ganz vom Geist der Bibel inspiriert sind, sich von ihrem Wortlaut aber ganz befreien» (Friedrich Ohly). Im programmatischen Vorwort zu «Scivias» beschreibt sie in überwältigender und ihre Zeitgenossen wohl auch überzeugender Demut ihre Rolle als Empfängerin göttlicher Botschaft: «Oh hinfälliger Mensch, Asche von Asche, Fäulnis von Fäulnis, verkündige und schreib' nieder, was du siehst und hörst!» (Prot. 9 f.).

Einem Leser der visionären Schriften Hildegards, der weder theologisch gebildet ist noch ihrem asketischen Leben nachfolgt, somit nicht bereit ist, aus gleichgestimmter Religiosität von vornherein geistig für ihre Botschaften empfänglich zu sein, wird es nicht leichtgemacht, in ihre bilderreiche Gedankenwelt einzudringen. In diesem Zusammenhang ist es bemerkenswert, daß sie in ihrem Brief an Bernhard von Clairvaux ihre göttliche Inspiration als «verzehrende Flamme» bezeichnet, die sie über die «Tiefen der Auslegung» der Heiligen Schriften belehrt (Nr. 1). Dabei fügt sie hinzu: «Doch Schriften in deutscher Sprache lehrt sie mich nicht.» Das fällt um so mehr auf, als schon seit dem 7./8. Jahrhundert bei germanischen Völkern Poesie in der Muttersprache auftaucht. Mit der visionären Ausdruckskraft, die ihre lateinischen Texte auszeichnet, hätte Hildegard wohl auch mittelhochdeutsch dichten und schreiben können. Aber diese Fähigkeit war in ihrer Zeit wohl vor allem der männlichen Rittergesellschaft wie einer sich gleichzeitig entwickelnden städtischen Bildungsschicht als laikaler Gesellschaftsformation mit eigenen geistigen Ansprüchen vorbehalten. Ohne Zweifel war Hildegard eine der markantesten Persönlichkeiten des 12. Jahrhunderts. Als «prophetissa», Predigerin, Dichterin und Briefschreiberin können wir heute ihren ungewöhnlichen Rang ermessen. Es ist zu hoffen, daß nach Klärung der noch offenen Echtheitsfragen auch ihre Bedeutung als Naturkundige und Ärztin genauer hervortreten wird. Für ihr ganzes Wirken gilt aber das schöne Wort: «Das ‹Ich› der Prophetin Hildegard gleicht einer Tür, durch die Gott hereintritt» (Maria Böckler).

Elisabeth von Thüringen (1207–1231)

Ein geprügelter Engel

«Elisabeth, Tochter des Königs von Ungarn, war ihrer Herkunft nach adelig, aber noch adeliger durch ihren Glauben und ihre Frömmigkeit.» Mit diesem bekannten Gemeinplatz (Topos) der mittelalterlichen Legendenliteratur beginnt das Lebensbild jener heiligen Königstochter, die der Dominikaner und spätere Erzbischof von Genua Jacobus de Voragine (1226–1298) als leuchtendes Vorbild weiblicher Heiligkeit in seine berühmte Sammlung der «Legenda aurea» aufgenommen hat. Adelig von Geburt, aber noch adeliger durch Frömmigkeit, für Elisabeth war es die Realität, sie ist wohl die rührendste Gestalt im Heiligenhimmel der mittelalterlichen Kirche und aus diesem Grund auch eine wahre Volksheilige geworden. Ihr Vater war König Andreas II. von Ungarn, aus der Familie der Arpaden. Ihre Mutter Gertrud stammte aus dem damals mächtigen bayerischen Adelshaus der Andechs-Meranier. Schon als Kind wurde sie aufgrund einer rein politisch motivierten Konstellation, die sich damals gegen den Stauferkaiser Friedrich II. (1194–1250) richtete, mit Ludwig, dem ältesten Sohn des Landgrafen Hermann I., verlobt, den sie 1221 heiratete. Drei Kinder entstammten dieser Ehe: Landgraf Hermann II. (1222–1241), Sophie (1224–1284), die 1240 den Herzog Heinrich II. von Brabant ehelichte, und Gertrud (1227–1297), die als Leiterin im Nonnenkloster Altenberg wirkte. Elisabeths Gatte, Landgraf Ludwig IV., starb im September 1227 auf dem Fünften Kreuzzug; darauf mußte die Witwe im Winter 1227/28 die Wartburg verlassen, ihr Schwager Heinrich Raspe (ca. 1204–1247), der neue Landgraf, verdrängte sie widerrechtlich und eignete sich ihren reichen Witwenbesitz an. Nach einem Ausgleich zwischen Elisabeth und Heinrich, den ihr Beichtvater Konrad von Marburg (1180/1200–1233) zu vermitteln wußte, zog sich die junge Witwe mit einigen Freundinnen nach Marburg zurück, gründete

Nikolaus Glockendon, Mildtätigkeit der heiligen Elisabeth, Miniatur, um 1529/30, Murhard'sche und Landesbibliothek Kassel. – Elisabeth verteilt vor den Toren ihres Palastes in der Tracht einer Edeldame zusammen mit einer Magd Almosen, während ihr Gatte, der Landgraf, sie von der Galerie des Palastes aus kritisch beobachtet. Papst Gregor IX. sprach Elisabeth 1235 heilig. Am 1. Mai 1236 wurden im Beisein Kaiser Friedrichs II. und der Großen des Reichs ihre Gebeine in Marburg feierlich erhoben. Die landgräfliche Familie, der machtvoll sich entfaltende Deutsche Orden und schließlich die beiden großen Bettelorden, die Franziskaner und die Dominikaner, förderten ihre Verehrung. Ein Korb mit Rosen, Broten oder Fischen und ein Bettler sind die Attribute der Heiligen, die am 19. November als Schutzheilige von Thüringen und Hessen, des Deutschen Ordens, der Caritasvereinigungen, der Witwen und Bettler sowie der unschuldig Verfolgten und Notleidenden verehrt wird.

ein Hospital für Arme und Sieche und starb dort am 16./17. November 1231. Da die Gründung und Art des Hospitals ganz auf ihre einmalige Persönlichkeit zugeschnitten war und in dieser Form daher nicht weitergeführt werden konnte, bleibt hier das vieldiskutierte Problem ausgeklammert, ob und in welcher Weise Elisabeth zu einer Patronin des Deutschen Ordens geworden ist, dessen Anfänge mit dem landgräflichen Fürstenhaus und Marburg verbunden sind. Hier geht es nur um die Heilige selbst und um das Profil ihrer Lichtgestalt.

Die Fürstin und das landgräfliche Haus

So etwa könnte man mit standesamtlicher Kargheit ihren Lebenslauf skizzieren, würde aber damit gröblich das Wesentliche ihres beispielhaften Daseins verfehlen, das für sie in herrscherlicher Pracht begann und im grauen Gewand einer barmherzigen, demütigen, aber auch furchtsamen Büßerin, als Engel der Notleidenden endete. Schon früh zeigte sich in einem Ambiente des Glücks auf der Landesfeste, der gewaltigen Wartburg, ihre demütige Frömmigkeit. Ihr Gatte, Landgraf Ludwig IV., bei aller politischen Energie ebenfalls kirchlich gesinnt, ließ ihrer Liebe zu frommen Werken verständnisvoll freien Lauf, ja, er bestärkte sie darin noch, während Hof und Verwandtschaft ihr wegen ihrer splendiden Mildtätigkeit eher feindlich gesinnt waren. Bis zu Ludwigs Tod auf der Kreuzfahrt führte Elisabeth als Landesherrin ein durchaus fürstliches Leben, sorgte sich um ihre Kinder, scheint aber schon damals ein Ungenügen an dieser Existenzform empfunden zu haben. Das zeigte sich einerseits an ihrem karitativen Eifer, andererseits an einer wachsenden Sehnsucht nach einem Leben in Armut und Entsagung. Sie war bei ihr besonders stark und überzeugend ausgeprägt, entsprach aber durchaus der mächtigen religiösen Bewegung der Zeit, aus der die Bettelorden wie die als häretisch bekämpften Glaubensgemeinschaften der Katharer und Waldenser hervorgingen und an denen Frauen einen bedeutenden Anteil hatten. Viele adelige Frauen des 12. und 13. Jahrhunderts schlossen sich in der einen oder anderen Form der Armutsbewegung an. Zweifellos wurde Elisabeth auch von einer neuen Frömmigkeitskultur der Laienwelt erfaßt, die sich in

Nordfrankreich, den Niederlanden und den Rheinlanden mit den Beginen als Repräsentanten aktiver weiblicher Laienreligiosität verbreitete. Aber auch die franziskanische Religiosität beeindruckte sie tief. Schon 1224 gab es in Thüringen Franziskanermönche, denen sie eine Kapelle in Eisenach bereitstellte und selbstgesponnene Wolle schenkte. Den Laienbruder Rodeger scheint Elisabeth zeitweise als geistlichen Berater herangezogen zu haben, doch fehlte ihm wohl das theologische Rüstzeug für eine dauerhafte geistliche Leitung. Eine gewisse Zwiespältigkeit ihres Wesens ist für die Zeit um 1226/27 anzunehmen, denn damals war sie noch für die Annehmlichkeiten des höfischen Lebens aufgeschlossen, sie hatte wie üblich adelige Damen als Freundinnen und war nicht unempfindlich für Pracht und Luxus (Libellus, S. 20, 23, 47).

Elisabeth und Konrad von Marburg

Doch dies alles versank für sie mit jener grundstürzenden Bekehrung zum asketischen Leben in Armut, die durch die schicksalhafte Begegnung mit dem Prediger und Magister Konrad von Marburg (1180/1200–1233) eintrat. Er hatte Universitätsbildung, war aber vermutlich kein Ordensmann, sondern Weltgeistlicher und vertrat in Leben und Lehre das asketische Armutsideal der Zeit. Caesarius von Heisterbach (ca. 1180 – ca. 1240) – Verfasser von Predigten, Wundergeschichten und zweier Lebensbeschreibungen Elisabeths sowie Zisterzienserprior und ein zuverlässiger Chronist dieser Zeit – berichtet von Konrad, er sei begleitet von einer Volksmenge auf einem armseligen Maultier durch die Lande gezogen, habe nichts auf dieser Welt besessen oder zu erwerben gesucht, weder Pfründen noch Kirchen noch irgendwelche anderen Würden, und habe seinen Körper mit ständigem Fasten und vielen Kasteiungen gequält, «damit er nicht, den anderen predigend, selbst als verworfen befunden werde» (Vita Elisab., S. 251). Ein vorbildlicher Asket, sollte man meinen, und dies war auch die Ansicht der landgräflichen Familie, die den damals schon berühmten Kreuzzugsprediger als geistlichen Berater an den Hof zog. Auf die junge Elisabeth machte er einen tiefen, ein Leben lang währenden Eindruck. Rückblickend erzählte sie ihren Dienerinnen, warum sie damals Konrad als ihren Beichtvater und Seelenführer erwählte: «Leicht hätte ich einem der reich begüterten Bischöfe oder Äbte Gehorsam leisten können, doch ich dachte, besser daran zu tun, dieses Gelübde [der Armut und des Gehorsams] dem Magister Konrad abzulegen, der nichts besitzt und selber bettelarm ist. So konnte ich mich in diesem Leben auf keinerlei äußeren Beistand stützen» (Libellus, S. 69). Ein radikaler Entschluß, der sich aus den radikalen asketischen Ansprüchen ergab, die Konrad in steigendem Maße an sie stellte und womit er ihr bewußt die von ihr angedeutete Möglichkeit verstellte, ein gottgefälliges Leben der leichteren Art zu wählen, wie es viele adelige Damen in wohldotierten Stiften zu führen pflegten. Im Frühjahr 1226 hatte Elisabeth in der Tat auf ihren Wunsch ihrem Beichtvater Konrad ein zweifaches Gelübde vor dem Altar der Eisenacher Katharinenkirche abgelegt. Es band sie in strenger Form an dessen Weisungen: Ein folgenschwererer Schritt, dessen Bedeutung auch den offenbar anwesenden Hofdamen und Freundinnen klar war. Elisabeth gelobte Konrad im Beisein ihres Gatten, soweit es dessen eheliche Rechte zuließen, strikten Gehorsam, Armut und – falls sie ihren Gatten überlebte – ewige Keuschheit. Dies war das zeitgemäße Vorbild der «evangelischen Räte», einer charismatischen Vorstellung von der perfekten Nachfolge Christi, die ebenso in den Texten Joachims von Fiore wirksam ist wie im Prolog der Franziskusregel. Die Ideen der «evangelischen Räte» spielten aber auch in der Spiritualität der Waldenser eine zentrale Rolle, insofern die Befolgung des Armutsgebots zur Vollkommenheit der «vita apostolica» und damit zur Auflösung aller kirchlichen Organisationsformen führten. Daher war es auch kein Zufall, daß dieser Weg der Selbstheiligung des Menschen als Kern der Botschaft der «evangelischen Räte» auch an der Universität Paris erbittert zwischen dem bedrohten Weltklerus und den Bettelorden diskutiert wurde.

Was für die behütete, liebenswerte und barmherzige Königstochter Elisabeth das Konrad geleistete Gelübde der Armut und des Gehorsams konkret bedeutete, sollte sich bald erweisen. Nun genügte es nicht mehr, wenn sie sich bei feierlichen Prozessionen hinten unter die ganz armen Frauen mischte oder sich rührend-demonstrativ im Palast ihren Dienerinnen in einem Bettlerkleid zeigte (Libellus, S. 25 u. 31).

Auch ihre umfassende Wohltätigkeit, die ihr bei den landgräflichen Schwägern den Ruf einer Verschwenderin einbrachte, war offensichtlich für Konrad nicht ausreichend; es mußten Exempel statuiert werden. Als Elisabeth wegen eines Besuchs der meißnischen Landgräfin aus «Protokollgründen» nicht dem Befehl Konrads folgen konnte, seine Predigt zu hören, kränkte ihn dies so schwer, daß er ihr mitteilen ließ, er könne sich wegen dieses «Ungehorsams» ihrer nicht mehr als Geistlicher annehmen. Die verschreckte Landgräfin hatte die größte Mühe, ihn durch flehentliche Bitten und seltsamer Weise auch durch harte Bußübungen ihrer Dienerinnen wieder umzustimmen (Libellus, S. 27). Man hat darin naiv einen Beweis für den «tiefen Ernst» sehen wollen, mit dem Konrad seine Pflicht als Seelsorger nachkam, aber es war eher eine psychologische Machtprobe Konrads, wie sehr er Elisabeth bereits in seiner Hand hatte. Immerhin wagte er es damals noch nicht, die Fürstin selbst auspeitschen zu lassen, doch ließ dies nicht mehr lange auf sich warten. Weitere Eingriffe in ihren Lebensstil folgten, als Konrad, die Armutsfrage in verquerer Weise benutzend, von ihr forderte, sie dürfe nur solche Güter der Hofhaltung nutzen, bei denen sie ein gutes Gewissen haben könne und sicher sei, daß sie nicht aus unrechtem Erwerb oder aus Ausbeutung der Armen stammen (Libellus, S. 18 u. 21). Forderungen solcher Art führten unsinnigerweise nur dazu, daß Elisabeth sich bei Tisch bei jeder Speise erkundigte, ob sie aus rechtmäßigem Gut kommen. Dies ging selbst dem toleranten Landgrafen entschieden zu weit, wurden hier doch soziale Sprengsätze der religiösen Armutsbewegung erkennbar, die, konsequent weitergeführt, auf einen radikalen Wandel der Gesellschaft hinausliefen.

Abschied von der Wartburg

Für Elisabeth hatte die Verschärfung der Gehorsamspflicht gegenüber Konrad zur Folge, daß sie sich immer härteren Bußübungen und Kasteiungen unterzog. Es war erstaunlich, daß sie es dennoch verstand, in Abwesenheit ihres Gatten, der auf Kreuzfahrt ging, ihren Verpflichtungen als Landesfürstin nachzukommen. Bei einer Hungersnot öffnete sie 1226 die herrschaftlichen Kornspeicher, schenkte den Armen Arbeitsgerät zum selbständigen Erwerb des Lebensunterhalts, verkaufte Schmuck, Kleidung und Hausrat für die Hungernden, half Schuldnern aus der Bedrängnis und eröffnete unterhalb der Burg ein Hospital, wo sie selbst Arme und Kranke aufopfernd pflegte. Die Wartburg, unter ihrem Schwiegervater einst ein berühmtes Zentrum mittelhochdeutscher Literatur und Sangeskunst – ein Nachhall dieser Epoche ist die Sage vom Sängerkrieg auf der Wartburg – wurde nun ein Mittelpunkt christlicher Barmherzigkeit und demütiger Nächstenliebe.

Konrad und der Kampf um Elisabeths Erbe

Nicht allen bei Hofe wollte dieser Wandel gefallen, und als Landgraf Ludwig auf dem Kreuzzug den Tod fand und sein jüngerer Bruder Heinrich Raspe die Herrschaft antrat, sollte sich alles wieder ändern. Ehrgeizig wie Heinrich war – er spielte später als glückloser Gegenkönig Kaiser Friedrichs II. 1246/47 eine kurze Rolle –, straffte er sofort die Landesherrschaft, entzog Elisabeth widerrechtlich ihr reiches Witwengut und wollte ihr nur noch Unterhalt an der landgräflichen Tafel zugestehen. Wegen Konrads strengen Speisevorschriften konnte und wollte sie nicht darauf eingehen, verließ mit ihren drei Kindern den Hof und verbrachte den Winter 1227/28 mit wenigen treuen Dienern und Dienerinnen unter sehr ärmlichen Umständen in Eisenach, wo ihr Franziskanermönche Beistand leisteten.

Elisabeth selbst scheint ihr Schicksal als Prüfung Gottes demütig angenommen zu haben. Andere reagierten anders, so vor allem ihre Eltern, die am landgräflichen Hofe intervenierten und sie nach Hause holen wollten. Das war aber schon deshalb nicht möglich, weil Elisabeth selbst sich weigerte zurückzukehren. Erfolgreicher war hingegen ihr Beichtvater Konrad, der seine ganze geistliche Autorität einsetzte, um ihr das Witwengut zu sichern, das er bislang schon sachkundig verwaltet hatte. Es kam ihm dabei zustatten, daß er aufgrund seiner guten Beziehungen zur Kurie einen päpstlichen Schutzbrief für Elisabeth erwirken konnte, der um so wirksamer sein mußte, als das Papsttum damals auf dem Höhepunkt seiner europäischen Macht stand. Nach diesem Brief wurde jeder mit Exkommunikation und Interdikt bedroht, der gegen die Rechte der verwitweten Landgräfin verstieß: Interdikt, das bedeutete den Entzug aller kirchlichen Sakramente, für ein gläubiges Zeitalter wohl die schwerste Strafe, vor allem was das psychische Gewicht des Sterbesakraments bedeutete, dessen Spende oder Verweigerung Wohl oder Wehe im Jenseits bewirken konnte. Daß es von der Kurie leider oft als rein politisches Kampfmittel eingesetzt wurde und daher im Laufe der Zeit seine bedrohliche Wirkung verlor, steht auf einem andere Blatt. Im vorliegenden Fall erreichte aber Konrad, daß Elisabeths Schwager Heinrich doch zurückzuckte und Verhandlungsbereitschaft signalisierte.

Konrad, dem der päpstliche Schutzbrief zugleich die Rechte und Liegenschaften der Fürstin übertragen hatte, befand sich damit in einer günstigen Position gegenüber dem neuen Landgrafen, und damit ergab sich ein Phänomen, das durch die Jahrhunderte hindurch bis zum neuzeitlichen Puritanismus in mannigfachen Erscheinungsformen zu beobachten ist: Der seltsame, schwer erklärbare Zusammenhang zwischen echtem Asketismus – den man Konrad nicht abstreiten kann – und Sinn für Besitz und Geld. Im vorliegenden Fall war dieser Zusammenhang schon insofern legitim, als Konrad das Eigentum der Fürstin für die Armen und Kranken nutzen wollte. Um so erstaunlicher ist es daher, daß sich Elisabeth anfangs diesem Vorgehen entschieden verweigerte. Es kam zu ernsthaften Spannungen zwischen Beichtvater und Beichtkind, die Konrad in seiner Schrift über die Heilige nur wortkarg streift. Die Fürstin wollte nämlich ihr entsagungsvolles, schweres Leben bewußt fortsetzen, denn sie fühlte sich nun in der Realität eines bedrängten Daseins ihrem eigenen Ideal der radikalen Armut sehr nah und dachte daher ernstlich daran, aus allen Verpflichtungen «auszusteigen». Das wäre auch auf eine traditionelle Weise möglich gewesen, etwa nach dem Vorbild ihrer Schwiegermutter Sophie, die ihr religiös beschirmtes Witwendasein im Kloster fristete. Gerade das wollte Elisabeth aber aus tiefster Frömmigkeit nicht, sondern sie bat Konrad, dem franziskanischen Vorbild folgend, als Bettlerin von Haus zu Haus gehen zu dürfen (Summa Vitae, S. 157). Man wird sich fragen müssen, ob dieser radikale Wunsch nicht auch dem unbewußten Streben entsprang, der übermächtigen, ja geradezu terroristischen Persönlichkeit ihres Beichtvaters zu entgehen, denn daß sie ihn wirklich fürchtete, hat sie in einem rührenden, für die Art ihrer demütigen Gottesliebe aufschlußreichen Eingeständnis selbst bezeugt: «Wenn ich schon einen sterblichen Menschen so sehr fürchte, wie muß dann erst der allmächtige Gott zu fürchten sein, der Herr und Richter aller ist?» (Libellus, S. 69). Mit diesem konsequenten Entschluß zu bitterer Armut hatte Konrad sicher nicht gerechnet. Er wies ihr Ansinnen entschieden zurück, worauf sie ihm in einer letzten Aufwallung von Selbständigkeit entgegenhielt: «So werde ich das tun, woran ihr mich nicht hindern könnt!» Was sie damit meinte, bleibt unklar, doch ist anzunehmen, daß sie, Konrad zum Trotz, ein radikales Armutsgelöbnis ablegen wollte, was diesem einen Großteil seines Einflusses auf sie gekostet hätte. Konrad forderte ihr nun im Gegenzug am Karfreitag 1238 im Beisein der Franziskaner seinerseits ein weitergehendes Gelübde ab, worin er sie verpflichtete, allen Anverwandten und ihren eigenen Kindern zu entsagen, ebenso ihrem eigenen Willen, jedem Glanz der Welt «und allem, was der Heiland im Evangelium zu verlassen geraten hat». Sie wollte aber, diesen günstigen Augenblick nutzend, spontan noch darüber hinausgehen mit dem ausdrücklichen Willen, auch auf alle Besitztümer zugunsten radikaler Armut zu verzichten. Hier jedoch fiel ihr Konrad rasch ins Wort, und zwar, wie er sich selbst rechtfertigend schrieb, wegen der Schulden ihres Mannes, die wohl durch die Kreuzfahrt entstanden waren, und besonders «wegen der Armen, denen sie, so wollte ich es, mit den Ressourcen ihres Wittums Gutes tun sollte». Das war sicher ein kluge Art, sie von dem radikalen Armutsgelübde abzubringen, das einen völligen Verzicht auf ihr Vermögen zur Folge gehabt hätte.

Nunmehr konnte Konrad mit dem päpstlichen Schutzbrief in der Hand vom landgräflichen Hof ihren Besitz einfordern und hatte aufgrund dieses Dokuments obendrein den Vorteil, über denselben nach Gutdünken verfügen zu können. Aber noch war nichts unter Dach und Fach gebracht, denn nun schaltete sich ihre Tante mütterlicherseits, die Äbtissin Mechthild von Kitzingen, sehr energisch ein, brachte Elisabeth Anfang April zu ihrem Onkel, dem Bischof Ekbert († 1237), nach Bamberg. Dieser Kirchenfürst aus dem Hause der Andechs-Meranier, ein staufischer Reichpolitiker und glänzender Repräsentant weltoffenen Kirchentums sowie Neuerbauer des Bamberger Doms, wollte im

Falle seiner Nichte kurzen Prozeß machen. Er setzte sie in der Burg Pottenstein fest und beabsichtigte, sie wieder zu verheiraten. Aber hier kam ihr das Schicksal zu Hilfe, als die Rückkehr der Gebeine ihres Gatten die Möglichkeit bot, der Haft des Oheims zu entkommen, um an den Bestattungsfeierlichkeiten im landgräflichen Familienkloster Reinhardsbrunn teilzunehmen. Danach fanden familiäre Verhandlungen über Elisabeths Witwengut statt, das Konrad zwar nicht zurückbekam, dessen Wert jedoch durch eine relativ hohe Zahlung von 2000 Mark abgegolten wurde. Überdies erhielt die Witwe Grundbesitz bei Marburg, auf dem sie mit Hilfe ihres Beichtvaters ein Hospital für Kranke und Arme erbauen konnte.

Das Marburger Hospital

Elisabeths neuer Wohnsitz in ihrem Hospital in Konrads Heimatstadt Marburg verstärkte noch – falls eine Steigerung überhaupt möglich war – seine Gewalt über sie. Das bezog sich auch auf die Verwendung der beträchtlichen Geldsumme aus dem familiären Kompromiß. Wenn Konrad berichtete, Elisabeth sei ihm gegen seinen Willen nach Marburg gefolgt, so scheint dies wenig glaubhaft, denn Caesarius von Heisterbach nennt ihn den «provisor» des Hospitals, der alle Aufgaben der Verwaltung und der asketischen Disziplin mit großer Strenge wahrnahm. Ohne die Anwesenheit der jungen Fürstin hätte er diese große Aufgabe gar nicht an sich ziehen können. Elisabeth selbst fühlte sich in ihrer grenzenlosen Demut nur als eine unter den Hospitalschwestern, ja sogar als das «am meisten verachtete Leben unter ihnen», verrichtete die niedrigsten Dienste und ertrug mit engelsgleicher Geduld auch die Einschränkungen, die ihr Konrad als Teil ihrer dauernden Buße auferlegte. Er nahm ihr, wie er selbst berichtet, alle Dienerschaft und ließ ihr nur einen Laienbruder, der ihre Geschäfte führte, eine fromme Jungfrau aus niedrigstem Stande und eine Witwe, die taub und unfreundlich war; dies in der Absicht, ihre Demut zu prüfen und ihre Geduld zu üben (Summa Vitae, S. 158).

In Wahrheit steckte etwas anderes und wenig Erfreuliches dahinter. Eine von Elisabeths langjährigen Freundinnen, die mit ihr das asketische Leben teilten, Isentrud, gab nach Konrads Ermordung folgendes zu Protokoll: «So stellte der Magister Konrad auf vielfache Weise ihre Standhaftigkeit auf die Probe und suchte ihr in allem den Willen zu brechen, indem er ihr das Gegenteil befahl. Dann, um sie noch mehr zu verletzen, entfernte er nach und nach die geliebten Menschen aus ihrem Umkreis, damit sie über jeden einzelnen Schmerz empfinde. Schließlich vertrieb er mich, die ihr sehr liebe Isentrud, die sie nur mit großem Schmerz und unendlichen Tränen ziehen ließ. Zuletzt nahm er auch meine Gefährtin Guda von ihr, die seit ihrer Kindheit mit ihr zusammen gewesen war und die Elisabeth am allermeisten liebte» (Libellus, S. 47f.). Das war schlichtweg eine auferlegte Buße, die eher einer Isolationsfolter glich. Elisabeths Angst vor Konrad ging damals schon so weit, daß sie es ohne seine Erlaubnis nicht wagte, den Freundinnen Isentrud und Guda etwas zu essen zu geben oder mit ihnen zu sprechen. Er fürchtete nämlich, daß die gemeinsame Erinnerung an schöne Zeiten bei Hofe Elisabeth in Versuchung führen könnte.

Auf ähnlichem Niveau liegt eine Begebenheit, die Irmgard, eine ihrer Hospitalschwestern, zu berichten weiß und die sich im Kloster Altenberg zugetragen hat. Elisabeth soll sich damals wieder einer Gehorsamsverletzung gegenüber Konrad schuldig gemacht haben. Jedenfalls mußte sie sich bis aufs Hemd ausziehen und erhielt so viele Streiche mit Ruten, daß die Spuren dieser schweren Mißhandlung noch drei Wochen später sichtbar waren. Man muß nicht Freudianer sein, um zu vermuten, daß hier wohl auch anderes unbewußt zugange war als christliche Nächstenliebe und Bußgesinnung, mag dies auch dem Asketen Konrad selbst nicht bewußt gewesen sein. Auch paßt solches Verhalten nur allzugut zu den Grausamkeiten, die sich Konrad zur selben Zeit als Ketzerrichter und Ketzerverbrenner zuschulden kommen ließ. Elisabeth selbst hatte sich aber seelisch Konrad schon so völlig unterworfen, daß sie auch in diesem Fall rührende Worte des Verständnisses und demütiger Selbsterniedrigung fand: «Wir müssen solches gern ertragen, sagte sie. Denn es ist bei uns wie bei dem Schilf, das im Fluß wächst. Wenn der Fluß anschwillt, so wird es niedergedrückt und neigt sich, und das Wasser fließt darüber, ohne es zu knicken. Läßt die Flut aber nach, dann richtet sich das Schilf wieder auf und wächst voller Kraft heiter und schön heran. So müssen auch wir uns gelegentlich beugen und erniedrigen und uns danach wieder froh und schön aufrichten» (Libellus, S. 71). In der Tat ein rührendes Wort von franziskanischer Heiterkeit und wahrer Demut; nur will es nicht recht zu dem rohen Anlaß passen. Caesarius von Heisterbach, der von dieser Züchtigung in Altenberg berichtet, ist als asketisch erprobter Mönch voller Bewunderung für Elisabeth, wenn er ausruft: «Hört, welch Beispiel für die unfaßbare Geduld dieser heiligen Frau!» Er fügt aber auch hinzu, daß die Heilige damit auch die Gabe der Weisheit besaß, weil sie die Früchte der Geduld sehr wohl kannte: Nämlich den «himmlischen Lohn» (Caesarius, S. 375).

Im übrigen spricht für ihre unerschütterliche Demut und tiefe Frömmigkeit, die man nicht als Hörigkeit mißverstehen darf, daß ihr Alltagsleben als mildtätige Frau und als «Mutter der Kranken und Armen» im Hospital und außerhalb ihr auch ohne Konrads Befehle eine tiefe innere Befriedigung brachte, die sie spirituell sicher näher an das Ideal der Heiligkeit brachte als die selbst auferlegten täglichen Kasteiungen. In diesem Punkte ließ sie sich auch nicht von dieser großen Lebensaufgabe abbringen, als Konrad sie rügte, weil sie «die Elendsten und Verachtetsten an ihren Tisch holte». Sie verteidigte sich mit dem schönen Wort, «sie müsse den Glanz ihres früheren Lebens durch solche Erniedrigungen ausgleichen» (Summa Vitae, S. 158). Schläge erhielt sie aber auch, als Konrad erfuhr, daß sie eine Aussätzige bei sich beherbergte und daß sie auch gegen sein Verbot Arme beschenkte. Offenbar besaß sie noch genügend Geld, über das sie allein verfügen konnte und auch über weibliche Klugheit, seine Verbote in solchen Fällen mit frommer List zu umgehen – ein besonders ansprechender, menschlich-gütiger Zug ihres Wesens.

Die Legende hat diesen Zug später auf andere Weise ins Mirakulöse erhöht und verwandelt, etwa in der volkstümlich gewordenen Anekdote, daß sie eines Tages in einem Korb Speisen zu Bedürftigen bringen wollte, sie aber ihr Gatte dabei zu ertappen glaubte. Durch Elisabeths Stoßgebet verwandelte sich die Nahrung in Rosen, gegen die der ritterliche Mann nichts einwenden konnte. Liebende Verehrung hat wie mit diesem Rosenwunder um Elisabeth einen Kranz von Wundergeschichten geflochten, und so ist sie über Konfessionsgrenzen hinweg bis heute eine der rührendsten Gestalten unter den Heiligen geblieben. Ihre tiefe

Menschlichkeit kam aus der Natur ihres Wesens und wurde nur von ihrer Demut und ihrem unerschütterlichen Glauben übertroffen: Auch ohne Schläge wäre sie eine große Heilige und Wundertäterin geworden. Als sie am 16./17. November 1231 in ihrem Marburger Hospital, entkräftet von extremer Askese und aufopfernder Fürsorge für die Mühseligen und Beladenen, starb, war sie bereits eine volkstümliche Heilige, ehe ihr der Kanonisationsprozeß 1235 diesen Status bestätigte. Im Beisein Kaiser Friedrichs II. und anderer Reichsfürsten erfolgte am 1. Mai 1236 die feierlichen Erhebung ihrer Gebeine.

Es ist sicher kein Zufall, daß Elisabeths Hospital als erste kirchliche Institution nördlich der Alpen das Patrozinium des heiligen Franziskus trug, denn sie war dessen enge Geistesverwandte in Demut und aufopfernder Menschenliebe. Es ist ebenfalls kein Zufall, daß in der Volksfrömmigkeit vor allem das Rosenwunder Elisabeths lebendig blieb – als Symbol der Verschwisterung von Schönheit und Güte. Daß beide als Vollkommenheit des Menschen idealiter zusammengehören, ist ein Gedanke, der weit über das Christentum zurückverweist auf die Kalokagathia des klassischen Griechentums, jene «Schöngutheit», die als Harmonie von Körper und Seele gedacht ist. Sie kehrte zur selben Zeit als das «griechische Moment» mittelalterlicher Kunst in der hinreißend schönen Plastik der Kathedrale von Reims und in den Figuren des Naumburger Doms in christlichem Gewand wieder. Wir wissen nicht, wie die ungarische Königstochter ausgesehen hat, aber es leuchtet ein, daß sie in der Frömmigkeit des Volkes nur als gütig und schön fortleben konnte, auch wenn sie in Wahrheit eine von selbstzerstörerischem Asketismus früh gebrochene Blüte gewesen sein dürfte. Ihr ganzes Leben war aber eine ergreifende Variante zu dem berühmten Diktum des Kirchenvaters Augustinus: «Unser Herz ist unruhig, bis es ruht in Dir, o Herr.»

Epilog

Das Rätsel ihrer Faszination durch Konrad dürfte nie zu lösen sein, vor allem dann nicht, wenn man dessen ausufernde Tätigkeit als Ketzerverfolger ins Auge faßt, die er im Dienst der päpstlichen Inquisition ausübte. Das ursprünglich von dem großen Juristen und Papst Innozenz III. zur Rationalisierung des kirchlichen Gerichtswesens unter strengen Kautelen eingeführte Verfahren des Inquisitionsprozesses degenerierte schon im 13. Jahrhundert zu einem Verfolgungsinstrument gegen Ketzer und Hexen. Dabei wurden die ursprünglich von Innozenz III. vorgesehenen Verteidigungsmöglichkeiten für Angeklagte entscheidend eingeschränkt und damit Willkür, Haß und Denunziation Tür und Tor geöffnet. Gegen die Katharer und die Waldenser Südfrankreichs wurde dieses zum Schreckensinstrument verkommene Verfahren mit fürchterlichem «Erfolg» eingesetzt, während es in Deutschland als erster Konrad von Marburg mit großer Brutalität schon zu Elisabeths Lebzeiten, also vor 1231, praktizierte. Wie rechtswidrig er dabei vorging, geht schon daraus hervor, daß, anders als im römischen Recht, die Funktionen von Richter, Ankläger und Verteidiger im Inquisitor vereinigt waren und daß jeder Kriminelle ungeprüft als Denunziant zugelassen wurde. Das wiederum hatte zur Folge, daß der Inquisitor bereits geständige Ketzer zur Belastung anderer anstiftete, wenn er ihnen Strafmilderung in Aussicht stellte. Umgekehrt hatten Angeklagte keine Möglichkeit, an höhere Instanzen zu appellieren. Auch war es ihnen unmöglich, das Gericht abzulehnen oder die Glaubwürdigkeit der Zeugen überprüfen zu lassen, denn in den meisten Fällen blieben Denunzianten geheim. So stand der Angeklagte vor der wahrhaft teuflischen Alternative, entweder ein sofortiges Schuldgeständnis abzulegen, das ihm wenigstens das Leben, nicht aber Ehre und Eigentum rettete, oder im Falle standhaften Leugnens auf dem Scheiterhaufen zu landen. Die maßlose Anwendung der Folter trug nicht wenig dazu bei, das fragwürdige Verfahren noch mehr zu kriminalisieren, und Konrad war nach seiner psychopathischen Veranlagung durchaus der Mann, dieses grausame System mit böser Bravour zu handhaben.

Vernünftige Männer der Kirchen suchten damals vergeblich in Appellen an den Papst, dieser schauerlichen Praxis Einhalt zu gebieten, so etwa der Erzbischof Siegfried III. von Mainz (ca. 1195–1249), der bitter beklagte, daß «der Bruder den Bruder, die Gattin den Gatten, der Herr den Diener und der Diener den Herrn anklagte» (MGH SS 23, S. 931). Man hat es unternommen, die Exzesse der Inquisition mit dem Argument zu entschuldigen, daß ein systematisiertes, «geordnetes»

Verfahren doch ein Fortschritt gegenüber der Willkür vorausgegangener Zeiten, sei. Dem kann man nicht energisch genug widersprechen, denn im 20. Jahrhundert bieten KZ und Archipel Gulag den Beweis, daß «geordneter» Schrecken schrecklicher ist als spontaner Terror. Man hat mit Recht betont, daß die Praxis des Inquisitionsprozesses nichts weniger bedeutete «als den Zusammenbruch aller sozialen Bindungen». Für Konrad war das alles offenbar kein Problem, nahm er doch billigend in Kauf, daß auch Unschuldige verbrannt wurden, denen er als Tröstung die Märtyrerkrone in Aussicht stellte. Ob man einer solchen Schreckensfigur dennoch «ehrfurchtgebietende Integrität» attestieren kann, ist eher absurd.

Die Zeitgenossen waren zumindest teilweise anderer Meinung und haben dies auch durch eine Tat bewiesen, die auch in anderer Hinsicht sozialgeschichtlich bemerkenswert ist. Solange sich Konrads paranoider Verfolgungswahn an Mitgliedern unterer und mittlerer Stände austobte, hat der Adel offensichtlich stillgehalten. Als er es aber wagte, Aristokraten vor Gericht zu ziehen, tat man sich zusammen und schlug Konrad, der feig um sein Leben bettelte, bei Nacht und Nebel am 30. Juli 1233 einfach tot. Lakonisch bemerkt dazu eine Trierer Quelle: «Danach hörte jene stürmische Verfolgung auf, und diese überaus gefährlichen Zeiten begannen einer etwas milderen Denkungsart Raum zu lassen» (MGH SS 24, S. 402). Hier artikuliert sich ganz offenbar die Erlösung von einer beängstigenden Figur, welche die eigenen Obsessionen in schrecklicher Weise auf andere projizierte und diese obendrein mit dem luxuriösen Gefühl, ein gottgefälliges Werk zu tun, den Flammen übergab. Bei Konrads Schreckenswerk bewährte sich offenbar eine ältere Solidarität der obersten politischen Klasse, die nur teilweise von christlichen Maximen beeinflußt war. Nach dessen Tod meldeten sich innerhalb der Kirche auch hohe Prälaten zu Wort, die am liebsten Konrad aus dem Grab gezerrt und seinerseits als Ketzer verbrannt hätten. Es geht daher nicht an, ihn entschuldigend ein typisch mittelalterliches Verhalten zu attestieren, wo es sich ganz eindeutig um dessen Perversion handelt. Denn das Mittelalter kennt eine erfreuliche Bandbreite und Polyphonie der Meinungen, die für die Kraft und Kreativität der Epoche sprechen, aber wegen der kirchlichen Terminologie für den fachlich Ungeschulten nicht so leicht zu erkennen sind. In der üppig ausgefächerten volkssprachlichen Laienkultur des Hoch- und Spätmittelalters ist aber dieser Reichtum der Ideen und Meinungen jedem zugänglich und verständlich. Schließlich ist diese Epoche der «Frühling Europas» und offenbart noch im farbglühenden «Herbst des Mittelalters» ihren Glanz.

Franz von Assisi (1182–1226)
Der demütige Nachfolger Christi

Über die Konfessionen hinweg ist Franz von Assisi sicher der Heilige, der uneingeschränkte Bewunderung, Verehrung, ja, Liebe bis zum heutigen Tag erfährt, weil er wohl am reinsten die Nachfolge Christi gelebt und gepredigt hat. «Es war ein Mann in der Stadt Assisi mit Namen Franziskus ...», so beginnen im schlichten Volkston die Berichte und Legenden über sein Leben und Wirken in einer heillosen Welt, und so auch das zweifache Lebensbild des Heiligen, das sein Weggenosse Thomas von Celano (ca. 1190–ca. 1260) als der getreueste Biograph entworfen hat. Man hat mit Recht vor manchen späteren «präraffaelitischen Übermalungen» (R. Manselli) des Franziskus-Bildes gewarnt, die unnötig sind, denn der Heilige setzte noch in seinen durch schweres Leiden verdüsterten letzten Lebensjahren der Welt seine gottvertrauende Heiterkeit und seine Botschaft von Frieden und Armut im Geiste Christi entgegen.

Wie sah diese Welt aus, in der 1181 oder 1182 Franziskus als Sohn des reichen Kaufherrn Pietro di Bernardone zu Assisi geboren wurde? Das vielgestaltige, kulturell reiche 12. Jahrhundert war eine Epoche des Aufbruchs, an dem das wirtschaftlich florierende Nord- und Mittelitalien einen bedeutenden Anteil hatte; es war aber auch ein Zeit krisenreicher Veränderungen, die jedoch kein Zeichen der Schwäche, sondern Manifestationen neuer Energien waren, die aus dem aufblühenden Städtewesen Europas kamen. Das zeitigte auch geistige Folgen, die sich vor allem in einer selbstbewußteren Haltung der Laien gegenüber der hierarchisch verfaßten Kirche äußerten sowie als Kritik an der Kirche und dem etablierten Mönchtum der alten, klassischen Orden. Das Wort «papelardi», verfressene Betbrüder, Brotesser auf Kosten anderer, taucht in dieser Zeit auf und ergreift als generelle Kritik alle Volksschichten. Es ist diese neue, aktive Laienfrömmigkeit, gegen

Cimabue, Der heilige Franziskus von Assisi, Fresko in der Unterkirche der Basilika in Assisi, um 1280. – Die Darstellung des Heiligen im Ornat seines Ordens und mit Tonsur kommt der präzisen Beschreibung der charismatischen Persönlichkeit des Heiligen durch Thomas von Celano sicher am nächsten. Trotz der typisch gotischen, ikonenhaften Darstellungsweise gelingt es Cimabue, dem Heiligen ein unverkennbares Antlitz zu verleihen. Es ist geprägt von einem sanftmütigen Blick aus den großen mandelförmigen Augen. Sein schmales Gesicht zeigt Spuren der Entbehrungen, denen Franziskus sich sein Leben lang ausgesetzt hat. Die vor der Brust gekreuzten Hände lassen deutlich die Wundmale erkennen, die er 1224 nach 40 Tage langem Fasten erhielt, weil er Gott darum gebeten hatte, das Leid Christi teilen zu dürfen. Neben dem Ordenskleid und den Stigmata gelten vor allem der Wolf und die Vögel als Attribute des Heiligen. Sein Fest ist am 4. Oktober; er ist der Hauptpatron Italiens, außerdem Patron Assisis, der Armen, Lahmen, Blinden, Strafgefangenen und Schiffbrüchigen sowie – da er Sohn eines Tuchhändlers war – der Weber, Tuchhändler, Schneider, Kaufleute und Flachshändler.

die sich die kirchliche Hierarchie durch hilf- und einfallslose Verurteilung unter dem tödlichen Stichwort «Ketzerei» wendete. Auch in den Visionen der heiligen Hildegard von Bingen (1098–1179) taucht das Ketzertum auf als ein unbegreifliches Phänomen, ohne daß sie selbst ein Heilmittel dagegen anzubieten wußte.

Steine des Anstoßes an der Kirche gab es nicht wenige. Neben dem Reichtum der Prälaten war es die alle Menschen tief bewegende Frage, ob die Sakramente, die ein unwürdiger, d. h. unkeuscher Priester spendete, überhaupt wirksam seien; eine Frage, die etwa im Blick auf das Sterbesakrament für jeden Menschen existentielle Bedeutung hatte. Auch die großen, auf eine neue monastische Arbeitsethik abzielenden Reformorden der Zisterzienser, Prämonstratenser und Augustinerchorherren standen der neuen Volksfrömmigkeit eher hilflos gegenüber, denn sie waren zumeist landsässig und damit vom geistigen Aufbruch der Laien in den Städten zu weit entfernt. Ein Leitbild, das fast alle religiösen Volksbewegungen des Hochmittelalters bei allen sonstigen Unterschieden vereinte, war die Idee der Armut Christi, seiner Jünger und der «Urgemeinde». Diese Vision allein führte zu scharfer Kritik an der hierarchisch verfaßten Kirche, eine Kritik, die bald weit über die Grenzen des dogmatisch Erlaubten hinausging, wie das Beispiel der «Waldenser» zeigt.

Valdes († um 1205/07), ein reicher Kaufmann, der in den siebziger Jahren des 12. Jahrhunderts in Lyon die Rückkehr zur evangelischen Armut predigte und damit zu einem Leben in apostolischer Nachfolge aufforderte, gewann eine zahlreiche Anhängerschaft in der durch Textilindustrie wohlhabenden Stadt Lyon. Sie nannten sich «pauperes Christi» oder «pauperes de Lugduno», die «Armen von Lyon». Obwohl Valdes und seine «fratres» innerhalb der Kirche verbleiben wollten, kam es 1184 bei der Zusammenkunft Papst Lucius' III. und Kaiser Friedrich Barbarossas zur Exkommunikation und kaiserlichen Bannung der Waldenser. Das hing nicht zuletzt damit zusammen, daß in die autochthone europäische religiöse Laienbewegung Elemente des häretischen Katharertums eingegangen waren, das vom Orient über den Balkan West- und Mitteleuropa erreicht hatte. Diese radikale Sekte predigte vollkommene Keuschheit und Verzicht auf alle Lebensmittel, die aus geschlechtlicher Vereinigung hervorgegangen waren. Ebenso vertrat sie einen extremen Dualismus zwischen Gott und Satan. Obwohl diese Bewegung von mächtigen weltlichen Herren wie den Grafen von Toulouse unterstützt wurde, fand sie doch besonders im Milieu der Seidenarbeiter von Lyon wie der Wollarbeiter in Mailand, die sich «Humiliaten» nannten, die stärkste Resonanz. Soziale Probleme verstärkten ihren religiösen Impetus. Die Humiliaten führten ihren Arbeitslohn einer Gemeinschaftskasse zu, womit sie der Jerusalemer Urgemeinde zu folgen glaubten, und kleideten sich in ungefärbte Wolle: Ein Zeichen ihrer Zusammengehörigkeit im Geiste religiös begründeter Armut. Mailand war in den sechziger und siebziger Jahren des 12. Jahrhunderts als «fovea haereticorum», d. h. «Ketzerloch», verschrien. Daß man erst seit 1184 gegen die Mailänder «Humiliaten» einschritt, hängt wohl damit zusammen, daß Mailand die mächtigste Parteigängerin des Papstes gegen den Stauferkaiser war. So kam es erst 1184, anläßlich des Veroneser Friedenschlusses zwischen Papst und Kaiser, zu der feierlichen Verurteilung und Verfolgung der Ketzerbewegung insgesamt.

Der wachsende Reichtum der Städte Italiens, Frankreichs und bald auch Deutschlands hatte eine starke soziale Differenzierung der Bevölkerung zur Folge, wobei sich eine wohlhabende und selbstbewußte Oberschicht von Kaufleuten und industriellen Produzenten mit dem alten feudalen, d. h. ministerialischen Verwaltungspatriziat verband und selbst aristokratische Lebensformen anstrebte und verwirklichte. Der neue Begriff der «cortesia» für den Habitus reicher Stadtbürger signalisiert die Überwindung der alten, feudalen, kirchlich abgesegneten Dreiteilung der Gesellschaft in Priester, Krieger und den «Rest» der Gesellschaft, dem etwa 90 Prozent angehörten und der sich aus Bauern, Arbeitern, Stadtbürgern und Kaufleuten rekrutierte. So war es kein Zufall, daß auch der junge Franziskus di Bernardone mit 21 Jahren als reicher Kaufmannssohn ritterlich leben wollte und sogar im Krieg zwischen Assisi und Perugia Ruhm und Ehre zu erlangen hoffte. Damit scheiterte er zwar kläglich, denn sein Vater mußte ihn mit hohem Lösegeld aus einjähriger Kriegsgefangenschaft befreien. Aber der Sohn setzte danach als freigebiger Freund unter der jeunesse d'orée seiner Heimatstadt sein Leben mit aristokratischen Attitüden fort; jedenfalls schien dies so zu sein. So brach er 1204/05 mit dem Heer

Walters von Brienne nach Apulien auf, um sich den Ritterschlag zu verdienen. Doch kehrte Franziskus schon in Spoleto nach Assisi zurück; damit begann sein innerer Wandel, der in mehreren Phasen verlief und vier Jahre lang dauerte.

Von der Mutter weiß man wenig, sie hieß Giovanna (Pica), und ursprünglich hatte ihr Sohn auch den Taufnahmen Giovanni erhalten, bis der Vater, von einer Geschäftsreise nach Frankreich zurückkehrend, ihm den Namen Francesco gab. Daß die Mutter Provençalin war, berichten nur spätere Quellen, aber daß der Vater enge Handelsbeziehungen zur Provence hatte und deshalb dem Sohn schon aus geschäftlichen Gründen die Sprache dieser reichen und kulturell blühenden Landschaft beibrachte, die in den Albingenserkriegen des frühen 13. Jahrhunderts grausam zerstört wurde, ist erwiesen. Franziskus, der Heiterkeit und Musikalität von seiner Mutter erbte, sang zeitlebens provençalische Lieder. Freilich, seine asketischen Biographen, allen voran Thomas von Celano, entwarfen, gleichsam als dunklen Kontrast zur Lichtgestalt des Heiligen, ein eher kritisches Bild der Familie, die sich davon verletzt fühlte. Auf die Mutter zielend ist da von allzu großer Nachgiebigkeit die Rede, womit die Kinderseele verdorben worden sei. Franziskus selbst hat nie dergleichen über seine Eltern erzählt, jedenfalls ließ die Erziehung, die der Vater seinen Kindern angedeihen ließ, nichts zu wünschen übrig. Sie entsprach dem relativ hohen Standard weltläufiger, reicher Kaufmannskreise.

Franziskus hatte ausgezeichnete Lateinkenntnisse, die schon für die Geschäftsführung notwendig waren, wenn es auch seiner Latinität nicht an volkstümlichen Worten mangelte, den ersten Anzeichen einer eigenständigen italienischen Sprache. Daher ist es auch kein Zufall, daß sein berühmtester Text, der «Sonnengesang», die erste religiöse Dichtung in italienischer Sprache wurde. Im übrigen war der heitere, musikalische junge Mann ein gewandter, fleißiger Mitarbeiter im Handelsgeschäft des Vaters, in dem importierte, kostbare Stoffe eine große Rolle spielten. Man hat sich einen alerten, lebensfreudigen Sohn aus gutem Hause vorzustellen, den die religiöse Wandlung einfach überwältigte, keinen Trübsal blasenden, morbiden Schwächling.

In seinem Testament, niedergeschrieben als Vermächtnis an seine Ordensbrüder nicht lange vor seinem Tod, erzählt er in nüchternen

Worten eine erste, schicksalhafte Begegnung, die in mehreren Stufen zur radikalen «conversio», dem Urerlebnis aller Asketen, führte: «So hat der Herr mir, dem Bruder Franziskus, gegeben, das Leben der Buße zu beginnen: denn als ich in Sünde war, kam es mir sehr bitter vor, Aussätzige zu sehen. Und der Herr selbst hat mich unter sie geführt, und ich habe ihnen Barmherzigkeit erwiesen. Und da ich fortging von ihnen, wurde mir das, was mir bitter vorkam, in Süßigkeit der Seele und des Leibes verwandelt. Und danach hielt ich eine Weile inne und verließ die Welt» (Test. 1–3). Der Aussatz als Seuche aus dem Orient, die das gesamte Mittelalter mit Angst und Grauen erfüllte und die von dieser Krankheit Befallenen zu Ausgestoßenen der Gesellschaft machte, wurde zum Schlüsselerlebnis des jungen Mannes und nach seinem Willen ein dauerndes Anliegen auch des Franziskanerordens. Mögen alle verläßlichen biographischen Texte auch erst viel später, nämlich nach seinem Testament und das heißt nach seinem Tode entstanden sein und seine weltliche «Vorgeschichte» aus religiösen Gründen krasser gezeichnet haben als sie wirklich gewesen sein dürfte, läßt sich doch der wahre Sachverhalt unter der hagiographischen Topik sehr deutlich erkennen. Die dunklen Farben des Thomas von Celano, der Franziskus in seinen zwei deutlich voneinander abweichenden Lebensbeschreibungen als einen verdorbenen, haltlosen Jüngling schildert, der wegen seines Geldes und seines Charmes sogar andere verdorben hatte – ein Vorwurf, den sich einst auch der Kirchenvater Augustinus machte –, diese dunklen Farben sind sicher übertrieben. Hier ist die zeitgenössische, «Dreigefährtenlegende» wesentlich differenzierter und realitätsnäher. Da heißt es: «Dem Spiel und Sang ergeben, durchzog er bei Tag und Nacht mit Gleichgesinnten die Stadt Assisi. Dabei war er so freigebig, daß er alles, was er haben und verdienen konnte, für Gastmähler und andere Dinge verbrauchte» (c. 2). Freigebigkeit, die weltliche Schwester christlicher Barmherzigkeit, ist ihm eigen, auch wenn sie «anderen Dingen» dient. Die Mutter verteidigt übrigens sein Verhalten und seine extravagante Kleidung, er wird wohl ihr Lieblingssohn gewesen sein. So kombiniert er sehr teure mit ganz billigen Stoffen, so wie man heute ordinäre Jeans mit eleganten Sakkos modisch kombiniert. Der Autor der Legende kommentiert übrigens diesen flotten Stil durchaus positiv: «Im Benehmen und im Reden waren ihm höfische

Sitten angeboren» (c. 3). Er ist sich mit allen anderen Franziskus-Biographen darin einig, daß der junge Francesco ritterlichen Ehrgeiz besaß. Er hebt weiter hervor, daß er schon damals jedes beleidigende oder grobe Wort vermied und trotz einer Neigung zu Späßen nichts Pöbelhaftes an sich hatte, ferner, daß er Großherzigkeit gegenüber Bedürftigen übte. Mit einem Wort: Ein lebensfroher und eher gutherziger «Simpaticone»; anderenfalls hätte ihn wohl kaum die Begegnung mit dem Aussätzigen so tief und lebensverändernd erschüttert.

Es war aber insgesamt ein längerer Weg bis zur radikalen Konsequenz des Lebens in Armut. Das Testament deutet dies unmißverständlich an: «Und danach [d. h. nach dem Erlebnis mit dem Aussätzigen] hielt ich *eine Weile inne* und verließ die Welt.» In der Tat war es so, daß Franziskus, der nach seiner Rückkehr aus der Gefangenschaft ein festliches Bankett gab und dann mit den singenden, übermütigen Freunden durch die Stadt zog, selbst schweigend mitging, so daß man ihn scherzend fragte, ob er eine Braut suche. Nach hagiographischer Tradition haben die Biographen seine Antwort symbolisch als Hinweis auf seine geistliche Berufung gedeutet: «Recht habt ihr, denn ich habe daran gedacht, mir eine Braut zu nehmen, die adeliger, reicher und schöner ist, als ihr je eine gesehen habt.» Noch ist er aber ein ungewiß Tastender, Suchender. Auch die Umstände seiner Pilgerreise nach Rom bezeugen dies: Er tauscht die Kleider mit einem Armen, bittet in diesem eher gespielten Habit auf französisch um Almosen, zieht aber dann doch wieder seine guten Kleider an und spendet dem Apostelfürsten mehr als reichlich. Ein Zögernder, Suchender also, aber doch schon bereit für die endgültige «conversio». Er, der sich einst vor dem Gestank Aussätziger die Nase zugehalten hatte, «tat sich jetzt Gewalt an, stieg vom Pferd und gab dem Aussätzigen ein Geldstück, wobei er ihm die Hand küßte. Nachdem er darauf von dem Aussätzigen den Friedenskuß empfangen hatte, saß er wieder auf und ritt weiter.» Nach wenigen Tagen nahm er eine große Summe Geld und begab sich zum Spital der Aussätzigen, um ihnen finanzielle Hilfe zu bringen, dabei küßte er jedem die Hand. Die Dreigefährtenlegende berichtet dies eher sachlich, während Thomas von Celano nach dem Vorbild der Martinslegende das Erlebnis insofern geistlich überhöht, als der Aussätzige – ein Christus-Symbol – spurlos verschwand.

Die tiefe seelische Erschütterung des jungen Mannes äußert sich auf verschiedene Weise und in zunehmender Entschiedenheit. Er sucht Zuflucht in einer Grotte, erleidet Versuchungen und hat Angst, verwachsen und bucklig zu werden wie eine Frau in Assisi, die überall Schrecken verbreitet. Nun erhofft er sich für die Rettung seiner sündigen Seele höheren Beistand; der wird ihm schließlich in dem verfallenen Kirchlein San Damiano vor einem Christus-Kruzifix zuteil. Der Gekreuzigte spricht zu ihm: «Franziskus, siehst du nicht, daß mein Haus in Verfall gerät? Geh also hin und stelle es wieder her» (Dreigefährtenlegende 13). Der Angesprochene verstand dies anfangs wörtlich und sorgte daher dafür, daß die Kirche wiederhergestellt wurde. Der tiefere, auf die Kirche als Institution bezogene Sinn sollte sich ihm erst später erschließen, und für die Brüder seines Ordens wurde er sogar ein göttlicher Auftrag, die Kirche zu reinigen und zu erneuern – ein Auftrag, der den Franziskanerorden im 13. und 14. Jahrhundert in bedrohliche Situationen brachte.

Daß radikale Christusnachfolge harte Konsequenzen haben kann, mußte Franziskus bald erfahren. Als er im benachbarten Foligno teure Stoffe aus dem Magazin der Firma Bernardone verkauft, um die Renovierung von San Damiano zu finanzieren, versteckt sich Franziskus vor dem wütenden Vater. Er muß schmachvoll heimkehren, begleitet vom Hohn der Bewohner Assisis, wird als verrückt verspottet und vom Vater in ein finsteres Loch gesteckt und verprügelt. Die besorgte Mutter befreit den Sohn und veranlaßt den Vater, vor die städtischen Autoritäten zu gehen, um ein gerichtliches Urteil zu erwirken. Sie hofft offenbar, ihren Liebling für das normale Leben zurückgewinnen zu können. Doch die Konsuln halten sich nicht mehr für zuständig, da der junge Mann «in Christi Dienst getreten» sei und damit außerhalb ihres Machtbereichs stehe. Schließlich schleppt der aufgebrachte Vater den störrischen Sohn vor den Bischof Guido, und es kommt zu jener dramatischen Szene, die in die Thematik der bildenden Kunst eingegangen ist. Der Bischof lädt Franziskus offiziell vor und fordert von ihm, daß er dem Vater das Geld zurückgibt, das er noch von ihm hat. Das tut der junge Mann in spektakulärer Weise: Er geht in ein Zimmer, zieht sich splitternackt aus, nimmt seine Kleider und das Geld, welches er noch besitzt, kommt heraus und liefert alles in Gegenwart des Vaters ab.

Dies geschah offenbar vor einer gaffenden Menge, an die sich Franziskus mit folgenden Worten wendet: «Hört ihr alle, und versteht es wohl: Bis jetzt nannte ich Pietro Bernardone meinen Vater; aber da ich nun den Vorsatz habe, Gott zu dienen, gebe ich jenem das Geld zurück, um dessentwillen er in Unruhe war, und dazu noch sämtliche Kleider, die ich von seiner Habe besaß. In Zukunft will ich sagen: ‹Vater unser, der du bist im Himmel›, nicht ‹Vater Bernardone›» (c. 20).

Der Vater, völlig perplex, nimmt alles und geht weg, die Zuschauer jedoch sind offenbar ergriffen und umringen Franziskus staunend. Bischof Guido bedeckt Franziskus' Blöße mit seinem Mantel, umarmt und tröstet ihn. Mag auch manches an diesem Bericht der Dreigefährtenlegende hagiographisch überhöht sein, die Realität der Szene steht außer Frage. Dafür spricht auch, daß der Bischof Franziskus tröstete, der Lieblingssohn sich also nicht ohne Schmerz von seinem Vater loslöste, dessen maßloser Zorn nur die Kehrseite seiner väterlichen Liebe gewesen ist.

Von nun an ist Franziskus bewußt ein Mann am Rande der Gesellschaft, d. h. auch am Rande des städtischen Lebens, ein Armer unter Armen um Christi willen. Er will bei allem Respekt vor Klerikern kein Priester werden und auch kein Mönch, weder in den traditionellen noch in den Reformorden des 12. Jahrhunderts, sondern er möchte bewußt außerhalb jedes kirchlichen Ordo leben, ohne aber – und das ist wichtig – andere Formen kirchlicher Ordnung zu mißachten. So ist er den Benediktinern von Subasio dankbar, als sie ihm als ersten Sammelpunkt seiner Anhänger und Brüder die kleine Kirche Portiuncula in Assisi überlassen. Auch in den leidenschaftlichen Streit der Zeit, ob die Sakramente eines sündigen Priesters gültig sind, nimmt er gegen die Angriffe der religiösen Volksbewegungen die traditionelle Position der Kirche ein, daß auch der unwürdige Priester, wenn auch zum Schaden der eigenen Seele, gültige Sakramente spenden kann. Ebenso hält Franziskus an der schon damals vielfach bezweifelten Realexistenz Christi im eucharistischen Opfer fest; was seine lebenslange, demütige Ehrfurcht vor Priestern erklärt sowie seine bewußte Distanz zu den Katharern, die das Priestertum grundsätzlich ablehnten.

Schwierige Anfänge einer charismatischen Gemeinschaft

Der junge Aussteiger um Gottes Willen, den sein Vater jedesmal, wenn er ihm begegnete, öffentlich verfluchte, sammelte Steine für den weiteren Wiederaufbau von San Damiano, dem Ort seiner Erweckung. Er bettelte um Öl für seine Kirche, seltsamerweise wie in Rom auf französisch, legte sein Eremitenkleid ab und nahm ein noch ärmeres Gewand aus rauhem Stoff, gürtete sich mit dem Büßerstrick und verzichtete auf Schuhe; dies alles gemäß der Aufforderung Christi an seine Jünger: «Ihr sollt nicht Gold noch Silber noch Kupfermünzen in euren Gürteln tragen, auch keine Vorratstasche auf den Weg mitnehmen, auch nicht zwei Röcke, keine Schuhe, auch keinen Stecken» (Matthäus 10, 9). Von Anfang an war er ein Verkündiger des Evangeliums, ein begnadeter Bußprediger, dessen Worte nun auch bei jenen ein Echo fanden, die ihn anfangs verspottet hatten. Erste Brüder folgten ihm; nicht selten kamen sie aus dem früheren Freundeskreis. So bildete sich die Urzelle der franziskanischen «fraternitas», der Minderbrüder (fratres minores). Mit ihnen verließ er die Heimatstadt und damit die geistliche Jurisdiktion des Bischofs Guido. Sie zogen zu zwei Paaren durch die Mark Ancona und durch andere Orte, bettelnd und predigend, aber auch fröhlich singend: ein jugendlicher Aufbruch, an den sich Franziskus in späteren, schwierigen Zeiten in schmerzlicher Wehmut erinnerte. Bei ihrer Rückkehr äußerte der ansonsten wohlgesinnte Bischof Bedenken, weil sich inzwischen weitere Bürger Assisis den Brüdern angeschlossen und ihren Besitz aufgegeben hatten. Für die Stadt war das offenbar ein Problem geworden. Franziskus' Entgegnung war grundsätzlicher Art: «Wenn sie Güter hätten, müßten sie auch Waffen haben, um sie zu verteidigen, woraus Streit entstünde und die Liebe zu Gott und dem Nächsten behindert würde.» Die zweite Reise der Brüder ging in das reiche Florenz, wobei einer der ersten Weggefährten des Heiligen, Bernardo von Quintavalle, einst eine hochgestellte Persönlichkeit, eine wichtige Rolle spielte. Bis 1206 hatte Franziskus zwölf Gefährten um sich gesammelt, es war der Frühling einer Gemeinschaft, die noch kein fester Orden war, aber schon bedeutende Köpfe besaß, die dessen späteres Schicksal prägen sollten. Wovon diese relativ kleine Gruppe lebte, ist nicht ganz klar, denn zunächst haben die Gefährten nicht regelmäßig gebettelt. Einerseits sorgten wohl Zuwendungen einst wohlhabender Brüder für den Lebensunterhalt; andererseits wies er selbst rückblickend in seinem «Testament» auf die Notwendigkeit der Handarbeit hin: «Und ich arbeitete mit meinen Händen und will arbeiten; es ist mein fester Wille, daß alle anderen Brüder eine Handarbeit verrichten, die ehrbar ist» (Test. 20). Es scheint also, daß der Bettel als feste franziskanische Institution nicht zwingend am Beginn des Ordens stand, sondern, wie übrigens auch in älteren Orden, bei Benediktinern und Zisterziensern, die Handarbeit.

Die Zahl der Brüder um Franziskus wuchs, und nach den beschwingend jugendlichen Anfangsjahren kam nun das, was Bertolt Brecht «die Mühen der Ebenen» genannt hat. Es ging jetzt darum, die Minderbrüder, eine noch regional begrenzte asketische Randgruppe der christlichen Gesellschaft, in den Bau der Kirche einzufügen; eine nicht leichte Aufgabe. Thomas von Celano, den Franziskus 1215 in den Orden aufgenommen und der später maßgeblichen Anteil an dessen Ausbreitung in Deutschland hatte, berichtet über die erste Regel der Gemeinschaft – eine unabdingbare Voraussetzung für die Integration der Minoriten in die hierarchische Ordnung – folgendes: «Als der selige Franziskus sah, daß Gott der Herr täglich die Brüderzahl mehrte, schrieb er für sich und die Brüder, gegenwärtige und zukünftige, schlicht und mit wenigen Worten eine Lebensform und Regel, zu der er hauptsächlich die Worte des Heiligen Evangeliums benutzte, dessen Vollkommenheit er sehnlich anstrebte. Er fügte wenig andere Vorschriften bei, die für ein Ordensleben durchaus notwendig waren» (II, 32). Der Text dieser Urregel (Protoregula) ist verschollen, Franziskus selbst charakterisierte sie in seinem testamentarischen Rückblick folgendermaßen: «Und ich habe es gemäß dem Gebot Gottes, der sich mir geoffenbart hat, mit wenigen Worten und mit Einfalt – paucis verbis et simpliciter – schreiben lassen, und der Herr Papst hat es mir bestätigt» (Test. 15). Es war sicher eine «charismatische» Regel, in der das Vorbild des Evangeliums, also die göttliche Inspiration des Franziskus, bei weitem die wenigen praktischen Anweisungen überwog. Aber je mehr sich die fraternitas ausbreitete und in anderen Ländern Fuß faßte, desto dringender wurde das Bedürfnis nach genauer Fixierung der Lebensordnung. Die Dreigefährtenlegende, die auch hier, wie in anderen Fällen, der Realität am nächsten ist, hat denn auch die Abfolge weiterer Regeltexte des Heiligen folgendermaßen beschrieben: «Er verfaßte nämlich mehrere Regeln und erprobte sie, bevor er jene verfaßte, die er zuletzt den Brüdern hinterließ» (c. 35). Die wachsenden Erfahrungen durch die sich häufenden Probleme des Ordens, die mit seiner europäischen Verbreitung und deren kirchenpolitischen Folgen gegeben waren, schlugen sich zwangsläufig in einer immer stärker werdenden Berücksichtigung der praktischen Erfordernisse der ursprünglich spontan-charismatischen Gemeinschaft nieder. Daß damit eine Annäherung an ältere Ordensregeln und deren eher hierarchische Struktur unvermeidlich wurde, entwickelte sich für Franziskus zu einem schweren existentiellen Problem, das auf die letzten Lebensjahre des Heiligen seinen Schatten warf.

Aber noch war es nicht soweit. Erst mußte für die Brüdergemeinschaft die Erlaubnis des Papstes eingeholt werden. Es war dies Innozenz III. (1216–1298), einer der größten Päpste des Mittelalters, ein glänzender Jurist und Diplomat, der zielbewußt gegen die Bedrohungen der Welt und der ausufernden Ketzerbewegungen die Kirche auf einen Höhepunkt ihrer Macht führte. Die Lage war schwierig genug. Der staufisch-welfische Thronstreit uferte nach der Ermordung Philipps von Schwaben 1208 zu einem europäischen Problem aus. Die egoistische Politik der Kaufmannsrepublik Venedig gefährdete den geplanten Vierten Kreuzzug gegen die zum Gegenangriff antretende islamische Welt, und in Südfrankreich breitete sich mit Unterstützung der Grafen von Toulouse, mächtiger Territorialfürsten, die ketzerische Volksbewegung der Albigenser aus. Konnte es sich die Kirche auf die Dauer leisten, auf das religiöse Erwachen breiter Bevölkerungsschichten und auf deren Kritik am Zustand der Hierarchie nur mit Ketzerverbrennungen und militärischem Terror zu reagieren, wie dies in den brutalen, zum Kreuzzug erklärten Albigenserkriegen (1209–1229) auf päpstliches Geheiß geschah? Eine hochentwickelte occitanisch-provençalische Kultur wurde damals vernichtet. Das scharfe Vorgehen Innozenz' III. auf der 4. Lateransynode 1215 gegen die Ketzer, wo er allen Fürsten, die Häresien duldeten oder gar unterstützten, mit Absetzung und Konfiskation drohte, ist um so befremdlicher, als er andererseits die ganz offensichtlich ketzerisch infizierten Humiliaten in Mailand unterstützte, die ihm in seinem Kampf gegen den Staufer Hilfe leisteten. Kurz, es war eine heillose, verworrene Epoche, in der Franziskus mit Gefährten nach Rom ging, um seine Brüdergemeinschaft legitimieren zu lassen. Dabei unterstützten ihn sowohl Bischof Guido von Assisi als auch der Kardinal Johannes von St. Paul. Der Papst erteilte der Büßergemeinschaft 1209/10 eine mündliche Anerkennung aufgrund der Urregel. Fünf Jahre später erhielt der spanische Prediger Dominikus Guzmán (ca. 1170–1221) für seine Gemeinschaft ebenfalls eine päpstliche Erlaubnis zur Häretikermission, daher schaltete sich der Dominikanerorden anfangs wesentlich schärfer in die aktive Ketzerbekämpfung ein als die Minoriten. Abgesehen von einigen kleinen Ordensgründungen vergleichbaren Typs veränderten Franziskaner und Dominikaner als asketische Gemeinschaften völlig neuen Typs die christliche Welt und spielten seit dem 13. Jahrhundert in der eben entstehenden Universitätslandschaft Europas als deren Organisatoren, Finanziers und Lehrer eine große Rolle.

Das Armutsideal und seine Folgen

Franziskus und seine Minderbrüder (fratres minores) kehrten von Rom als päpstlich autorisierte Bußprediger zurück und nahmen ihre Tätigkeit in Rivotorto und Portiuncula auf. Dabei ist auffällig, daß Franziskus seinen Brüdern untersagte, jemals ein päpstliches Privileg anzunehmen, ein Verbot, das er noch einmal in seinem Testament in seltsam scharfer Weise wiederholte: «Ich befehle streng im Gehorsam allen Brüdern, wo immer sie auch sind, daß sie nicht wagen sollen, irgend einen Brief [d. h. ein Privileg] bei der römischen Kurie zu erbitten, weder durch sich selbst noch durch Mittelspersonen, weder für eine Kirche noch wegen irgend eines Ortes, weder unter dem Vorwand der Predigt noch wegen leiblicher Verfolgung ...» (Test. 15–26). Dieser Passus, der in seiner Schärfe deutlich vom sonstigen Duktus des Testaments abweicht, hat immer wieder die Aufmerksamkeit der Forschung erregt, weil er ganz offensichtlich, bei aller Demut und bei allem Gehorsam in geistlichen Dingen, die Franziskus gegenüber den

Päpsten selbstverständlich waren, auf eine bewußte, deutliche Distanzierung des neuen Ordens von der Kurie hinauslief. Zwar hat man neuerdings diese Textstelle in ihrer Bedeutung herunterzuspielen versucht, doch ist sie zu eindeutig, als daß man sie relativieren kann.

Franziskus ging es um die Armut als wahre Christusnachfolge; sie war für ihn ein Kernstück seines Glaubens. Er prägte sie den Brüdern immer wieder ein als Grundvoraussetzung ihrer Existenz, denn sie stellte das äußere Bekenntnis einer inneren religiösen Lebensform dar. Thomas von Celano zitiert das Wort eines Einsiedlers, man «steige leichter von einer Hütte als von einem Palast aus in den Himmel» (I, 42). Armut war und blieb für den Gründer wie für die Minderbrüder das unerläßliche äußere Zeichen einer religiösen Befindlichkeit radikaler Art. Deshalb war es auch kein Zufall, daß in der Folgezeit der Streit um die Armutsfrage das Schicksal der Franziskaner entscheidend prägte. Auch zeigt die weitere Geschichte des Ordens, nämlich seine harte Auseinandersetzung mit den Päpsten in Avignon, besonders unter Johannes XXII. (1316–1334), die fast zum Zerbrechen der franziskanischen Brüdergemeinde führte, wie hellsichtig der Gründer in diesem Fall gewesen ist. Es liegt nahe, seine Distanz zur Kurie und ihrem inneren, teilweise sehr fragwürdigen Zustand mit der radikalen, immer wieder eingeschärften Armutsidee des Franziskus, die für ihn essentiell mit einer wahren Nachfolge Christi zusammenhing, in Verbindung zu bringen. Fast hundert Jahre nach Franziskus eskalierte dieser Gegensatz zwischen Orden und Kirche gerade wegen der Armutsforderung, die als solche schon Kritik an den fragwürdigen Finanzgeschäften der Kurie in Avignon bedeutete. Als 1322 ein Generalkapitel der Franziskaner ganz im Sinne des Ordensgründers erklärte, es sei katholische Lehre, daß Christus und die Apostel weder einzeln noch gemeinsam Eigentum hatten, also arm waren, trat Johannes XXII. dieser Auffassung 1323 auf dem Konzil von Vienne entgegen und verurteilte die Behauptung als häretisch, daß Christus und seine Jünger arm gewesen seien. Man muß dieses päpstliche Anathema vor dem Hintergrund der fragwürdigen Finanzgeschäfte gerade dieses Oberhirten der Kirche sehen, die mit schamlosem Ämterkauf und anderen unlauteren Praktiken damals einen Höhepunkt erreicht hatten.

Marsilius von Padua (ca. 1290–1343), der bedeutendste Staatstheoretiker des Spätmittelalters, 1312/1313 Rektor der Universität Paris und nach seiner Flucht vor der Inquisition politischer Berater Kaiser Ludwigs des Bayern in dessen Kampf gegen die Kurie, thematisierte damals den Gegensatz zwischen dem franziskanischen Armutsideal und kurialen Finanzgebaren auf seine Weise. Er formulierte eine im Grunde innerkirchliche Kontroverse zu einem politischen Gegensatz um, was sicherlich nicht der Absicht des Ordensgründers entsprach. Er prangerte nämlich in seinem Hauptwerk, dem «Defensor Pacis» (Verteidiger des Friedens), das avignonesische Papsttum als die Quelle allen Unfriedens in der Welt an. Ganz Partei, attackierte er in diesem Grundlagenwerk europäischer Staatsphilosophie – es war Ludwig dem Bayern gewidmet – die Kurie in Avignon als «entsetzliche Räuberhöhle», als «Schlupfwinkel aller Verbrecher». Manches mag dabei übertrieben sein, aber mit seiner Kritik stand er unter seinen Zeitgenossen nicht allein. Ob von Marsilius der moderne Gedanke der Volkssouveränität stammt, ist bis heute umstritten, doch zeigt sein Werk mittelbar, in welche Bedrängnis die Franziskaner mit ihrem radikalen Armutsideal gegenüber der Kurie geraten waren und wie gefährlich es für die politischen Häupter der franziskanischen Opposition wurde, in ihrem Kampf um die Armutsfrage auf die Seite Ludwigs des Bayern, eines gebannten Kaisers, zu treten. Der Münchner Hof Ludwigs war damals die antipäpstliche Propagandazentrale des Ordens, ein Zustand, der seine radikalen Teile weit von den Vorstellungen wegführen mußte, die der arme Franziskus bis an sein Lebensende vertrat. Faktisch lief dies für die Minoriten auf eine Zerreißprobe des Ordens hinaus.

Der Exkurs in eine spätere Epoche der Minderbrüder mag zwar vom Lebensbild des großen Heiligen weggeführt haben, doch zeigt die grundsätzliche Bedrohung des Ordens hundert Jahre nach dem Tod des Franziskus, welche Sprengkraft dessen Forderung an die Brüder hatte, in Armut am Rande der Gesellschaft zu leben und zugleich mitten in ihr durch die Bußpredigt zu wirken.

Die schlagartige Ausbreitung der Franziskaner in der ersten Hälfte des 13. Jahrhunderts war, nicht zuletzt wegen der Armutsfrage, von Kritik der Bischöfe begleitet, denn anders als bei den Dominikanern, die theologisch ausgebildete Prediger hatten, waren die Minoriten überwiegend Laien, die mangels genauer theologischer Unterscheidungen oft auch häretische Ideen in ihren Bußpredigten vertraten. So kam es auch nicht von ungefähr, daß nach der Dreigefährtenlegende Franziskus die Brüder ermahnte, nicht jene generell zu verurteilen, die in Reichtum und Luxus lebten. Vermutlich dachte er dabei an seine eigene Jugend, wenn er hinzufügte, man könne nicht wissen, was Gott mit ihnen noch vorhabe: «Viele scheinen uns Glieder des Teufels zu sein, die dereinst noch Jünger Christi werden.» Man müsse die Reichen aber auch deshalb «wie Brüder und Herren» achten, weil sie von einem einzigen Vater und Schöpfer geschaffen seien und den Ordensbrüdern das zum Leben Notwendige gewähren, damit diese ein Bußleben führen können (Dreigefährtenlegende, c. 58). Offensichtlich gab es unter den Minderbrüdern schon damals Tendenzen, Reichtum generell zu verdammen, womit die Franziskaner sehr nahe an den radikalen Ideen der religiösen Volksbewegung waren. Auf jeden Fall blieb die Armutsfrage für die Minoriten der vitale Kern der franziskanischen Christusnachfolge, nämlich deren Grundvoraussetzung.

In den Texten Bertholds von Regensburg (ca. 1210–1272), des größten Predigers deutscher Sprache im Mittelalter, spielt ebenfalls das Problem der Armut, und zwar auch der Armut der städtischen Unterschichten, eine wichtige Rolle. Er scheut sich nicht, Reichtum grundsätzlich zu kritisieren. Predigend durch viele Regionen des Reiches und Europas ziehend, verdammt er als erster das arbeitslose Einkommen aus Kapitalrente mit folgender Überlegung: Wenn alle Welt am Feiertag ruht, so ruht der Pflug des Habgierigen, nämlich des Geldverleihers, keineswegs, sondern sein Zinsgewinn wächst bei Tag und Nacht. Berthold wurmt es besonders, daß der kapitalkräftige Habgierige, der scheinbar andächtig zu seinen Füßen sitzt, sogar während der Predigt keinen Pfennig verliert, indessen seine armen Zuhörer, Taglöhner, Arbeiter und kleine Handwerker, durch ihre Anwesenheit gar wohl ihren Broterwerb schmälern. Berthold geht sogar noch einen Schritt weiter und zählt die Habgierigen zu den Mördern, die mit eigener Hand tausend Arme totschlagen, weil sie ihnen den gerechten Lohn vorenthalten: «Denn es sitzt mancher vor meinen Augen, der jetzt hundert Pfund Geld haben müßte von seiner Arbeit, der aber nicht so viel hat, daß er sich gegen den Frost schützen kann.» Das klingt schon ganz anders als Franziskus' milde Ermahnung der Brüder, sie sollten die Reichen nicht verurteilen. Es sind keineswegs häretische Gedanken, die Berthold hier vorträgt, denn der berühmte Prediger holte sich im Zweifelsfall bei Albertus Magnus (ca. 1193/1200–1280), dem großen Dominikanergelehrten des deutschen Mittelalters, fachmännischen Rat und war auch selbst ein gebildeter Theologe. Man sieht, daß sich die Armutsfrage, ganz gleich ob asketisch motiviert oder als Problem armer Laien in Stadt und Land, oft auf einem schmalen Grat zwischen Rechtgläubigkeit und Häresie befand und daß sie für die Minoriten zum Kern ihres religiösen Selbstverständnisses gehörte aber auch ein immer wieder aufbrechendes Konfliktpotential besaß.

Der Orden zu Franziskus' Zeiten

Kehren wir zu unserem Heiligen zurück, dessen Charisma, Friedfertigkeit und kluge, ausgleichende Führungskunst das Gedeihen des Ordens sicherte. Für Franziskus sollten seine Brüder «joculatores Domini», Spielleute Gottes, sein, friedfertig und fröhlich. Für die Frühzeit des Ordens in Portiuncula, die für ihn eine rückblickend wohl idealisierte geistliche Idylle war, mag das sicher zutreffen. Je weiter jedoch der Orden über Umbrien und die Toskana hinausgriff und europäische Dimensionen erreichte, desto notwendiger wurde eine genauere, schriftlich fixierte Ordnung mit konkreten Bestimmungen. In der vom Papst nicht genehmigten Regel von 1221 (Regula non bullata), einem Zwischenstadium vor der endgültig formulierten Lebensordnung für die Minderbrüder, die noch viel vom ursprünglichen kühnen Idealismus des Gründers erkennen läßt, finden sich bereits Anzeichen für eine festere Ordensstruktur. Im 6. Kapitel verbietet Franziskus ausdrücklich, daß keiner der Brüder «Prior» genannt werden darf. Dieser Terminus aus älteren Mönchsregeln beweist, wie sehr dem Ordensgründer daran gelegen war, eine Hierarchisierung des Ordens zu vermeiden, die aber kaum ganz zu umgehen war. Jedenfalls drängten die regionalen «ministri» auf Einbeziehung älterer Klosterregeln, die das Leben der Minoriten konkret normieren sollten. Es war eine unaufhaltsame Entwicklung, der sich Franziskus nicht entziehen konnte, so sehr er auch bis zum Lebensende dagegen anzugehen suchte. Auf einem jährlichen «Generalkapitel» wurden alle anstehende Fragen diskutiert und Beschlüsse gefaßt, die dem Papst zur Genehmigung vorgelegt wurden. Dies war, wie die Zukunft zeigen sollte, ein oft spannungsreiches Instrumentarium zur Ordensleitung, das manche Bewährungsprobe zu bestehen hatte. Für das Verhältnis zur Kurie wurde Kardinal Hugolino von Ostia als Protektor ein unentbehrlicher, hilfreicher Verbindungsmann und Förderer. Unentbehrlich war aber vor allem die Präsenz und charismatische Kraft des Gründers.

Ein anderes Problem ergab sich aus der Tatsache, daß Franziskus' Vorbild mehr und mehr auch Frauen begeisterte, ein Phänomen, das von Anfang an auch die religiösen Volksbewegungen des Hochmittelalters prägte. Schon an der Wende vom 11. zum 12. Jahrhundert hatte der Wanderprediger Robert von Arbrissel (ca. 1045–1116) durch die Gewalt seiner Bußpredigten Männer wie Frauen für sich gewonnen, für die er später geistliche Gemeinschaften unter gemeinsamer Leitung – meist durch Frauen – gründete. Am bekanntesten wurde Fontevrault im Wald zwischen Angers und Tours mit zwei umfriedeten Lebensbereichen für Männer und Frauen sowie Heimstätten für Aussätzige und reuige Prostituierte. Franziskus ging in vergleichbarer Lage, als sechs Jahre nach der Ordensgründung Clara, Tochter einer wohlhabenden, stadtadeligen Familie Assisis, den leidenschaftlichen Wunsch äußerte, sich Franziskus und seinen Brüdern in Portiuncula anzuschließen, ganz anders vor. Ihr Vetter Rufino war bereits Minorit, und er erzählte dem Heiligen von Claras Anliegen. Es kam zu einer geheimen Begegnung beider mit je einem Begleiter, die tiefen Eindruck auf die um elf Jahre jüngere Clara machte. Ein halb religiöser, halb erotischer Traum, in dem sie die Brustwarzen des Franziskus als «süße Quelle» erlebte, befestigte ihren Entschluß, nachts ihrem Elternhaus zu entfliehen. In Portiuncula schnitt ihr Franziskus das Haar ab, gab ihr ein schlichtes, mit einem Strick gegürtetes Kleid und brachte sie zu den Benediktinerinnen von San Paolo in Bastio. Vergeblich versuchten ihre Eltern, sie zurückzuholen, vielmehr floh jetzt auch Claras Schwester Agnes zu dem Heiligen und wurde ebenfalls geschoren. Er brachte beide in die von ihm restaurierte Kirche San Damiano. Dort entstand ein Klösterlein für Clara, ihre Schwester und andere geistliche Frauen, die unter der Obhut Bischof Guidos von Assisi als «pauperes Dominae de San Damiano» nach den Weisungen des Franziskus ein der Buße und dem Gebet gewidmetes Leben führen konnten. Das war 1211/12 der bescheidene Anfang des Clarissinnen-Ordens.

Clara, die inzwischen nach Agnes auch ihre Schwester Beatrice und die Mutter Ortolana in ihre klösterliche Gemeinschaft aufgenommen hatte, richtete deren Leben ganz nach den kurzen Anweisungen und Fastenvorschriften, die ihr Franziskus selbst gegeben hatte. Sie bestand gegenüber Papst, Kardinalprotektor und sogar gegenüber den Minderbrüdern konsequent auf bedingungsloser Armut ihrer Gemeinschaft, was dem Willen des Heiligen völlig entsprach. Wer heute San Damiano besucht, spürt unmittelbar diesen konsequenten Geist der Armut in der Nachfolge Christi im ärmlichen, rührenden Ambiente des Klösterchens. Erst Kardinalprotektor Ugolino von Ostia, der wendige kuriale Diplomat aus der Schule Innozenz' III., gab der Gemeinschaft Claras 1247 eine feste Regel, die den Bestimmungen der «Regula bullata» des Ordensgründers angepaßt war. Auch im Falle Claras zeigten sich also Divergenzen zur Kurie und zur Hierarchie, die bereits das Verhalten des heiligen Franziskus beeinflußt hatten. Es war das ambivalente Verdienst Ugolinos von Ostia, daß die ursprünglich freie Bruderschaft von Christusbegeisterten allmählich zu einem klar umrissenen religiösen Orden umgebildet und in hohem Maße den Wünschen der Kurie dienstbar gemacht werden konnte. Im 14. Jahrhundert sollte sich erweisen, daß diese Unterordnung unter kuriale Direktiven ihre Grenze hatte; dies zeigte der Armutsstreit unter Papst Johannes XXII. Bei allem muß aber bedacht werden, daß in dem Augenblick, da mit dem Tod des Ordensgründers seine charismatische Kraft wegfiel, die akute Gefahr gegeben war, daß sich die Brüdergemeinschaft wie andere Gruppierungen der hochmittelalterlichen religiösen Bewegungen wieder auflösen konnte.

Probleme der späten Jahre

So erfolgreich Franziskus in der geistlichen Formung seiner Minderbrüder war, so problematisch bleiben seine Anstrengungen, als christlicher Missionar im Bereich der islamischen Kultur zu wirken. Eine Reise ins

Heilige Land – falls sie überhaupt stattgefunden hat – verlief vermutlich ergebnislos. Bald darauf ging Franziskus über Frankreich nach Spanien in der Absicht, den Kalifen Mohammed-ben-Nasser von Marokko zu bekehren. Dieser war jedoch am 16. Juli 1212 von König Peter von Aragon militärisch besiegt worden. Franziskus erkrankte. Trieb ihn der Wille zum Martyrium? Man kann auch an der Historizität dieser Reise zweifeln. 1218 kam es zu einer besser vorbereiteten Missionsfahrt, und zwar in Zusammenhang mit dem von Papst Honorius III. (1216–1227) geplanten Kreuzzug nach Ägypten, der sich dann mit der Belagerung von Damiette festfuhr. Franziskus scheint in einer Mischung von Glaubenskraft und Naivität bis zum Sultan Malik-al-Kamil (1177–1238), einem Neffen des großen Saladin, vorgedrungen zu sein, um ihn zum Christentum zu bekehren. Der Sultan hörte ihm offenbar gelassen zu, ließ es aber in seiner Erwiderung bei dem mild-sarkastischen Bescheid bewenden, Gott möge ihn erleuchten, damit er erkennen könne, welche Religion Gott wohlgefälliger sei. Franziskus, der zwischen Anfang Mai 1218 und Ende August 1219 in Ägypten weilte, scheint im christlichen Lager Aufsehen erregt zu haben. Bleibende missionarische Erfolge dürften sich aber kaum eingestellt haben.

Ganz anders klingt aber eine Stimme, die gleichsam «von außen» die Arbeit der Minoriten in ihrer Heimatregion Umbrien schildert. Es war Jakob von Vitry (1160/70–1240), ein berühmter Kreuzzugsprediger gegen die Albigenser, der in einem Brief aus Perugia nach Frankreich über die ihm widerwärtigen hochpolitischen Aktivitäten des Papsttums, über seine «weltlichen und geistlichen Geschäfte» mit Königen, über «Prozesse und Streitigkeiten» berichtet. Er konfrontiert dieses kritische Bild mit seinen positiven Eindrücken vom Wirken der Franziskaner, ohne dabei den Gründer beim Namen zu nennen. «Einen einzigen Trost habe ich in dieser Gegend immerhin gefunden. Viele Menschen beiderlei Geschlechts, Reiche und Weltleute, haben nämlich um Christi willen alles verlassen; und sie nennen sich ‹mindere Brüder› und ‹mindere Schwestern› ... Diese sorgen sich in der Tat nicht um zeitliche Güter, sondern ihre glühende Leidenschaft und ihr brennender Eifer gelten Tag für Tag der Rettung gefährdeter Seelen, die der Eitelkeit der Welt nachlaufen ... Und hier haben sie [die Minoriten] durch Gottes Gnade viel Frucht gebracht und viele gewonnen: wer hört, sagt: ‹Ich komme›, und einer zieht den anderen nach. Sie leben nach dem Beispiel der Urkirche, von der geschrieben steht: ‹Die Menge der Gläubigen war ein Herz und eine Seele.› Am Tag kommen sie in die Städte und Dörfer, um Seelen zu gewinnen, einige gehen der Arbeit nach; nachts kehren sie dann zur Einsiedelei zurück oder an einsame Orte, wo sie sich der Kontemplation hingeben. Die Frauen jedoch leben in verschiedenen Behausungen zusammen wie Gäste; sie nehmen nichts an, sondern leben von ihrer Hände Arbeit …» Die Sympathie Jakobs von Vitry kommt nicht von ungefähr. Schon seine Wirksamkeit als erfolgreicher Volksprediger, der seine Texte mit amüsanten Beispielen (exempla) schmückte, spricht für sein klares Urteil und mehr noch die Tatsache, daß er sich an der Kurie mit Erfolg für die Anerkennung der Lebensform der Beginen einsetzte, einer Laienvereinigung frommer Frauen, die ohne dauernde Gelübde oder approbierte Regel seit dem Beginn des 13. Jahrhunderts in Brabant, Nordfrankreich und den Niederlanden in klosterartigen Behausungen als «mulieres devotae» unter der Leitung von «magistrae» ein geistliches Leben führten. Später finden sich Beginen auch am Rhein und in Mitteleuropa. Ihren Unterhalt gewannen sie aus karitativem Wirken, durch Handarbeit, aber auch aus Schenkungen. Kein Wunder, daß Jakob von Vitry Sympathie für die sehr ähnliche franziskanische Lebensform hatte.

Insgesamt war Franziskus' Aufenthalt in Ägypten kein Erfolg, und als er 1220 zurückkehrte, fand er zu Hause Probleme anderer Art vor. Der Bruder Philipp Longo hatte entgegen seiner strikten Weisung ein päpstliches Privileg für den Schutz der Gemeinschaft Claras erbeten, und Johannes de Capella sammelte aussätzige Männer und Frauen um sich, um einen eigenen Orden zu gründen, für den er ebenfalls päpstliche Erlaubnis erbeten hatte. Diese Auflösungserscheinungen, die Franziskus tief beunruhigten, veranlaßten ihn nunmehr durch Vermittlung Kardinal Ugolinos dem Orden eine dauerhafte, vom Papst bestätigte Konstitution zu geben, die mit der Einsetzung Ugolinos als «Kardinalprotektor» eine wirksame institutionalisierte Verbindung zur Kurie erhielt. Zu diesem Zweck entwarf Franziskus mit Hilfe des theologisch ausgebildeten Bruders Caesar von Speyer einen neuen Regeltext, für den letzterer Zitate aus den Evangelien beisteuerte; sie nahmen ein Drittel der Regel ein. Gleichzeitig trat Franziskus von der offiziellen

Leitung der Gemeinschaft zurück und wollte nur noch als Vorbild und «Gesetzgeber» gelten. Man wird kaum fehlgehen, darin nicht nur eine Folge seiner zunehmenden Erkrankung, sondern auch ein Moment der Resignation zu sehen und seiner Angst vor «müdem Gehorsam», der, wie er befürchtete, die freudig-beschwingten frühen Jahre in Portiuncula zu verdrängen begann. Sein Rücktritt erfolgte am 29. September 1220, als er die Brüder folgendermaßen ansprach: «Von nun an bin ich für euch tot. Doch seht, hier ist Bruder Petrus Catanii, dem wir alle, ich und ihr, gehorchen wollen.» Alle ergriff tiefe Erschütterung, als er auf den Knien seinem Mitbruder Petrus Gehorsam und Ehrfurcht erwies. Es war ein symbolischer Akt, und der Ordensgründer wußte wohl, daß er aus einem lebendigen Beispiel auf dem Weg zu Christus nunmehr zu einem Gegenstand der Verehrung geworden war. Ein Traum hatte ihn gewarnt. Eine schwarze Henne brachte ihre Küken nicht mehr unter ihre breiten Flügel: Er fühlte sich des Ordens nicht mehr mächtig. War durch schwere Krankheit, die er aus dem Orient mitgebracht hatte, seine charismatische Kraft gemindert? Jene Kraft, die Bruder Matteo einst so anschaulich als Frage an den Heiligen formuliert hatte: «Warum dir, warum dir, warum laufen dir alle nach? Warum läuft dir alle Welt nach, und warum sehnt sich anscheinend jeder Mensch danach, dich zu sehen, dich zu hören, dir zu gehorchen? Du bist nicht schön von Gestalt, du hast keine großen Kenntnisse, du bist nicht adelig von Geblüt. Woher kommt es also, daß alle Welt dir so nachläuft?» Der Rückzug aus der Ordensleitung bedeutete keinesfalls einen Autoritätsverlust. Der Bruder Jordan von Giaono hat dies in einem Bild festgehalten: «Er sitzt zu Füßen des Bruder Elias, des energischen und kraftvollen Vikars, versäumt aber nicht, ihn an der Kutte zu zupfen, um ihm seine Ansicht mitteilen zu können ...» Dennoch ist die letzte Lebenszeit des Heiligen von Tragik überschattet, die nicht nur aus seiner schweren Erkrankung erklärbar ist. Es muß ihn tiefe Sorge um die Erhaltung des Aufbruchgeistes der frühen Jahre erfüllt haben, auf die er immer wieder mahnend zurückverweist. Kritik an der spürbaren Konkurrenz leitender Brüder klingt an, weshalb er immer wieder Demut, Gehorsam und wahre Brüderlichkeit einforderte.

Das rührendste Dokument einer eher melancholischen Grundstimmung, die sich so augenscheinlich vom sangesfreudigen Gotteslob des

«Spielmanns Christi» der Frühzeit unterscheidet, ist sein spontan dem Bruder Leo diktierter Text über «Die wahre und vollkommene Freude». Sein Inhalt widerspricht auf beunruhigende Weise dem optimistischen Titel. Es handelt sich um eine durchaus selbstkritische Aufzählung all dessen, was *nicht* zu dieser großen Freude gehört: Daß alle Magister von Paris zum Orden gekommen sind; ebenso die Prälaten, jenseits der Alpen und die Könige von Frankreich und England. Auch daß die Minderbrüder erfolgreiche Mission unter den Ungläubigen betreiben, ist nicht die große Freude und ebensowenig die Tatsache, daß Gott ihm – Franziskus – die Gabe der Krankenheilung und vieler Wunder verliehen habe: «Ich sage dir, daß in all dem nicht die wahre Freude ist.» Und nun entwirft der Heilige ein geradezu selbstzerfleischendes Szenario dessen, was ihm die große Freude bereitet: Nämlich wenn er, von Perugia kommend, zur Winterzeit schmutzig und verfroren an die Pforte klopft und ein Bruder ihm kalt die Tür weist und nahelegt, doch in eines der Hospitäler von Assisi zu gehen. Der seltsam freudig-bittere Schlußsatz des Franziskus, die erschütternde Pointe aus tiefster Demut und Zerknirschung lautet: «Ich sage dir: Wenn ich Geduld habe und nicht erregt werde, daß darin die wahre Freude ist und die wahre Tugend und das Heil der Seele.»

Hier wird in einer Geschichte der Rückkehr, ganz gleich, ob sie fiktiv ist oder ob ihr ein wirkliches Erlebnis zugrunde liegt, eine tiefe Tragik spürbar. Einerseits wird das Vorbild des leidenden, demütigen, verlassenen Christus wachgerufen, andererseits wird auch eine Distanz zu seinem Werk – dem Orden und seinen Erfolgen in der Welt – spürbar. Es ist auch ein Dokument vorübergehender Frustrationen und Anfechtung, die selbst einem Heiligen nicht erspart bleibt, auch wenn er sie mit einer großen, seelischen Kraftanstrengung zur «Großen Freude» umformen kann. Er muß gewußt haben, daß die ursprüngliche Glut und Spontaneität der «fraternitas» sich abgeschwächt hatte, jene Spontaneität, die er selbst einst mit seiner Begeisterung und seinem Charisma hervorgerufen hatte. Der «Spielmann Gottes», der seinen Brüdern einst Heiterkeit im wahren Glauben ans Herz gelegt und für die unverbrüchliche Harmonie seiner charismatisch inspirierten brüderlichen Gemeinschaft geworben hatte, gewinnt nun als ein von Krankheit gepeinigter Mann eine innere Genugtuung aus der kalten Abweisung eines Bruders, ja sogar eine «Große Freude». Wie weit ist dies vom glücklichen Portiuncula-Traum seiner Frühzeit entfernt. Schatten von Melancholie fallen auf ihn, und es drängt ihn, dieser neuen Befindlichkeit, in der unausgesprochen Enttäuschung mitschwingt, in seinem Diktat für den alten Gefährten Leo spontan («Bruder Leo, schreibe!») Ausdruck zu verleihen. Es ist derselbe Leonard von Assisi, dem Franziskus einst seinen eigenhändig geschriebenen «Lobpreis Gottes», eine hinreißende dichterische Wortkaskade über die Allmacht, Allgegenwart und die alles umfangende Liebe Gottes, übergab. Es ist wohl das unmittelbarste Dokument der Religiosität des Heiligen; der Empfänger trug es zeitlebens in seiner Kutte mit sich. Bis heute wird es als kostbare Reliquie im Sacro Convento zu Assisi aufbewahrt.

Lobpreis Gottes

Du bist der heilige Herr, der alleinige Gott, der Du Wunderwerke vollbringst.
Du bist der Starke.
Du bist der Erhabenste.
Du bist der allmächtige König, Du heiliger Vater
König des Himmels und der Erde.
Du bist der dreifaltige und eine Herr, der Gott aller Götter.
Du bist das Gute, jegliches Gut, das höchste Gut, der Herr, der lebendige und wahre Gott.
Du bist die Liebe, die Minne.
Du bist die Weisheit.
Du bist die Demut.
Du bist die Geduld.
Du bist die Schönheit.
Du bist die Milde.
Du bist die Sicherheit.
Du bist die Ruhe.
Du bist die Freude.
Du bist unsere Hoffnung und Fröhlichkeit.
Du bist die Gerechtigkeit.
Du bist das Maßhalten.
Du bist all unser Reichtum zur Genüge.
Du bist die Schönheit.
Du bist die Milde.

Du bist der Beschützer.
Du bist die Stärke.
Du bist die Erquickung.
Du bist unsere Hoffnung.
Du bist unser Glaube.
Du bist unsere Liebe.
Du bist unsere ganze Wonne.
Du bist unser ewiges Leben: Großer und wunderbarer Herr, allmächtiger Gott, barmherziger Retter.

(Zitiert nach Hardick-Grau, S. 205 f.)

Assisi und Paris: Glaube und Vernunft

Noch ein anderes Problem bereitete Franziskus zeitlebens Sorge, nämlich die Möglichkeit, daß die Theologie, die zu seiner Zeit mit der scholastischen Philosophie auf einen absoluten Höhepunkt zusteuerte, die Quellen des unverstellten Glaubens an Christus mit ihren rationalen Denkmustern verschütten könnte; jene Quellen, die für den religiösen Genius Franziskus wichtiger waren als alle Vernunft. In einem der kürzesten Briefe der Weltliteratur an den Konfrater Antonius von Padua (1194–1231) hat der Heilige das Positive wie das Bedenkliche des Strebens der Scholastik charakterisiert, auf dem Wege der Ratio zur Erkenntnis Gottes zu gelangen. Antonius war ein spanischer Franziskaner, der durch widrige Umstände nach Sizilien verschlagen wurde, dann als Priester gegen die Katharer in Oberitalien und Südfrankreich wirkte, bis ihn Franziskus zum ersten Lehrer der Theologie berief. Er wirkte im Geiste des Kirchenvaters Augustinus im Franziskanerkloster von Bologna und beteiligte sich am philosophischen Diskurs der Zeit. Franziskus, zwischen Anerkennung und Kritik schwankend, schrieb ihm folgende Zeilen: «Es gefällt mir, daß du den Brüdern die Heilige Theologie vorträgst, wenn du nur nicht durch dieses Studium den Geist des Gebetes und der Hingabe auslöschst, wie es in der Regel steht.» Es ist, nur freundlicher ausgedrückt, dieselbe Furcht vor einem Glaubensverlust durch die Ratio, die vor ihm Bernhard von Clairvaux zum Kampf gegen Abaelards rationale Theologie führte.

Die Dominikaner als Orden mit ausgebildeten Theologen und Predigern hatten dieses Problem nicht; dennoch war es, wie scholastische Diskussionen des 13. Jahrhunderts zeigten, eine Grundfrage nicht nur dieser Epoche: Wie waren Glaube und philosophischer Rationalismus in Einklang zu bringen, und welche Gefahren drohten von seiten der Ratio? Franziskanische Gelehrte wie Alexander von Hales unterrichteten seit 1232 in Paris, d. h., die franziskanische Geisteskultur fügte sich nach dem Tod des Gründers nahtlos in die auf der Philosophie des Aristoteles beruhende Universitätsphilosophie ein, und Leuchten des Ordens wie dem bedeutendsten Ordensgeneral Bonaventura (1217–1274) oder Petrus Johannes Olivi (1247/48–1296) gelang es in der Tat auf souveräne Weise, Theologie und hingebende Frömmigkeit in Einklang zu bringen, mochte auch der letztere mit einigen Texten in Häresieverdacht geraten. Hier zeigte sich wieder die alte Erfahrung, daß eine immer subtiler werdende scholastische Glaubensbestimmung zwangsläufig die «Chancen», ins häretische Abseits zu geraten, bedrohlich erhöhte. Aber nicht diese Gefahr war es, die dem schlichten Glauben drohte, sondern der generelle Einbruch des scholastischen Frührationalismus in die Welt spontaner Religiosität und demütiger Nachfolge Christi in franziskanischem Geiste. Mit Recht klagte daher am Ende des 13. Jahrhunderts der Franziskaner Jacobone da Todi: «Wir grollen Paris, das Assisi zerstört hat» (Mal vedemo Parisi, che áne destrutt' Assisi).

Wie war es zu dieser gefährlichen Entwicklung gekommen, die bereits Franziskus in seinem Brief an Antonius von Padua beim Namen nennt? Als auslösendes Moment gilt die Aneignung der umfassenden philosophischen Weltdeutung durch die Philosophie des Aristoteles. Zwar gab es schon in der Spätantike eine wirksame Weitergabe einzelner Schriften des griechischen Philosophen in lateinischer Sprache, die der Politiker, Philosoph und Dichter Anicius Boethius (475/80–524) besorgte; sie wurde für die karolingische Renaissance des 9. Jahrhunderts bedeutsam. Aber wesentlich wichtiger für die Philosophiegeschichte Europas war die unmittelbare Übernahme aristotelischer Philosophie durch die Vermittlung und Kommentierung des antiken Philosophen durch zwei islamische Gelehrte: durch den berühmten Arzt und Philosophen Avicenna (973/80–1037) und besonders durch den in Cordoba wirkenden Theologen, Rechtsgelehrten und Arzt Averroes (Ibn Rušd, 1126–1192), dessen Schriften sowohl im islamischen Bereich wie an der Pariser Universität heftige Kontroversen auslösten. Ein weiteres, wichtiges Bindeglied des philosophischen Transfers der Schriften des Aristoteles und anderer Texte der klassischen griechischen Antike wurde deren lateinische Übersetzung und Kommentierung durch den Dominikaner Wilhelm von Moerbeke (ca. 1215–1286). Insgesamt war dies ein gewaltiger Einstrom klassischer Philosophie in die junge Universitätslandschaft Europas.

Vor allem die arabische Übersetzung und Kommentierung des Aristoteles durch Averroes sorgte in Paris und anderenorts für Aufregung. Es hatte sich unter Siger von Brabant († 1282) und Boethius de Dacia († nach 1277) in Paris eine eigene philosophische Schule des «Averroismus» formiert, die mit ihren rationalistischen Denkansätzen die Grenzen des dogmatisch Erlaubten kühn übertrat und neue Argumentationsmuster entwickelte. Das galt vor allem für die averroistische Lehre von der Möglichkeit und Berechtigung einer «doppelten Wahrheit»: nämlich einerseits der logisch-philosophischen und andererseits der christlichen Glaubenswahrheit. Mit anderen Worten: Ein selbständiges, eigengesetzliches Nebeneinander von Philosophie und Theologie, von Vernunft und Glauben schien möglich und notwendig. Nach dieser «averroistischen» Grundposition konnte etwas nach dem Glauben (post fidem) wahr sein, was nach der Vernunft (post rationem) nicht wahr ist. Damit verlor die Theologie ihr bislang unangefochtenes Monopol der Weltdeutung, gleichzeitig eröffnete sich damit ein Freiraum rationaler Diskussion im weitesten Sinn für alle Gegenstände philosophisch-theologischen Denkens. Nach den Regeln der jedem Menschen gegebenen Vernunft, dem «lumen naturale», ergab sich ein neues, rationales Weltbild, das sich mehr und mehr vom theologisch-dogmatischen unterschied. Wie die Rationalisierung der Glaubensinhalte konkret aussah, kann man noch im 15. Jahrhundert am Œuvre des bedeutendsten Philosophen an der Grenze zwischen Spätmittelalter und früher Neuzeit, nämlich an Nikolaus von Kues (1401–1464), erkennen. Er interpretierte das Trinitätsdogma auf folgende Weise: Gottvater, Gottsohn und der Heilige Geist entsprächen der Trias von Ursache (Gottvater), Wirkung (Gottsohn) und deren kausaler Verknüpfung (Heiligen Geist). Man kann sicher sein, daß diese Interpretation der Dreieinigkeit Franziskus sehr mißfallen hätte.

Auch in anderer Hinsicht hatte der Heilige ein in tiefem, ursprünglichem Glauben begründetes Mißtrauen gegen spekulatives Denken. Das betraf besonders seine Skepsis gegenüber allegorischen Interpretationen der Heiligen Schrift. Wie an anderer Stelle dieses Buches näher ausgeführt (s. oben, S. 92 f.) hatte der spätantike Theologe Origenes (ca. 185–254) nach dem Vorbild der Homerinterpretation, was allein schon ein kühner Schritt gewesen ist, die Allegorese zum Verständnis der Heiligen Schrift, vor allem des Alten Testaments, angewandt. Dieses Verfahren ermöglichte es einst dem skeptischen «Intellektuellen» Augustinus, sich mit den kruden, teilweise grausamen Stammesgeschichten abzufinden, da die allegorische Deutung den Weg zu einem höheren, spirituellen, wenn auch oft verborgenen Verständnis der Heiligen Schrift zu eröffnen versprach. Augustinus gestand selbst ein, daß ihm die allegorische Schriftauslegung, wie sie Ambrosius nach dem Vorbild des Origenes anwandte, die endgültige Bekehrung zum Christentum erst ermöglichte. Wenn auch der Frührationalismus der Scholastik ganz entschieden die ältere allegorische Schriftinterpretation zurückdrängte, ja sogar bekämpfte, lebte dieselbe noch im Augustinismus weiter. Es zeugt vom tiefen, unverfälschten und in der Seele verankerten Christusglauben des Franziskus, daß er sowohl dem Rationalismus der Scholastik wie der Allegorese und damit allen Konstrukten und unverbindlichen Bildlichkeiten zur Erklärung der Heiligen Schrift mißtraute und an der Wortwörtlichkeit des Evangeliums mit Inbrunst festhielt. Jede Art von Wortgeplänkel war ihm zuwider. Auch in dieser, wie in vielen anderen Beziehungen, war und ist er ein «unvergleichlicher Heiliger» (R. Manselli). Daß er mit Leib und Seele in der Nachfolge Christi lebte und wirkte, davon zeugt nicht zuletzt seine Stigmatisierung auf dem Berg La Verna, wohin er sich mit wenigen Brüdern, die den Kranken pflegten, im September 1224 zurückgezogen hatte. Mit *Leib und Seele* auf dem Weg zu Christus, die fünf Wundmale beweisen diese Einheit. Seine Stigmatisierung war die erste historisch bezeugte und daher kein Akt der Nachahmung.

Der Sonnengesang: Gott und Natur

So kreativ seine Nachfolge Christi war, die der Brüdergemeinschaft gleichsam den Odem einhauchte, so schöpferisch war Franziskus auch als religiöser Dichter: Beide Gaben flossen aus derselben Quelle, beide gründeten in einem spontanen Weltvertrauen, das wieder aus seinem Wirklichkeitssinn kam. Nicht von ungefähr ist daher sein Lob der Schöpfung bis hin zu «Bruder Wolf» und «Bruder Feuer» ein neuer Klang in der religiösen Dichtung des Mittelalters. Das gilt besonders für seinen berühmten «Sonnengesang», ein Gebet, das aus dem alttestamentlichen Gesang der drei Jünglinge im Feuerofen erwuchs, aber nun in völlig neuer Art, weit weg von den Stereotypen mittelalterlicher Naturbeschreibung, die Schönheit der Welt, der Herrin und Schwester Sonne, des Bruders Mond und der Gestirne feierte. Aber auch das Feuer wird gepriesen, das uns die Nacht erleuchtet und das kostbare «keusche Wasser» und «unsere Schwester Mutter Erde, die uns ernährt und lenkt und mannigfache Frucht hervorbringt und bunte Blumen und Kräuter».

Auch «unser Bruder, der leibliche Tod», erfährt Lobpreisung, womit der universelle «Sonnengesang» zum endlichen Schicksal des Menschen zurücklenkt. Es ist der erste bedeutende religiöse Text in italienischer Sprache, den wir dem umbrischen Heiligen verdanken. Die weltumarmende, demütige Liebe des «Poverello», die auch den Tod als Freund einbezieht und die Furcht in Gottes Namen vertreibt, so wie es Benedikt im 7. Kapitel seiner Regel verheißen hat – diese Liebe hat sich in klassischer Weise in seinem «Sonnengesang» kristallisiert. Er ist wohl das früheste bleibende Dokument großer italienischer Dichtung und franziskanischer Spiritualität.

Der Sonnengesang

Du höchster, mächtigster, guter Herr,
Dir sind die Lieder des Lobes, Ruhm und Ehre
und jeglicher Dank geweiht;
Dir nur gebühren sie, Höchster,
und keiner der Menschen ist würdig,
Dich nur zu nennen.

Gelobt seist Du, Herr,
mit allen Wesen, die Du geschaffen,
der edlen Herrin vor allem, Schwester Sonne,
die uns den Tag heraufführt und Licht
mit ihren Strahlen, die Schöne, spendet;
gar prächtig in mächtigem Glanze:
Dein Gleichnis ist sie, Erhabener.

Gelobt seist Du, Herr,
durch Bruder Mond und die Sterne.
Durch Dich sie funkeln am Himmelsbogen
und leuchten köstlich und schön.

Gelobt seist Du, Herr,
durch Bruder Wind und Luft und Wolke und Wetter,
die sanft oder streng, nach Deinem Willen,
die Wesen leiten, die durch Dich sind.

Gelobt seist Du, Herr,
durch Schwester Quelle:
Wie ist sie nütze in ihrer Demut,
wie köstlich und keusch!

Gelobt seist Du, Herr,
durch Bruder Feuer,
durch den Du zur Nacht uns leuchtest.
Schön und freundlich ist er am wohligen Herde,
mächtig als lodernden Brand.

Gelobt seist Du, Herr,
durch unsere Schwester, die Mutter Erde,
die gütig und stark uns trägt und mancherlei Frucht uns bietet
mit farbigen Blumen und Matten.

Gelobt seist Du, Herr, durch die,
so vergeben um Deiner Liebe willen
und Pein und Trübsal geduldig tragen.
Selig, die's überwinden im Frieden:
Du, Höchster, wirst sie belohnen. –

Gelobt seist Du, Herr,
durch unsern Bruder, den leiblichen Tod;
ihm kann kein lebender Mensch entrinnen.
Wehe denen, die sterben in schweren Sünden!

Selig, die er in Deinem heiligsten Willen findet!
Denn sie versehrt nicht der zweite Tod.

Lobet und preiset den Herrn.
Danket und dient Ihm
in großer Demut!

(Übersetzung von Otto Karrer)

Über dem weltlich-geistigen Glanz des «Cantico de frate sole» sollte man aber die Umstände seiner Entstehung, seine immanente kirchliche Botschaft, nicht übersehen, denn er ist zugleich gegen die Katharer gerichtet. Nach deren Überzeugung war Satan der Schöpfer oder wenigstens Handlanger bei der Erschaffung der Welt. Nach Überzeugung der Häretiker sind die Sterne nur die leeren Throne jener Engel, die mit Luzifer in den Abgrund stürzten. Franziskus' Gesang hingegen offenbart einen sensiblen ästhetischen Sinn, der zu seiner Musikalität gehört und für den das Universum nicht böse sein kann. Das läßt einen engen Zusammenhang zwischen Güte und Schönheit erahnen, wobei jedoch das Urproblem der Herkunft und Existenz des Bösen ausgeklammert bleibt. Vielleicht hängt es mit diesem Umstand zusammen, daß trotz der berühmten Vogelpredigt des Franziskus, wie sie Giotto so liebevoll gemalt hat, und trotz seiner Bitte an die Magistrate, zu Weihnachten die Lerchen zu füttern, die Tiere im «Sonnengesang» nicht ausdrücklich genannt werden, sondern nur allgemein die Rede davon ist, daß die Welt allen Geschöpfen Unterhalt gibt. Rührend naive Tierliebe spricht dennoch aus seinem Schreiben an den welfischen Kaiser Otto IV. (1175–1218), er möge kraft herrscherlicher Gewalt die Lerchen sowie Ochs und Esel in seinen Schutz nehmen.

Unverkennbar ist in jedem Fall, daß der Sonnengesang auch ein Dokument jener Volksfrömmigkeit ist, die alle Spitzfindigkeiten der Theologie beiseite läßt und damit sehr genau der spontanen Frömmigkeit des Heiligen entspricht. Konkreter Ausdruck dieser beglückend naiven, freudigen Frömmigkeit wurde auch die Weihnachtskrippe, nach dem Bericht des Thomas von Celano eine Eingebung des Heiligen. Die Menschnatur Christi, die von manchen Häretikern geleugnet wurde, findet im Gotteskind in der Krippe ihren ergreifendsten Ausdruck. In der Einsamkeit der Alverner Berge, in die sich Franziskus nach der

Amtsübergabe an Elias von Cortona 1223 zurückgezogen hatte, hielt er im Dörflein Greccio die berühmte Krippenfeier, und in dieser Einsamkeit, die er nur mit wenigen Brüdern teilte, empfing er auch am 17. September 1224 die Wundmale Christi. Wiederum ist es Thomas von Celano, der in seiner Franziskus-Legende die Feier der Geburt Christi ausführlich berichtet: «Aus mehreren Niederlassungen wurden die Brüder gerufen. Männer und Frauen jener Gegend bereiteten, so gut sie konnten, freudigen Herzens Kerzen und Fackeln, um damit jene Nacht zu erleuchten, die mit funkelnden Sternen alle Tage und Jahre erhellt hat. Endlich kam der Heilige Gottes, fand alles vorbereitet, sah es und freute sich. Nun wird eine Krippe zurechtgemacht, Heu hereingebracht, Ochs und Esel herzugeführt. Zu Ehren kommt da die Einfalt, die Armut wird erhöht, die Demut gepriesen, und aus Greccio wird gleichsam ein neues Bethlehem ... Dann predigt er dem umstehenden Volk von der Geburt des armen Königs und bricht in lieblichen Lobpreis über die kleine Stadt Bethlehem aus. Oft wenn er Christus ‹Jesus› nennen wollte, nannte er ihn, von übergroßer Liebe erglühend, nur ‹das Kind von Bethlehem ...›» (Thomas v. Celano, I, 85 f.). Thomas fügt hinzu, daß der Jesusknabe in vieler Herzen damals vergessen war und erst Franziskus ihn wieder ins allgemeine Bewußtsein erhoben hatte. Eine Welle von Volksfrömmigkeit trug das Krippenensemble der Heiligen Familie, umgeben von Engeln und Hirten, Ochs und Esel und verehrt von den Heiligen drei Königen, in alle Welt als das lieblichste Festszenario und Bildmotiv der Christenheit. Sinnfälliger könnte der Geist des «ganz kleinen Franz» (Franciscus parvulus) in seiner gewinnenden Schlichtheit nicht zu uns sprechen als in dieser bildlichen Darstellung des Heilands in einer Menschlichkeit und Armut, wie sie das Matthäusevangelium in knappen Worten schildert. Auch hier zeigte sich jener echt franziskanische Geist der Heiterkeit, den der Heilige immer wieder seinen Brüdern einzuhauchen suchte: Sie sollten nicht düster und traurig, sondern fröhlich, liebenswürdig sein «wie es sich geziemt».

In gewisser Weise paßt es zu dem Heiligen und seiner Freude an der Weihnachtskrippe, daß er auch seiner umbrischen Heimat und besonders seiner Vaterstadt Assisi treu blieb: Bei aller Spiritualität hatte er doch «Bodenhaftung» und fühlte sich den Menschen dieses Landes besonders verbunden. Er griff schlichtend in einen Streit zwischen dem

Bürgermeister Oportulo von Assisi und Bischof Guido ein, und er segnete, das herannahende Ende fühlend, seine Heimatstadt, die ihn anfangs verspottet und dann verehrt hat. Dieses Ende nach schmerzhafter Krankheit und ebenso schmerzhaften Operationen kam für ihn schnell genug.

Die Brüder, die ihn in seinen letzten Tagen begleiteten und Tag und Nacht um ihn waren, glaubten ihm ein Gutes zu tun, als sie den Schwerkranken in die Einsiedelei Alberino bei Siena brachten, die klimatisch günstig schien. Man hoffte auf Genesung, doch nun trat ein Blutsturz ein; alle versammelten sich um sein Krankenbett und hörten seine letzten Wünsche. Er wiederholte ihnen sein Grundgebot brüderlicher Liebe und erinnerte sie an die Armut, die sie gelobt hatten, und an den Gehorsam gegenüber der römischen Kirche. Bruder Elias, einer seiner wichtigsten Helfer, wurde herbeigerufen. Er ordnete den Transport des Schwerkranken nach Assisi an, doch umging man wohlweislich Perugia, weil man befürchtete, diese Stadt könnte sich des Heiligen bemächtigen, dessen Leib offenbar schon als kostbare, heilbringende Reliquie galt. So schlug man sich auf Umwegen bis Nocera durch, wo man von einer bewaffneten Eskorte aus der Heimatstadt in Empfang genommen wurde. Das war bereits der Beginn eines Franziskus-Kultes, wie ihn der «Poverello» bestimmt nicht gewünscht hätte, weil er seine tiefe Demut verletzte und weil damit auch materielle Interessen verbunden waren. Zuerst im Bischofspalast untergebracht, wollte er schließlich nach Portiuncula, um dort zu sterben: Im Schatten von Santa Maria degli Angeli, dem ersten Kloster des Ordens. Am 2. Oktober 1226 ließ sich Franziskus ein Brot geben, segnete es und verteilte es unter den Brüdern, wie es einst Jesus beim Abendmahl getan hatte. Am nächsten Tag – er wußte, daß es sein Sterbetag sein würde – ließ er sich die Leidensgeschichte aus dem Johannesevangelium vorlesen. Man zog ihm auf seine Bitte den Rock aus, legte den Sterbenden auf die bloße Erde und bestreute ihn mit Asche – ein Symbol der Demut. Am Abend stimmte er den 142. Psalm an: «Mit meiner Stimme rufe ich zu dem Herrn, mit meiner Stimme flehe ich zu dem Herrn ...» Nach dem letzten Psalmwort gab der musische Mensch und «Spielmann Gottes» seinen Geist auf. Der Kreis seines Lebens hatte sich in Portiuncula geschlossen.

Am folgenden Tag wurde er in der kleinen Kirche S. Giorgio in Assisi beigesetzt. Das Begräbnis war eine triumphale Feier für ganz Assisi. Ob auch dies im Sinne des «Poverello» war, darf man bezweifeln. Am 16. Juli 1228 hat ihn Papst Gregor IX. (ca. 1170–1241), der einstige Kardinalprotektor und kluge Beschützer des Ordens Hugolino, feierlich heiliggesprochen, und schon am 3. Mai 1230 wurde Franziskus, «il poverello», der Arme von Assisi, in der neuen großen Grabkirche beigesetzt. Es ist jenes Gotteshaus, das der große Künstler Giotto di Bandone (1266–1337) mit den Freskenzyklen seines Lebens schmückte. Nach einer späteren Nachricht soll es nicht im Sinne des Heiligen gewesen sein, so prachtvoll in einer eigens für ihn in Rekordzeit erbauten Kirche bestattet zu werden. Falls dieser Dissenz zutrifft, wäre dies ein Symbol für den Beginn der ganz anderen Geschichte des Ordens, den er gegründet hatte und der ihm, wie er am Ende selbst schmerzlich empfand, in mancher Hinsicht schon entglitten war. Wie dem auch sei, Franziskus ist das religiöse Genie unter den christlichen Heiligen und wohl auch der menschlichste unter ihnen. Seiner Spiritualität entwuchs die Naturfrömmigkeit des «Sonnengesangs» wie seine Tierliebe, die bis hin zum «Bruder Wolf» reichte. Ungeachtet seiner wachsenden Enttäuschung über den Geist seiner Minderbrüder, die mit dem numerischen Wachstum des Ordens stieg, war es ihm doch in seinen besten Jahren gelungen, die ursprünglichen Ziele – den Geist von Portiuncula – im Auge zu behalten und durchzusetzen. Dabei kam ihm seine «condescensia», nämlich eine geschmeidige Nachgiebigkeit zustatten, mit der er im Zweifelsfall etwas zugestand unter der Bedingung, daß Wesentliches dadurch nicht beeinträchtigt wurde.

Der kurze Brief an den gelehrten Mitbruder Antonius von Padua belegt dies exemplarisch. Man kann auch vermuten, daß ihm dabei die Erfahrungen im gefälligen Umgang mit Menschen zugute kamen, die der kluge Kaufmannssohn im Geschäft seines erfolgreichen Vaters sammeln konnte. Gepaart war dieser klare Einblick in menschliche Verhältnisse und Unzulänglichkeiten allerdings mit jenem Geist der Brüderlichkeit und Barmherzigkeit, den Franziskus als bestes Erbe an seine Brüder für ihr Wirken in der Welt mitgegeben hat.

Epilog

Es gibt wohl kaum einen Heiligen, der so tief ins allgemeine Bewußtsein gedrungen ist wie Franziskus und deshalb in der bildenden Kunst eine so vielfältige Darstellung gefunden hat. Schon zu Lebzeiten wurde Franziskus im benediktinischen Urkloster Sacro Speco in Subiaco eindrucksvoll porträtiert. Am bekanntesten ist wohl Cimabues Porträt in der Unterkirche von S. Francesco in Assisi, das den demütigen, aber quicklebendigen Geist des «poverello» am besten widerspiegelt. Sein Bild in der Kunst, in zahlreichen Miniaturen in Handschriften und repräsentativen Freskenzyklen folgt dem erstaunlichen Aufstieg und der weltweiten Verbreitung seines Ordens, ein Phänomen, dem sich nichtsdestoweniger immer wieder Hindernisse der verschiedensten Art entgegenstellten. Das kann hier nur in knappen Worten für die markantesten Situationen der Ordensgeschichte skizziert werden, anderenfalls ginge dieses Lebensporträt im breiten Strom der mannigfach bedrohten, aber letztlich erfolgreichen Ordensgeschichte unter. Diese ist denselben Entwicklungen unterworfen gewesen, die wohl jede asketische Bewegung durchläuft: Auf den Morgenglanz charismatischer Beflügelung legt sich allmählich der Staub der Gewöhnung, der «consuetudo» im allgemeinsten Sinn, jenes asketischen Lebens im Alltag, das ebenso gemeistert werden mußte wie die anschwellenden Probleme einer weltweiten Ordensgemeinschaft, die nach anfänglichen Mißerfolgen rasch über Italien hinausgriff und mächtige Ordensprovinzen in Frankreich, Spanien, Deutschland und England innerhalb weniger Jahre ins Leben rief. Dies ist ein «Normalzustand», den nur der tadeln wird, der sich ein erfülltes Leben als ständige Abfolge von Höhepunkten erträumt. In Wahrheit sind es gerade die schon zitierten «Mühen der Ebenen», welche der höchsten Anspannung asketischen Willens bedürfen, bis wiederum eine andere charismatische Persönlichkeit den Orden belebt und emporreißt zu neuen Höhenflügen. An solchen Gestalten hat es dem Minoritenorden nie gefehlt, aber ebensowenig an inneren wie äußeren Bedrohungen und Scheidewegen, die eine strenge Rückbesinnung auf den Kern des eigenen Selbstverständnisses erzwangen: d. h. auf das, was den «Poverello» von Assisi als göttlichen Auftrag erfüllte.

Das Gewicht der für Franziskus zentralen Armutsfrage, die zum Konflikt mit der Kurie in Avignon und beinahe zur selbstzerstörerischen Spaltung des Ordens führte, wurde schon dargelegt. Von ganz anderer Art war die geistige Erschütterung, mit welcher sich die Franziskaner durch die Geschichtstheologie des größten monastischen Theologen des 12. Jahrhundert konfrontiert sahen: mit den heilsgeschichtlichen Perspektiven des Abtes Joachim von Fiore (ca. 1135–1202/05). Seine Lehre von den drei Weltzeitaltern, die mit dem Alten Testament, dem Neuen Testament, das bis zu Joachims Gegenwart reicht, und dem künftigen dritten Zeitalter, das mit der Ankunft eines Antichrist beginnt, sorgte für Verwirrung. Denn der Antichrist wurde nach Joachims Erwartung von einer gottgesandten Persönlichkeit besiegt, die man in joachimitischen Kreisen des Minoritenordens mit Franziskus identifizierte. Er und kein anderer war der «alter Christus» – der zweite Christus –, dessen Stigmatisierung ihn für diese welthistorische Rolle am Beginn des dritten, erlösten Weltalters prädestinierte.

Wie tief der Orden von diesem neuen Konzept der drei Zeitalter und seinen eschatologischen Schlußfolgerungen beeinflußt wurde, zeigt allein schon die Tatsache, daß der Generalminister Johannes von Parma (1208–1289), der mit Nachdruck die ursprünglichen Ideale des Franziskus, die Armut in evangelischem Geist, und daher auch die strikte Beschränkung der Brüder auf die Handarbeit vertrat, ein Anhänger der Lehre Joachims von Fiore war. Das bedeutete eine gewaltige Neubewertung des Heiligen als Portalfigur des dritten Zeitalters und überschritt die Grenzen des dogmatisch noch Vertretbaren. Mehr noch: Die Rolle, die Franziskus in der metaphysischen Weltdeutung Joachims plötzlich erhielt, war ein qualitativer Sprung auf eine neue Ebene, die sicher nicht dem Willen des «poverello» aus Assisi entsprach. Die kirchlichen Bedenken in dieser Frage waren hier durchaus berechtigt. In einem Prozeß, an dem sein Nachfolger Bonaventura (1217/21–1274), Professor an der Sorbonne, mitwirkte, wurde Johannes abgesetzt und in ein fernes Kloster verbannt.

Es würde zu weit führen, die Bedeutung Bonaventuras für die Ordensgeschichte wie für die allgemeine Kirchengeschichte im einzelnen darzustellen. Hochgebildet und ein Schüler des Averroisten Alexander von Hales, spielte er im Kampf der Bettelorden gegen die

Professoren der Sorbonne um die Lehrberechtigung eine erfolgreiche Rolle. Als Geschichtstheologe lehnte er zwar die Dreizeitalterlehre Joachims ab, entwarf aber seinerseits eine historische Philosophie, wonach jede geschichtliche Epoche eine besondere Funktion in der Vorsehung Gottes habe, ein durchaus moderner Gedanke. Sein «Großes Franziskus-Leben» ist nicht nur ein Beweis seiner tiefen Verehrung für den Ordensgründer, sondern gibt auch in einer neuen Situation der Minderbrüder eine aktualisierte Interpretation seines Wirkens; diese fällt bei einem Vergleich mit den ursprünglichen Legenden besonders ins Auge.

Am wichtigsten war jedoch Bonaventuras Wirken als Generalminister des Franziskanerordens. In dieser Eigenschaft gab er den Minoritenbrüdern durch seine Generalstatuten von 1260 eine neue, effiziente Organisationsform. Man könnte überspitzt sagen, daß er damit gleichsam der Paulus des Franziskanerordens wurde. Bei seiner Neuordnung beschränkte er sich aber nicht auf das Normative, sondern gab mit seinen zwei Franziskus-Viten eine Interpretation von Franziskus' Werken und wahren Absichten, die die aktuellen Meinungsdifferenzen souverän ausglich. Einen dramatischen Höhepunkt seiner Wirksamkeit als Ordensgeneral, Theologe und Reorganisator erlebte Bonaventura 1274 auf dem zweiten Konzil von Lyon, das Papst Gregor X. (ca. 1210–1276) leitete, der 1271 auf Initiative des Franziskanergenerals die Tiara empfangen hatte. Dramatisch war das Konzil vor allem deshalb, weil sich inzwischen eine mächtige hierarchische Opposition innerhalb der Gesamtkirche gebildet hatte, die mit aller Macht den für sie gefährlichen Siegeszug der beiden großen Bettelorden, der Franziskaner und Dominikaner, beenden wollte. Beinahe gelang es der hierarchischen Partei, beide Bettelorden zu stürzen. Erst der überragenden Autorität und Diplomatie des Kardinals und Ordensgenerals Bonaventura gelang es, im Zusammenspiel mit dem Papst und dem energischen Dominikanergeneral Hubert von Romans, die drohende Katastrophe zu verhindern. Nur einige kleinere Orden wurden mit der 23. päpstlichen Constitution verboten; Franziskaner, Dominikaner, Karmeliter und Augustiner-Eremiten blieben verschont. Kurz nach Beendigung des Konzils, das vor allem «außenpolitischen» Problemen, der Beziehung zur orthodoxen Kirche und neuen Kreuzzugsplänen, gewidmet war, starb Bonaventura am 15. Juli 1274 als eine der imposantesten Figuren der franziskanischen Bewegung.

Wie stets im geschichtlichen Leben war es auch in diesem Fall unmöglich, diesen politisch-organisatorischen Höhepunkt des Ordens problemlos zu prolongieren, denn das frühe 14. Jahrhundert brachte – wie wir gesehen haben – mit dem Ausbruch der Armutsfrage, die für Franziskus stets ein Kernproblem, ja, eine Herzenssache war, neuerliche Stürme und Gefahren für den Orden, die sich zu einer Existenzkrise auswuchsen. Aber das wäre ein anderes Thema, das hier nur gestreift werden kann. Auf jeden Fall repräsentierten Franziskaner und Dominikaner, so unterschiedlich sie ansonsten in ihrer Zielsetzung auch waren, eine neue Spiritualität, die mit dem Begriff «Volksfrömmigkeit» nicht hinreichend zu beschreiben, ist, aber ihre strenge, disziplinierte Parallele war und von ihr mitgetragen wurde. Beide Orden setzten als tragende Stützen der neuen Universitäten und ihrer Bildungsstandards neue Maßstäbe. Vor allem in der Seelsorge nahmen sie sich, mehr als die traditionelle Hochkirche, der wachsenden Bevölkerung in den modernen Gewerbebürgerstädten Europas an, denen es bislang weitgehend an intensiver religiöser Unterweisung gefehlt hatte; vor allem letzteres war sicher im Geiste der Ordensgründer Franziskus und Dominikus. Deshalb entsprach es durchaus einer höheren Wahrheit, wenn die spätere Legendenbildung von einer freundschaftlichen Begegnung beider Heiliger berichtete, die in dieser symbolhaften Form sicher nicht stattgefunden hat.

Ob die seit dem 13. Jahrhundert ausufernde Inquisition mit ihren schrecklichen Auswüchsen, die den Dominikanern und Franziskanern vom Papst übertragen wurde, im Sinne des Heiligen waren, darf man hingegen mit Recht bezweifeln. Der Mann, der sich für das Weihnachtsfest wünschte, daß «die Armen und Hungrigen vor den Reichen gespeist werden» und auch Ochs und Esel wegen der Geburt Christi mehr Korn und Heu bekommen sollen als sonst, paßt nicht in eine Welt inquisitorischer Drohungen.

Wiederum ist es Thomas von Celano, der in seiner zweiten Franziskus-Vita den gotterfüllten Heiligen, der immer ein gütiger Mensch blieb, wirklichkeitsnah und doch verklärt schildert. Er nennt ihn «einen glücklichen Wanderer, der seine Freude an den Dingen hat, die in der Welt sind ... In jedem Kunstwerk lobte er den Künstler, was er in der geschaffenen Welt fand, führt er zurück auf den Schöpfer ... Auf den Spuren, die den Dingen eingeprägt sind, folgte er überall dem Geliebten [Gott] nach und machte alles zu einer Leiter, um auf ihr zu seinem Thron zu gelangen» (Thomas von Celano, II, 165). Mit einem Wort: Er war ein Gottesfreund, ein Menschenfreund und ein lobpreisender Freund der Schöpfung, deren Werke auch für ihn «herrlich wie am ersten Tag» waren.

Anhang

Literatur

Formen asketischen Lebens

Angenendt, A., Heilige und Reliquien. Die Geschichte des Kultes vom frühen Christentum bis zur Gegenwart, ^{1}1994, ^{2}1997.
Bernoulli, C. A., Die Heiligen der Merowinger, 1900.
Delehaye, H., Sanctus. Essai sur le culte des Saints dans l'antiquité, 1982.
Ders., Les origines du culte des martyrs, ^{2}1933.
Frank, K. S., Frühes Mönchtum im Abendland, 2 Bde., 1975.
Ders. (Hg.), Askese und Mönchtum in der Alten Kirche, 1975.
Günter, H., Die christliche Legende des Abendlandes, 1910.
Herwegen, I., Väterspruch und Mönchsregel, ^{1}1937, ^{2}1976.
Heussi, K., Der Ursprung des Mönchtums, 1936.
Jenal, G., Italia ascetica atque monastica. Das Asketen- und Mönchtum in Italien von den Anfängen bis zur Zeit der Langobarden (ca. 150/250– 604), 2 Bde., 1995.
Leonardi, C., Alle origini dell cristianità medievale: Giovanni Cassiano e Salviano di Marsiglia, in: Studi Medievali 18/2, 1977, S. 494–556.
Pricoco, S., Monaci, Filosofi e Santi. Saggi di storia della cultura tardoantica, 1992.
Prinz, F., Frühes Mönchtum im Frankenreich. Kultur und Gesellschaft in Gallien, den Rheinlanden und Bayern am Beispiel der monastischen Entwicklung (4. bis 8. Jahrhundert), ^{1}1965, ^{2}1988.
de Vogüé, A., Les règles monastiques anciennes (400–700), 1985.
Wollasch, J., Cluny. Licht der Welt, 1996.

Kaiserin Helena (249/50–328/29)
Eine Kaiserin und Heilige aus der Tiefe der Gesellschaft

Alföldi, A., The Conversion of Constantine and pagan Rome, 1948
Barnes. T. D., The New Empire of Diocletian and Constantine, 1982.
Burckhardt, J., Die Zeit Constantins des Großen, 1853/80, ND 1954.
Couzard, A., Sainte Hélène d'après l'histoire et la tradition, 1911.
Deichmann, F. W., Tschira, A., Das Mausoleum der Kaiserin Helena und die Basiliken der Heiligen Marcellinus und Petrus an der Via Labicana vor Rom, in: Jb. d. archäol. Instituts 72, 1957, S. 44–110.

Demandt, A., Die Spätantike. Römische Geschichte von Diocletian bis Justinian 284–565 n. Chr., 1989.
Dörries, H., Das Selbstzeugnis Kaiser Konstantins, Abh. Ak. Göttingen 3,34, 1954.
Hunt, E. D., Holy Land pilgrimage in the later Roman Empire AD 312–460, 1984.
Klein, R., Helena, in: Reallexikon für Antike und Christentum, 1950 ff., Bd. 14, Sp. 355–375.
Kraft, H., Kaiser Konstantins religiöse Entwicklung, 1955.
Lauer, H. H., Kaiserin Helena. Leben und Legenden, 1967.
Maurice, J., Sainte Hélène, 1930.
Prinz, F., Von Konstantin zu Karl dem Großen. Entfaltung und Wandel Europas, 2000.
Prümm, K., Religionsgeschichtliches Handbuch für den Raum der altchristlichen Welt, ²1954.
Stein, E., Histoire du Bas-Empire, 1959.
Vogt. J., Constantin der Große und sein Jahrhundert, 1973.
Weber, W., Constantinische Deckengemälde aus dem römischen Palast unter dem Trierer Dom, Museumsführer Trier ²I, 1986.

MARTIN VON TOURS (um 336–397)
Soldat, Athleta Christi, Mönch und Bischof

Babut, E. Ch., Saint Martin de Tours, Paris 1912.
Berschin, W., Biographie und Epochenstil im lateinischen Mittelalter, Bd. 1. Von der Passio Perpetuae zu den Dialogi Gregors des Großen, 1986, S. 195–211.
Fontaine, J., Vie de Saint Martin, 1967.
Girardet, K., Trier 385. Der Prozeß gegen die Priscillianer, in: Chiron 4, 1974, S. 577–608.
Lorenz, R., Die Anfänge des abendländischen Mönchtums im 4. Jahrhundert, in: ZKG 77, 1966, S. 1–61.
Nahmer, D. von der, Martin von Tours: Sein Mönchtum – seine Wirkung, in: Francia 15, 1987, S. 1–41.
Prinz, F., Frühes Mönchtum im Frankenreich, ¹1965, ²1988.
Ders., Der Testfall: Das Kirchenverständnis Bischof Martins von Tours und die Verfolgung der Priscillianer, in: Hagiographica 3, 1996, S. 1–13.
Reimer, H., Reimer, V. C., Priscillian und der Priscillianismus in den Akten spanischer Konzilien des 4.–6. Jahrhundert, in: Klio 71, 1989, S. 508–515.
Stancliffe, C., St. Martin and his Biographer. History and Miracle in Sulpicius Severus, 1983.

Hieronymus (um 347–420) Gelehrter, Asket und Kirchenpolitiker

Angenendt, A., Geschichte der Religiosität im Mittelalter, 1997.

Berner, U., Origenes (Erträge der Forschung Bd. 147), 1981.

Brown, P., Die Keuschheit der Engel, 1991, S. 372–394.

Chadwick, H., Origenes, in: Gestalten der Kirchengeschichte, Bd. 1, 1984, S. 134–157.

Courcelle, P., Les lettres grecque en Occident: De Macrobe à Cassiodore, [1]1943, [2]1948.

Demandt, A., Die Spätantike. Römische Geschichte von Diocletian bis Justinian 284–565 n. Chr., 1989.

Fiedrowicz, M., Apologie im frühen Christentum, [1]2000, [2]2001.

Fuhrmann, M., Rom in der Spätantike. Porträt einer Epoche, 1994.

Geyer, B. (Hg.), Friedrich Ueberwegs Grundriß der Geschichte der Philosophie, Bd. 2, 1921, ND 1967.

Grützmacher, G., Hieronymus, 3 Bde., 1901/08.

Hagendahl, H., Latin Fathers and the Classics. A Study on the Apologists, Jerome and other Christian Writers, 1958.

Ders., Von Tertullian zu Cassiodor. Die profane literarische Tradition in dem lateinischen christlichen Schrifttum, 1983.

Harnack, A. von, Lehrbuch der Dogmengeschichte, 3 Bde. 1886/90.

Holtz, L., Donat et la tradition de l'enseignement grammatical, 1981.

Jenal, G., Italia ascetica atque monastica. Das Asketen- und Mönchtum in Italien von den Anfängen bis zur Zeit der Langobarden (ca. 150/250–604), 2 Bde., 1995.

Kelly, J. N. D., Jerome. His Life, Writings and Controversies, 1975.

Klein, R. (Hg.), Das Christentum im römischen Staat, 1971.

Ders., Symmachus. Eine tragische Gestalt des ausgehenden Heidentums, 1971.

Lubac, H. de, Geist aus der Geschichte. Das Schriftverständnis des Origenes, 1968.

Meier, C., Überlegungen zum gegenwärtigen Stand der Allegorie-Forschung, in: FMST 10, 1976, S. 1–69.

Momigliano, A., The conflict between paganism and christianity in the fourth century, 1963.

Opelt, I., Hieronymus' Streitschriften, 1973.

Dies., Die Polemik der christlichen lateinischen Literatur von Tertullian bis Augustin, 1980.

Pricoco, S., Monaci Filosofi e Santi. Saggi di storia della cultura tardoantica, 1992.

Prinz, F., Von Konstantin zu Karl dem Großen. Entfaltung und Wandel Europas, 2000.

Prümm, K., Religionsgeschichtliches Handbuch für den Raum der altchristlichen Umwelt, 1954.

Rubach, G. (Hg.), Die Kirche angesichts der konstantinischen Wende, 1976.

Seyfarth, W. (Hg.), Ammianus Marcellinus, Römische Geschichte, 4 Bde., 1968/78.

Sugano, K., Das Rombild des Hieronymus, 1983.
Vogt, H. J., Origenes als Exeget, 1999.
Wermelinger, O., Rom und Pelagius. Die theologische Position der römischen Bischöfe im pelagianischen Streit in den Jahren 411–432, 1975.

AUGUSTINUS (354–430)
Ein schwer erkämpfter Weg zu Christus

Adam, K., Die geistige Entwicklung des hl. Augustinus, 1931.
Becker, H., Augustin. Studien zu seiner geistigen Entwicklung, 1908.
Brown, P., Augustinus von Hippo, ²1982.
Courcelle, P., Recherches sur les «Confessions» de saint Augustin, ²1968.
O'Donnell, J. J., Augustine, Confessions, 3 Bde., 1992.
Ferrari, L. C., The Conversions of Saint Augustine, 1984.
Flasch, K., Augustinus. Einführung in sein Denken, 1980.
Horn, C., Augustinus, 1995.
Markus, H. J., Saeculum. History and Society in the Theology of St. Augstine, ²1983.
Marrou, H. J., Augustinus und das Ende der antiken Bildung, 1981.
Timme, W., Aurelius Augustinus, Bekenntnisse, ¹1950, ⁴1986 (dtv).

RADEGUNDE (518/20–587)
Das Drama ihres Lebens und dessen burleskes Nachspiel

Aigrain, R., Der Gelegenheitsdichter Venantius Fortunatus, 1901.
Bernoulli, A., Die Heiligen der Merowinger, 1900.
Berschin, W., Biographie und Epochenstil, Bd. 1, 1986, S. 284–286.
Brunhölzl, F., Geschichte der lateinischen Literatur des Mittelalters, Bd. 1, 1975.
Delaruelle, E., Sainte Radegonde, son type de sainteté et la chrétienté de son temps, in: Etudes Mérovingiennes, 1953, S. 65–74.
Gäbe, S., Radgund, Sancta, Regina, Ancilla. Zum Heiligenideal der Radegundisviten von Fortunat und Baudonivia, in: Francia 16/1, 1989, S. 1–30.
George, J. W., Venantius Fortunatus. A Latin Poet in Merovingian Gaul, 1992.
Graus, F., Volk, Herrscher und Heiliger im Reich der Merowinger, 1965.
Gregor von Tours, Zehn Bücher Geschichte (Historiarum Libri decem, lat. u. deutsch, hg. R. Buchner, 2 Bde. 1974/77.
Koebner, R., Venantius Fortunatus, seine Persönlichkeit und seine Stellung in der geistigen Kultur des merowingischen Reiches, 1915, ND 1973.
Krüger, K. H., Königsgrabkirchen der Franken, Angelsachsen und Langobarden bis zur Mitte des 8. Jahrhunderts, 1971.
Leo, F., Krusch, B., Die Werke des Venantius Fortunatus, MGH. Auct antiq. Bd. IV, 1881/85.
Leonardi, C., Fortunato e Baudonivia, in: Festschr. F. Kempf, 1983, S. 23–32.

Manitius, M., Geschichte der lateinischen Literatur des Mittelalters, Bd. 1, 1911, ND 1974.

Prinz, F., Frühes Mönchtum im Frankenreich. Kultur und Gesellschaft in Gallien, den Rheinlanden und Bayern am Beispiel der monastischen Entwicklung (4. bis 8. Jahrhundert), [1]1965, [2]1988.

Scheibelreiter, G., Königstöchter im Kloster, Radegunde (587) und der Nonnenaufstand von Poitiers (589), in: MIÖG 87, 1979, S. 1–37.

Ueding, L., Geschichte der Klostergründungen der frühen Merowingerzeit, 1935

Vielhauer, I., Radegunde von Poitiers (ca. 520–587), in: Castrum Peregrini, Bd. 164/65, S. 5–40.

Weidemann, M., Kulturgeschichte der Merowingerzeit nach den Werken Gregors von Tours, 1982.

Wilfrid von York (ca. 634–709)
Ein frühmittelalterlicher, germanischer Adelsheiliger

Berschin, W., Biographie und Epochenstil im lateinischen Mittelalter, 4 Bde., 1986/99, Bd. II, 1988, S. 296–300.

Colgrave, B., The Life of Bishop Wilfrid by Eddius Stephanus, 1927.

Foley, W. T., Images of sanctity in Eddius Stephanus' Life of Bishop Wilfrid, an early English saint's life, 1992.

Isenberg, G., Die Würdigung Wilfrieds von York in der Historia ecclesiastica gentis Anglorum Bedas und der Vita Wilfridi des Eddius, 1978.

Krier, S.-J., Studien zum Herrscherbild in lateinischen Viten vornormannischer Könige in England, 1965.

Prinz, F., Der Heilige und seine Lebenswelt. Überlegungen zum gesellschafts- und kulturgeschichtlichen Aussagewert von Viten und Wundererzählungen, in: Settimane Spoleto, Bd. 36, 1989, S. 285–311.

Ders., Hagiographie und Welthaltigkeit, in: Scripturus vitam. Lateinische Biographie von der Antike bis in die Gegenwart (FS W. Berschin), hg. v. D. Walz, 2002, S. 49–58.

Willibald von Eichstätt (ca. 700–787)
Religiöser Tourist, Bischof und Missionar

Bauch, A., Biographien der Gründungszeit (Quellen zur Geschichte der Diözese Eichstätt, Bd. I), [1]1962, [2]1984, S. 13–246.

Berschin, W., Biographie und Epochenstil im Mittelalter, Bd. III, 1991, S. 18–26.

Bischoff, B., Wer ist die Nonne von Heidenheim?, in: Studien und Mitteilungen zur Geschichte des Benediktinerordens, NF 18, 1931, S. 387 f.

Campenhausen, H. von, Die asketische Heimatlosigkeit im altkirchlichen und frühmittelalterlichen Mönchtum, 1930.

Kötting, B., Peregrinatio religiosa, [1]1950, [2]1980.
Padberg, L. E. von, Heilige und Familie. Studien zur Bedeutung familiengebundener Aspekte in den Viten des Verwandten- und Schülerkreises um Willibrord, Bonifatius und Liutger, [1]1981, [2]1997.
Ders., Unus populus ex diversis gentibus. Der Umgang mit den Fremden in der Vormoderne, 1997, S. 155–193.
Schmugge, L., Die Anfänge des organisierten Pilgerverkehrs im Mittelalter, in: QFAB 64, S. 1–83.
Störmer, W., Kaiser Heinrich II., Kaiserin Kunigunde und das Herzogtum Bayern, in: ZBLG 60, 1997, S. 437–464.
Weinfurter, S., Das Bistum Willibalds im Dienste des Königs, in: ZBLG 50, 1987, S. 3–40.

KAISER HEINRICH II. (973–1024)
Frömmigkeit und Macht

Balzer, M., Meinwerk von Paderborn (1009–1036), in: Kat. d. Ausstellung B. M. von Paderborn, 1986.
Baumgartner, J. (Hg.), Kunigunde – eine Kaiserin an der Jahrtausendwende, 1997.
Benz, K. J., Heinrich II. und Cluny, in: Revue Bénédictine 84, 1974, S. 313–337.
Bornscheuer, L., Miseriae regum. Untersuchungen zum Krisen- und Todesgedanken in den herrschaftstheologischen Vorstellungen der ottonisch- salischen Zeit, 1968.
Filitz, H. u. a. (Hg.), Das Perikopenbuch Heinrichs II., 1994.
Freitag, W., Heinrich II. – ein Kaiser der letzten Tage?, in: Historische Anthropologie 6, 1998, S. 217–241.
Geldner, F., Kaiser Heinrich II., der Bücherfreund auf dem deutschen Thron und sein schöpferisches Werk, in: Bulletin du bibliophile, 4, 1974, S. 397–420.
Guttenberg, E. von, Das Bistum Bamberg, Bd. 1 (Germania Sacra II, I, 1), 1937.
Hallinger, K., Gorze-Kluny. Studien zu den monastischen Lebensnormen und Gegensätzen im Hochmittelalter, 2 Bde, 1950/51.
Hoffmann, H., Mönchskönig und rex idiota. Studien zur Kirchenpolitik Heinrichs II. und Konrads II., 1993.
Mikoletzky, H. L., Kaiser Heinrich II. und die Kirche, 1946.
Mütherich, F., Dachs, K. (Hg.),Das Perikopenbuch Heinrichs II. Faksimile und Kommentarband, 1995.
Prinz, F., Grundlagen und Anfänge, Deutschland bis 1056 (Neue Deutsche Geschichte Bd. 1), [1]1985, [2]1993, S. 178–190.
Reitzenstein, A. von, Die Geschichte des Bamberger Domes von den Anfängen bis zu seiner Vollendung im 13. Jahrhundert, 1984.
Schneider, R., Die Königserhebung Heinrichs II. im Jahre 1002, in: Deutsches Archiv 28, 1972, S. 74–104.
Schneidmüller, B., Weinfurter, S. (Hg.), Otto III. – Heinrich II. Eine Wende?, 1998.
Trillmich, W. (Hg.), Thietmar von Merseburg, Chronik, 1957.

Weinfurter, S. (Hg.), Die Geschichte der Eichstätter Bischöfe des Anonymus Haserensis, 1987.
Weinfurter, S., Heinrich II. Herrscher am Ende der Zeiten, [1]1999, [2]2002.

Bernhard von Clairvaux (1090–1153)
Kämpfer, Organisator, Mystiker

Borst, A., Abaelard und Bernhard, in: Histor. Zschr. 186, 1958, S. 497–526.
Bredero, A. H., Bernhard von Clairvaux im Widerstreit der Historie, 1966.
Dies, M., Bernhard von Clairvaux. Elitäre Frömmigkeit und begnadetes Wirken, 1991.
Dinzelbacher, P., Bernhard von Clairvaux. Leben und Werk des berühmten Zisterziensers, 1998.
Fichtenau, H., Ketzer und Professoren. Häresie und Vernunftglaube im Hochmittelalter, 1992.
Flasch, K., Einführung in die Philosophie des Mittelalters, 1987.
Fleckenstein, J., Hellmann, M. (Hg.), Die geistlichen Ritterorden Europas, 1980.
Glaser, H., Das Scheitern des zweiten Kreuzzugs als heilsgeschichtliches Ereignis, in: Festschr. f. Max Spindler, 1969, S. 115–142.
Grande, L., Peter Abaelard, Philosophie und Christentum im Mittelalter, 1969.
Haverkamp, A., Aufbruch und Gestaltung. Deutschland 1056–1273, [1]1984, [2]1993.
Heer, F., Der Aufgang Europas, 1949.
Hehl, E. D., Kirche und Krieg im 12. Jahrhundert, 1980.
Kahl, H. D., Bernhard von Fontaines, Abt von Clairvaux, in: Greschat, M. (Hg.), Gestalten der Kirchengeschichte, Bd. 3, 1985, S. 173–191.
Kolmer, L., Abaelard und Bernhard von Clairvaux in Sens, in: Zschr. d. Savigny-Stiftung f. Rechtsgeschichte, Kanon. Abtl. 67, 1981, S. 121–147.
Köpf, U., Religiöse Erfahrung in der Theologie Bernhards von Clairvaux, 1980.
Leclercq, J., Wissenschaft und Gottverlangen. Zur Mönchstheologie des Mittelalters, 1963.
Ders., Bernhard von Clairvaux, 1990.
Le Goff, J., Kultur des europäischen Mittelalters, 1970.
Prinz, F., Klerus und Krieg im frühen Mittelalter, 1971.
Schwinges, R. C., Kreuzzugsideologie und Toleranz. Studien zu Wilhelm von Tyrus, 1977.
Steinen, W. von den, Bernhard von Clairvaux, 1926.
Winkler, G. B. (Hg.), Bernhard von Clairvaux, Sämtliche Werke lateinisch-deutsch, Bd. 2 u. 3, 1992.

HILDEGARD VON BINGEN (1098–1179)
Adelsheilige, Prophetin und Wissenschaftlerin

Acker, L. van, Hildegardis Bingensis Epistolarium, 2 Teile, 1991/93.

Böckeler, M., Wisse die Wege, Scivias, 1954.

Burnett, C., Dronke, P. (Hg.), Hildegard of Bingen. The Context of her Thought and Art, 1998.

Dronke, P., Women Writers of the Middle Ages, 1984.

Felten, F., Hildegard von Bingen und Reformbewegungen im religiösen Leben ihrer Zeit, in: Berndt, R. (Hg.), Im Angesicht Gottes suche der Mensch sich selbst. Hildegard von Bingen (1098–1179), 1997, S. 27–86.

Ferrari, J., Grätzel, S. (Hg.), Spiritualität im Europa des Mittelalters. 900 Jahre Hildegard von Bingen, 1998.

Forster, E. (Hg.), Hildegard von Bingen. Prophetin durch die Zeiten, 1997.

Haverkamp, A. (Hg.), Hildegard von Bingen, 1179–1979, 2000.

Ders., Verfassung, Kultur, Lebensform. Beiträge zur italienischen, deutschen und jüdischen Geschichte im europäischen Mittelalter, 1997.

Heinzelmann, J., Hildegard von Bingen und ihre Verwandten, in: Jahrbuch f. westdeutsche Landesgeschichte, Bd. 23, 1997, S. 7–88.

Klaes, M., Vita sanctae Hildegardis, Turnhout 1993.

Dies., Leben der heiligen Hildegard von Bingen. Kanonisation der heiligen Hildegard, 1998.

Kotzur, H.-J. (Hg.), Hildegard von Bingen (1098–1179), 1998.

Schmidt, H.-J., Geschichte und Prophetie, in: Haverkamp, A. (Hg.), Hildegard, S. 489–517.

Storch, W., Hildegard von Bingen. Im Feuer der Taube. Die Briefe, 1997.

ELISABETH VON THÜRINGEN (1207–1231)
Ein geprügelter Engel

Quellen:

Huyskens, A., Quellenstudien zur Geschichte der hl. Elisabeth, Landgräfin von Thüringen, 1908.

Ders. (Hg.), Der sogenannte Libellus de dictis quatuor ancillarum s. Elisabeth confectus, 1911.

Ders. (Hg.), Die Schriften des Caesarius von Heisterbach über die heilige Elisabeth von Thüringen, 1937.

Ders. (Hg.), Die Summa Vitae des Konrad von Marburg, in: Ders., Quellenstudien.

Literatur:

Busse-Wilson, E., Das Leben der hl. Elisabeth von Thüringen, 1931.

Elm, K., Elisabeth von Thüringen. Persönlichkeit, Werk und Wirkung, 1982.

Grundmann, H., Ketzergeschichte des Mittelalters, in: Die Kirche in ihrer Geschichte, Bd. 2, Lief. G., [1]1963, [3]1978.
Ders., Religiöse Bewegungen im Mittelalter, 1970.
Hödl, L., Evangelische Räte, in: Lex Ma 4, S. 131–135.
Hoppe, G., Elisabeth, Landgräfin von Thüringen, 1981.
Maurer, W., Zum Verständnis der hl.Elisabeth von Thüringen, in: ZRG 65, 1953/54, S.16–64.
Reber, O., Die hl. Elisabeth. Leben und Legende, 1982.
Sankt Elisabeth, Fürstin, Dienerin, Heilige, hrg. v. d. Philipps-Universität Marburg, 1981, darin bes. die Beitr. von P. G. Schmidt, Die zeitgenössische Überlieferung zum Leben und zur Heiligsprechung der hl. Elisabeth; K. Elm, Die Stellung der Frau im Ordenswesen, Semireligiosentum und Häresie zur Zeit der hl. Elisabeth; F. Schwind, Die Landgrafschaft Thüringen und der landgräfliche Hof zur Zeit der Elisabeth; M. Werner, Die hl. Elisabeth und Konrad von Marburg; A. Patschovsky, Konrad von Marburg und die Ketzer seiner Zeit; H. Boockmann, Die Anfänge des Deutschen Ordens in Marburg und die frühe Ordensgeschichte.
Segl, P., Konrad von Marburg, in: NDB 12, 1980, S. 54–46.
Werner, E., Pauperes Christi. Studien zu sozial-religiösen Bewegungen im Zeitalter des Reformpapsttums, 1956.

FRANZ VON ASSISI (1182–1226)
Der demütige Nachfolger Christi

Borst, A., Die Katharer, [1]1953, [2]1991 (hg. v. A. Patschovsky).
Esser, K., Anfänge und ursprüngliche Zielsetzungen des Ordens der Minderbrüder, 1966.
Fichtenau, H., Ketzer und Professoren. Häresie und Vernunftglaube im Hochmittelalter, 1992.
Franz von Assisi (Sammelband), 1996 (mit Beiträgen v. E. Grau, R. Manselli u. a.)
Grundmann, H., Religiöse Bewegungen im Mittelalter, 1970.
Hardick, L., Grau, E., Die Schriften des heiligen Franziskus von Assisi, [6]1980.
Karrer, O., Franz von Assisi. Legenden und Laude, [3]1986.
Manselli, R., Franziskus. Der solidarische Bruder, 1984.
Molnar, A., Die Waldenser. Geschichte und europäisches Ausmaß einer Ketzerbewegung, 1980.
Richter, D., Berthold von Regensburg. Deutsche Predigten, 1968.
Sabatier, P., Das Leben des heiligen Franz von Assisi, 1968.

Abbildungsnachweis

Frontispiz	*Allerheiligenbild*, Photo: AKG Berlin
Seite 20	*Karte*, Verlag C. H. Beck, München
Seite 27	*Helena,* Photo: Museo Capitolini, Rom
Seite 35	*Martin von Tours*, Photo: AKG Berlin
Seite 51	*Hieronymus*, Photo: AKG Berlin
Seite 75	*Augustinus*, Photo: Blauel/Gnamm–Artothek
Seite 111	*Radegunde*, Photo: AKG Berlin/Jean-François Amelot
Seite 125	*Wilfrid von York*, aus: Petrus van Opmeer, Nederlands Catholyk Martelaarsboek, Amsterdam 1700
Seite 137	*Willibald von Eichstätt*, Photo: Foto Marburg
Seite 149	*Kaiser Heinrich II.,* Photo: Bayerische Staatsbibliothek München, Clm 4456, fol. 11r
Seite 169	*Bernhard von Clairvaux*, Photo: AKG Berlin
Seite 217	*Hildegard von Bingen*, Riesenkodex Wiesbaden, Hessische Landesbibliothek, Hs 2(s.XII), Scivias, Vorrede
Seite 243	*Elisabeth von Thüringen*, Photo: AKG Berlin
Seite 259	*Franz von Assisi*: Photo: AKG Berlin/Stefan Diller

Personenregister

Abaelard *siehe* Petrus Abaelard
Adalbert-Vojtěch, Märtyrer 16
Adelheid, Kaiserin 17
Adeodatus, Sohn des hl. Augustinus 84, 88
Aelfwini, König v. Deira 129
Aelia Sophia, byzantin. Kaiserin 113
Aelius Donatus, Grammatiker 52
Agatha, Heilige 140
Agilbert, Bischof 128
Agnes, Schwester der hl. Clara 275
Agnes, Äbtissin in Poitiers 112, 116 f., 120
Alarich, Gotenkönig 63, 72, 98
Albertus Magnus, Theologe 95, 240, 274
Alexander III., Papst 169
Alexander von Hales, franziskan. Gelehrter 283, 293
Alfrith von Northumbria, Sohn König Oswius 128
Alpert von Metz, Chronist 207
Altmann, Bischof 31
Alypius, Freund des hl. Augustinus 88
Amalaberga, Gattin König Hermenfrieds 110
Amalafried 110
Ambrosius von Mailand, Kirchenvater 21, 27, 43 f., 46 f., 50, 54, 61, 67 f., 70, 78, 80, 86, 88, 91–94, 96 f. 285
Ammianus Marcellinus, Historiker 28, 59, 63
Anaklet II., Papst 180 f., 195
Andreas, Heiliger 145
Andreas II., König v. Ungarn 242
Andreas, Oheim Bernhards von Clairvaux 206
Ansbert von Rouen, Bischof 14 f.
Ansfried von Brabant, Graf 207
Antonius von Padua, Franziskaner 282 f., 291
Antonius, Wüstenheiliger 10, 80, 96
Arduin von Ivrea, Markgraf 152
Aristoteles 95, 283 f.
Arius, Theologe 28 f., 189
Arnold von Brescia, religiöser Revolutionär 191, 194 f.
Arnold, Bischof von Ravenna 153
Arnold, Erzbischof v. Trier 224
Arnulf von Metz, Bischof 14 f.
Atenulf, Abt v. Montecassino 163
Athalbert von Thérouanne 112
Athanasius, Kirchenlehrer 10, 13, 29, 58, 79 f.
Audoenus von Rouen, Bischof 14 f.
Augustinus, Kirchenvater 21, 50, 52, 56, 58, 66 f., 69, 71, 73, 74–108, 168, 199, 200, 211, 238, 254, 262, 282, 285
Augustus, röm. Kaiser 61
Aunemundus *siehe* Dalfinus
Aurelius Victor, Historiker 29
Auxentius, Bischof 38
Averroes, islam. Philosoph 95, 283 f.
Avicenna, islam. Philosoph 283

Balthild, Merowingerkönigin 15, 127–130
Basilides, epikureischer Philosoph 55
Basilius der Große, Bischof 10 f.
Basina 120–123
Baudonivia, Nonne 112, 115, 117
Beatrice von Assisi 276
Beda Venerabilis, angelsächs. Gelehrter 124, 126, 132, 134
Benedikt von Nursia, Ordensstifter 103, 163, 211, 213, 220, 231–233, 286
Benedikt VIII., Papst 152 f.
Beowulf 134
Berengar von Tours, Bischof 194, 211
Bernardo von Quintavalle 267
Bernhard I., Sachsenherzog 162
Bernhard von Chartres, Theologe 198
Bernhard von Clairvaux, Heiliger 18, 23, 67, 105, 167–215, 218 ff., 233, 236 ff., 241, 282
Bernold von Konstanz, Kanonist 187
Bernward, Bischof v. Hildesheim 150 f., 165
Berthar, Thüringerkönig 109 f.
Berthold von Regensburg, franziskan. Prediger 198, 273 f.
Blaesilla, Nonne 62
Boethius, Kanzler Theoderichs d. Gr. 283
Boethius de Dacia, Theologe 284
Boleslav Chrobry, poln. Fürst 16, 154 ff.
Bonaventura, Franziskanergeneral 240, 283, 293 ff.
Bonifatius, röm. Feldherr 101, 200
Bonifatius *siehe* Winfrid-Bonifatius
Bonosus 58
Brecht, Bertolt 268
Brictius, Bischof 40, 47
Brun von Querfurt, Missionsbischof 16, 154
Brunichilde, Merowingerkönigin 110
Burckhardt, Jacob, Historiker 97
Burgundofara, Klostergründerin 14

Caesar von Speyer, Franziskaner 278
Caesaria, Äbtissin 116
Caesarius von Arles, Bischof 116, 121
Caesarius von Heisterbach, Zisterzienser-Prior 175, 245, 251, 253
Cassiodor 12
Catilina, röm. Revolutionär 78
Charibert, Sohn Chlothars I. 117
Chevalier, Étienne 169
Childebert, Merowingerkönig 122 f.
Chilperich, Sohn Chlothars I. 117
Chlodwig I., König 49
Chlodwig II., König 127
Chlothar I., König 109 ff., 113, 115 f.
Christophorus, Heiliger 22
Chrodechildis 120–123
Chrysostomos *siehe* Johannes Chrysostomos
Cicero 53, 65, 78, 89
Cimabue, Maler 259, 292
Clara von Assisi, Heilige 275 f., 278
Coelestin II. (vorher Bischof Guido), Papst 189
Columban, irischer Klostergründer 13 f., 136
Constantius Chlorus, röm. Kaiser 25 f., 29
Constantius II., röm. Kaiser 34
Crispus, röm. Kaiser 28
Cuthbert, Klostergründer v. Ripon 128

Dagobert I., König 15
Dalfinus von Lyon (Aunemundus?), Erzbischof 126 ff., 130
Damasus I., Papst 42, 47, 59–62, 65, 71 f.
Diokletian, röm. Kaiser 26
Dionysius, Heiliger 188

Dioskorides, Arzt 55
Dominikus, Heiliger u. Gründer des Dominikanerordens 18f., 270
Dürer, Albrecht 2, 50f.

Eata, Klostergründer v. Ripon 128
Eberhard von Bamberg, Bischof 158, 238
Ebroin, fränk. Hausmeier 131
Ecgfrith, König von Northumbria 129
Eddius Stephanus, Hagiograph 124, 126–135
Egbert von Kent, König 129
Ebergisel von Köln, Bischof 122
Ekbert von Bamberg, Bischof 250
Ekkehard von Meißen, Markgraf 151
Elias von Cortona 279, 289f.
Elisabeth von Schönau, Äbtissin 226
Elisabeth von Thüringen, Heilige 242–257
Emmeram, Heiliger 149
Eodwald, Mönch 132f.
Epikur, Philosoph 79
Erasmus von Rotterdam, Humanist 73
Eugen III., Papst 170, 186, 202, 210, 219f., 237
Eusebius von Caesarea, Bischof 28f.
Eustathius von Antiochia, Bischof 29
Eustochium, Nonne 53, 56, 62, 64
Eutropius, Historiker 29
Evagrius, Priester 58

Fausta, Kaiserin 26, 28f.
Faustus, manichäischer Bischof 90
Felix von Trier, Bischof 44
Filibert von Jumièges, Klostergründer 14
Flavius Magnus, Rhetor 64
Fouquet, Jean 169
Franz von Assisi, Heiliger u. Ordensgründer 18f., 21, 76, 150, 167, 172, 187, 197, 200, 221, 236, 254, 258–296
Fredegunde, Merowingerkönigin 110
Friedrich I. Barbarossa, Kaiser 260
Friedrich II., Kaiser 242f., 248, 254
Frigidanius, Heiliger 140
Fulcher von Chartes, Chronist 203

Galenus, Arzt 55
Gebeno, Prior von Eberbach 240
Geiserich, Wandalenkönig 74
Georg der Thaumaturg, Schüler des Origenes 68
Georg, Heiliger 22
Gerhard, Bruder Bernhards von Clairvaux 173
Gerhoch von Reichersberg, Abt 204, 210
Germanus von Paris, Bischof 115f.
Gertrud von Nivelles, Heilige 14f.
Gertrud, Königin v. Ungarn 242
Gilbert von Poitiers, Bischof 185f., 194
Giotto di Bandone, Maler 288, 291
Giovanna di Bernardone, Mutter des hl. Franz von Assisi 262
Gisela, Bayernherzogin 150
Glockendon, Nikolaus, Maler 243
Godehard, Abt v. Niederalteich und Hersfeld, Bischof v. Hildesheim 165
Goethe, Johann Wolfgang von 219
Gosbert der Rote, Vizegraf der Champagne 176
Gottfried von Auxerre, Sekretär Bernhards von Clairvaux 171, 174, 182, 185f., 206, 210
Gottfried von Laroche, Prior 205
Gottfried, Bruder Bernhards von Clairvaux 179
Gottfried, Mönch u. Biograph 234
Gratian, röm. Kaiser 43
Gregor I. der Große, Papst 13, 21, 100f., 109
Gregor II., Papst 147
Gregor III., Papst 139
Gregor IX., Papst 243, 291

Gregor VII., Papst 173
Gregor von Nazianz, Theologe 145
Gregor von Nyssa, Bischof 102
Gregor von Tours, Bischof 110, 112, 119–122
Guda, Vertraute der hl. Elisabeth 252
Guibert von Gembloux, Mönch 219, 228 ff., 232, 238
Guido, Bischof (Papst Coelestin II.) 189
Guido, Bischof von Assisi 265 ff., 270, 275, 290
Gundegisel von Bordeaux, Bischof 122
Gunthram, Frankenkönig 117, 122

Harnack, Adolf von, Kirchenhistoriker 70
Hartwig, Erzbischof v. Bremen 224
Hazzecha, Äbtissin v. Krauftal 232
Hegel, Georg Wilhelm Friedrich 203
Heinrich «der Zänker», Herzog 150, 155
Heinrich der Löwe, Herzog 204
Heinrich I. von Mainz, Erzbischof 182
Heinrich I. von Würzburg, Bischof 156–159
Heinrich II., Herzog v. Brabant 242
Heinrich II., Kaiser 17, 148–167, 204
Heinrich III., Kaiser 160
Heinrich IV., Kaiser 173
Heinrich Raspe, Landgraf 242, 248 f.
Heinrich von Mainz, Abt 219
Heinrich von Schweinfurt *siehe* Hezilo
Helena, Kaiserin 25–32, 142, 144
Helmold von Bosau, Chronist 204
Heloise, Gattin des Petrus Abaelard 188, 196
Helvidius, Gegner des Hieronymus 53 f., 56, 64
Herder, Johann Gottfried 94
Heribert von Köln, Erzbischof 151
Hermann I., Landgraf 242
Hermann II., Herzog von Schwaben 151
Hermann II., Landgraf 242
Hermenfried, Oheim der hl. Radegunde 110
Herodes, König v. Judäa 190 f.
Hezilo (Heinrich), Babenberger 156
Hieronymus, Kirchenvater 13, 21, 41, 50–73, 78, 92, 94, 98, 105, 143, 167, 170, 172, 215, 235
Hilarion von Gaza, Asket 10
Hilarius von Poitiers, Bischof 37, 98
Hildebert von Bermersheim, Vater der hl. Hildegard 224
Hildegard von Bingen, Äbtissin und Gelehrte 211, 216–241, 260
Hippokrates, Arzt 54 f.
Hischam, Kalif von Bagdad 142
Hocca, Gutsverwalter Wilfrids von York 133
Homer 87
Honoratus, Abt 11 f.
Honorius III., Papst 277
Horák, Josef 23 f.
Horaz, röm. Dichter 53, 65
Hubert von Romans, Dominikanergeneral 294
Hugeburc, Nonne 136 f., 143, 146
Hugo, Abt v. Cluny 17 f.
Hugo, Graf der Champagne 176
Hugo, Kantor im Mainzer Domkapitel 224, 227
Humboldt, Alexander von 146
Hyazinthus von Bobo, Kardinaldiakon 194
Hydacius von Merida, Metropolit 42–46

Ibn Rušd *siehe* Averroes
Innozenz II., Papst 180 f., 184, 187, 189 f., 195
Innozenz III., Papst 31, 254 f., 269, 276
Instantius, Bischof 42

Irmgard, Hospitalschwester der hl. Elisabeth 252
Isaak, Abt im Kloster Stella 170
Isentrud, Vertraute der hl. Elisabeth 252
Isidor von Sevilla, Bischof 119
Iurminburg, Königin 129
Ivo von Chartres, Theologe 187

Jacobone da Todi, Franziskaner 283
Jacobus de Voragine, Erzbischof 242
Jakob von Vitry, Prediger u. Kardinal 277 f.
Joachim von Fiore, Abt 238, 240, 293 f.
Johannes Cassianus von Marseille, Klostergründer 11 f., 166
Johannes Chrysostomos, Bischof u. Prediger 102, 145
Johannes de Capella 278
Johannes der Täufer 142, 190
Johannes Duns Scotus, Theologe 240
Johannes Peckham, Erzbischof v. Canterbury 236 f., 240
Johannes von Jerusalem 64
Johannes von Parma, Generalminister 293
Johannes von Salisbury, Bischof u. Theologe 204 f.
Johannes von St. Paul, Kardinal 270
Johannes XVIII., Papst 158
Johannes XXII., Papst 271
Johannes, Evangelist 141
Jordan von Giaono, Franziskaner 279
Jovianus, Mönch 54, 55 f., 64, 235
Judas, jüd. Levit 27
Julian «Apostata», röm. Kaiser 28 f., 34, 37, 97
Julianus von Aeclanum, Bischof 104
Justin, byzantin. Kaiser 113
Justina, Pröpstin 121 f.
Justinian I., röm. Kaiser 67
Justinian II., röm. Kaiser 141
Jutta von Sponheim, Äbtissin v. Disibodenberg 220, 224, 231

Karl der Große, Kaiser 154, 201
Konrad II., Kaiser 155, 161
Konrad III., Kaiser 182, 204, 208
Konrad von Marburg, Prediger u. Inquisitor 242, 245 ff., 249–257
Konstantin der Große, röm. Kaiser 25–31, 39, 46, 63, 79, 144 f.
Krautheimer, Richard 59
Kunigunde, Kaiserin 148, 152 f., 155 ff.
Kuno, Abt v. Disibodenberg 219

Lactantius, Theologe 99, 101
Landauer, Matthias 2
Laurentius, Heiliger 167
Leo der Große, Papst 21, 44
Leo IX., Papst 158
Leodegar von Autun, Bischof 131
Leonard von Assisi, Franziskaner 280 f.
Lessing, Gotthold Ephraim 142
Leubovera, Äbtissin in Poitiers 120–123
Levison, Wilhelm, Historiker 124
Libanius, Rhetor 29
Lioba von Tauberbischofsheim, Äbtissin 136 f.
Lothar III., König 181, 184
Lucius III., Papst 260
Ludwig der Bayer, Kaiser 272
Ludwig IV., Landgraf u. Ehemann der hl. Elisabeth 242, 245, 248
Ludwig VII., König 202, 204 f., 207
Lukas, Evangelist 145, 188
Lukian, Märtyrer 28
Luther, Martin 105

Macco von Poitiers, Graf 122
Magnus Maximus, röm. Kaiser 39, 43 ff., 47 f.

Maiolus, Abt v. Cluny 17
Makarius «der Alexandriner», Mönchsvater 11
Malachias, Erzbischof v. Armagh 209 f.
Malik-al-Kamil, Sultan 277
Mani, Begründer des Manichäismus 83, 89
Mansueti, Giovanni, Maler 35
Marc Aurel, röm. Kaiser 76
Marcabru, Dichter 207
Marcella, Nonne 62
Marco Polo, Weltreisender 144
Maria Magdalena 143
Marius Victorinus, Rhetor 52
Maroveus von Poitiers, Bischof 113, 116, 120 f., 122
Marsilius von Padua, Jurist 200, 271
Martin von Tours, Heiliger 12 f., 33–49, 97, 118 f., 150, 167
Matteo, Franziskaner 279
Matthäus, Evangelist 188
Mauritius, Heiliger 154
Maximian, röm. Kaiser 26
Mechthild von Kitzingen, Äbtissin 250
Medardus von Soissons, Bischof 114
Minervina 28
Modestus, Abt 144
Moerbecke, Wilhelm von, Theologe 95, 284
Mohammed 141
Mohammed-ben-Nasser, Kalif von Marokko 277
Monnica, Mutter des hl. Augustinus 79, 81, 84 ff., 211
Mose 94

Nestorius 189
Nikolaus von Kues, Kurienkardinal 239, 284
Nilus von Rossano, Abt 16, 163
Nivardus, Klostergründer 14
Norbert von Xanten, Erzbischof v. Magdeburg 19, 181

Odilo, Abt v. Cluny 17 f., 166, 173
Odo, Abt v. Cluny 17
Opmeer, Petrus van 125
Oportulo, Bürgermeister v. Assisi 290
Origenes, Theologe 67–71, 92, 94, 101, 190, 285
Orosius, Kirchenhistoriker 99 f.
Ortolana, Mutter von Clara 276
Oswiu, König von Northumbria 128 f.
Otloh von St. Emmeram, Mönch u. Historiker 239
Otto der Große, Kaiser 17, 153
Otto II., Kaiser 17, 155
Otto III., Kaiser 16, 150 ff., 159, 163
Otto IV., Kaiser 288
Otto von Freising, Bischof, Historiker 99, 183, 185 f., 192, 202

Pacher, Michael, Maler 51
Pachomius, Heiliger 10 f.
Pandulf von Teano, Fürst 153
Paula, Nonne 62 f.
Paulinus von Antiochia 59
Paulus, Apostel 61, 69, 98, 143, 172, 188, 199, 202, 212, 221 f., 229, 235 f.
Pelagius 104 f., 189
Perpetuus von Tours, Bischof 40
Persius, röm. Dichter 65
Peter von Aragon, König 277
Petronax, Abt v. Montecassino 139
Petrus Abaelard, Theologe 18, 23, 73, 171 f., 176, 179 f., 185–198, 206, 211, 218, 233, 236, 282
Petrus Catanii, Franziskaner 279
Petrus Damiani, Kirchenlehrer 17
Petrus Johannes Olivi, Franziskaner 283
Petrus Venerabilis, Abt v. Cluny 17 f., 173, 191, 195 f., 199, 205
Petrus, Apostel 30, 61, 69, 98, 143, 199

Philipp Longo, Franziskaner 278
Philipp von Schwaben, König 269
Pietro di Bernardone, Vater des hl. Franz von Assisi 258, 266
Pilgrim von Köln, Erzbischof 153
Pippin II., König 49
Plautus, röm. Komödiendichter 65
Plinius, röm. Naturforscher 141
Plotin, Philosoph 68, 89
Ponticianus, Mönch 96
Poppo von Aquileja, Patriarch 153
Porphyrius, Philosoph 55, 68
Priscillian, Sektengründer 42, 45–48
Prudentius, christl. Dichter 99
Pythagoras, Philosoph u. Mathematiker 64 f.

Radegunde von Poitiers, Königin 15, 109–123
Radulf, Mönch 183
Rainald von Citeaux, Abt 196
Richard von Springiersbach, Abt 221
Richardis, Tochter des Grafen Rudolf von Stade 224 f.
Robert von Arbrissel, Wanderprediger 275
Robert von Chatillon, Mönch in Cluny 171
Robert von Molesme, Abt 174
Robert, Bruder Bernhards von Clairvaux 199
Rodeger, Laienbruder u. geistlicher Beistand der hl. Elisabeth 242
Romarich, Gründer von Remiremont 14
Romuald von Camaldoli, Heiliger 16 f., 163
Rousseau, Jean-Jacques 83
Rudolf von Stade, Markgraf 224
Rufino, Franziskaner 275
Rufinus von Aquileia, Patriarch 50, 55, 58, 62, 64 f., 68, 71

Salaberga, Klostergründerin 14
Saladin, Kalif 277
Sallust, röm. Historiker 78
Salvian, Bischof 42
Siegfried III. von Mainz, Erzbischof 255
Siger von Brabant, Theologe 284
Sigibert I., König 117–119
Siricius, Papst 44, 54
Sophie, Ehefrau Herzog Heinrichs II. v. Brabant 242, 249
Stephan der Heilige, König v. Ungarn 21, 155
Stephan Harding, Abt v. Citeaux 176, 178, 198
Strabo, röm. Historiker u. Geograph 141
Suger, Abt v. Saint-Denis 183, 188, 205 f.
Sulla, röm. Feldherr u. Diktator 100
Sulpicius Severus, Biograph des hl. Martin 13, 33 f., 36–41, 43, 45 f., 49, 64
Symmachus, Rhetor 61, 68, 70, 91

Tagino von Mageburg, Erzbischof 160 f.
Tatberht, Verwandter Wilfrids von York 134
Tedald von Arezzo, Bischof 17
Tenxwind, Äbtissin v. Andernach 221 f.
Tertullian, Kirchenlehrer 100
Themistius, Historiker 29
Theobald, Abt v. Montecassino 163
Theoderich, Mönch u. Biograph Hildegards von Bingen 234
Theodolinde, Langobardenkönigin 14
Theodor von Canterbury, Erzbischof 129 ff.
Theodora, byzantin. Kaiserin 26
Theodosius der Große, röm. Kaiser 27, 41, 43, 61, 91, 100, 146
Theodulf von Orleans, Bischof 201
Theophrast, Philosoph 55

Thietmar von Merseburg, Bischof u. Geschichtsschreiber 151, 157 f., 160 f., 167
Thomas von Aquin, Theologe 21, 95, 240
Thomas von Celano, Franziskaner 258 f., 262ff., 268, 271, 288f., 295
Timotheus, Apostel 145, 221

Ugolino von Ostia, Kardinal 275 f., 278, 291
Ulrich, Heiliger 149
Urban II., Papst 200
Ursinus, Gegenpapst 59 f.

Valdes, Begründer der Waldenserkirche 260
Valentinian II., röm. Kaiser 44, 61, 86
Varro, röm. Gelehrter 88
Venantius Fortunatus, Dichter 109, 112 f., 115–119, 121
Vergil, röm. Dichter 52, 65, 78, 88 f.
Vindicianus, Arzt u. Prokonsul 83
Vinzenz von Prag, Chronist 204
Viventius, Stadtpräfekt v. Rom 60
Volmar, Sekretär Hildegards von Bingen 217, 219, 234

Walafried Strabo, Dichter u. Gelehrter auf der Reichenau 239
Walburga von Eichstätt, Heilige 136, 140
Walter Map, Archidiakon v. Oxford 211
Walter von Brienne, Graf u. Kreuzzugsführer 262
Wandregisel, Klostergründer 15
Weinfurter, Stefan, Historiker 148
Wenzel, Heiliger 21
Widerad, Abt v. Flavigny 14
Wilfrid von York, Bischof 124–135, 147
Wilhelm II. von Poitou, Graf 181 f.
Wilhelm von Champeaux, Bischof 176 f.
Wilhelm von Saint-Denis, Mönch 205
Wilhelm von Thierry, Abt 178, 189 f.
Wilhelm von Tyrus, Bischof 205
Willibald von Eichstätt, Bischof 124, 136–147
Willibrord, Heiliger 136
Willigis von Mainz, Erzbischof 151, 157 f.
Winfrid-Bonifatius, Erzbischof u. Heiliger 16, 136 f., 139, 201
Wolfgang von Regensburg, Bischof 150, 155, 162
Wulfhere von Mercia, König 129
Würzburger Annalist 204
Wynnebald von Eichstätt, Gründer von Heidenheim 136, 139 f.

Zengi, Herrscher von Mossul u. Aleppo 201
Zosimus, Historiker 25, 28